La Collection de la National Gallery

La Collection de la National Gallery

Selection de
Michael Levey

National Gallery Publications
The National Gallery
Londres

National Gallery Publications
Published by order of the Trustees

Réimprimé 1990.

British Library Cataloguing in Publication Data
National Gallery
La Collection de la National Gallery.
1. European paintings – Catalogues
I. Title II. Levey, Michael, *1927–*
III. The National Gallery Collections.
French
759.94'074

ISBN 0-947645-42-X

Maquette de Vassoula Vasiliou
National Gallery Design Studio
Quadrichromie d'Essex Colour
Imprimé par William Clowes Limited, Beccles et Londres
Composition: The Printed Word, Londres

Editions en langues étrangères:
Lesley Bernstein Translations, London.
Traduction française de Madeline Jay
Suivi éditorial de David Britt

Première page de couverture: Raphaël, *Allégorie* (détail).

Crédits photographiques: *Lord Liverpool* par Sir Thomas Lawrence est reproduit avec la permission de la National Portrait Gallery, Londres. Tous les autres documents proviennent de la National Gallery.

Sommaire

Introduction

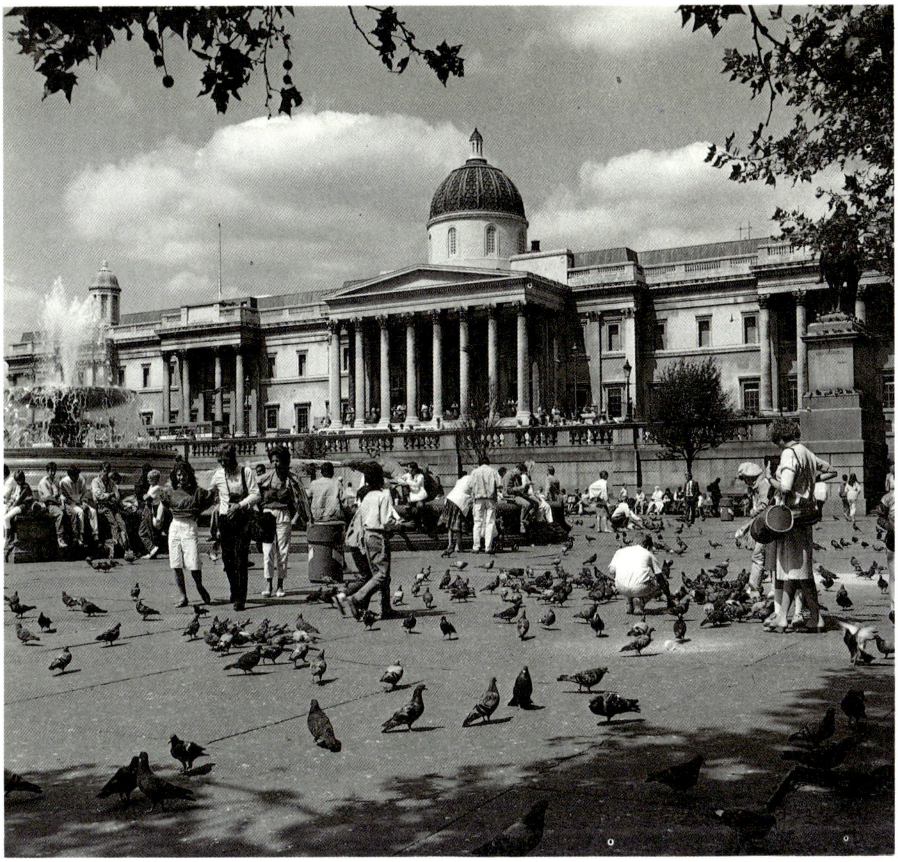

Pour les amateurs de peintures la raison d'être des musées d'art publics en général et de la National Gallery en particulier est évidente. La musique et la littérature sont accessibles à tous, mais les peintures ont l'inconvénient d'être des objets matériels uniques que l'on ne peut disséminer, ni reproduire de façon satisfaisante. Il faut les voir dans l'original pour les apprécier et les comprendre pleinement, mais ce livre pourrait du moins servir à mettre ses lecteurs en appétit pour une telle visite.

Malheureusement, il est possible de traiter les peintures comme des biens matériels. Leurs propriétaires ont le droit d'en contrôler l'accès et même de l'interdire, ce qui, heureusement, n'est pas le cas pour les pièces de Shakespeare ou la musique de Mozart. C'est pourquoi il est d'autant plus nécessaire de rassembler quelques peintures célèbres, de les entretenir et de les exposer de façon permanente dans un bâtiment public – auquel nous avons tous libre accès – si nous voulons voir la peinture occidentale appréciée, comme elle le mérite, à égalité avec la musique et la littérature occidentales. En Grande-Bretagne, l'appréciation de tous les arts visuels a été plutôt négligée dans l'enseignement traditionnel et cela rend le rôle des musées et galeries d'art encore plus essentiel.

Le musée public est le produit de la pensée et de l'initiative du XIXe siècle, inspirées par des idées émises au siècle précédent. On considérait désormais l'éducation et la culture comme des objectifs souhaitables pour la société, méritant l'appui des gouvernements (dont les membres étaient souvent cultivés et bien informés au sujet des arts visuels). Lorsque l'Angleterre commença à envisager la nécessité d'un musée d'art national, le Premier Ministre de l'époque s'y intéressa activement. On fit appel, non pas à des sources privées, mais à des fonds publics, et la National Gallery fut créée par un décret du Parlement.

C'était en 1824. La jeune institution était modeste, certes, par rapport aux grands musées qui existaient déjà dans d'autres pays d'Europe – le Louvre à Paris, le Prado à Madrid par exemple – et qui provenaient souvent du riche héritage des collections royales. Au début, elle était modestement logée. Elle n'avait pas de constitution et pendant trente ans, elle n'eut ni Directeur, ni politique d'acquisition. Mais cependant elle se développa, un peu au hasard. L'absence-même d'héritage important l'obligeait à faire un effort positif pour acquérir des peintures si elle voulait devenir un jour un musée de réputation internationale.

Lorsque la National Gallery célébra son centième anniversaire en 1924, cet objectif était réalisé. Elle avait un bâtiment important, avec une façade devenue familière, dans Trafalgar Square (p.7). Et derrière cette façade se trouvait une collection de peintures qui n'était pas grande numériquement, mais qui, pour la qualité, présentait un choix remarquable avec un éventail de représentation des principales écoles nationales faisant de la National Gallery l'un des musées d'art les mieux équilibrés.

On a souvent raconté l'histoire de son développement, du moins dans ses grandes lignes. Une brillante politique d'achat du premier Directeur, Sir Charles Eastlake ; de généreux dons et legs (à commencer par le don de Sir George Beaumont et le legs du Révérend William Howell Carr) ; des efforts constants des Administrateurs pour obtenir un espace adéquat ; des campagnes croissantes pour avoir des fonds suffisants et pour « sauver » les oeuvres menacées d'exportation : ce sont là les éléments principaux d'une histoire qui pouvait sembler, en 1924, heureuse, glorieuse et terminée. Un député se targuant d'économie aurait bien pu, en guise de célébration, déposer un projet de loi à la Chambre des Communes pour proposer que la National Gallery laisse ses portes ouvertes, mais ferme sa Collection, ne demandant plus de fonds publics pour des acquisitions.

Cela n'arriva pas, mais la Galerie souffrit – comme elle a toujours souffert en période de crise économique. Elle n'accepta jamais l'idée que sa période d'acquisition était terminée, mais dans les années 20 et 30, elle n'avait pas de politique cohérente d'acquisition, ni d'éducation artistique du public. La Collection continua à s'agrandir, en partie parce qu'on commençait à comprendre qu'il y avait des périodes, des écoles et des peintres qui n'y étaient pas suffisamment représentés. La fin du XIXe siècle était particulièrement négligée et c'est grâce à la générosité de Samuel Courtauld que cette lacune fut comblée. Il fut l'un des premiers amateurs britanniques à s'intéresser aux tableaux des Impressionnistes et des autres peintres français de l'époque et il en rassembla une magnifique collection particulière avant de créer un fonds consacré à l'acquisition publique de ces oeuvres.

De nos jours, la Collection n'est toujours pas très importante (elle renferme environ 2.200 peintures) et son développement se poursuit. Au cours des vingt-cinq dernières années, les travaux des spécialistes et l'évolution des goûts ont élargi notre conception de la peinture européenne avant 1900. Cette meilleure compréhension est reflétée par les dernières acquisitions de la Galerie. Ce qui importe, c'est que la Collection continue à s'accroître – à condition d'en avoir la possibilité financière. La croissance est une preuve de vitalité.

Malgré ses quelques anomalies et ses lacunes reconnues (dont certaines ne seront sans doute jamais comblées), la Collection telle qu'elle est offre un panorama très cohérent et compréhensible de la peinture de l'Europe occidentale depuis ses débuts dans l'Italie du Moyen-Age jusqu'aux premières années de notre siècle. Bien qu'elle ait été considérablement augmentée depuis 1924, la Collection conserve son caractère de base. Elle n'a jamais voulu être une simple collection de spécimens historiques, où figureraient tous les peintres, bons ou mauvais.

L'avenir des musées et galeries en Grande-Bretagne, n'est certainement pas assuré. La gestion publique du patrimoine artistique provoque l'hostilité de certains, sans parler de l'indifférence traditionnelle envers le rôle des musées. Ces institutions sont d'un entretien coûteux. Elles remplissent une fonction publique, mais une fonction à laquelle il est difficile de fixer un prix. Elles ne se justifient, en fin de compte, que si elles ont un public désireux de profiter de ce qu'elles lui offrent.

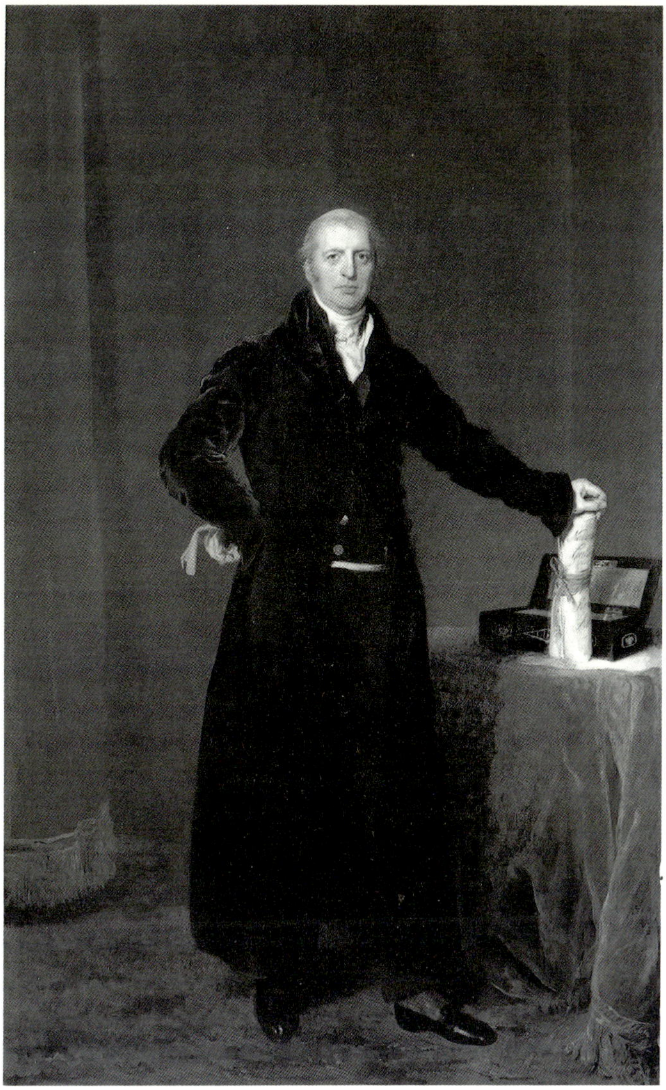

Sir Thomas Lawrence. Comte de Liverpool (1770-1828), en 1827.
Le modèle a la main posée sur des documents portant le titre: « National Gallery ».

Les paroles prononcées par Sir George Beaumont, l'année qui précéda la fondation de la Galerie, sont admirables et d'un optimisme courageux, bien qu'elles n'aient toujours pas étè pleinement réalisées : « Je pense que le public commence déjà à comprendre que les oeuvres d'art ne sont pas de simples jouets pour les connaisseurs, mais un véritable intérêt national... ».

L'idée de la fondation de la National Gallery provenait de diverses sources. Tout d'abord, elle fut fondée pendant le règne d'un monarque qui était plus souvent un objet de ridicule que de respect : Georges IV. Le Roi était extraordinairement cultivé et appréciait la peinture ; c'était un mécène et un amateur qui, depuis de longues années, parlait de la nécessité d'une collection nationale de peintures. C'est son peintre favori, Sir Thomas Lawrence, Président de la Royal Academy, qui demanda qu'une collection privée de tableaux mise en vente à Londres en 1823 ne soit pas vendue à l'étranger, comme cela semblait possible, mais soit d'abord offerte « pour une somme moins élevée » au gouvernement.

Cette collection avait été formée sous l'égide de Lawrence. Elle appartenait à un nouveau genre d'amateur, un riche financier, John Julius Angerstein, véritable fondateur de

Lloyds. Il mourut en 1823, laissant des instructions pour la vente de sa petite collection de belles oeuvres de vieux maîtres. Le fils d'Angerstein suivit le conseil de Lawrence et offrit de vendre les peintures, qui étaient exposées dans la maison de son père, 100 Pall Mall, au gouvernement. Le Premier Ministre de l'époque était Lord Liverpool, homme politique généralement considéré – lorsqu'on se souvient de lui – comme un homme d'une médiocrité totale. Mais pour la National Gallery, il joua le rôle d'un héros. Sa réaction fut suffisamment positive pour provoquer la naissance de la Galerie et lorsque Lawrence peignit son portrait, quelques années plus tard, il représenta Liverpool tenant à la main un rouleau de documents ayant trait à la fondation de la National Gallery (p.9).

En avril 1824, la Chambre des Communes votait en faveur de l'achat des peintures de M. Angerstein pour la nation et de la location de sa résidence de ville pour les y exposer (p.11). Les trente-huit tableaux de cette collection appartenaient aux grandes écoles nationales de peinture, y compris l'école britannique, représentée par un Reynolds et par la série du *Mariage à la mode* de Hogarth (p.196). Parmi les oeuvres italiennes se trouvait la monumentale *Résurrection de Lazare* de Sebastiano del Piombo (p.62), qui figure encore dans l'inventaire de la Galerie comme le No 1.

Sir George Beaumont faisait partie du comité de direction, qui devint bientôt le Conseil d'Administration. Il méritait ce poste car il avait non seulement encouragé la fondation de cette institution, mais avec une générosité et une abnégation rares, offert le don de sa propre collection de son vivant. Son offre fut révélée au public et dut influencer la décision du gouvernement. La collection de Beaumont n'était pas grande, mais elle comprenait des oeuvres importantes, dont le magnifique *Paysage d'automne avec une vue de Het Steen* de Rubens (p.134) et un chef-d'oeuvre de jeunesse de Canaletto (p.96).

On a un peu l'impression que pendant les premières années, avant la nomination en 1855 d'Eastlake comme premier Directeur, les achats avaient lieu au petit bonheur, mais les Administrateurs firent quelques acquisitions inspirées, à commencer en 1826 par le *Bacchus et Ariane* du Titien (p.75). Ils bénéficièrent aussi de plusieurs dons et legs magnifiques. En 1828, le futur Duc de Sutherland leur offrit *La paix et la guerre* de Rubens (p.132), dont le peintre lui-même avait fait don à Charles Ier. Le legs Holwell Carr de 1831 apporta la *Femme au bain* de Rembrandt (p.176) et une oeuvre très rare, *Saint Georges et le dragon* du Tintoret (p.80), dotant ainsi la Galerie d'un bel exemple représentatif d'un peintre que Ruskin, bien plus tard, prétendrait avoir « découvert » à Venise. Les artistes du début de la Renaissance ne furent pas complètement négligés non plus : *Le Doge Loredan* de Bellini (p.51) fut acquis en 1844 et l'achat l'année précédente de l'incomparable portrait Arnolfini par Jan van Eyck (p.104) est plus remarquable encore.

Ces peintures vinrent s'ajouter à la Collection dans sa nouvelle demeure permanente conçue par William Wilkins et construite du côté nord de Trafalgar Square. Elle avait été inaugurée en 1838 et l'un des premiers visiteurs fut la Reine Victoria qui venait d'être couronnée. Malgré l'aspect imposant du bâtiment, celui-ci avait la profondeur d'une seule salle et jusqu'en 1869, la National Gallery le partageait avec la Royal Academy.

Des problèmes d'espace se posèrent donc à Trafalgar Square dès le début. Ils se posent encore de nos jours. Une solution hardie, rendue possible par une générosité extrême, se dessina en 1985 avec l'annonce que la construction d'une annexe sur le site dit « de Hampton », destiné depuis longtemps à l'agrandissement de la Galerie, serait financée par Sir John Sainsbury et ses frères, M. Simon Sainsbury et M. Timothy Sainsbury, député.

Avant de devenir Directeur en 1855, Eastlake avait d'abord été le premier Conservateur, puis l'un des Administrateurs de la Galerie. Mais ce n'est que lorsqu'il occupa son nouveau poste – qu'il cumulait avec celui de Président de la Royal Academy – qu'il put révéler toute son expertise, son opiniâtreté et son flair. Ses dix ans de direction (il mourut à son poste) ont toujours été considérés, à juste titre, comme la période qui a déterminé le caractère et la qualité de la Collection. C'est pendant le règne d'Eastlake que les grands maîtres du début de la

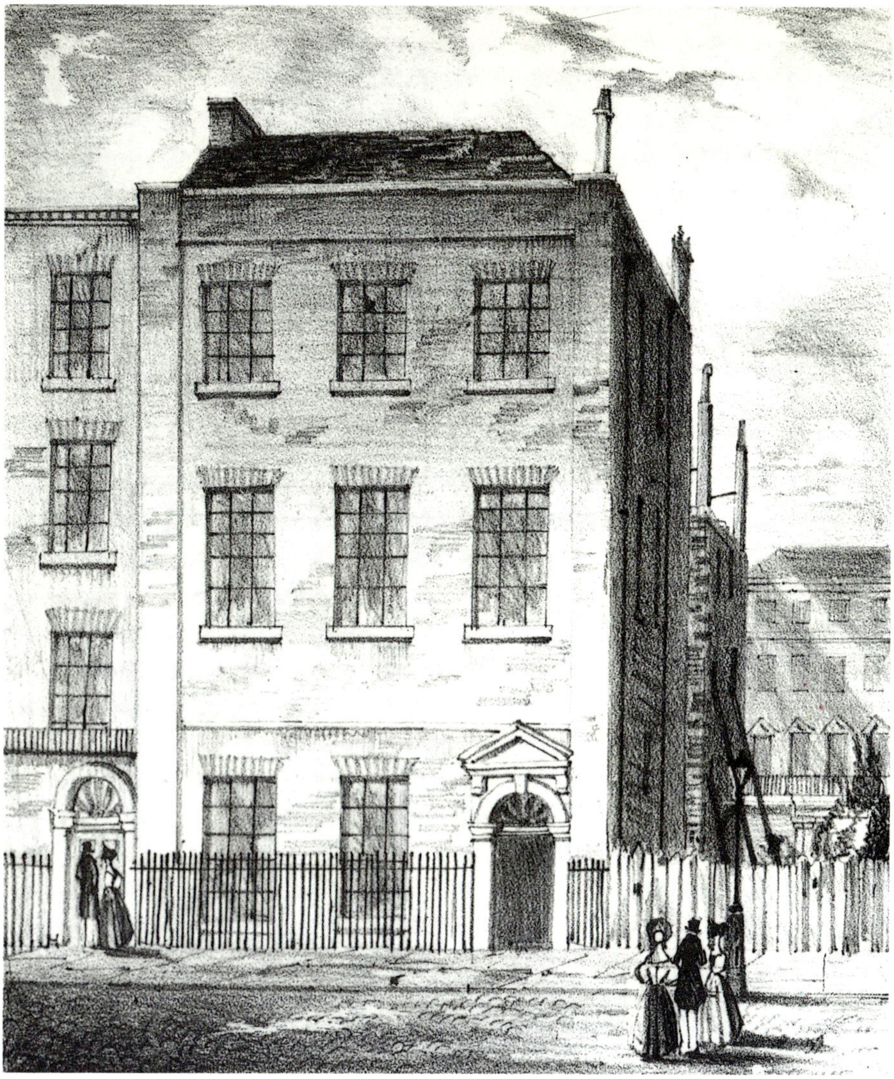

Gravure de l'époque représentant la résidence londonienne de John Julius Angerstein, où fut logée la collection de la National Gallery à ses débuts.

Renaissance italienne firent leur entrée dans la Galerie, représentés par des chefs-d'oeuvre qu'il serait impossible d'obtenir actuellement, mais qui furent acquis à une époque où leur mérite n'était pas pleinement reconnu. En allant acheter en Italie, Eastlake put se procurer des chefs-d'oeuvre maintenant célèbres comme *La Bataille de San Romano* d'Uccello (p.27) et *Le baptême du Christ* de Piero della Francesca (p.38). Eastlake avait des goûts d'une portée exceptionnelle. Il acheta le premier Rogier van der Weyden (p.107) de la Galerie et aussi le premier portrait en pied de Reynolds (p.200). Avec une hardiesse encore plus grande, il fit l'acquisition de la belle *Allégorie* de Bronzino (p.65), qui aurait bien pu provoquer un scandale dans l'Angleterre du milieu du règne de Victoria.

La politique d'achat d'Eastlake était tellement brillante qu'elle a un peu éclipsé les acquisitions de son successeur immédiat, Sir William Boxall. Et pourtant c'est sous la direction de Boxall qu'eut lieu l'achat important de la collection de Sir Robert Peel, qui apporta à la National Gallery une série de remarquables peintures hollandaises du XVIIe siècle, y compris *L'avenue à Middelharnis de* Hobbema (p.151) et quelques belles oeuvres flamandes du XVIIe siècle, dont *Susanna Lunden* de Rubens (p.133) tableau mieux connu sous le nom du « *Chapeau de paille* ». A Boxall succéda Sir Frederick Burton, Directeur pendant vingt ans jusqu'en 1894 et le dernier titulaire de ce poste qui fût seul responsable des achats. C'est lui qui fit l'acquisition de *Vénus et Mars* de Botticelli (p.31), unique composition mythologique de ce peintre en dehors de Florence. Il eut une politique d'achat intelligente et éclectique et introduisit dans la Collection plusieurs nouveaux peintres, alors peu connus : Vermeer (p.171) par exemple.

En 1900 les grandes lignes de la Collection étaient établies et elles menaçaient de se figer. La peinture française après l'époque de Claude Lorrain et de Poussin n'avait jamais beaucoup intéressé les collectionneurs anglais et la Galerie continuait à refléter cette indifférence, passant sous silence le XVIIIe siècle et étrangère, sinon hostile, à tout le XIXe, de David au Post-Impressionnisme. La peinture du XVIIe siècle italien, très estimée à l'époque de la fondation de la Galerie, avait passé de mode et le XVIIIe siècle italien – en dehors du Canaletto et de Guardi – n'avait jamais interessé les collectionneurs anglais.

On fit peu d'efforts soutenus pour remédier aux lacunes qui en résultaient dans la Collection. Mais il y eut cependant des acquisitions importantes, parfois grâce aux dons, ou avec l'assistance du Fonds des Collections d'Art nationales, organisation privée créée en 1903, dans le but de venir en aide aux collections nationales : « *La Vénus de Rokeby* » de Velázquez (p.186), en 1906, *La Duchesse de Milan* de Holbein (p.127), en 1909, *La Vierge et l'Enfant* de Masaccio (p.24), en 1916, *L'adoration des Rois* de Bruegel (p.130), en 1920, *La famille Vendramin* du Titien (p.76) et « *Le diptyque de Wilton* » (p.210), l'un et l'autre en 1929.

En 1917, la National Gallery avait bénéficié – peut-être davantage qu'elle ne le méritait – du legs de Sir Hugh Lane qui comprenait des peintures françaises importantes du XIXe siècle telles que la *Musique au jardin des Tuileries* de Manet (p.236) et *Les parapluies* de Renoir (p.242). Déçu par le peu d'enthousiasme exprimé par les Administrateurs au sujet de ses intentions, Lane ajouta un codicille à son testament, léguant ses tableaux au musée de Dublin – mais le document ne fut pas légalisé.

Parmi les rares acquisitions importantes des années 30, la plus marquante fut l'achat d'un chef-d'oeuvre des dernières années d'Ingres, son portrait de Madame Moitessier (p.231). Et à la même époque, un peintre rare et charmant de le première Renaissance italienne, Sassetta, fit son entrée dans la Collection, représenté par sept des panneaux de sa *Vie de Saint François* (p.21).

Dans les premières années de l'après-guerre, on se mit d'accord avec Dublin pour exposer à tour de rôle dans les deux musées les tableaux de Lane et on fit de grands efforts pour améliorer la représentation de l'école française du XIXe siècle. On acheta d'importants exemples à grande échelle de l'oeuvre de Cézanne (p.249) et de Monet (p.240). On fit de nombreuses autres acquisitions. A la suite d'un appel lancé au public et avec l'assistance financière du gouvernement, le Fonds des Collections d'Art nationales offrit le Carton de Léonard de Vinci (p.56). On acheta deux chefs-d'oeuvre de Gainsborough, du début et de la fin de sa carrière (pp. 197 et 199). Et on s'intéressa enfin aux écoles italiennes tardives : on fit l'acquisition, entre autres, d'une série de fresques du Dominiquin (p.90). D'autres occasions inattendues d'améliorer la représentation du XIXe siècle français et du XVIIIe siècle italien se présentèrent et on acheta un exemple de l'oeuvre du « Douanier » Rousseau (p.246) et une décoration de plafond de Tiepolo (p.101). En 1972, après une souscription publique et grâce à la générosité d'un unique donateur, la National Gallery réussit à retenir en Grande-Bretagne la composition mythologique tardive du Titien : *La mort d'Actéon* (p.77).

Plus récemment, l'éventail d'acquisitions de la Galerie s'est élargi. Certaines des acquisitions les plus importantes – mais pas toutes – sont reproduites dans ce volume qui s'efforce d'illustrer, en résumé, la richesse, la variété, l'équilibre et la haute qualité de la Collection élaborée à Trafalgar Square au cours des années. Voici quelques-unes seulement des peintures qu'on y trouve, et qui font partie de celles auxquelles pensait Sir George Beaumont : des oeuvres d'art qui représentent « un véritable intérêt national ».

Les débuts de la Renaissance italienne

La peinture du début de la Renaissance italienne constitue aujourd'hui l'un des plus beaux joyaux de la Collection, mais pendant les premières années qui suivirent la fondation de la Galerie, on attachait peu d'importance à son acquisition. A cette époque, les oeuvres de la période antérieure à Raphaël n'étaient appréciées des collectionneurs qu'à titre de simples curiosités. C'est seulement après la nomination de Sir Charles Eastlake comme premier Directeur, en 1855, qu'une politique d'acquisition des peintres dits « primitifs » fut instaurée.

On pouvait encore découvrir alors en Italie des oeuvres de haute qualité et Eastlake y fit de fréquents voyages. Ce qu'il en rapporta ne cesse de nous étonner. Il mena à bien l'acquisition d'une entière collection comprenant la *Bataille de San Romano* d'Uccello (p.27). De Piero della Francesca, l'un des peintres les plus rares et les plus estimés actuellement du début de la Renaissance italienne, il rapporta le *Baptême du Christ* (p.38) et le panneau de *Saint Michel* (p.40) qu'il conserva dans sa propre collection. Très peu des grands noms de l'époque échappèrent à son attention et il n'hésitait pas à remonter assez loin dans le temps pour acquérir, par exemple, la *Vierge et l'Enfant en gloire* de Margarito (p.14).

Les successeurs d'Eastlake partageaient pleinement son intérêt pour les peintres du début de la Renaissance italienne et, bien avant la fin du XIXe siècle, une révolution du goût artistique avait fait remonter la réputation de ces peintres et suscité une concurrence acharnée pour l'acquisition de leurs oeuvres. Dès 1900, la Collection possédait de beaux exemples illustrant le développement de la peinture italienne à partir de Duccio et comprenant des artistes vénitiens aussi bien que florentins et siennois et des écoles moins connues comme celle de Ferrare, avec comme apogée un groupe de tableaux de Botticelli d'une richesse inégalée en dehors de Florence.

Le début du XXe siècle fut marqué par d'intéressantes acquisitions, dont la *Vierge à l'Enfant* de Masaccio (p.24). Toutefois, aujourd'hui encore, il manque à la National Gallery quelques grands peintres italiens de cette époque et on s'étonne qu'une personnalité comme Ghirlandaio, idole de l'époque victorienne, soit si peu représentée. Mais la qualité et l'étendue de la Collection – allant des portraits aux retables en passant par les compositions mythologiques – sont remarquables. Il y a dans le monde peu – ou point – de musées qui incarnent d'une manière aussi frappante la peinture des débuts de la Renaissance italienne.

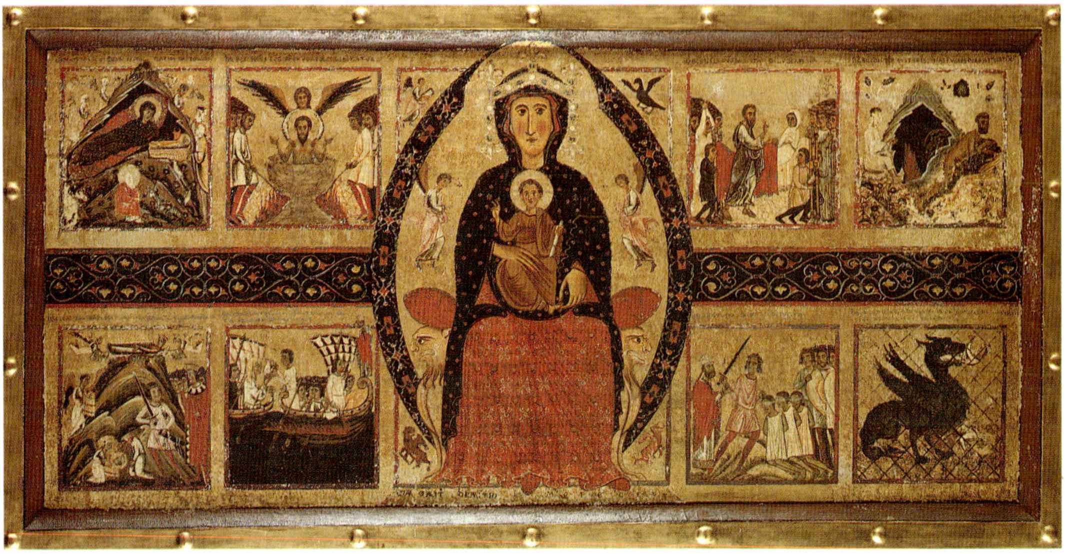

MARGARITO d'Arezzo (actif vers 1262 [?])
La Vierge et l'Enfant en gloire

« Margarito m'a fait » déclare fièrement ce tableau, en signature aux pieds de la Vierge. Le peintre était célèbre en son temps et travailla beaucoup non seulement dans sa ville natale et dans les environs, mais aussi à Rome. C'est l'un des premiers artistes italiens qui ait signé ses oeuvres et l'un des premiers représentés à la National Gallery. Ce panneau fut sans doute exécuté pour un autel et les personnages majestueux, à une grande échelle, de la Vierge et de l'Enfant sont entourés de petites scènes vivantes, représentant surtout des épisodes de vies de saints. On y voit Saint Benoît se roulant dans les ronces pour surmonter ses pensées lascives et un dragon très décoratif, de style héraldique, régurgitant intacte Sainte Marguerite qu'il avait avalée.

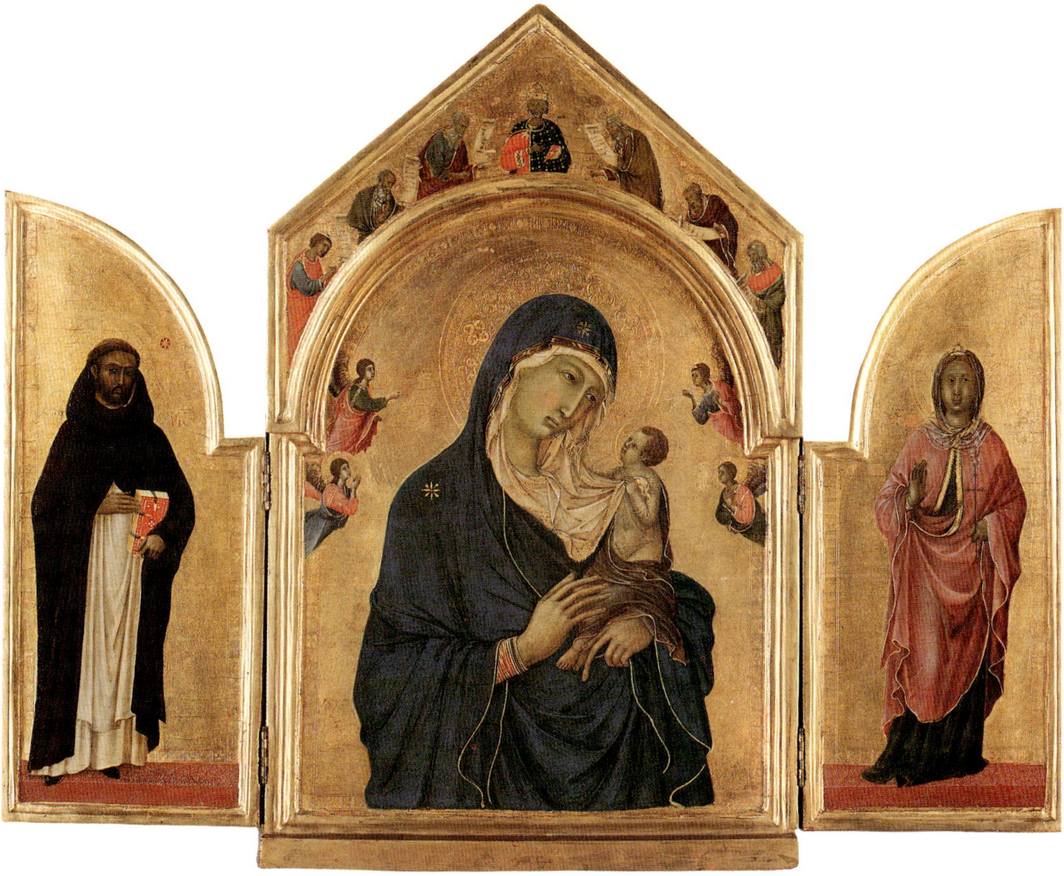

DUCCIO (actif en 1278, mort en 1319)
La Vierge et l'Enfant avec des saints

On attribue ce triptyque très bien conservé au premier grand peintre siennois, Duccio, maître de la ligne et de la couleur. Il était probablement destiné à des pratiques religieuses privées et donne une impression d'intimité tendre et en même temps de goût recherché. N'ayant aucune intention de représenter la « réalité » – si on entend par là le monde visible et quotidien –, le peintre transforme le panneau central en un paradis d'or étincelant d'où émergent des anges pour adorer l'image – conçue à une échelle beaucoup plus grande – de la Vierge qui contemple intensément l'Enfant qu'elle tient dans ses bras. L'Enfant, beaucoup moins solennel que celui de Margarito, regarde la Vierge en retour et joue avec les plis de son voile à la frange délicate. Le tableau semble vibrer d'une double impulsion de mouvement et de piété.

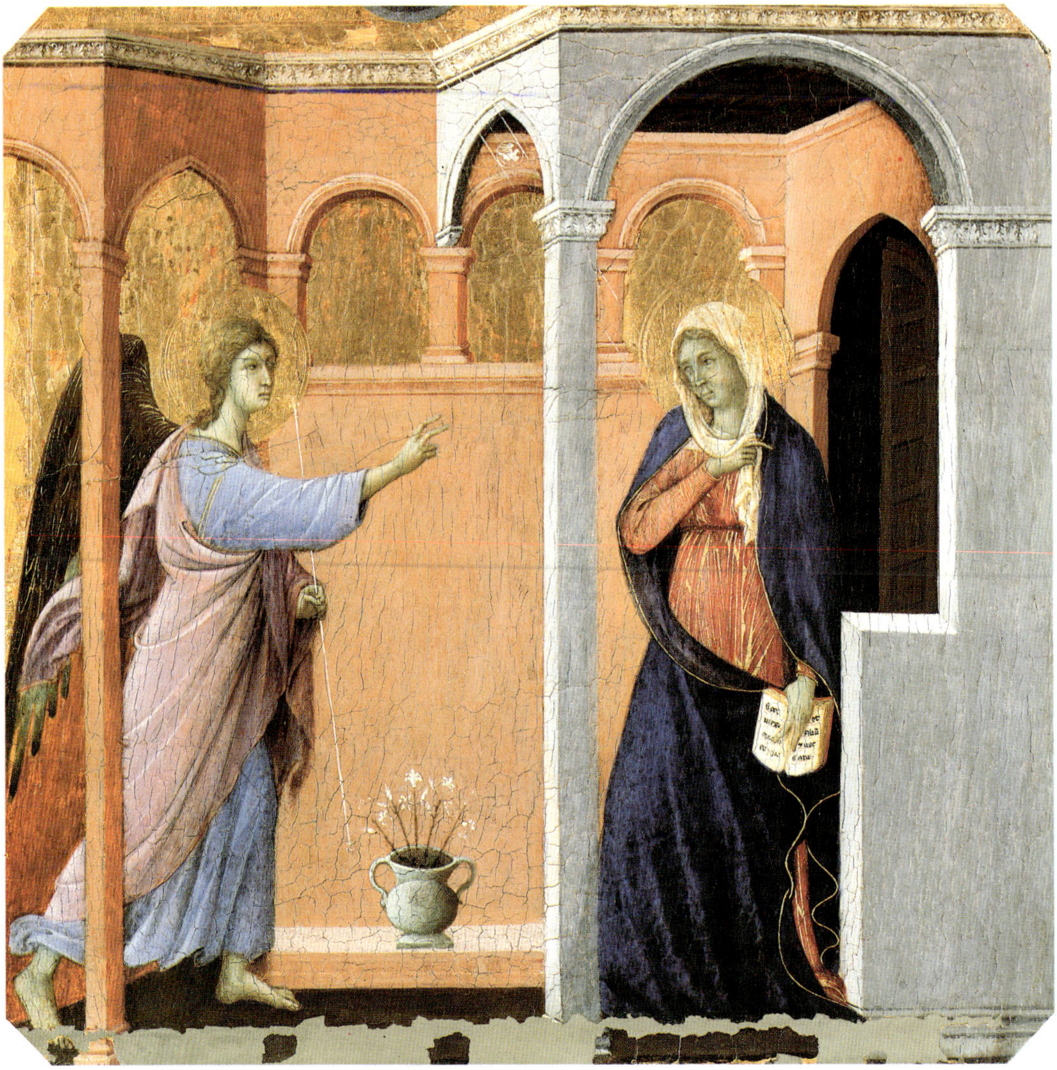

DUCCIO (actif en 1278, mort en 1319)
L'Annonciation

L'oeuvre la plus célèbre de Duccio était le retable de la *Majesté,* composé de nombreux panneaux et placé sur le maître-autel de la cathédrale de Sienne en 1311. Beaucoup plus tard, quelques uns des petits panneaux furent détachés du groupe principal et dispersés. La Galerie en possède trois, dont l'*Annonciation* qui provient du devant de l'autel. Duccio a concentré tous ses dons sur cette composition narrative qui représente l'Ange Gabriel pénétrant dans la demeure de la Vierge à Nazareth pour lui annoncer qu'elle donnera naissance au Fils de Dieu. Duccio crée une merveilleuse structure, vaguement tri-dimensionnelle, en rose et gris, s'ouvrant comme une découpe de carton sur une série d'arcades très nettes ; l'Ange entre par l'une d'elles, d'un air impérieux, vêtu de draperies de teintes célestes, mauve et bleu vif. Par la clarté des couleurs et du contour, cette oeuvre rare peut se mesurer aux plus belles interprétations du même sujet par des peintres d'époques plus tardives, comme Lippo Lippi et Crivelli (pp.29 et 54).

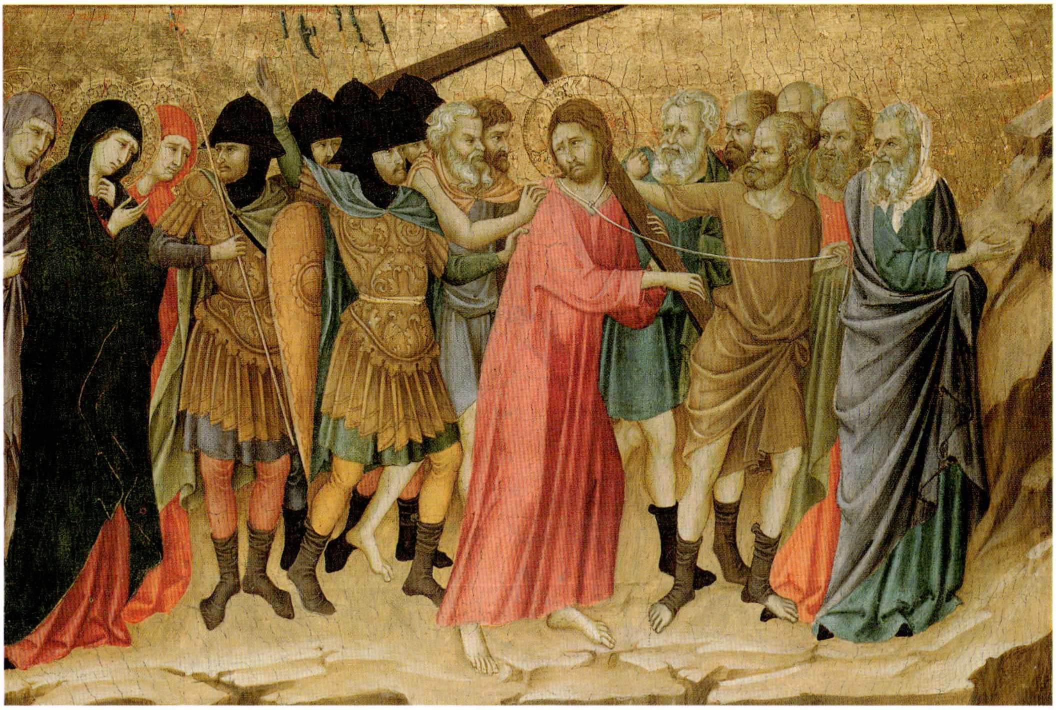

UGOLINO di Nerio (actif de 1317 à 1327)
Le chemin du Calvaire

Les réalisations de Duccio allaient inspirer plusieurs générations de peintres siennois et influencer particulièrement celle qui le suivit, dont Ugolino est un exemple remarquable. Il travailla pour l'église de S.Croce à Florence où il peignit un retable aux nombreux panneaux, dont la plupart ont survécu, bien que dispersés. Parmi les fragments que possède la Galerie se trouvent quatre panneaux de la prédelle à la base de l'autel, représentant la Passion et la Résurrection du Christ. Ugolino raconte l'histoire avec un instinct très sûr de la composition, faisant du Christ la triste figure centrale d'un drame émouvant, tiré et poussé vers la droite par la cohue des soldats, mais se retournant vers le groupe de femmes à l'extrême gauche, parmi lesquelles se trouve sa Mère éplorée.

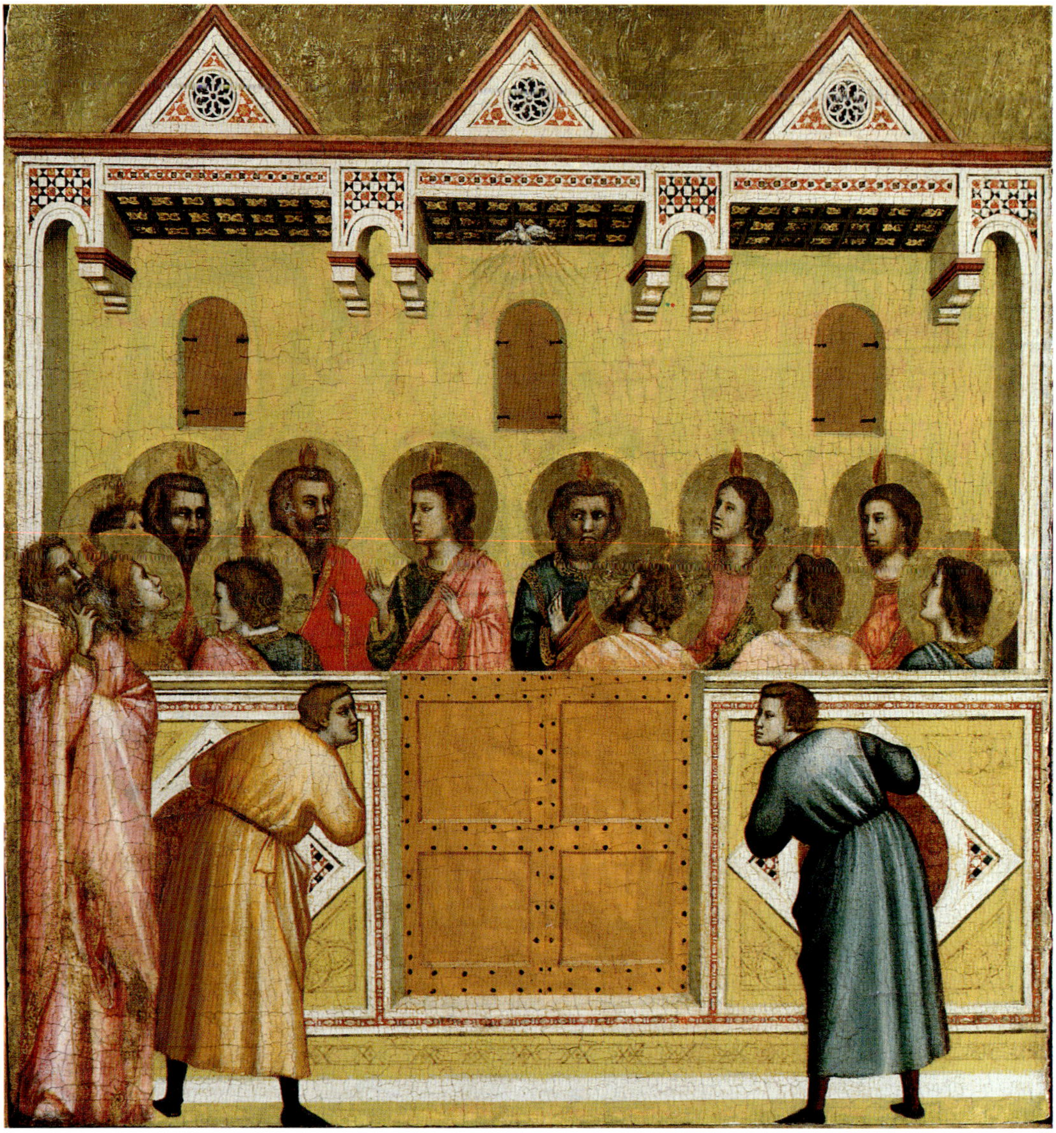

Attribué à GIOTTO (1266[?]–1337)
Pentecôte

Le fondateur de la peinture florentine fut Giotto qui nous offre une autre vision que celle de Duccio : ses décors tri-dimensionnels se peuplent de personnages d'une solidité sculpturale. Dans ce panneau, qui appartenait à un ensemble maintenant dispersé illustrant la vie du Christ, le peintre crée une pièce cubique, d'un effet géométrique marqué et d'une grande symétrie, qui renferme les Apôtres mais nous permet aussi de voir la stupéfaction des spectateurs à l'extérieur lorsque le Saint- Esprit descend sous forme de petites flammes et que les Apôtres se mettent à parler d'autres langues. Que ce tableau soit ou non de la main de Giotto, c'est en tout cas une réalisation visuelle bien étudiée et d'une logique impressionnante, d'un sujet qui ne se prête pas facilement à une interprétation picturale.

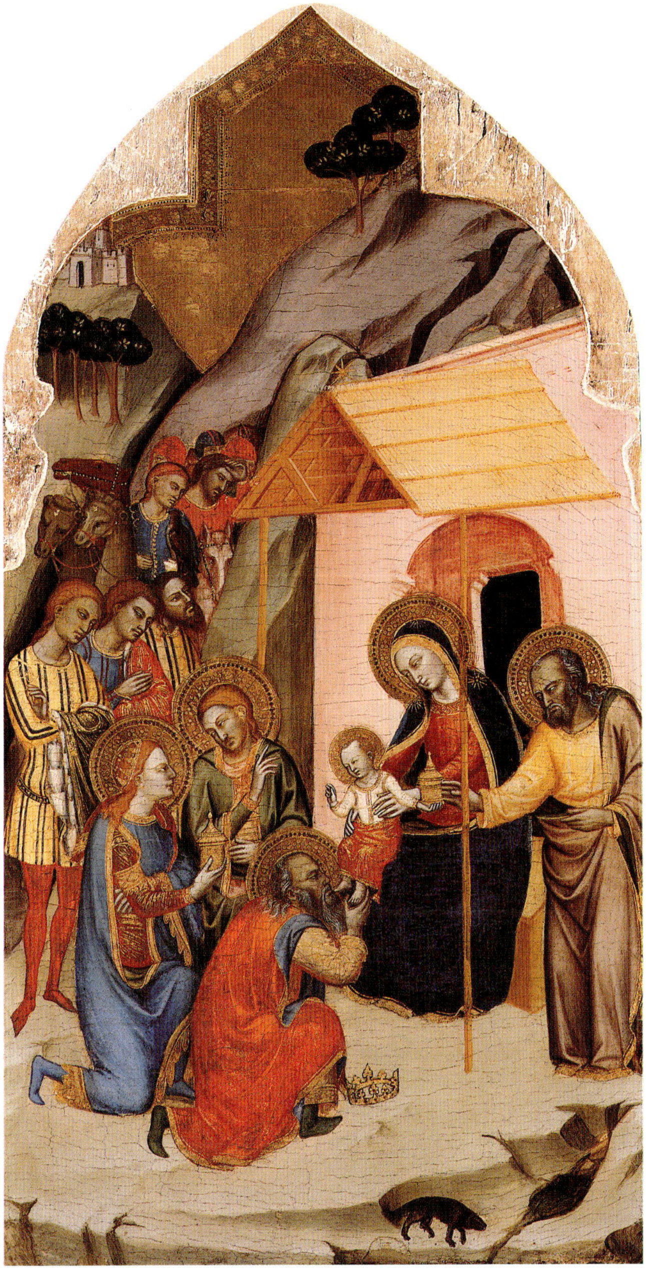

Style d'ORCAGNA (Andrea di Cione)
(actif vers 1343, mort en 1368/69)
L'Adoration des Rois

Cette *Adoration* assez peu originale, mais très agréable, est d'un style florentin courant, celui d'Orcagna. Ce dernier était mort, semble-t-il, lorsque fut entrepris le retable dont provient ce panneau, pour l'église de S.Pier Maggiore à Florence. Des fragments du retable se trouvent dans la National Gallery, y compris le *Couronnement de la Vierge* central. Le style est moins exact que celui de Giotto, plus décoratif que « réaliste », mais cette composition a de petites touches pittoresques inattendues – comme le chien à l'aspect de rongeur qui s'éloigne au trot pour aller boire à une canalisation étrangement insérée dans les rochers du premier plan.

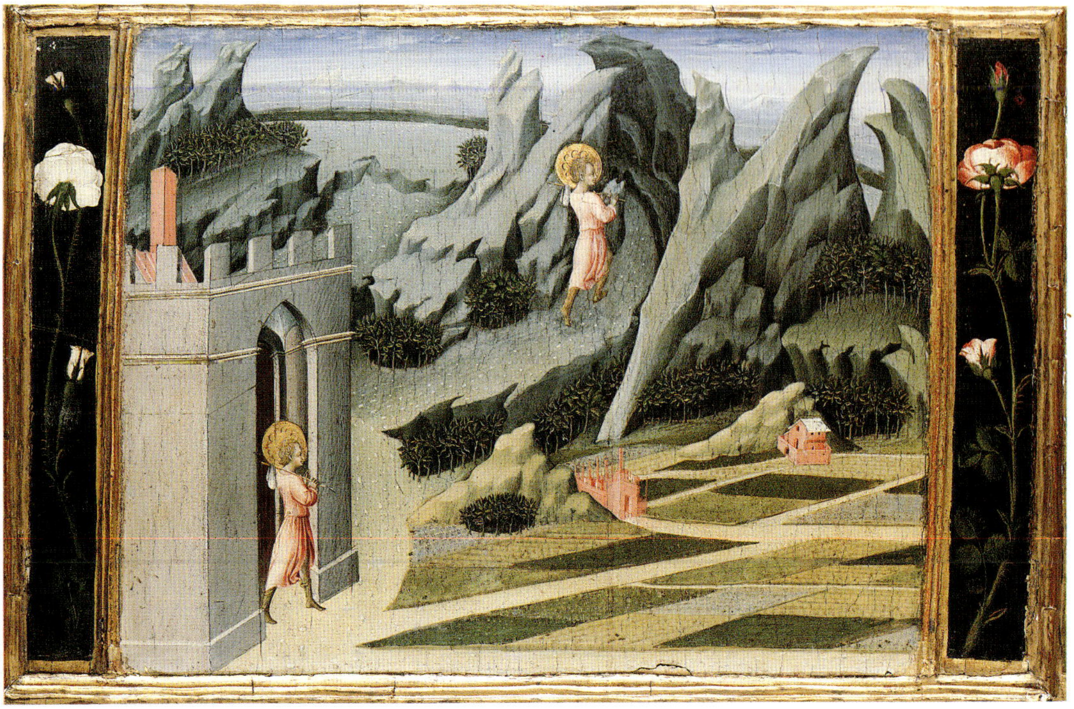

GIOVANNI di Paolo (actif en 1420, mort en 1482)
Saint Jean-Baptiste se retirant dans le désert

Il n'est pas surprenant d'apprendre que Giovanni di Paolo était siennois ; bien qu'il ait vécu jusqu'à la maturité de Léonard de Vinci, il continua à s'exprimer dans l'idiome mis au point par Duccio de nombreuses années auparavant. Mais on ne peut qualifier de « démodée » cette oeuvre d'art originale et délicate, dont la ligne est dotée d'une vitalité électrifiante. Saint Jean s'élance dans le désert montagneux où les pics déchiquetés semblent se pencher et se courber à son approche. C'est avec la même vitalité que le peintre ajoute les fioritures naturelles d'une rose blanche et d'une rose rouge qui se dressent sur leurs tiges incurvées, de part et d'autre du tableau, soulignant le charme sauvage et la douceur naturelle de la scène.

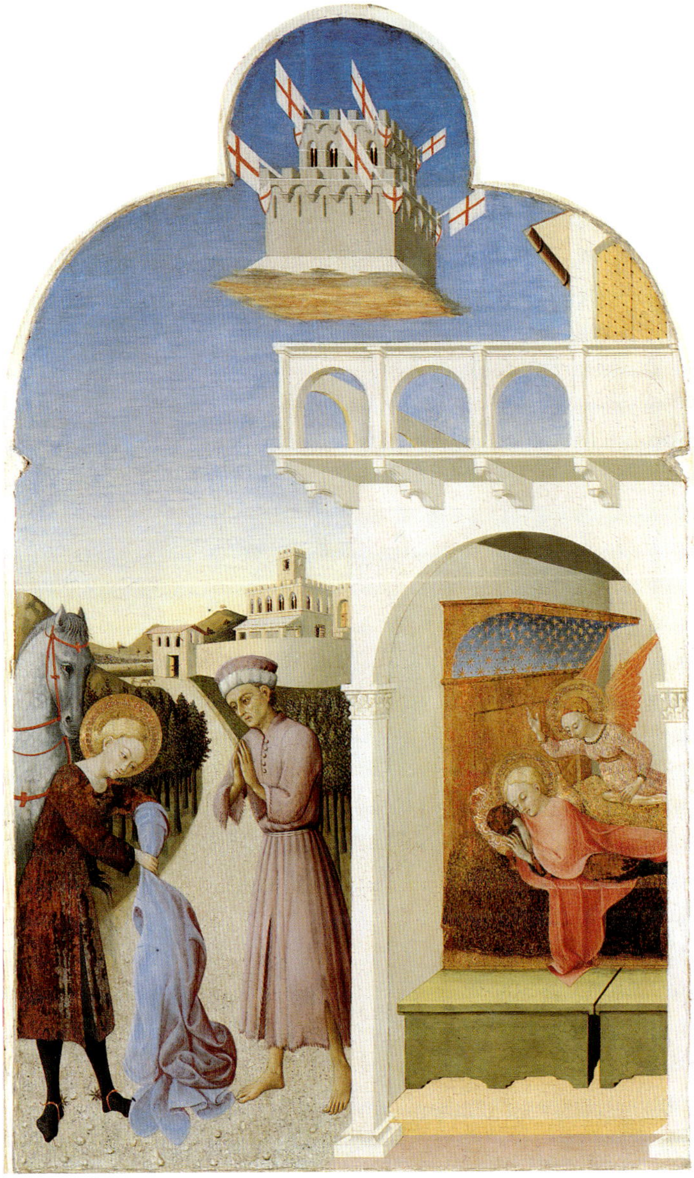

Stefano di Giovanni, dit SASSETTA (1392[?]–1450)
Le songe de Saint François

Cette composition intègre deux incidents du début de la vie de Saint François d'Assise. C'est le premier d'une séquence de huit panneaux consacrés à ce saint (dont sept sont dans la Galerie). Prospère et courtois, le jeune futur saint quitte son manteau pour le donner à un pauvre chevalier aux pieds nus dont l'indigence contraste avec, par exemple, les pieds bien chaussés et éperonnés de Saint François. Plus tard, Saint François est endormi – dans un lit céleste, avec un baldaquin d'étoiles dorées sur fond bleu – et un ange lui montre la vision d'un palais suspendu dans les airs, drapé de banderolles portant la Croix qui symbolise l'Ordre franciscain qu'il va fonder. Sassetta est le Fra Angelico de Sienne, quelque peu influencé par les soucis de perspective et d'atmosphère qui préoccupèrent la Renaissance (le ciel n'est plus représenté en or), et inspiré d'autre part par une foi sûre et sans nuages.

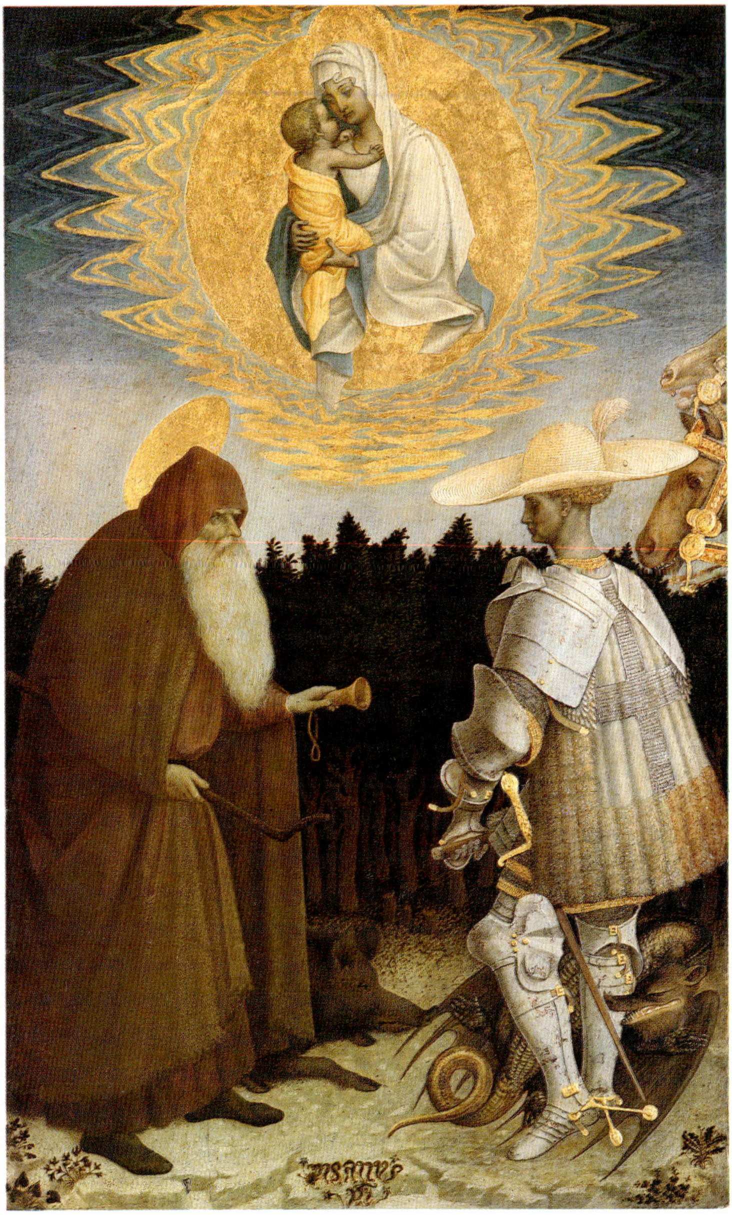

PISANELLO (vivant en 1395, mort en 1455[?])
La Vierge et l'Enfant avec des saints

Au XVe siècle, on trouvait de grands peintres un peu partout dans le Nord de l'Italie et la National Gallery peut s'enorgueillir de voir tant de ces grands noms – dont certains, comme Pisanello, sont rarissimes – illustrer sa Collection. Maître de la ligne et auteur de dessins délicats, souvent d'animaux et d'oiseaux, Pisanello apporte tous ses dons à cette composition évocatrice. La Vierge et l'Enfant sont suspendus dans une auréole, à peine perçus par les deux saints qui forment contraste, au dessous, se rencontrant à la lisière d'un bois sombre. L'hermite, Saint Antoine Abbé, arrive avec son cochon, tandis que Saint Georges, jeune guerrier impeccable en armure élégante et chapeau de paille à large bord, est accompagné de son dragon familier, très vivant et grondant de façon provocatrice contre l'animal de Saint Antoine. Pisanello tortille les herbes du premier plan pour former la signature : *pisanus/pi*(nxit).

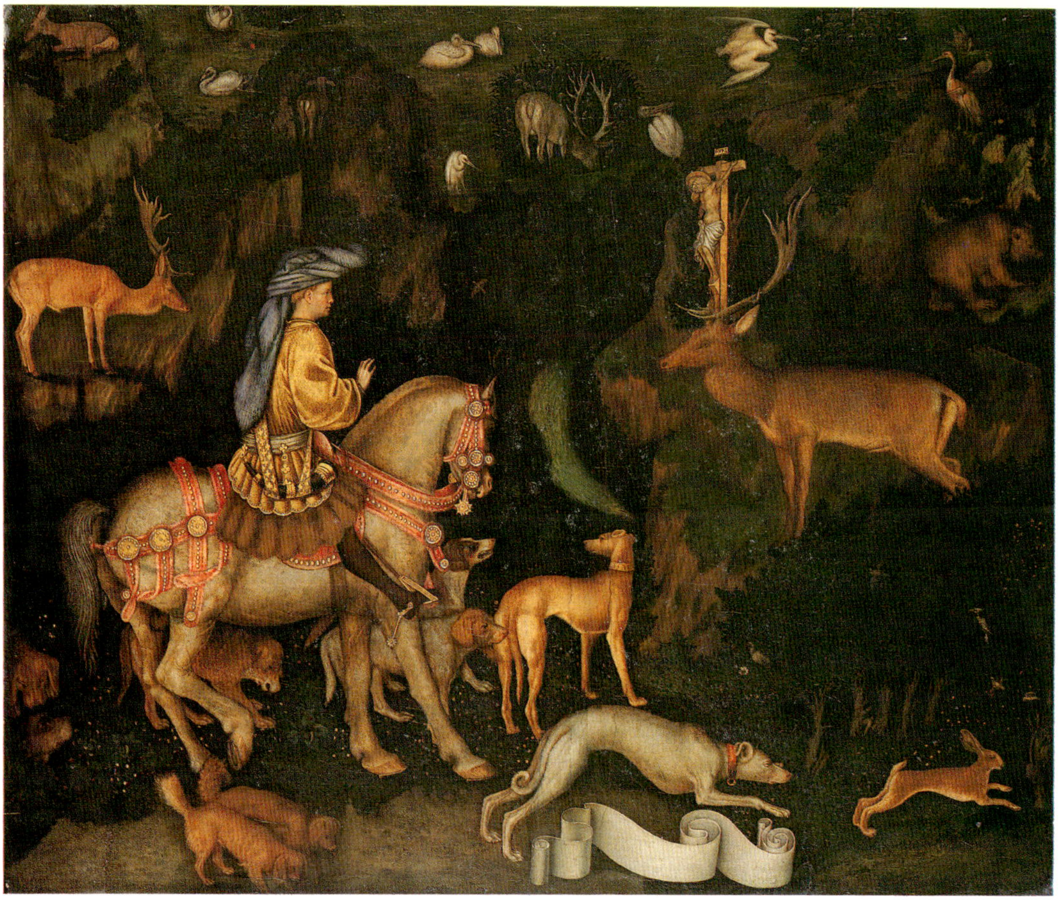

PISANELLO (vivant en 1395, mort en 1455[?])
La vision de Saint Eustache

Pisanello travailla beaucoup pour les cours et un sujet religieux et noble, comme celui-ci, convient particulièrement bien à son style. A la chasse, dans un paysage qu'animent de nombreux lapins et oiseaux ainsi que des cerfs et des chiens de chasse, le jeune saint (Saint Eustache, ou peut-être Saint Hubert) se trouve soudain confronté et converti par un cerf qui porte entre ses cornes l'image du Christ crucifié. L'effet général rappelle une tapisserie. Pisanello a complètement éliminé le ciel et utilise le fond rocheux et boisé comme un écran sur lequel se détachent les profils du saint et de son cheval richement harnaché. Dans ce monde enchanté, un miracle semble tout naturel.

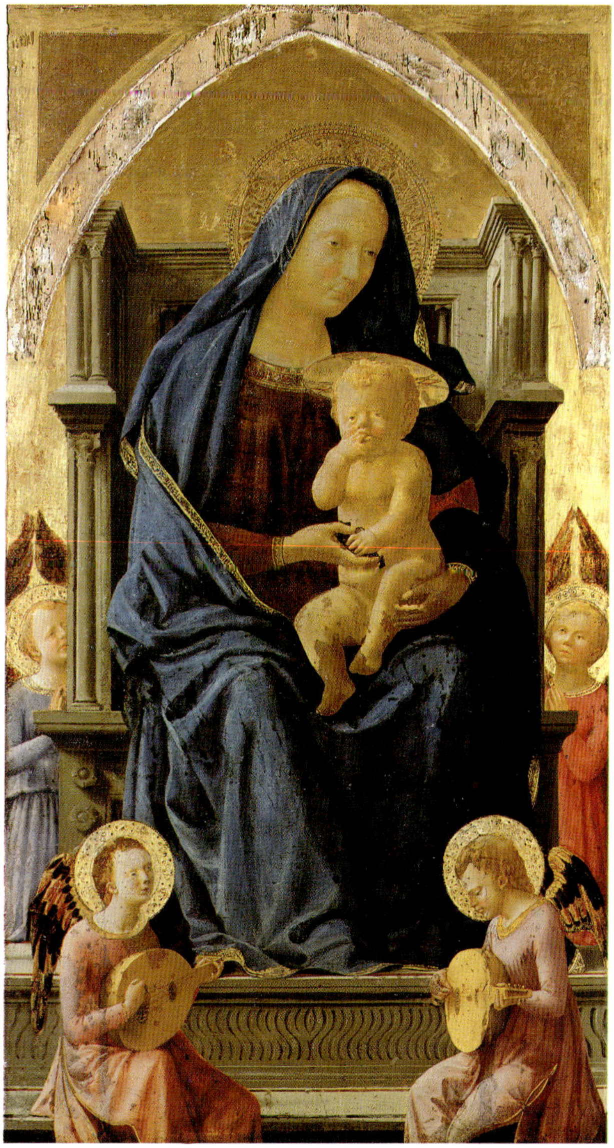

MASACCIO (1401–1427/9)
La Vierge et l'Enfant

Masaccio fut le peintre florentin le plus capable de développer les réalisations de Giotto ; mais il n'était pas le seul à Florence à se préoccuper de la logique visuelle de l'espace et du volume. Il faisait partie du triumvirat génial qui comprenait aussi le sculpteur Donatello et l'architecte Brunelleschi. Le trône de la Vierge, représenté ici avec des colonnes d'une variété étudiée et un instinct classique, doit peut-être quelque chose à Brunelleschi et le personnage monumental, énorme, de la Vierge présente une qualité très sculpturale. L'art de Masaccio est grave et sévère. Ce n'est pas pour s'amuser que l'Enfant fortement modelé mange des raisins sur les genoux de la Vierge, mais littéralement en avant-goût de la Passion. Ce tableau est le panneau central d'un retable peint par Masaccio en 1426 pour l'église de S.Maria del Carmine à Pise. Cette oeuvre de jeunesse, qui témoigne d'une si étonnante maturité, constitue une sorte de manifeste des intentions artistiques « nouvelles » de Masaccio qui, pourtant, devait mourir sans pouvoir les développer plus avant.

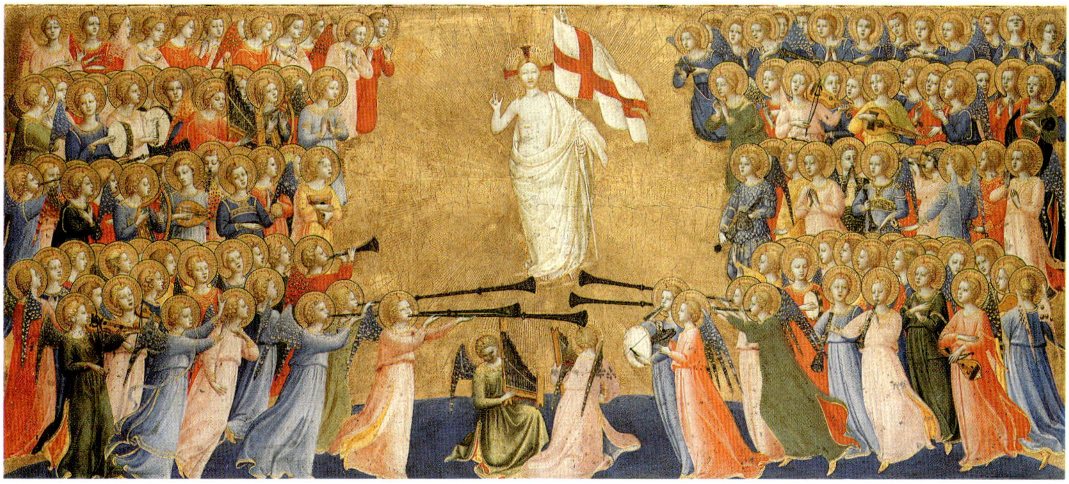

Fra ANGELICO (actif en 1417, mort en 1455)
Le Christ en gloire au royaume des cieux

L'oeuvre de Fra Angelico se compose entièrement de peintures religieuses : il incarne la foi totale, en tant que moine dominicain et en tant qu'artiste. C'est pour l'église de son monastère de S.Domenico, près de Fiesole, aux portes de Florence, qu'il peignit le retable dont provient cette prédelle centrale. Aux accords d'un orchestre d'anges assemblés, le Christ ressuscité apparaît en gloire dans le ciel. Fra Angelico (dans la vie séculaire, Guido di Pietro) est tout à fait à son aise avec ce sujet. Il dessine avec amour les différents instruments de musique – orgue, cymbales, harpes et violons ainsi que de longues trompettes – dont jouent une centaine d'anges aux ailes pailletées qui accueillent joyeusement le Rédempteur. Tout en rendant hommage à la piété de Fra Angelico, soulignons que, loin d'être un amateur naïf, il travaillait avec un art très raffiné.

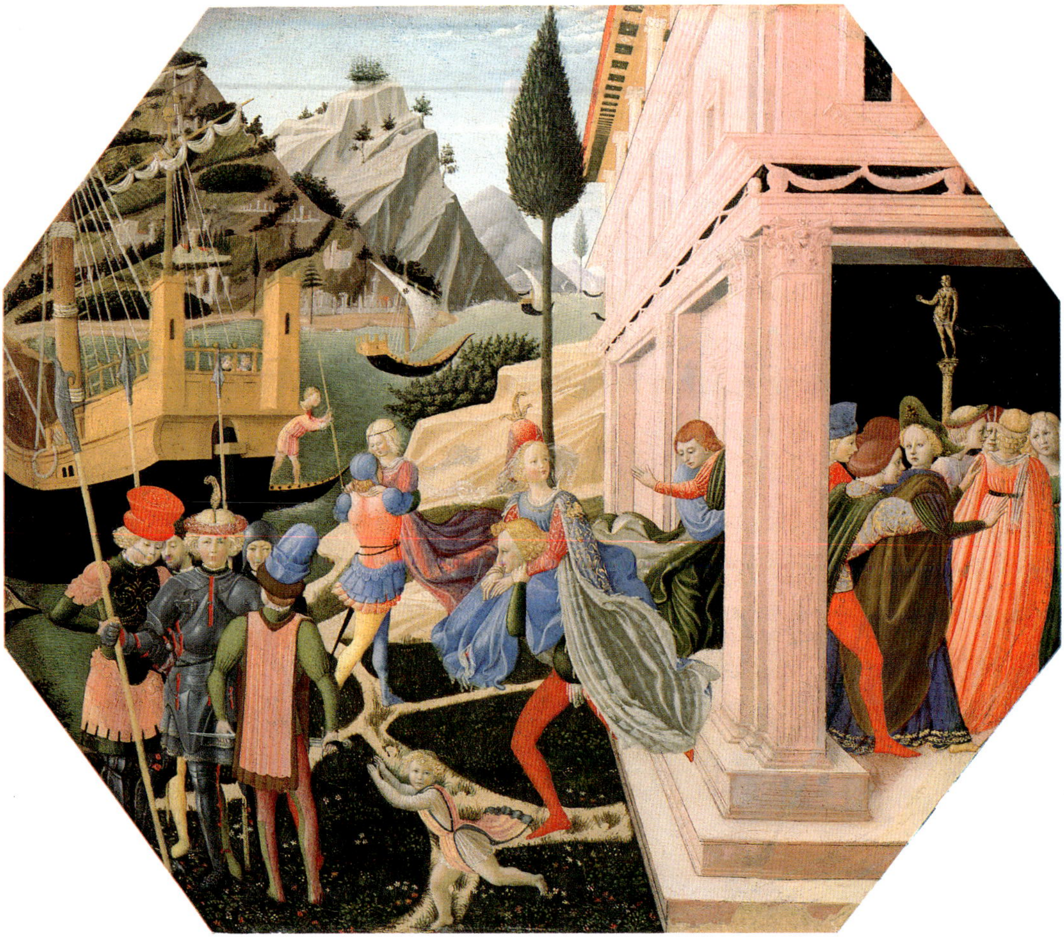

Imitateur de Fra ANGELICO (actif en 1417, mort en 1455)
Le rapt d'Hélène par Pâris

On ignore qui est l'auteur de ce merveilleux tableau florentin du milieu du XVe siècle, mais on a suggéré le nom de Benozzo Gozzoli, ancien assistant de Fra Angelico et peintre des célèbres fresques de la Chapelle Médicis. La forme du tableau suggère qu'il devait orner un meuble, peut-être un coffre, et son sujet emprunté à l'antiquité classique est typique de ce genre de décoration. Le peintre a donné à l'histoire les costumes et l'ambiance de sa propre époque. L'enlèvement par Pâris d'Hélène, épouse du roi grec Ménélas, déclencha la Guerre de Troie, mais il se déroule ici dans l'esprit d'un jeu de société dont les acteurs sont des personnages élégants aux manières raffinées. La vitalité et la précision de la vision de l'artiste sont remarquables. Du temple rose à la mer d'un vert laiteux sur laquelle flotte un vaisseau qui ressemble à un château-fort, tout est d'une netteté et d'une fraîcheur très différentes de la « réalité » ordinaire, mais inspirant une conviction absolue.

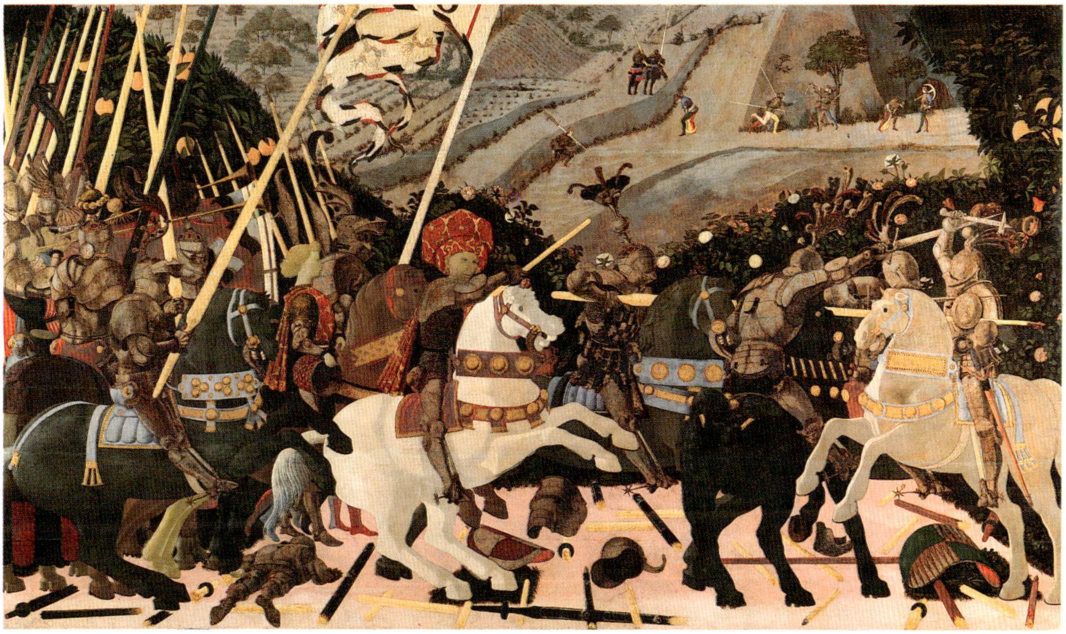

Paolo UCCELLO (vers 1397–1475)
La bataille de San Romano

C'est l'une des trois scènes de la bataille de San Romano peintes par Uccello qui étaient accrochées ensemble dans le palais des Médicis à Florence. La bataille avait eu lieu en 1432, entre Florentins et Siennois, et ici le commandant florentin victorieux, Niccolò Mauruzi da Tolentino, s'élance en avant sur un cheval blanc, en brandissant un bâton qui pourrait être celui d'un chef d'orchestre ou d'un organisateur de tournoi. Sur une estrade bordée de rosiers et d'orangers, la bataille se transforme en cortège d'oriflammes, d'armures, de chevaux qui caracolent et de chevaliers à visières qui échangent des coups sans verser de sang. Le page de Niccolò se jette impunément dans la mêlée, tête nue, tenant à la main un casque qui ressemble à une corbeille à papier laquée. Uccello se plaît à en dessiner les contours – comme du reste tous les contours –, si bien que le sol avec son damier de lignes verticales et horizontales (constitué par les lances) prend la qualité abstraite d'un Mondrian.

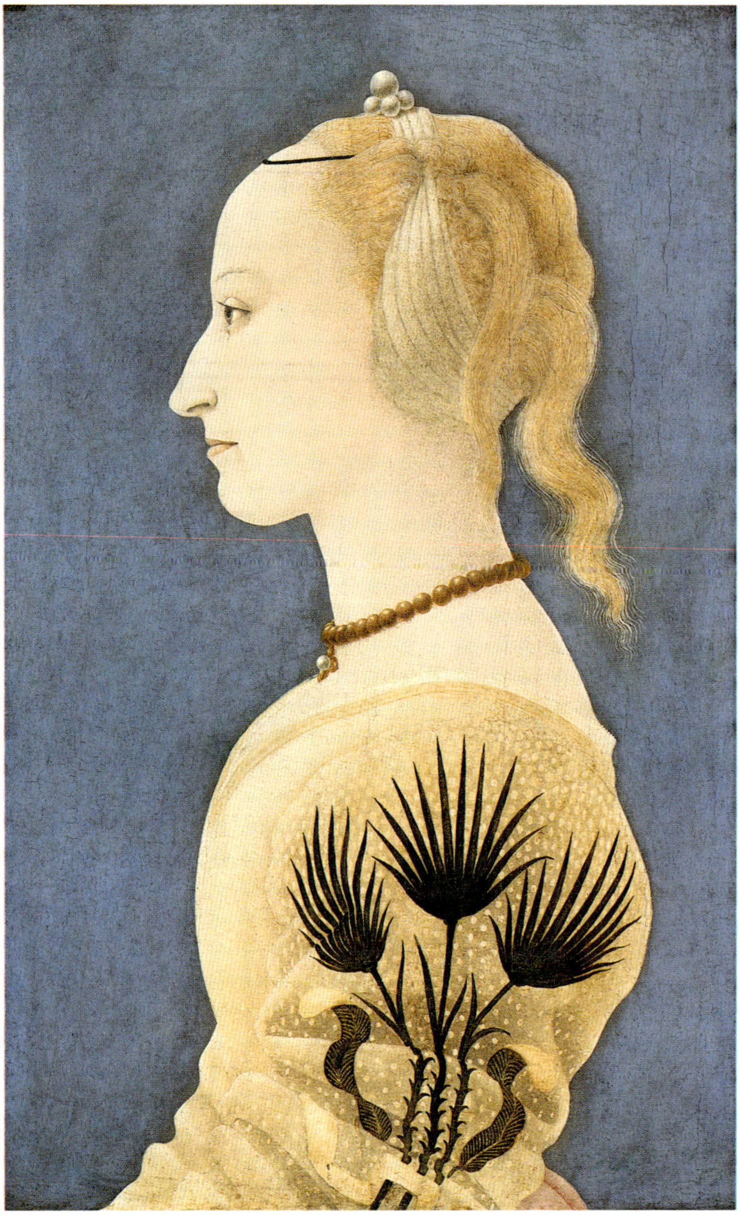

Alesso BALDOVINETTI (vers 1426–1499)
Dame en jaune

L'intérêt que portait la Renaissance à tout ce qui était humain a encouragé le développement du portrait – et pas seulement de ceux de personnages célèbres. Le portrait de profil se développa particulièrement à Florence, sans doute influencé par les monnaies et médailles classiques, et offrant en même temps l'occasion du dessin incisif qui caractérisait toujours l'art florentin. Le portrait féminin était assez rare avant le XVe siècle et fleurit, lui aussi, à Florence. Baldovinetti a été quelque peu éclipsé par ses grands contemporains comme Uccello, mais il révèle ici un grand sens de la composition. Il souligne la chevelure blonde du modèle par une robe jaune – couleur peu habituelle pour un costume –, lui donne un air raffiné et une pâleur délicate, et ajoute une autre note individuelle avec les trois palmes noires hérissées qui se tortillent comme du fer forgé au lieu de suivre la ligne de sa manche brodée.

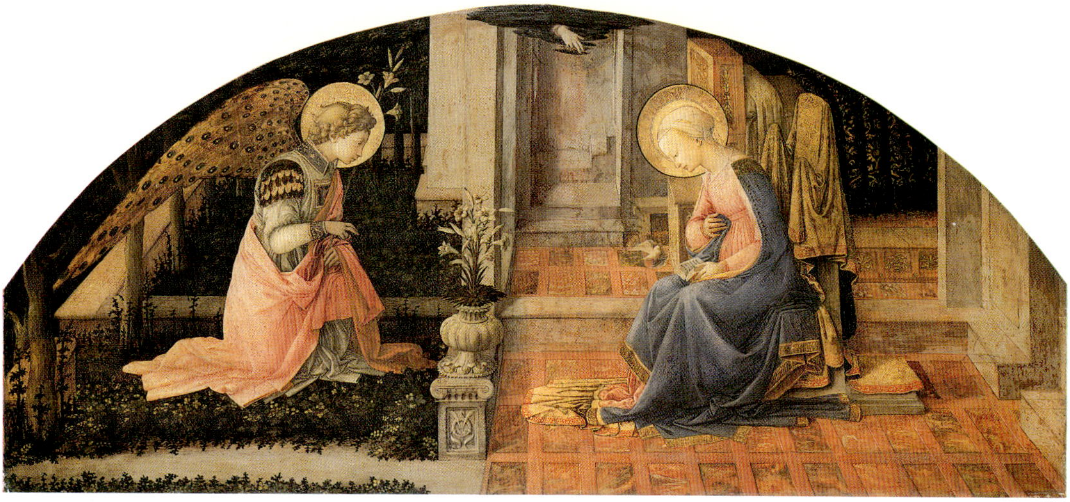

Fra Filippo LIPPI (vers 1406[?]–1469)
L'Annonciation

La famille Médicis avait probablement commandé ce tableau, sans doute à l'occasion de la naissance espérée d'un héritier, car sur la balustrade basse, entre la cour de la Vierge et son jardin, sous le pot de lys, le peintre reproduit un emblème favori des Médicis : trois plumes dans un anneau de diamant. La provenance du tableau est intéressante pour la National Gallery puisqu'il est entré dans la Collection comme don du premier Directeur, Sir Charles Eastlake : geste élégant qui n'est pas à la portée de tous les directeurs de musée. Les Victoriens tenaient sans doute ce peintre en plus grande estime que la plupart des historiens de l'art de nos jours, mais cette belle oeuvre mérite sa popularité. Lippi divise la composition entre l'intérieur dallé de la maison de la Vierge (où on entrevoit son lit) : rencontre charmante de deux mondes. Les profils nimbés de la Vierge et de l'Ange Gabriel se font pendant. Ils se saluent d'une légère inclinaison de tête, elle, humblement, dans son ambiance domestique, lui – présence exotique qui semble planer sur des ailes de paon –, un peu timidement, arrivant du ciel pour saluer la future mère du Sauveur.

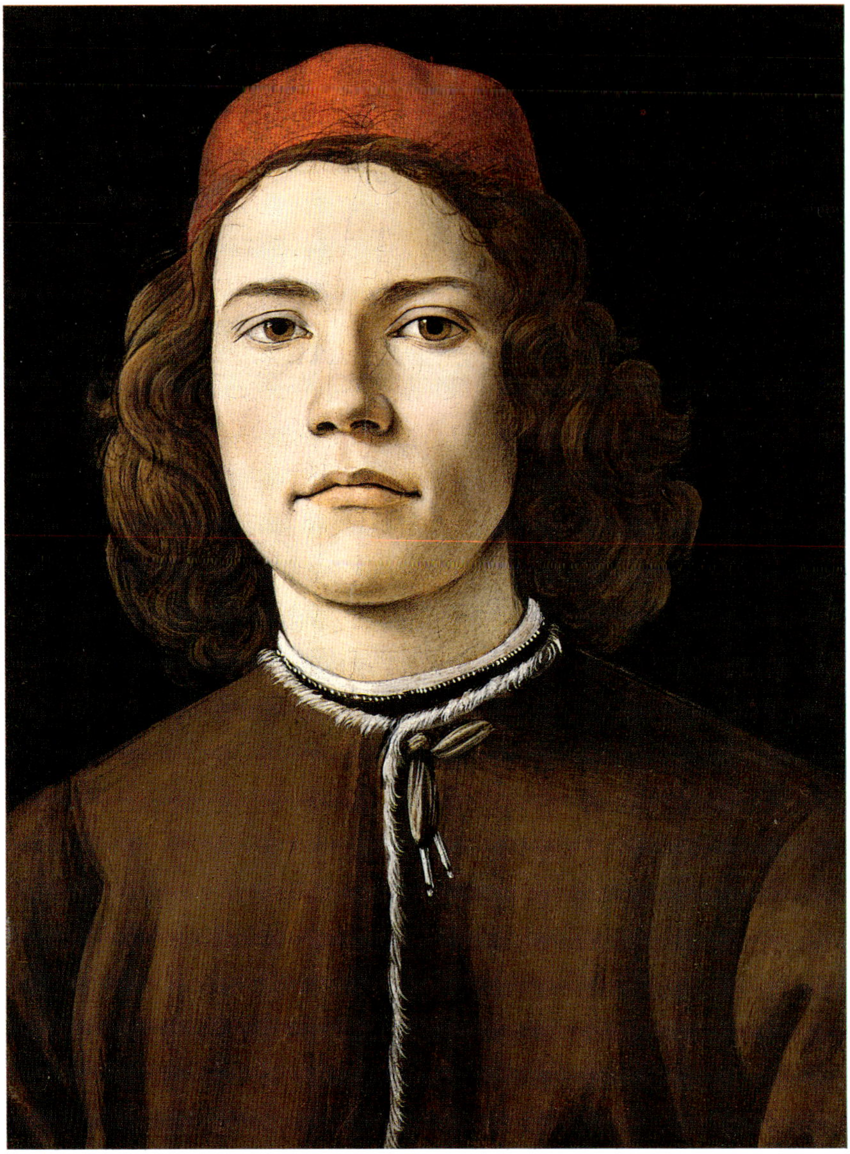

Sandro BOTTICELLI (vers 1445–1510)
Portrait de jeune homme

Après le profil typique de Baldovinetti (p.28), c'est un choc de se trouver en présence du portrait par Botticelli d'un jeune homme à l'air impassible qui fixe directement le spectateur. Maître incontesté de la ligne, Botticelli semble se préoccuper tout autant, ici, du modelé des plans du visage par la lumière et l'ombre, si bien que la tête se détache en relief de façon réaliste. La ligne reprend ses droits dans le dessin des paupières et la chevelure forme un motif d'ondulations très particulier à l'artiste. Le résultat tient à la fois du réel et de l'idéal : c'est le portrait d'un Florentin qui a existé, mais qui se confond, sous le pinceau de Botticelli, avec les visages d'anges qu'il aime à représenter dans ses tableaux religieux, se pressant autour de la Vierge.

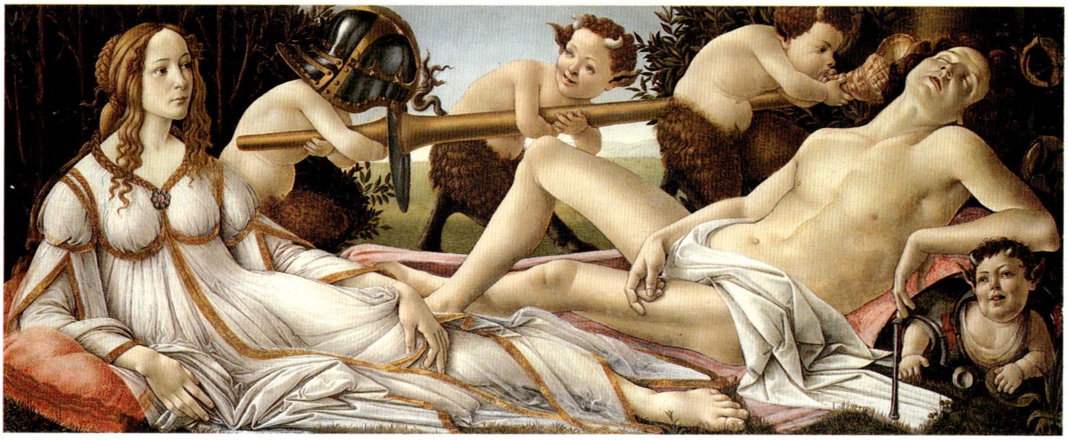

Sandro BOTTICELLI (vers 1445–1510)
Vénus et Mars

C'est le seul tableau mythologique de Botticelli qui se trouve en dehors de l'Italie. Sa présence dans la Collection, avec d'autres compositions rares du peintre, révèle la popularité dont celui-ci jouissait en Angleterre au XIXe siècle et qui contribua à un renouveau d'intérêt pour l'artiste et son oeuvre. Chez Botticelli, les sujets païens sont traités avec un sérieux qui était jusque-là réservé aux thèmes chrétiens. Sa déesse Vénus n'est pas seulement belle, mais donne une impression de puissance, élégamment étendue près de la mer dont elle est sortie jadis, enveloppée d'une robe blanche qui ondule et tournoie en innombrables plis souples. Les bébés-satyres qui s'amusent avec l'armure du dieu nu vont peut-être, sur l'ordre de la déesse, l'éveiller de son profond sommeil et l'amour l'emportera une fois de plus sur la guerre.

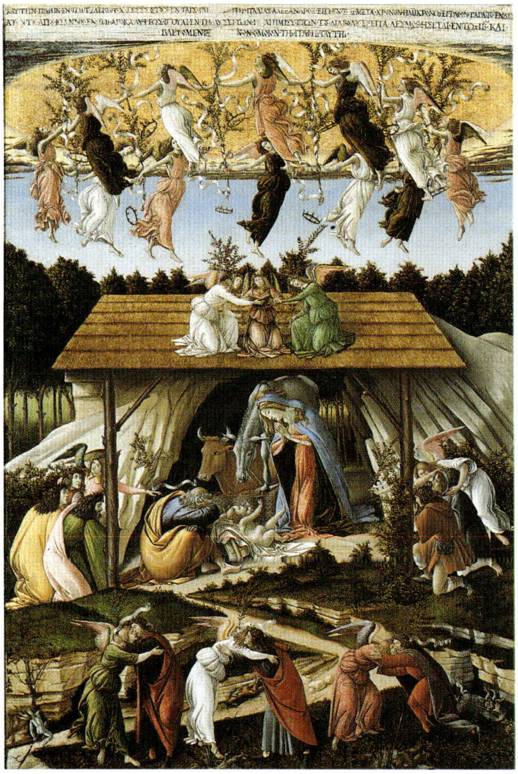

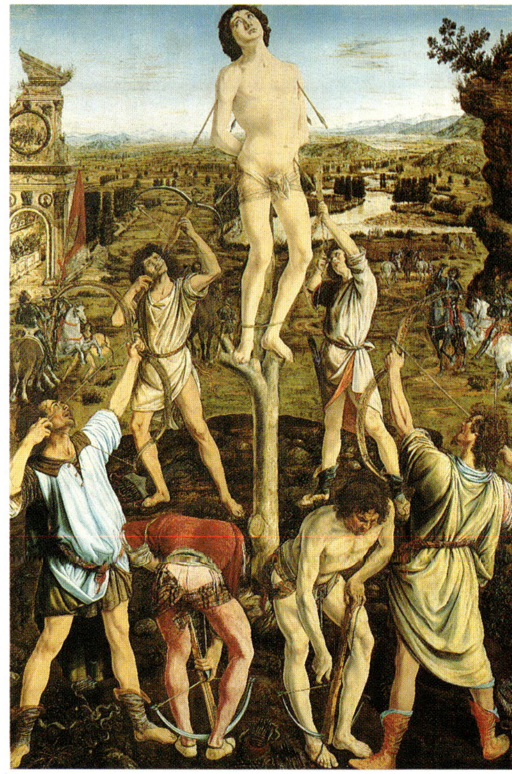

Sandro BOTTICELLI (vers 1445–1510)
Nativité mystique

Botticelli donne à ses tableaux une individualité presque troublante. Sa pensée est toujours originale, et plus que jamais dans cette interprétation inédite d'un sujet familier. Que signifie vraiment, semble-t-il demander, la naissance de Dieu sous une forme humaine et la réjouissance des anges dans le ciel, chantant la paix sur la terre aux hommes de bonne volonté? Il pose cette question avec un à-propos particulier car il peignait ce tableau vers 1500, « au milieu des troubles de l'Italie », comme le déclare l'inscription grecque en haut de la composition. La naissance du Christ est considérée pour ainsi dire de façon cosmique. Dans un ciel d'or fondu, des anges enlacés dansent parmi des branches et des couronnes de laurier. Sur terre, trois anges embrassent trois mortels et d'autres guident les groupes de bergers et de rois, tous couronnés de lauriers et représentés dans le même esprit, pour aller adorer l'Enfant, Prince de la Paix.

Antonio et Piero del POLLAIUOLO (vers 1432–1498 ; vers 1441–vers 1496)
Le martyre de Saint Sébastien

Les dimensions de ce retable sont imposantes (près de trois mètres de hauteur), même pour la Renaissance florentine du XVe siècle. Les frères Pollaiuolo y ont sans doute collaboré. Il fut peint pour l'Oratoire de Saint Sébastien dans l'église de SS. Annunziata et commandé par un membre de la famille Pucci. Selon une ancienne tradition, le modèle du saint aurait appartenu à une autre grande famille florentine. Le paysage est certainement calqué sur celui de la vallée de l'Arno, près de Florence et les corps des archers ont visiblement été étudiés sur le vif. Le tableau établit un niveau de naturalisme presque scientifique très éloigné de Botticelli, anticipant la manière de Léonard de Vinci, qui avait une vingtaine d'années à cette époque.

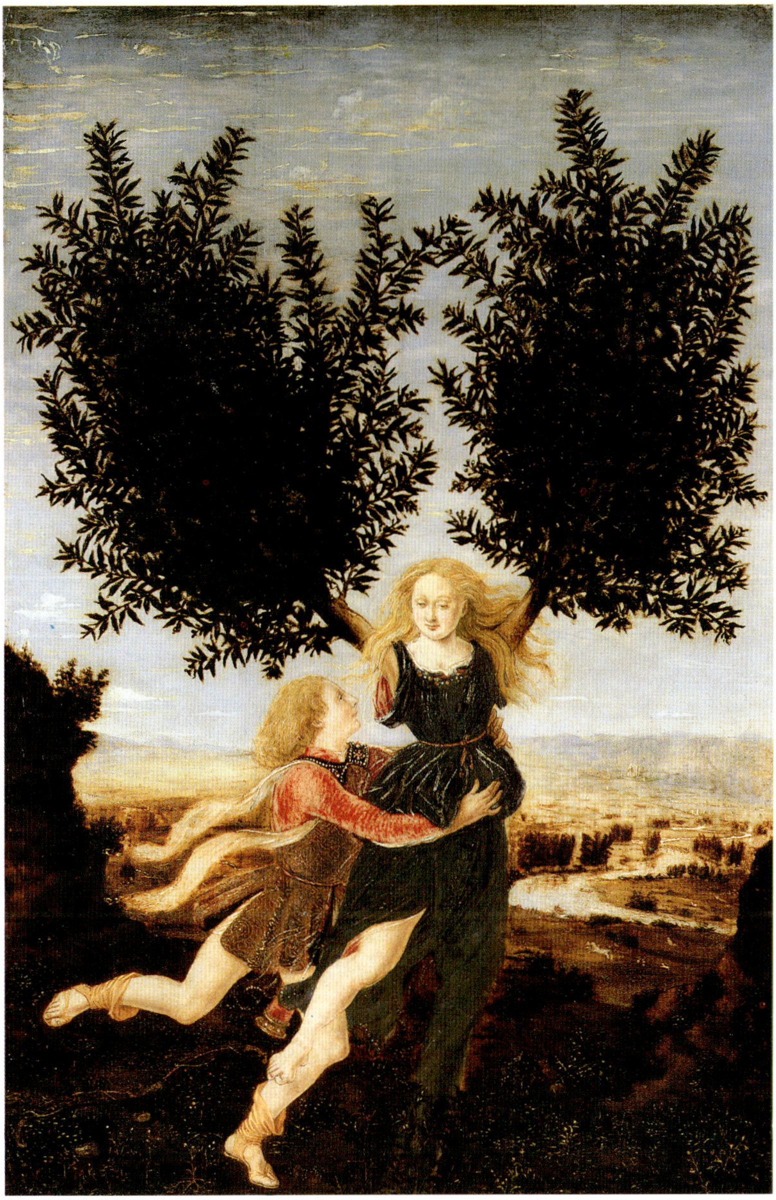

Antonio et Piero del POLLAIUOLO
(vers 1432–1498 ; vers 1441–vers 1496)
Apollon et Daphné

L'échelle de ce tableau – haut d'une trentaine de centimètres – forme un brusque contraste avec celle du *Martyre de Saint Sébastien.* Et malgré l'attribution ci-dessus, il est difficile de croire que les deux artistes – même étant frères – aient pu y travailler ensemble. La qualité de l'oeuvre laisse supposer que l'auteur est probablement Antonio, le plus doué des deux, sculpteur et orfèvre, qui était capable de donner à ses personnages l'énergie nerveuse incarnée ici par un Apollon athlétique et la rapidité de métamorphose de Daphné qui se transforme en laurier au moment-même où le dieu essaie d'étreindre son corps. La poésie intense de la scène est renforcée par le décor de la Toscane natale du peintre où Apollon revit en costume florentin du XVe siècle.

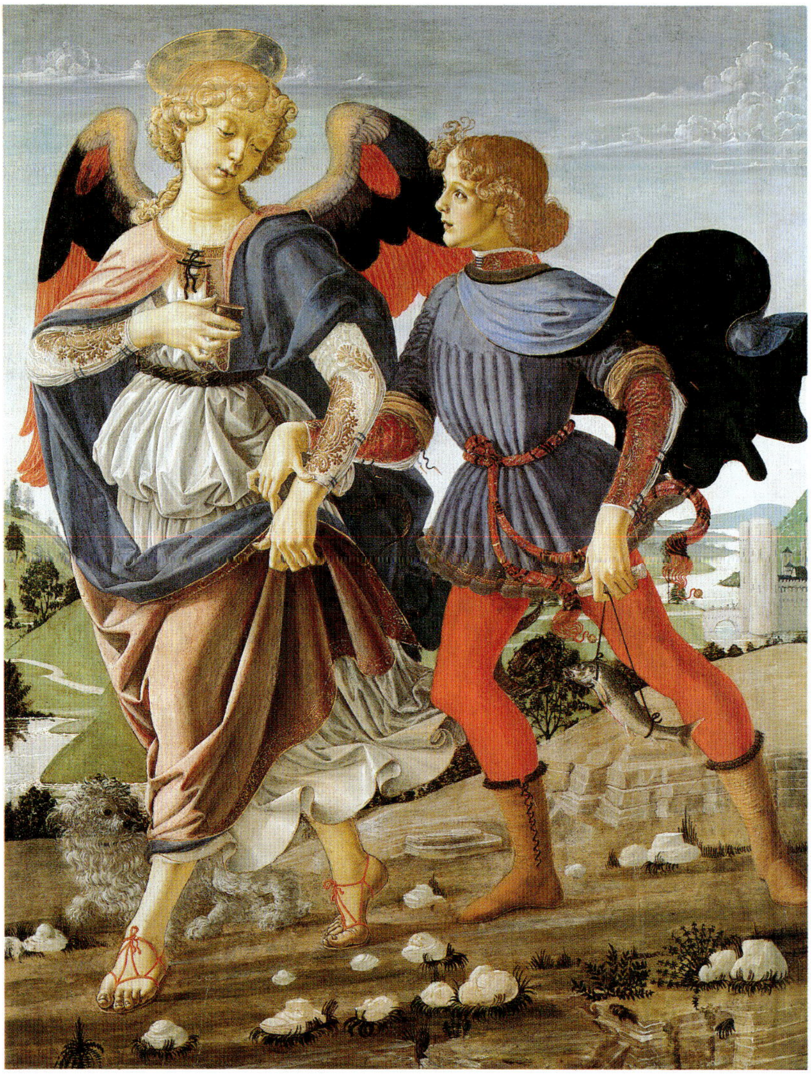

Imitateur d'Andrea del VERROCCHIO (vers 1435/1488)
Tobie et l'Ange

Pour beaucoup de visiteurs, la National Gallery toute entière se résume dans ce tableau, célèbre à juste titre, qui y est accroché depuis plus d'un siècle. Notre ignorance du nom de son auteur ne nous empêche pas d'apprécier sa maîtrise. Le style rappelle le grand artiste florentin Verrocchio, surtout connu comme sculpteur. Le tableau incarne un climat artistique de conviction absolue et d'optimisme. Le jeune Tobie prend le bras de l'ange avec une foi confiante et se voit obligé – ainsi que son chien laineux qu'il ne faut pas oublier – d'allonger le pas pour s'accommoder à la vélocité angélique si bien indiquée. L'histoire finit bien. Tobie va rentrer chez lui avec le poisson dont la bile guérira la cécité de son père. Au-delà de cette histoire, il y a une signification plus large : dans le voyage de la vie, les hommes doivent avoir la foi, avoir confiance en leurs anges gardiens, et eux aussi atteindront le ciel qui les attend.

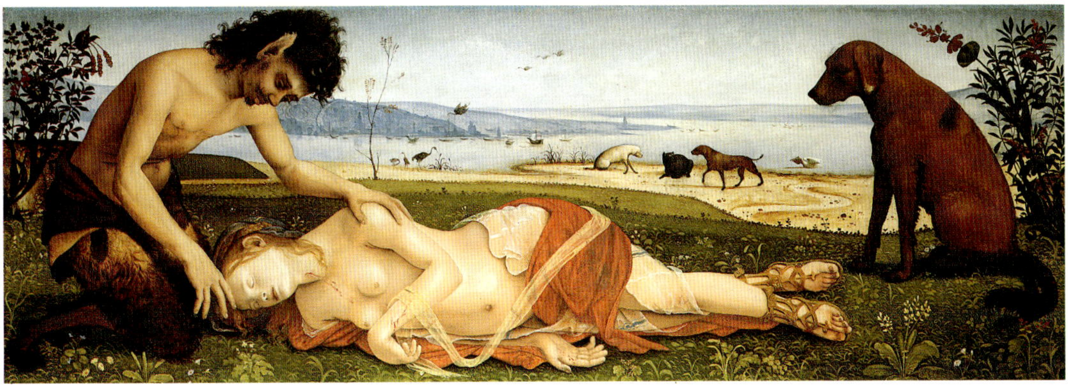

PIERO di Cosimo (vers 1462–après 1515)
Sujet mythologique

Sur la rive salée d'un estuaire glacial, une femme est étendue, mourante, ou peut-être déjà morte, blessée à la gorge. A ses pieds et à sa tête sont accroupis un chien et un faune poilu ; le chien regarde tristement le faune qui veille la femme, mais ne peut que la pleurer. On ignore quelle est la légende mythologique illustrée ici. Mais ce qui est clair, c'est la sympathie profonde de Piero di Cosimo pour les bêtes sauvages et les endroits déserts. Il donne un caractère poignant à la mort, dans cette Arcadie de chiens et d'oiseaux où la terre revêtue d'herbe forme une bière pour la femme. On ne s'étonne pas d'apprendre que le peintre de ce tableau ait conçu pour le Carnaval de Florence un Char de la Mort et que sa peur obsessionnelle de la mort, son amour des animaux et son indifférence au succès matériel l'aient fait passer pour un original.

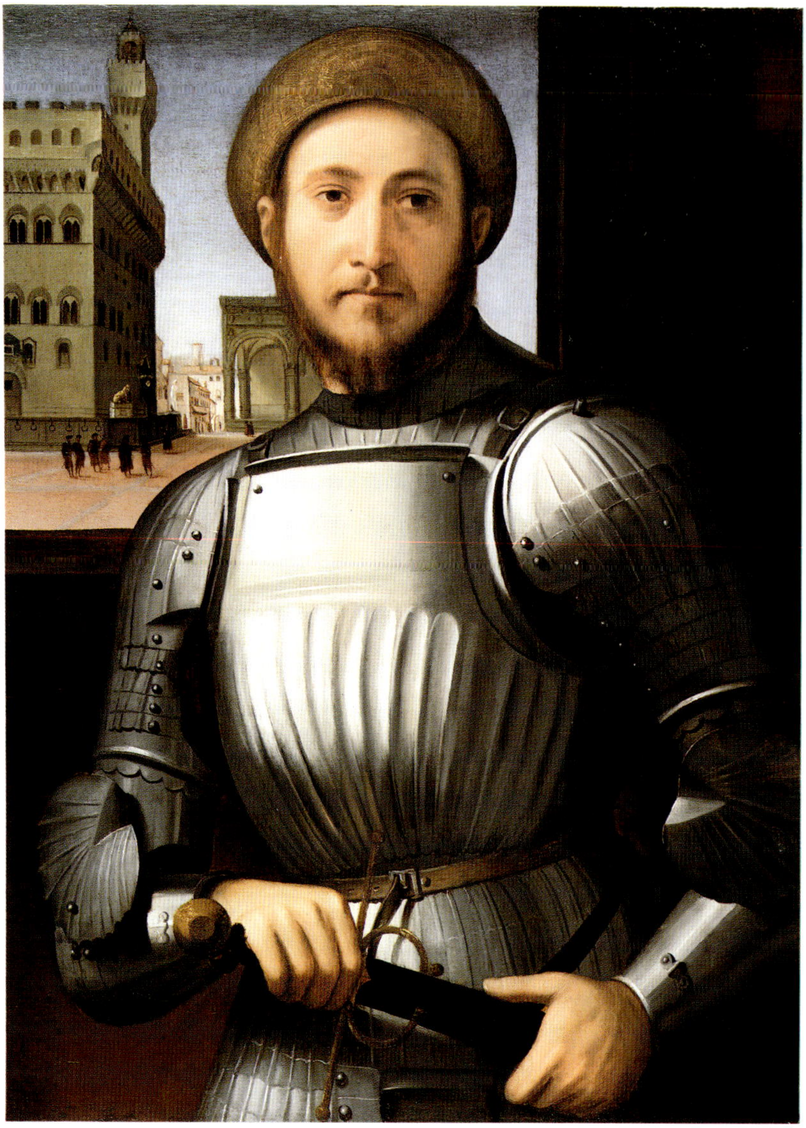

Attribué à PIERO di Cosimo (vers 1462–après 1515)
Homme en armure

On ne connaît ni le sujet ni le peintre de ce portrait fascinant, et c'est sans doute l'air de chien triste du modèle qui a fait attribuer le tableau à Piero di Cosimo. La vue du fond situe le décor à Florence et représente le siège du gouvernement, le Palais de la Signorie, avec le célèbre *David* de Michel-Ange érigé en 1504. Le modèle médite à la façon de Hamlet, une main posée sur son épée comme s'il hésitait à la tirer. Mais il monte peut-être la garde sur Florence à l'époque où la famille Médicis en est bannie, incarnant la ferme résolution de défendre la République.

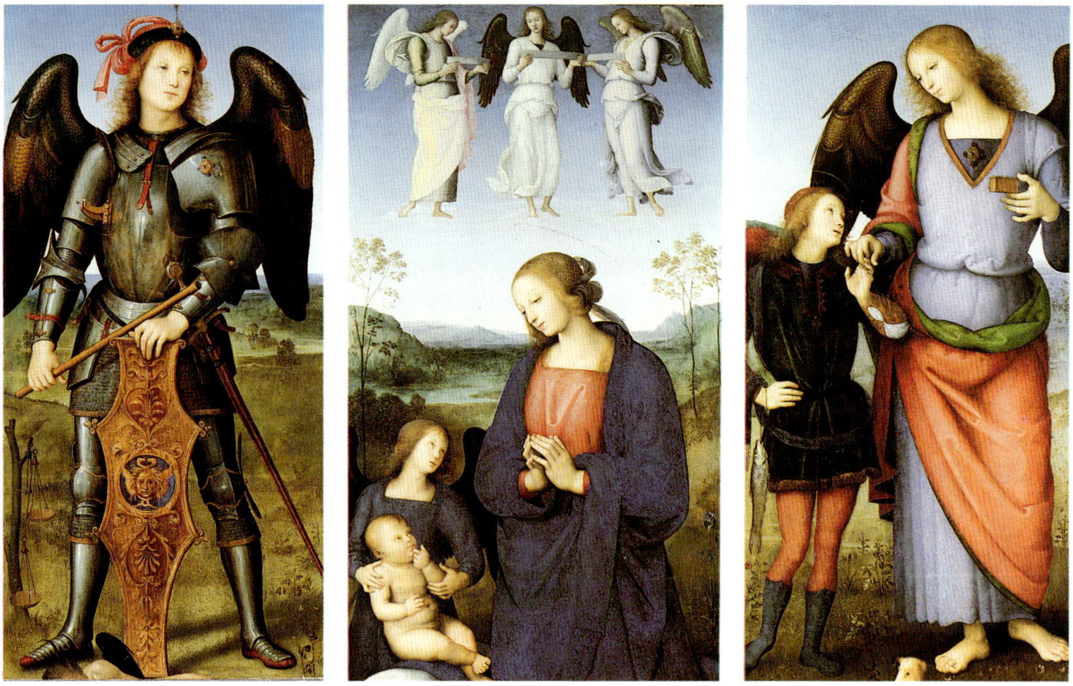

Pietro Vannucci, dit le PERUGIN (vivant en 1469, mort en 1523)
La Vierge et l'Enfant avec Saint Michel et Saint Raphaël

Ces trois panneaux font partie d'un retable commandé pour la Chartreuse de Pavie à un peintre habituellement associé à la ville qui est à l'origine de son surnom : Pérouse. Peintre prolifique et professionnel, le Pérugin eut beaucoup de succès de son vivant et auprès de la postérité, du moins jusqu'au XIXe siècle. Ce fut l'un des premiers peintres du début de la Renaissance italienne représentés dans la Galerie (l'acquisition de ces panneaux date de 1856). De nos jours, son style tranquille typique de l'Ombrie – un peu terne peut-être, malgré son talent – est moins en faveur. Dans ces compositions d'une douce luminosité – celle de Saint Michel en particulier – il atteint un équilibre qui semble symboliser sa situation historique, élève de Piero della Francesca et, selon la tradition, maître de Raphaël.

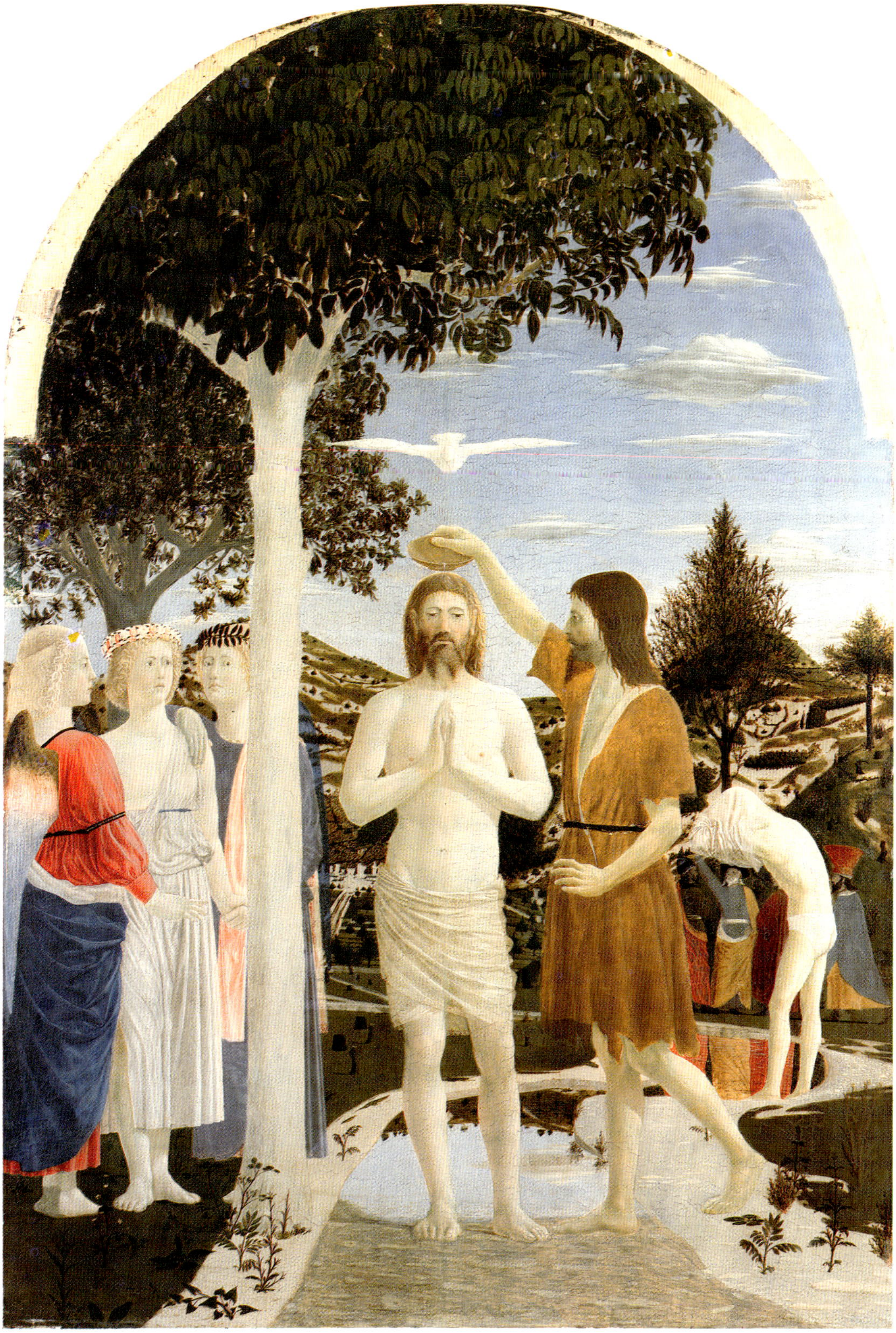

PIERO della Francesca (actif en 1439, mort en 1492)
Le Baptême du Christ

Piero della Francesca peignit ce retable pour le prieuré de Saint Jean-Baptiste dans sa ville natale de San Sepolcro en Ombrie, et on voit la ville en arrière-plan. Le tableau n'est pas daté mais on le considère généralement comme une oeuvre de jeunesse. En tout cas il révèle l'originalité de Piero, à la fois par sa conception et son exécution. Les tonalités pâles rappellent celles d'une fresque. Les personnages sont idéalisés, statuesques : leur chair semble composée de milliers de petites particules, comme des parcelles d'atmosphère comprimées et rendues visibles. Tout dans le tableau semble être l'aboutissement d'une méditation profonde.

Toute une géométrie de triangles, d'horizontales et de verticales, et d'intervalles calculés avec exactitude, se cache dans la composition – et cependant saute aux yeux –, lui donnant sa structure et dotant la scène d'une intensité en dehors du temps. L'homme au deuxième plan semble figé au moment – scrupuleusement observé – où il quitte sa chemise. Les anges prennent racine comme l'arbre à côté duquel ils se tiennent et sur la tête du Christ se déverse éternellement l'eau du bol d'un pur ovale tenu par le Baptiste, tandis que dans l'éther au-dessus d'eux, à peine plus substantielle que les nuages dont les formes flottent parallèlement, la Colombe plane sur ses ailes blanches étendues.

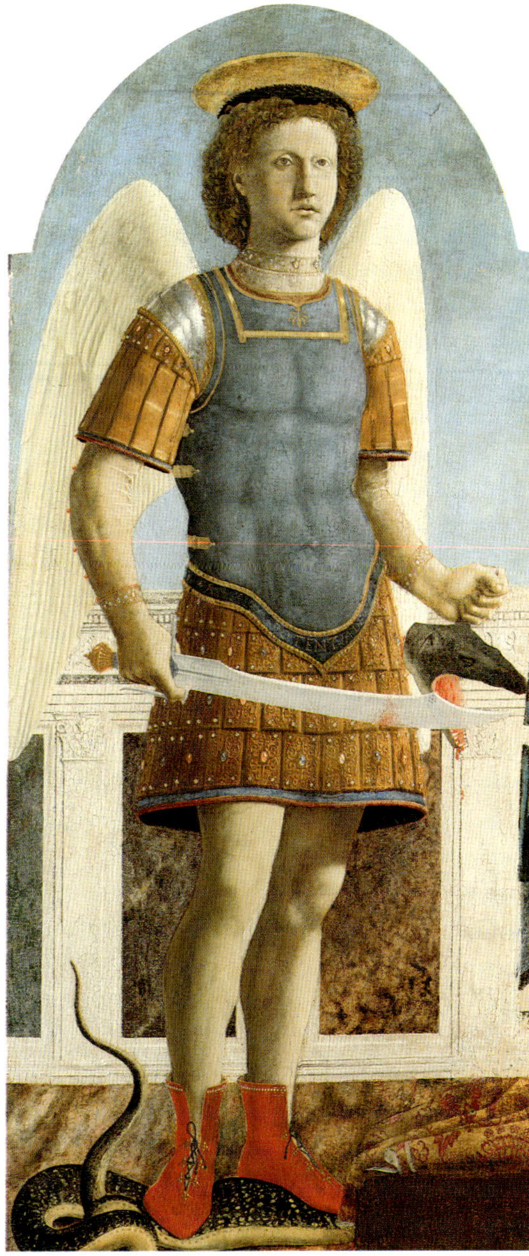

PIERO della Francesca (actif en 1439, mort en 1492)
Saint Michel

C'est aussi pour San Sepolcro que Piero peignit un retable qui est maintenant dispersé et en partie détruit et dont provient ce panneau. On attache une telle importance, de nos jours, aux qualités intellectuelles de ce peintre qu'il est facile de sous-estimer son sens très vif des textures et sa technique pleine de sensibilité qui délaie ou épaissit la peinture comme pour répondre au jeu de la lumière. Ici, cette technique se complaît à représenter de façon voluptueuse tout l'accoutrement de l'Archange : de sa couronne hérissée de lauriers à ses bottes de cuir rouge souple, y compris la jupe couverte de joyaux de sa cuirasse et sans oublier les boutons de corail dont est parsemé, comme de minuscules cailloux, le flot ondulé de ses manches de chemise.

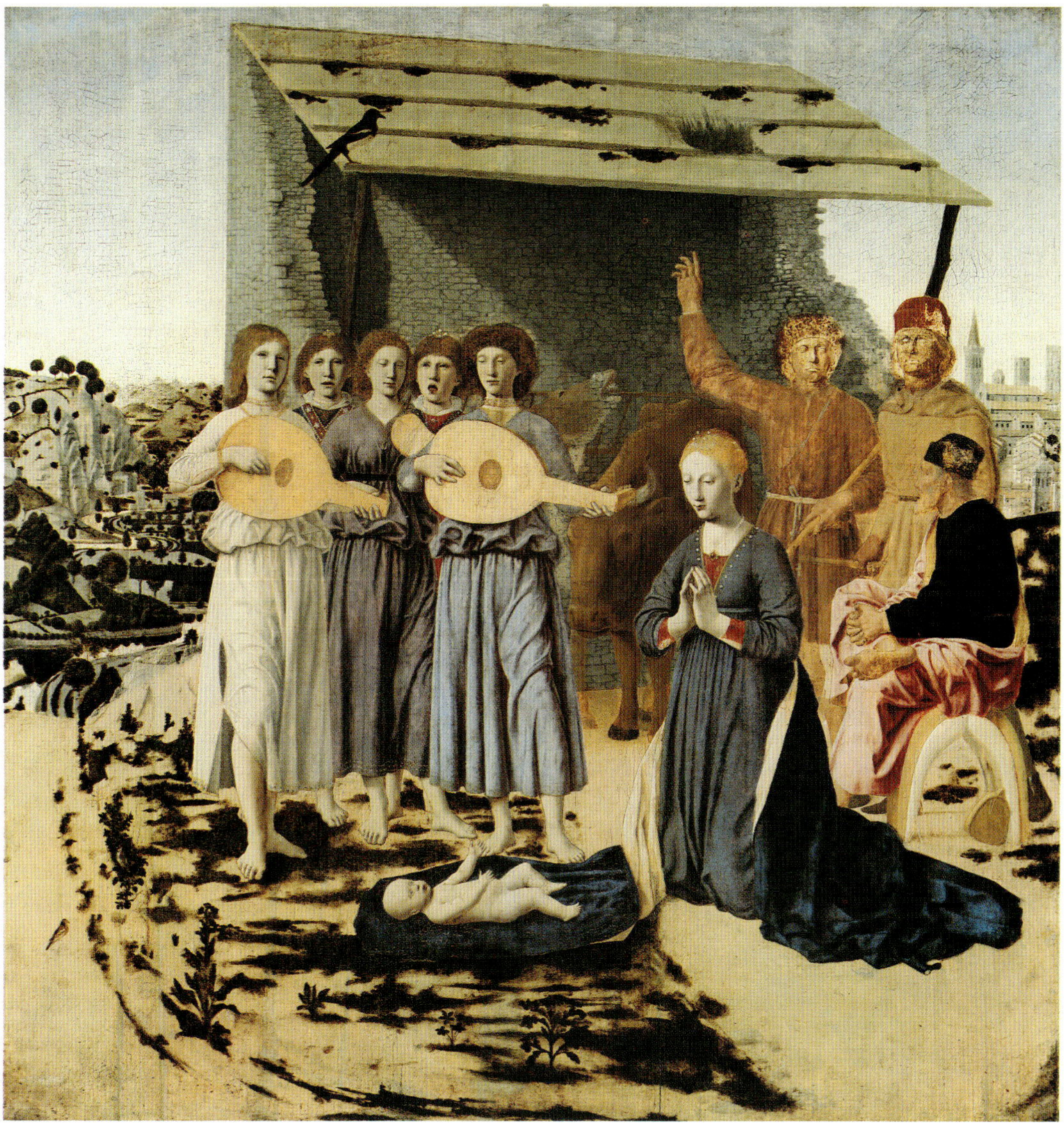

PIERO della Francesca (actif en 1439, mort en 1492)
La Nativité

Ce tableau est endommagé par endroits, mais c'est néanmoins l'une des oeuvres les plus ambitieuses et les plus impressionnantes du peintre, que l'on situe, pour des raisons stylistiques, vers la fin de sa carrière. Il semble essentiel au concept de Piero que la scène se passe le matin de la Nativité du Christ, ce qui lui communique des tons clairs et froids. Tout a l'air ordinaire, sans accessoires religieux – pas d'auréoles, par exemple, ni d'ailes pour les anges. Mais chaque personnage et chaque objet – même la selle sur laquelle Saint Joseph est assis – a une pesanteur surnaturelle. C'est particulièrement marqué pour la figure immobile de la Vierge, vêtue discrètement mais richement pour un décor aussi humble, et dont les draperies bleues et la tête blonde sont modelées avec une subtilité et une appréciation de la lumière froide que l'on ne retrouvera guère dans la peinture avant Vermeer.

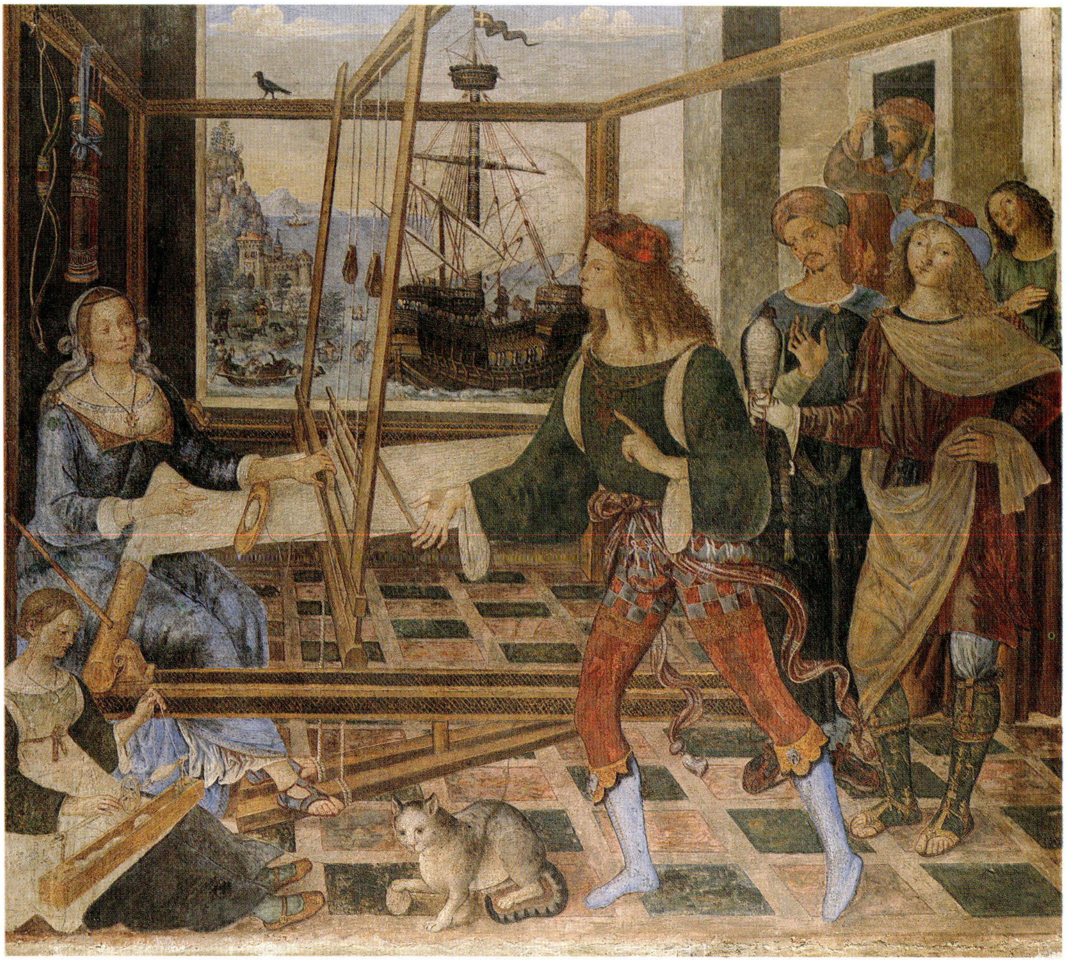

Bernardino di Betto, dit PINTURICCHIO
(actif en 1482, mort en 1513)
Scènes de l'Odyssée

Quelque peu sous-estimé de nos jours, Pinturicchio était l'un des principaux peintres décorateurs de son époque, appelé à travailler pour le Pape Alexandre III à Rome et célèbre pour les fresques de la Bibliothèque Piccolomini de la cathédrale de Sienne. Cette fresque était destinée à un palais. La partie principale représente Pénélope en train de tisser et son fils Télémaque revenant en hâte de son voyage à la recherche de son père Ulysse. Pinturicchio utilise au mieux les lignes du métier à tisser pour encadrer le navire dans le lointain et il fournit de nombreux détails savoureux – par exemple le chat qui joue avec une pelote de laine. Il s'agit moins de l'Odyssée d'Homère que d'une vision agréable, légèrement idéalisée, de la vie quotidienne dans une famille aristocratique de l'Italie de la Renaissance.

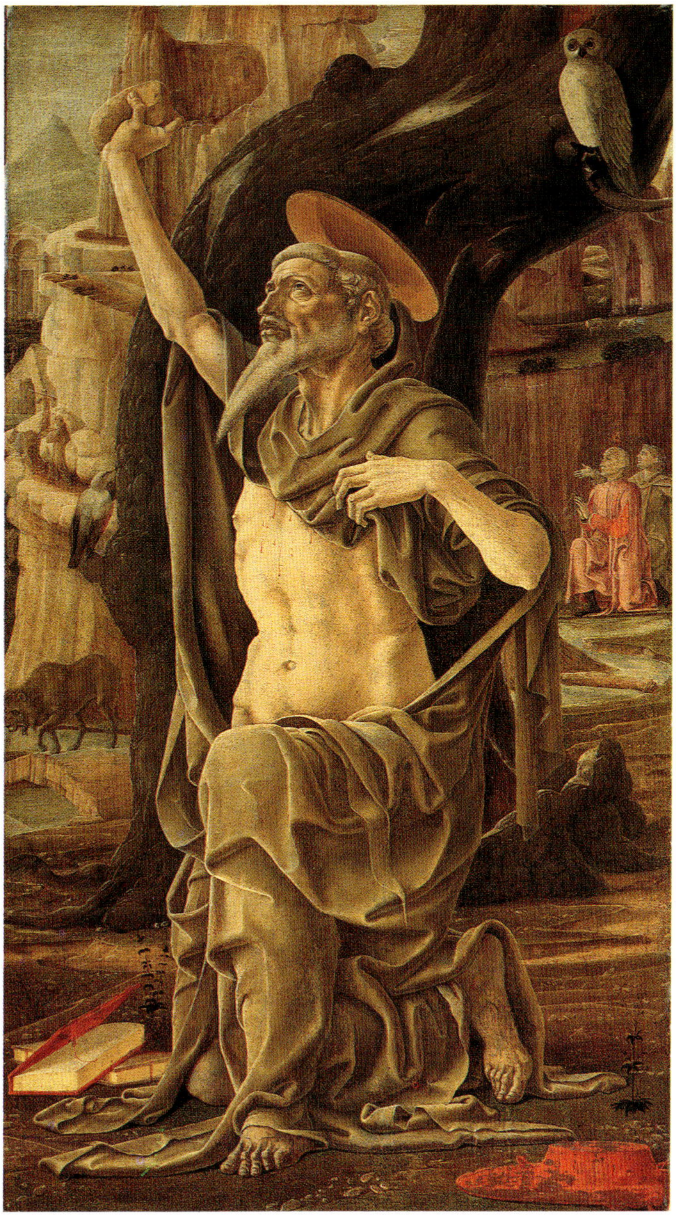

Cosimo TURA (vers 1431–1495)
Saint Jérôme

Au XVe siècle florissaient en Italie de nombreux petits centres de peinture animés par des artistes d'une grande originalité. L'un des plus distinctifs était Ferrare, ville gouvernée par la famille d'Este, mécènes éclairés. Tura y était le peintre le plus remarquable et le *Saint Jérôme* est typique de son art fervent, agité, presqu'halluciné. D'autres peintres ont représenté Saint Jérôme dans un paysage verdoyant, mais Tura se complaît à la difficulté de dépeindre un véritable désert de formes rocheuses avec un tronc d'arbre à demi pétrifié, tordu en une forme étrange que rend encore plus étrange une chouette perchée sur son unique branche. Des draperies ressemblant à du papier argenté enferment le saint dans des plis qui s'enroulent spontanément autour de lui. La vision de Tura est intensément personnelle et il est difficile de ne pas en conclure qu'à Ferrare, il avait trouvé une ambiance idéale.

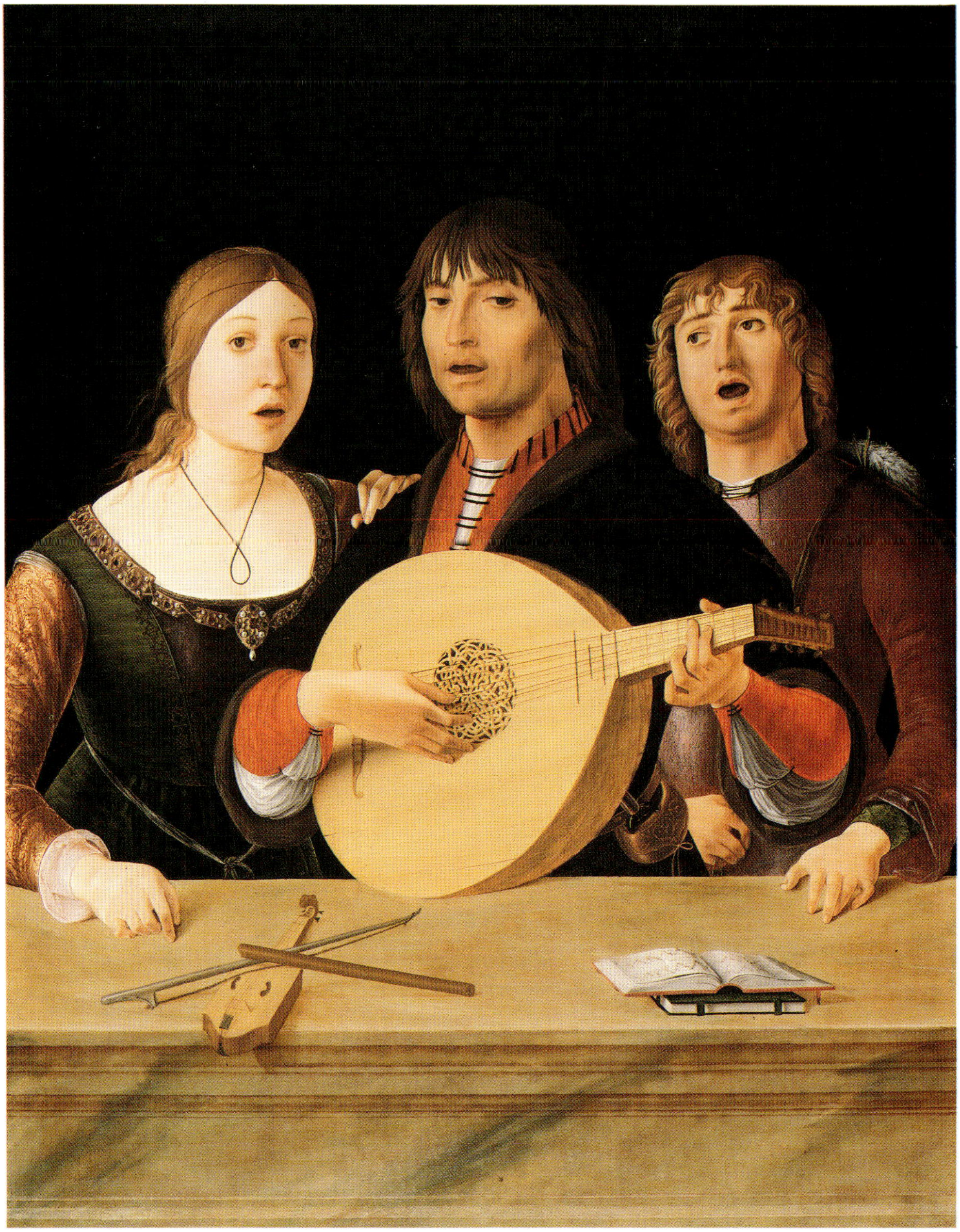

Lorenzo COSTA (1459/60–1535)
Un concert

Les sujets picturaux se sont diversifiés au cours du XVe siècle et un sujet presque nouveau est introduit ici : « le concert », non pas d'anges à la naissance du Christ, mais interprété par des hommes et des femmes ordinaires. Costa, peintre de Ferrare, représente sans doute ici l'une des premières scènes séculaires de concert de l'art italien. Trois personnes sont groupées et observées avec une précision particulière à l'art de Ferrare : jusqu'à la rosace délicate qui orne le luth dont joue le personnage central et jusqu'à la façon dont la bouche de chaque exécutant s'ouvre pour chanter sa partie. La musique devient facilement une métaphore pour l'harmonie générale et il se dégage de ce concert une atmosphère de bonne entente civilisée.

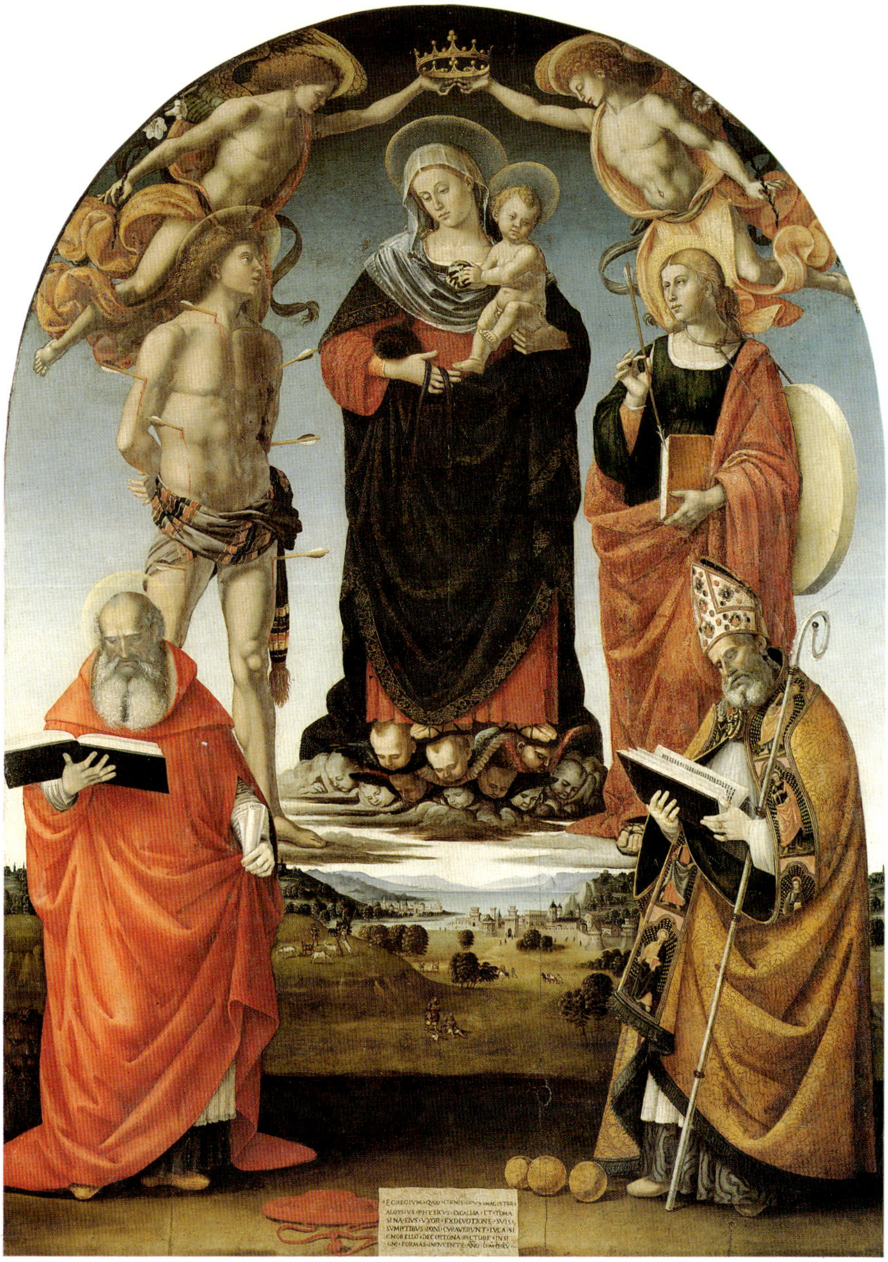

Luca SIGNORELLI (1441[?]–1523)
La Vierge et l'Enfant avec des saints

Signorelli est un autre exemple d'un peintre célèbre de son vivant mais quelque peu sous-estimé de nos jours, malgré ses fresques du *Jugement dernier* dans la cathédrale d'Orvieto. Ce grand tableau d'autel – l'un de plusieurs de sa main acquis vers la fin du XIXe siècle – avait été peint pour un médecin français, Lodovicus de Rutenis (Louis de Rodez), qui était le médecin de la famille Signorelli. Les études de nus de Signorelli exciteraient, plus tard, l'admiration de Michel-Ange, et ici le peintre profite de la présence de Saint Sébastien et des anges qui le survolent pour représenter le corps masculin. La sainte est Sainte Christine, pour qui Rutenis avait une dévotion spéciale puisqu'il lui avait fait construire une chapelle où ce tableau fut accroché.

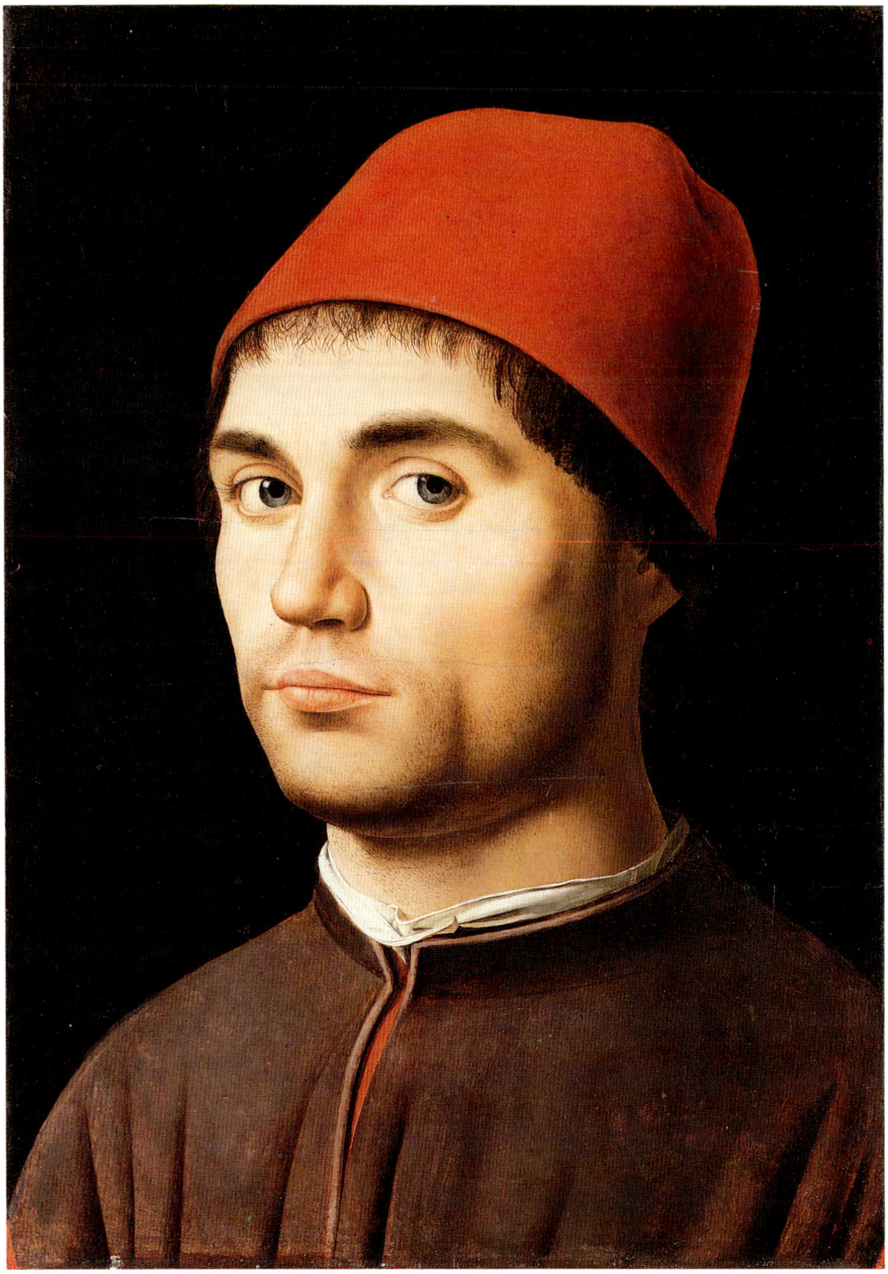

ANTONELLO da Messina (actif en 1456, mort en 1479)
Portrait d'homme

Malgré sa réserve, ce portrait est l'un des plus fascinants et mémorables de tous ceux de la Galerie, en partie à cause de sa technique impeccable qui représente le modèle en grand détail, jusqu'à la barbe qui pousse sur ses joues et sur son cou. Les quelques plis de son col de lin blanc et la masse enflée de son bonnet rouge vif sont exécutés avec la même exactitude. Antonello connaissait certainement l'art des Pays-Bas et ce portrait fait penser à une version italienne de *L'homme au turban* de Van Eyck (p.106). Le regard fermement scrutateur des yeux vitreux aux pupilles dilatées a quelque chose de tellement direct qu'il encourage – probablement à tort – l'idée qu'il s'agirait d'un autoportrait du peintre.

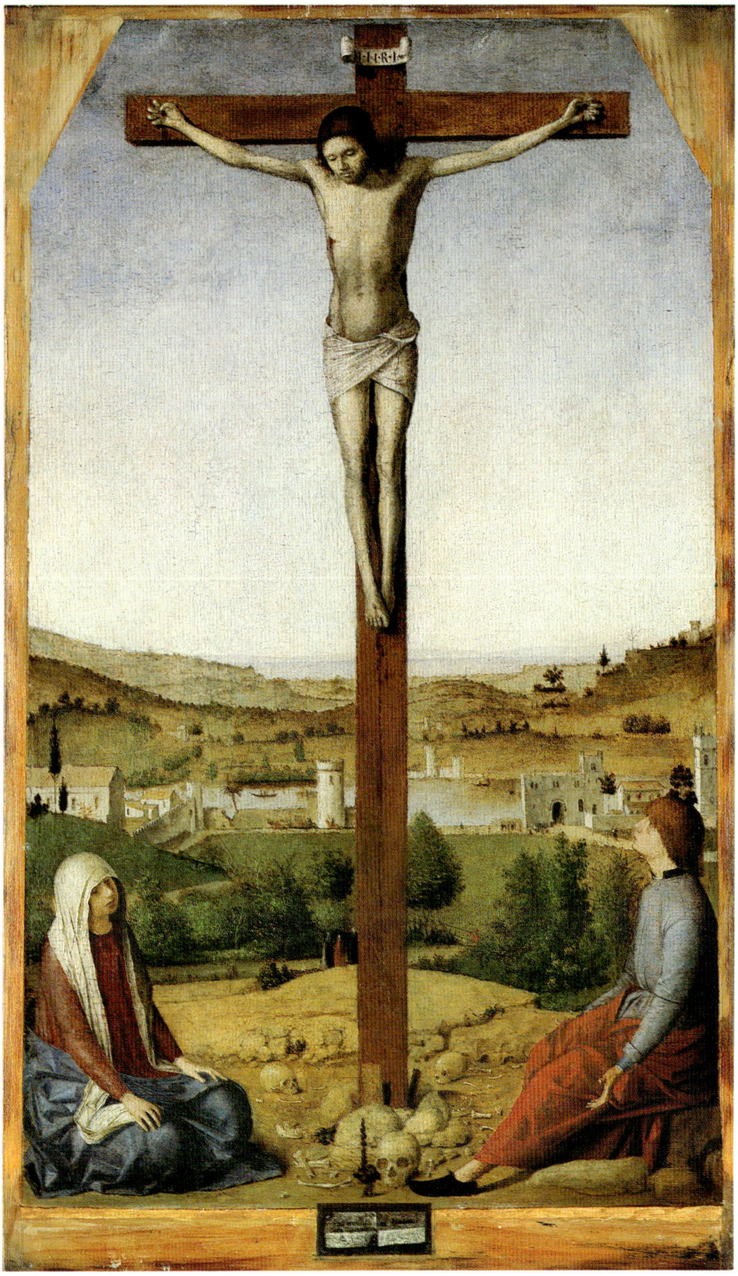

ANTONELLO da Messina (actif en 1456, mort en 1479)
Christ crucifié

Antonello est un artiste un peu mystérieux, bien que puissant et très original. Partant d'un tempérament latin et d'une inspiration nordique, puisée principalement à la peinture des Pays-Bas (y compris Van Eyck), il a créé un style rigoureux, mais non dépourvu d'humanité. Il imprègne la scène du *Christ crucifié* d'une profonde émotion et d'un sens de la désolation qui va au-delà de la douleur éloquente de Saint Jean et de la Vierge, blottis à terre, si bien que le monde entier semble être en deuil. Golgotha, « lieu des crânes », est interprété avec austérité et le Christ maigre et épuisé est cloué sur une haute Croix dont le bois est inondé de sang.

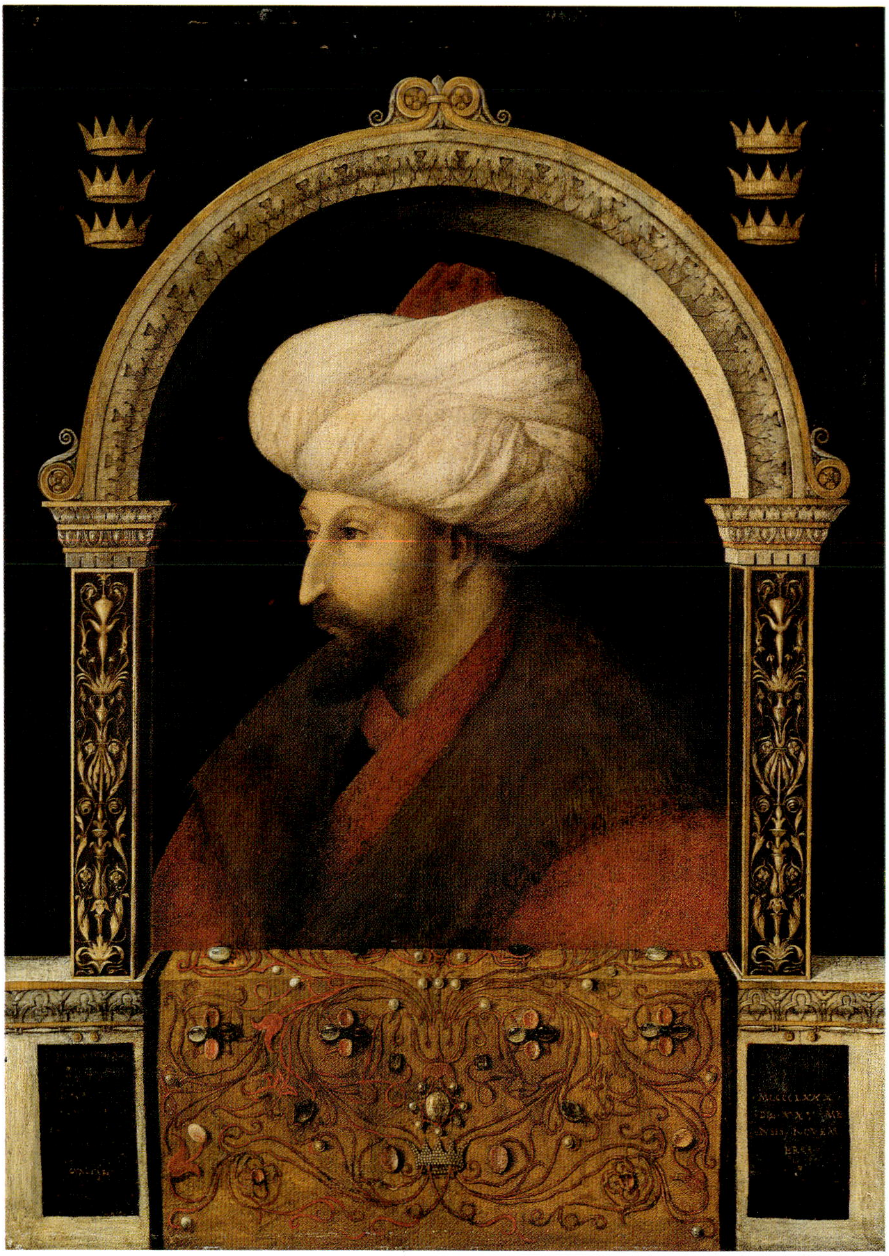

Attribué à Gentile BELLINI (actif en 1460, mort en 1507)
Le Sultan Mahomet II

En 1453, Constantinople tombait aux mains de l'armée du Sultan ottoman Mahomet II et une nouvelle ère commençait pour la ville. Rebaptisée Istamboul, elle devint le centre de l'empire ottoman en expansion. Mahomet II est le premier des sultans dont il existe des portraits authentiques et il est assez logique d'attribuer cette image malheureusement repeinte, mais impressionnante, au peintre vénitien Gentile Bellini (frère de Giovanni) qui travailla certainement à Istamboul. Malgré une technique et une mentalité occidentales, le peintre réussit à donner l'impression d'un dirigeant exotique, rusé et puissant : le seul Sultan qui fut jamais honoré du titre « le Conquérant ».

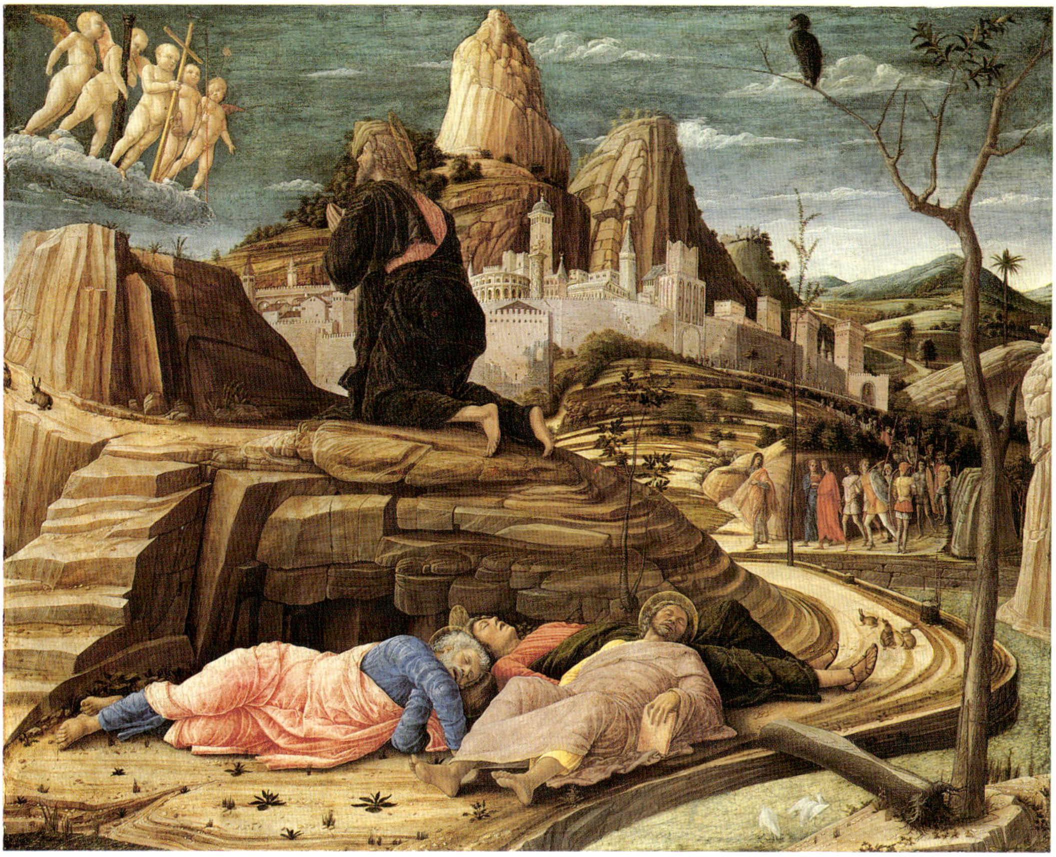

Andrea MANTEGNA (vers 1430–1506)
Le Jardin des Oliviers

Mantegna donne l'impression de travailler le métal plutôt que la peinture et cette composition d'une riche invention aurait pu être exécutée avec un burin de graveur au lieu d'un pinceau. Il sculpte avec une précision linéaire les hauts pics en pains de sucre des montagnes lointaines aussi bien que les fissures du rocher et les brins d'herbe au premier plan qui constituent un Jardin des Oliviers très desséché pour le Christ et ses disciples endormis. Même les nuages pourraient être des éclats de pierre ou d'acier. La vision de Mantegna est très vaste. Il évoque une vue magnifique de Jérusalem, ville antique, enregistre la file inexorable des ennemis du Christ qui avancent et rend inexorable aussi, visuellement, la Passion du Christ qui approche, anticipée dans une vision angélique où le premier ange montre la Croix.

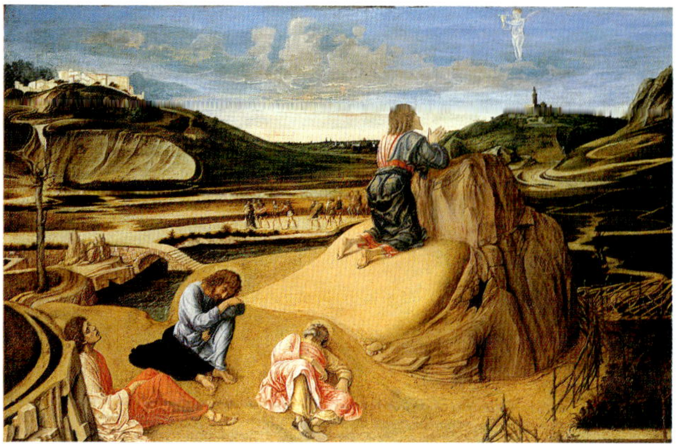

Giovanni BELLINI (actif vers 1459, mort en 1516)
Le Jardin des Oliviers

Bellini était le beau-frère de Mantegna et il est impossible d'éviter une comparaison du traitement de ce sujet par les deux peintres puisque les deux tableaux font partie de la Collection. Mantegna semble d'ailleurs avoir influencé Bellini et la composition de Bellini suggère une connaissance de celle de Mantegna (p.49). Mais l'éclairage régulier de Mantegna a été remplacé par une atmosphère subtile, mi-ombragée. La lumière s'infiltre graduellement dans la verdure du paysage avec l'arrivée de l'aube et le Christ voit flotter devant lui un seul enfant presqu'insubstantiel lui tendant la coupe de sa Passion, celle qui ne s'éloignera pas de lui.

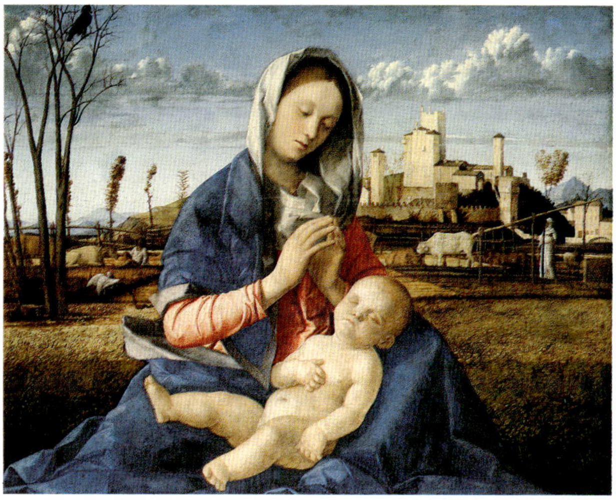

Giovanni BELLINI (actif vers 1459, mort en 1516)
La Madone de la prairie

Bien que ce titre ne soit probablement ni très ancien, ni d'une grande authenticité historique, il pénètre au coeur-même du tableau. La Vierge est assise sur le sol, véritable Madone de l'Humilité, priant pour son Fils qui dort nu, tandis qu'autour d'eux la vie des champs se poursuit. Tout suggère une journée du début du printemps et l'atmosphère est à la fois âpre et sensuelle, chaque chose étant inondée de lumière. La pose de l'Enfant endormi anticipe peut-être celle du Christ mort, mais la composition écoque en même temps le renouveau, naturel et divin, nous rappelant que la Mort du Christ fut suivie de sa Résurrection.

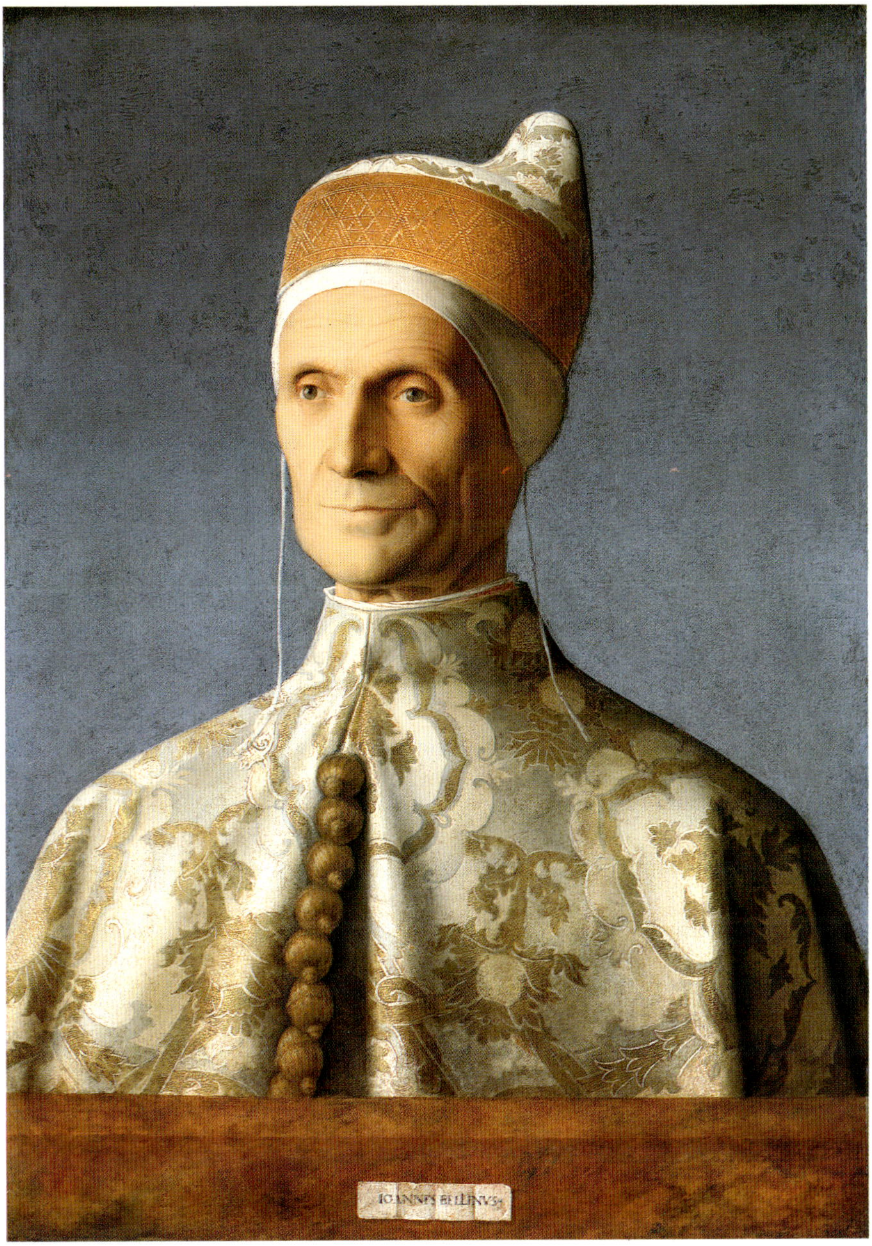

Giovanni BELLINI (actif vers 1459, mort en 1516)
Le Doge Leonardo Loredan

« Intrépide, fidèle, patient, impénétrable, implacable »: c'est ainsi que Ruskin décrivait le sénat de Venise à la grande époque de la Renaissance, et ces adjectifs pourraient tout aussi bien s'appliquer à ce portrait du Doge Leonardo Loredan, chef en titre de l'Etat vénitien. Le Doge n'était sans doute qu'un truchement, mais aucun truchement n'a jamais été plus fièrement défini pour représenter l'essence d'un gouvernement sage, ferme et bienveillant. Cet homme est presque momifié, empêtré d'une robe brodée raide, dont les boutons enflés, semblables à des noix, contribuent à renforcer le message de dignité et de volonté inexorable. Et pourtant ce portrait est très vivant, grâce à la façon magique dont le peintre utilise la lumière. Tout en déifiant le Doge, Bellini le met discrètement au service de ses propres intentions picturales.

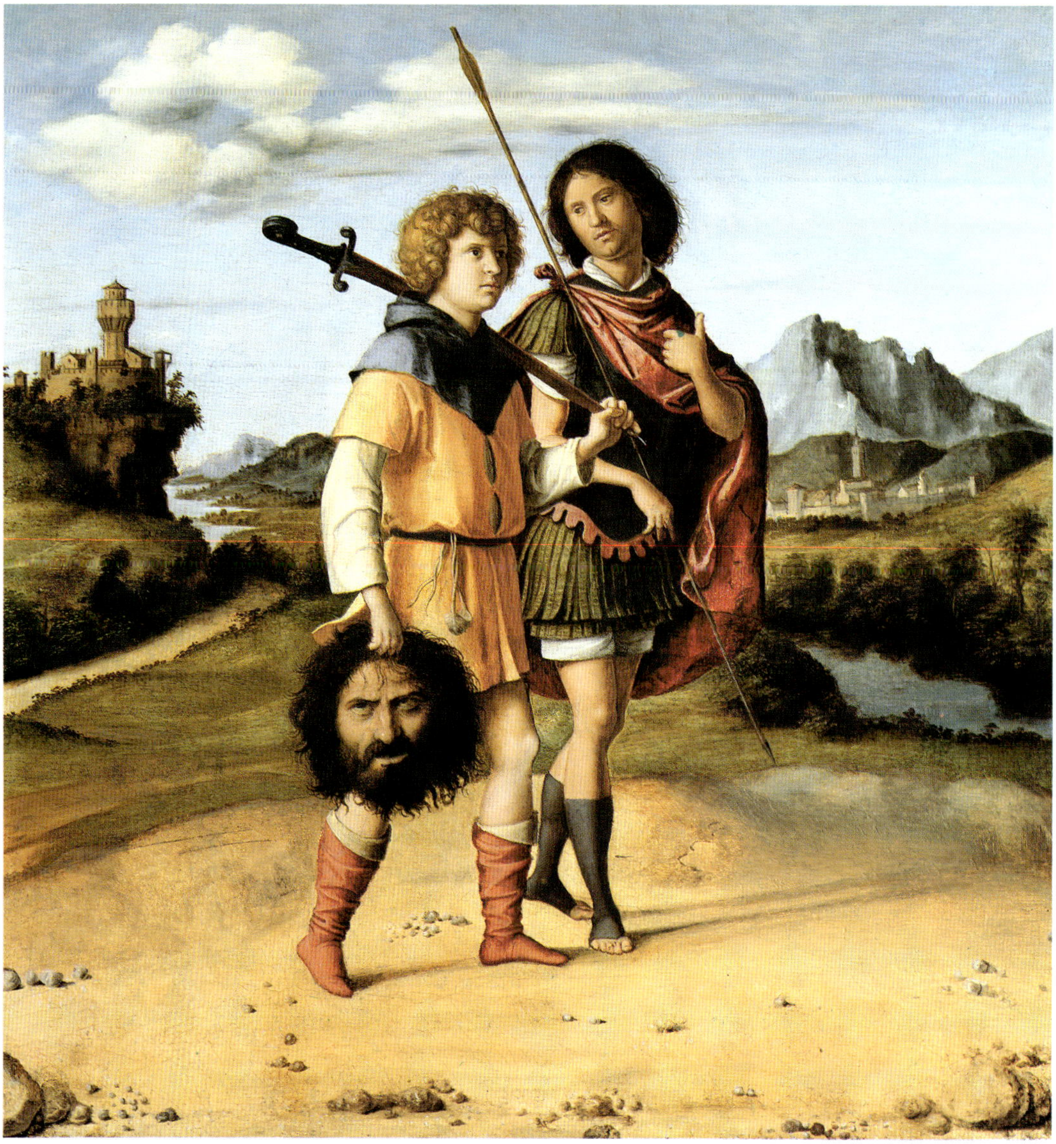

Giovanni Battista CIMA da Conegliano (1459/60[?]–1517/18)
David et Jonathan

David, berger enfant, vainqueur du géant Goliath et roi d'Israël, est un sujet courant dans la peinture de toutes les époques, mais il est rarement représenté comme ici, en compagnie de son ami Jonathan, fils du Roi Saül. Cima semble prendre plaisir à contraster un David rustique, quelque peu joufflu, qui transporte la tête de Goliath comme un sac à provisions surréaliste, avec un Jonathan plus grand, plus mince, à l'allure de soldat, dont le regard est à la fois affectueux et admiratif. Cima, actif à Venise, mais né dans la petite ville de Conegliano, dans les collines, introduit presque toujours des paysages dans ses tableaux, et ici les deux amis marchent tranquillement dans une campagne typique du Nord de l'Italie.

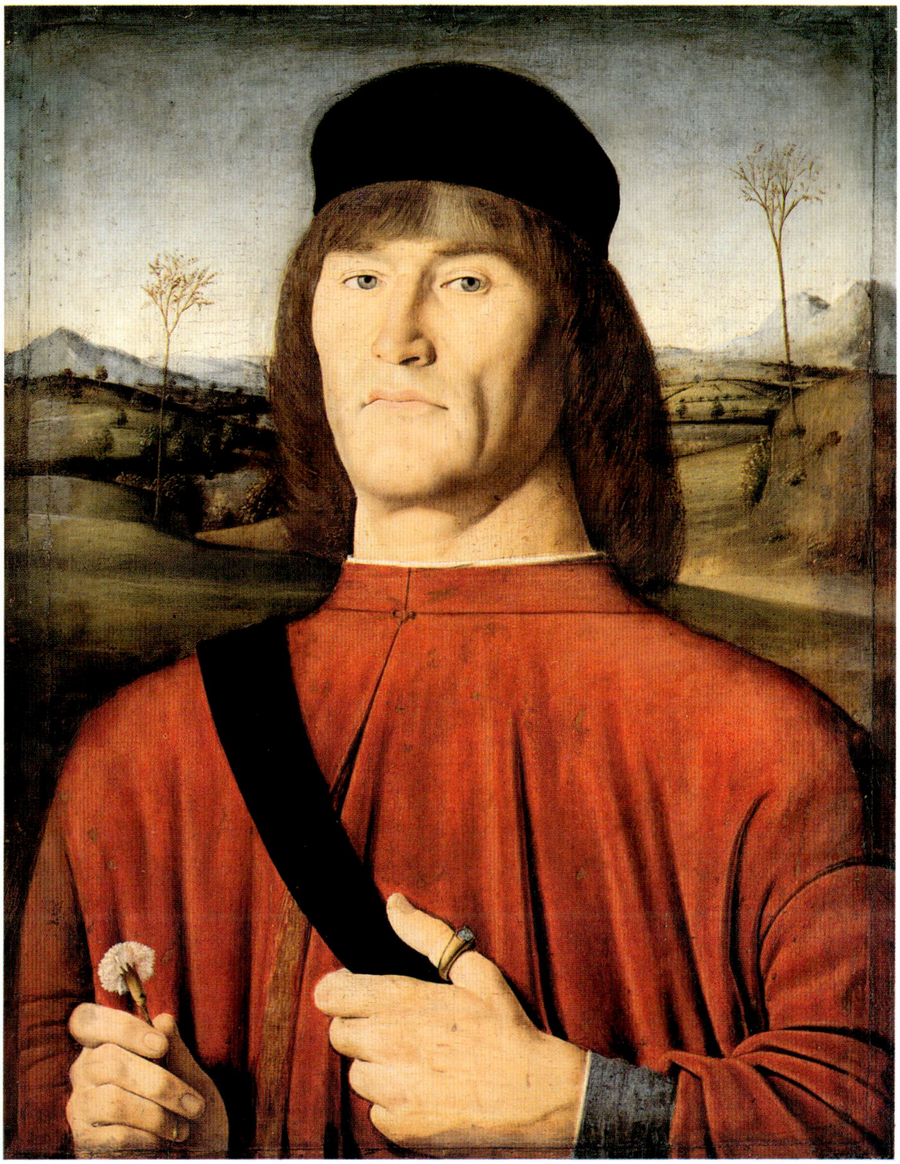

Andrea SOLARI (actif dès 1495, mort en 1524)
L'homme à l'oeillet

Le grand succès occasionnel d'un peintre plutôt mineur est probablement un phénomène plus déconcertant que l'échec occasionnel d'un grand artiste. Solari ne se classe pas parmi les grands : c'est un artiste très professionnel, mais rarement original. Il semble avoir subi une grande variété d'influences, avant tout celle de Léonard de Vinci. Auparavant, la peinture vénitienne l'avait influencé et il en résulte ici – en partie grâce à la physionomie du modèle – une caractérisation très aiguë et une belle oeuvre. Les traits du modèle, en particulier la ligne de ses lèvres et ses yeux bleu pâle, du même bleu que la pierre sertie dans sa bague, laissent supposer un homme capable de brandir quelque chose de plus dangereux qu'une fleur – mais nous le calomnions peut-être. Ce que Solari a su traduire, c'est le choc physique d'une forte personnalité.

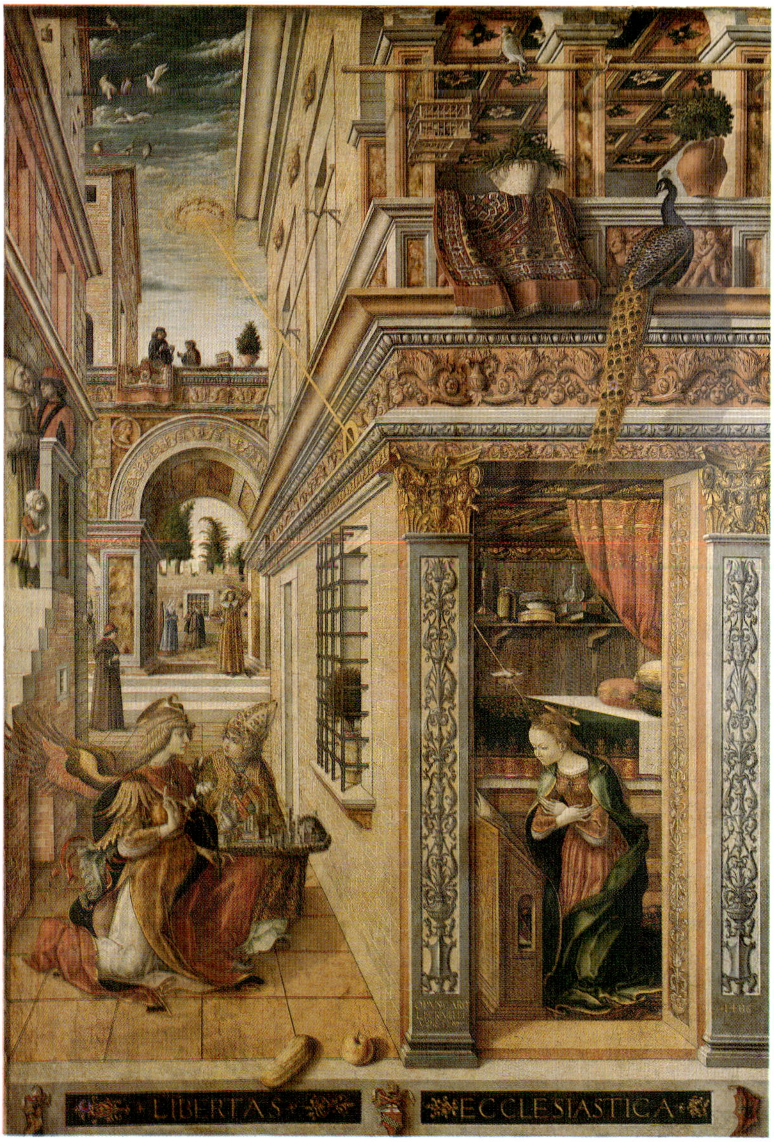

Carlo CRIVELLI (actif de 1457 à 1493)
L'Annonciation

Pour beaucoup de peintres, Venise représentait un centre d'attraction. L'une des nombreuses particularités de Crivelli, c'est que, Vénitien de naissance, il ait choisi de travailler en dehors de Venise. Il n'aurait pas reçu la commande de ce tableau s'il n'avait pas habité la ville d'Ascoli Piceno, dans les Marches. C'est le jour de la fête de l'Annonciation, en 1482, qu'Ascoli apprit que le Pape Sixte IV avait accordé certains droits d'autonomie à ses citoyens. Pour commémorer cet événement, Crivelli peignit cette *Annonciation,* quatre ans plus tard. Le saint évêque qui accompagne exceptionnellement l'ange est Saint Emidius, patron de la ville d'Ascoli, dont il tient un modèle réduit. Le réalisme urbain de la scène est non moins remarquable, avec son architecture somptueuse et ses accessoires (y compris des fruits épars, des pots de fleurs et un paon). Tout cela touche à l'excès, mais la ligne ferme de Crivelli contrôle chaque objet et chaque personnage et, avec une concentration intense, il réussit à conserver, au milieu de cette diversité, une cohérence totale.

La peinture italienne de 1500 à 1600

Les grands maîtres du XVIe siècle italien, comme le Titien et Raphaël, n'ont jamais perdu leur faveur et, dès ses débuts, la National Gallery possédait, ou acquérait rapidement, de beaux exemples de leurs oeuvres. Le *Bacchus et Ariane* du Titien (p.75), si assuré, si coloré, fut acheté dès 1826. La même année, on faisait don à la Collection de la *Consécration de Saint Nicolas* de Véronèse (p.84) et du retable de Parmigianino (p.67), pièce rare. Le Corrège était un autre nom estimé et son art était bientôt représenté par des tableaux de dimensions et de thèmes très variés, allant d'une petite oeuvre religieuse, la *Madone au panier,* à un sujet mythologique aguichant, « *L'école de l'amour* » (p.66). Le Tintoret était plus difficile à représenter, mais il n'était pas besoin d'attendre Ruskin pour le « découvrir »; la donation Holwell Carr de 1831 comprenait déjà son petit *Saint Georges et le dragon* (p.80), d'une vitalité typique et d'une brillante originalité.

Cependant, le XVIe siècle italien ne fut pas seulement une période de grandes valeurs artistiques traditionnelles et établies. Les peintres de la fin du siècle ont souffert d'être mis dans l'ombre ou traités en artistes mineurs. Il est remarquable que la Galerie ait été en mesure, dès les années 1860, d'exposer les réussites de certains d'entre eux. Elle acquit en 1862 une première oeuvre de Lotto ainsi que « *Le tailleur* » (p.82), le plus célèbre tableau de Moroni en dehors de l'Italie. Le *Portrait de jeune homme* (p.82) de Moretto, oeuvre très travaillée, comme un Holbein plein d'âme, avait été acheté plus tôt encore. Avec les additions d'achats et de dons plus tardifs, l'Ecole de Brescia est maintenant bien représentée dans la Collection.

Deux très grands artistes présentaient d'énormes problèmes, surtout à cause de leur rareté : Léonard de Vinci et Michel-Ange. En 1868, la National Gallery saisit à bon escient l'occasion d'acquérir la *Mise au Tombeau* (p.58), panneau d'une grande maîtrise que l'on peut raisonnablement attribuer à Michel-Ange. L'Ecole de Milan était très appréciée à l'époque victorienne et des oeuvres de disciples de Léonard vinrent s'ajouter à la Collection bien avant notre version de la « *Vierge aux rochers* » (p.57). Mais pour beaucoup de visiteurs, le coeur de l'art de Léonard est résumé par le grand carton de *La Vierge et l'Enfant avec Sainte Anne et Saint Jean-Baptiste* (p.56), don du Fonds des Collections d'Art nationales en 1962.

Plus récemment, la National Gallery a amélioré sa représentation de cette période, notamment de Parmigianino et de Pontormo. Et au cours des années qui ont suivi l'achat de *Bacchus et Ariane* du Titien, la grande variété de son art et son évolution au cours de sa longue carrière ont été illustrées par d'importantes acquisitions. En 1929, l'unique portrait de groupe de *La famille Vendramin* (p.76), chef d'oeuvre de la maturité de l'artiste, est venu s'ajouter à la Collection. En 1972, à la suite d'une souscription publique, la National Gallery a pu éviter l'exportation de la composition mythologique tardive du Titien, *La mort d'Actéon* (p.77). Aucun peintre du XVIe siècle italien, sans doute, n'est mieux représenté dans la Galerie que le Titien. C'est le grand maître de la peinture à l'huile de tous les temps, aussi cette distinction est méritée.

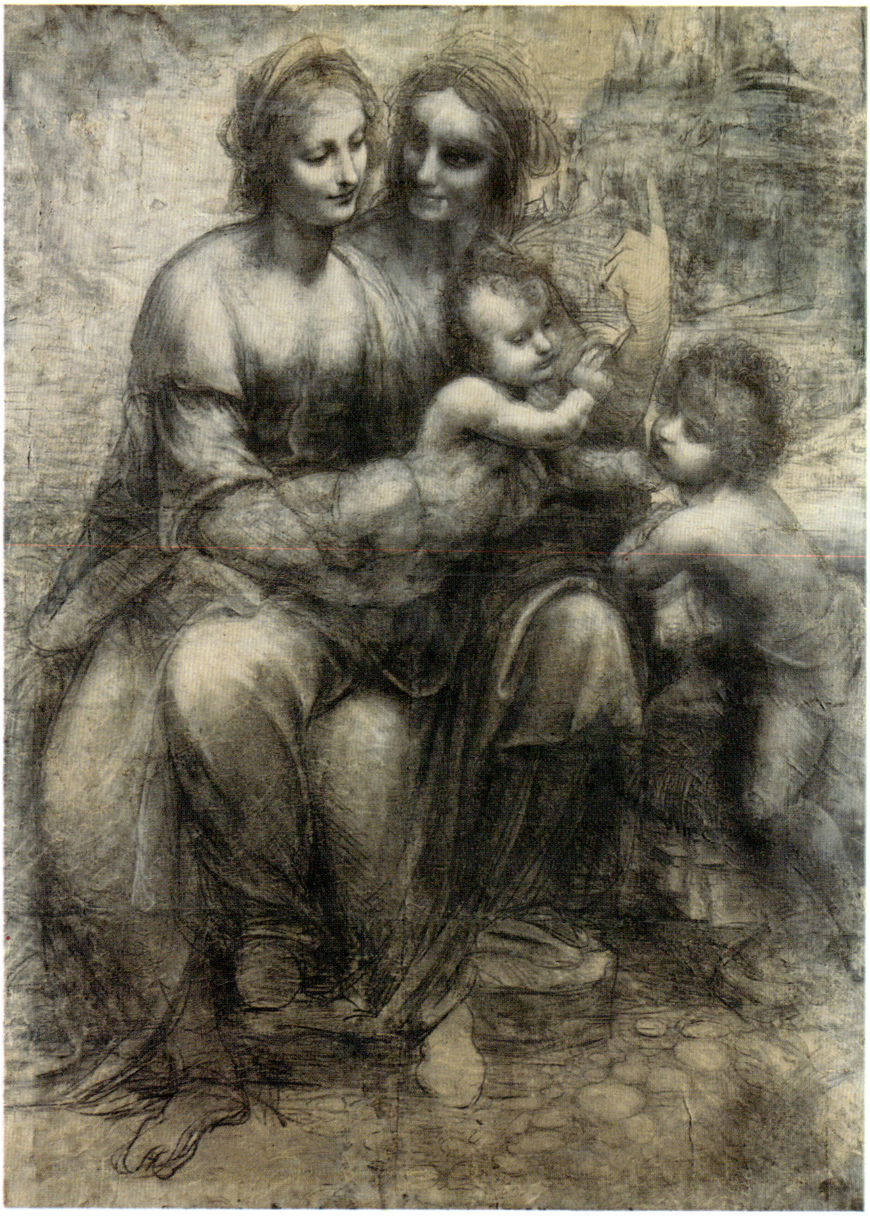

LEONARD de Vinci (1452–1519)
La Vierge et l'Enfant avec Sainte Anne et Saint Jean-Baptiste

Ce dessin à grande échelle sur plusieurs feuilles est sans doute le dessin préparatoire ou « carton » pour un tableau que Léonard n'exécuta jamais. Il n'est pas troué pour le transférer comme l'étaient généralement ces cartons. Plus âgé que Michel-Ange et Raphaël, Léonard a sur eux une priorité chronologique pour la formation d'un style nouveau de la « Haute Renaissance », d'un grand professionnalisme, incitant les contemporains à reconnaître que les artistes n'étaient pas de simples artisans, mais des génies créateurs. L'art de Léonard de Vinci est intensément mystérieux et ensorcelant. Les deux femmes souriantes et maternelles, se confondant presque en un seul personnage, semblent moulées dans une argile surhumaine : vivantes, mais sortant de l'ordinaire, d'une grâce étrange et à part. On devine la présence d'un élément divin et le doigt levé de Sainte Anne souligne la solennité de la scène.

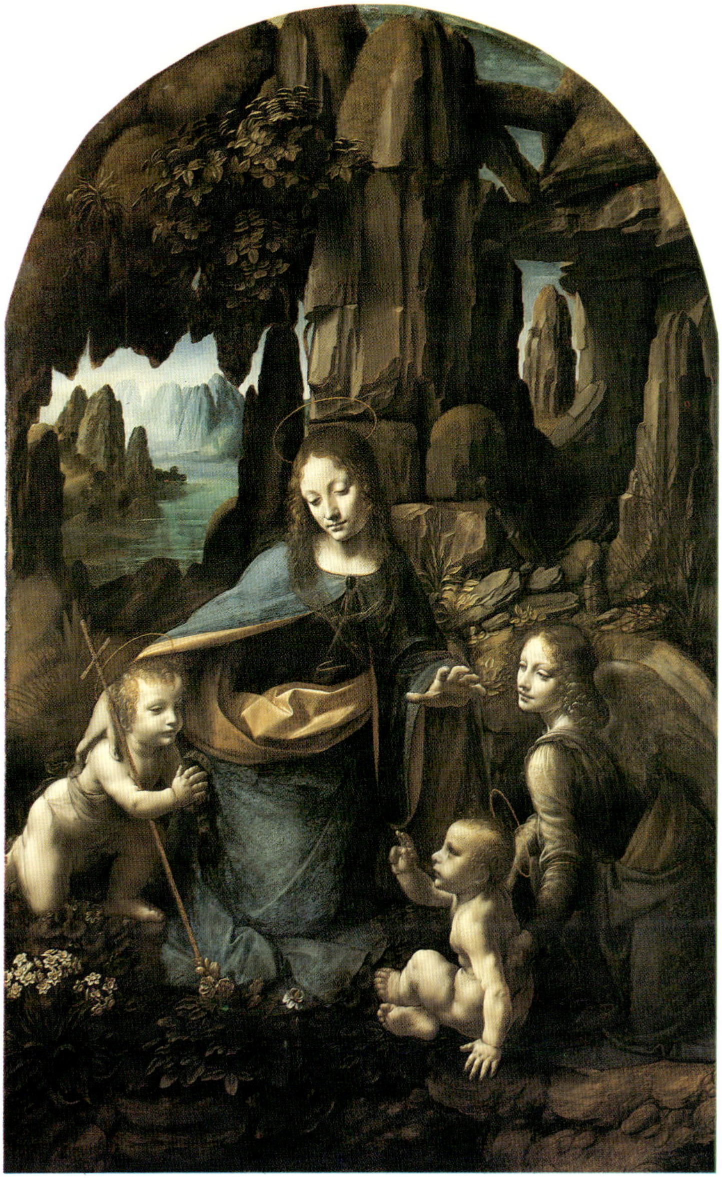

LEONARD de Vinci (1452–1519)
La Vierge aux rochers

Si l'on considère ses dons multiples de musicien, de mathématicien et de savant autant que de peintre, on ne s'étonne pas que Léonard de Vinci ait souvent laissé ses tableaux inachevés. Ce qui est étonnant, c'est qu'il ait été l'auteur de deux tableaux aussi semblables par la composition que celui-ci et la version du Louvre. La version du Louvre est entièrement de sa main, ce qu'on ne pourrait affirmer pour celle de Londres, pour laquelle il fut peut-être assisté par des disciples. Mais c'est tout de même une oeuvre troublante. Dans une grotte plus fantastique que celle imaginée par Tura (comparer p.43), mais toutefois d'apparence réaliste, la Vierge et les autres personnages sont des habitants pâles et bien adaptés, cachés en un lieu secret de la terre et isolés par le fleuve encaissé qui serpente entre des rochers coniques et déchirés. Léonard semble avoir recréé tout un univers, plus merveilleux mais aussi plus étrange que le nôtre, et on peut facilement oublier que cette composition est d'intention religieuse et chrétienne.

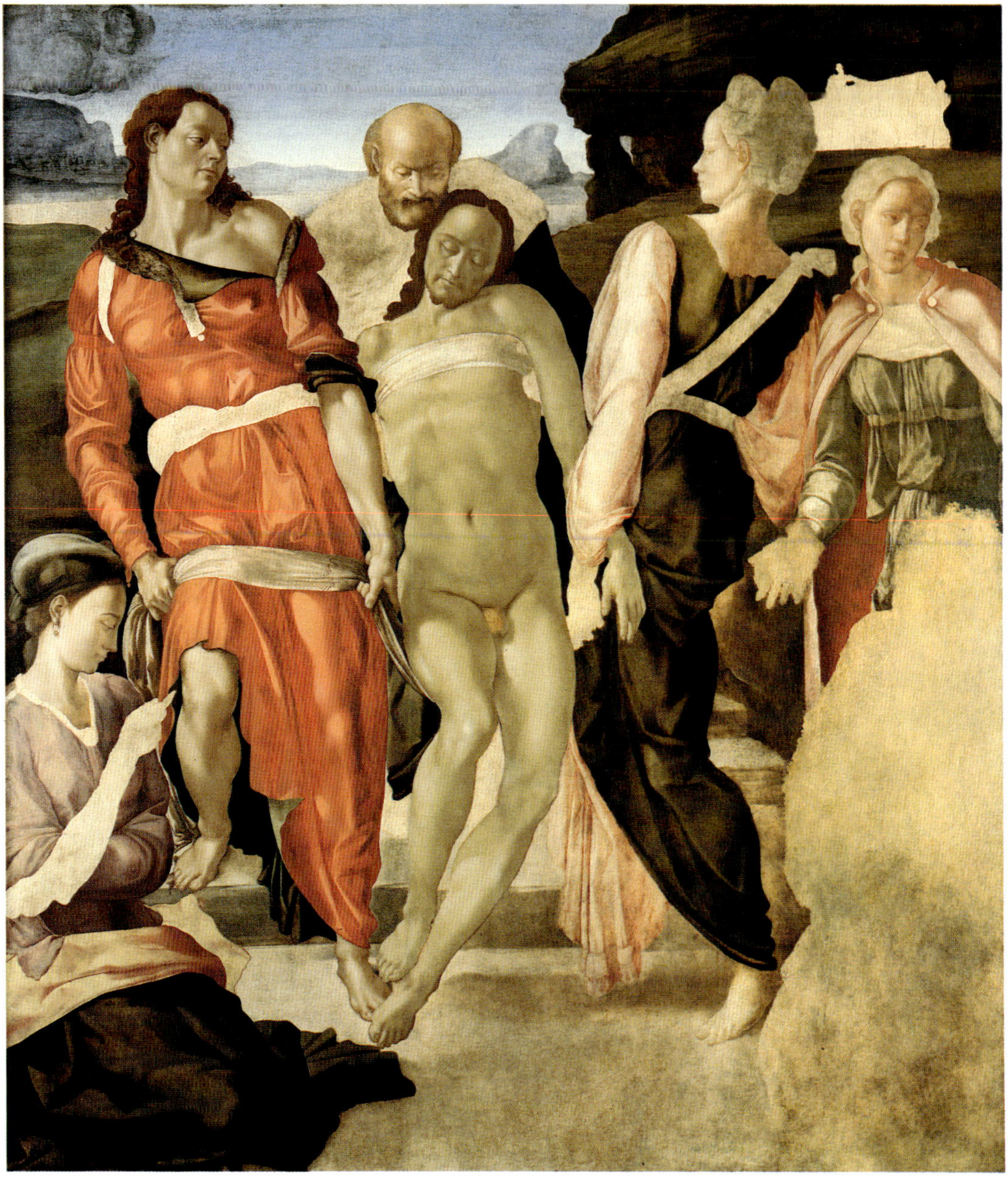

MICHEL-ANGE (1475–1564)
La mise au Tombeau

Il existe peu de tableaux de chevalet de la main de Michel-Ange, ou qui puissent lui être attribués avec vraisemblance. Ce panneau inachevé et non documenté lui est attribué depuis longtemps, et on voit pourquoi. Le concept du Christ en athlète nu et vaincu, que l'on porte à reculons en montant des marches vers un tombeau, à peine esquissé en haut et à droite, est d'une grande originalité. L'aspect sculptural des personnages est très marqué, en particulier dans la pose et la musculature énergique de l'homme en rouge à gauche du Christ. Le peintre s'intéresse peu au paysage ou au décor ; il se concentre visiblement sur les formes des corps en action ou au repos. Le résultat est puissant, bien qu'inachevé, et imprégné de la conception de Michel-Ange.

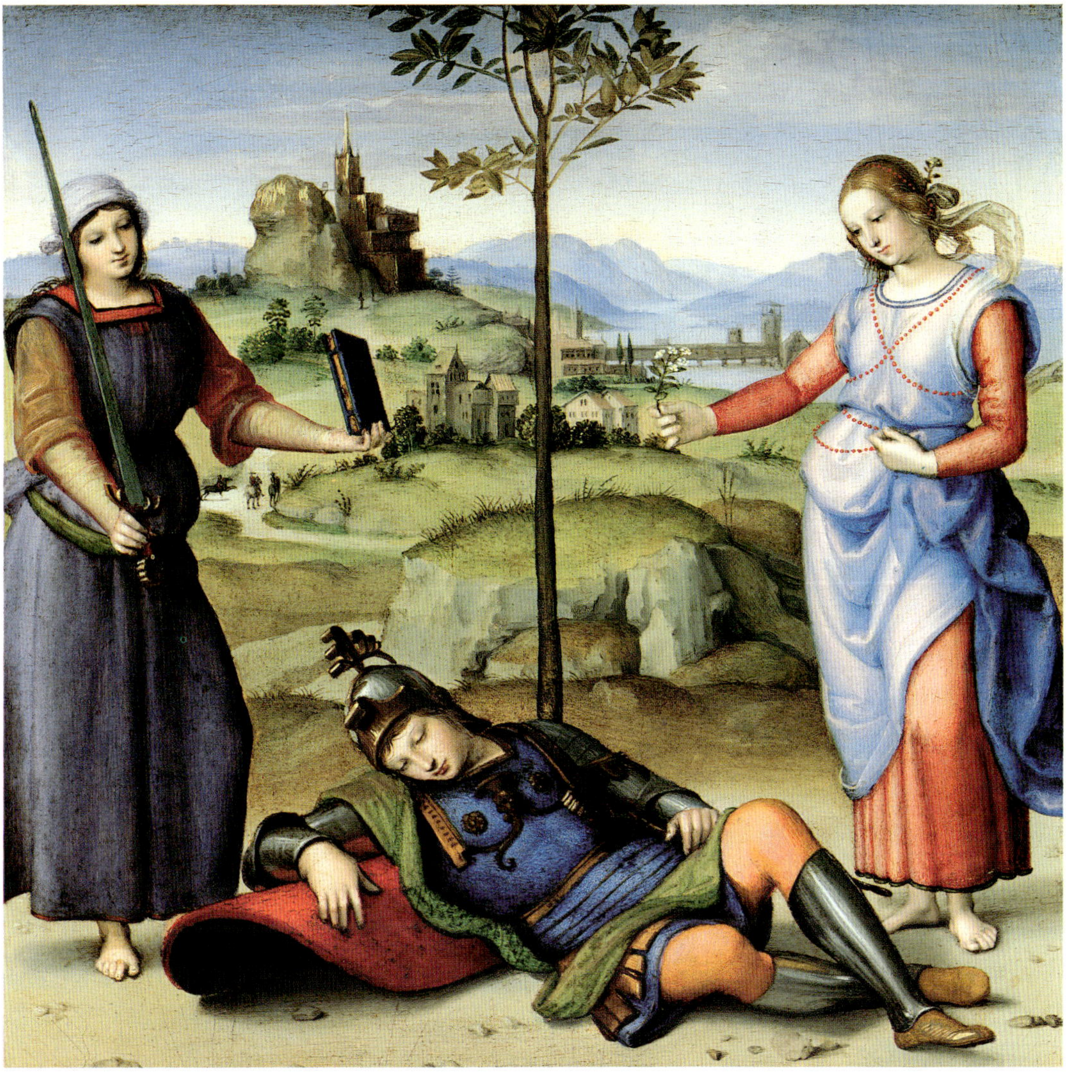

RAPHAEL (1483–1520)
Allégorie

Le plus jeune du trio de novateurs de la Haute Renaissance, Raphaël, fut pendant longtemps le plus estimé et exerça l'influence la plus directe. Son style est si doux qu'il en est parfois doucereux, mais son invention est remarquable et son art exprime une diversité d'atmosphères surprenante. Cette *Allégorie* est une oeuvre de jeunesse, déjà très professionnelle, avec une originalité et un charme certains. Le chevalier endormi va sans doute devoir choisir entre les deux dames, l'une habillée sévèrement, la tête couverte, portant un livre et une épée, et l'autre vêtue de façon plus légère et frivole, qui lui tend une fleur. Le Devoir et le Plaisir, peut-être, offrant chacun leurs avantages, mais Raphaël équilibre le choix, tout comme la composition, et laisse le héros – et le spectateur – dans l'indécision.

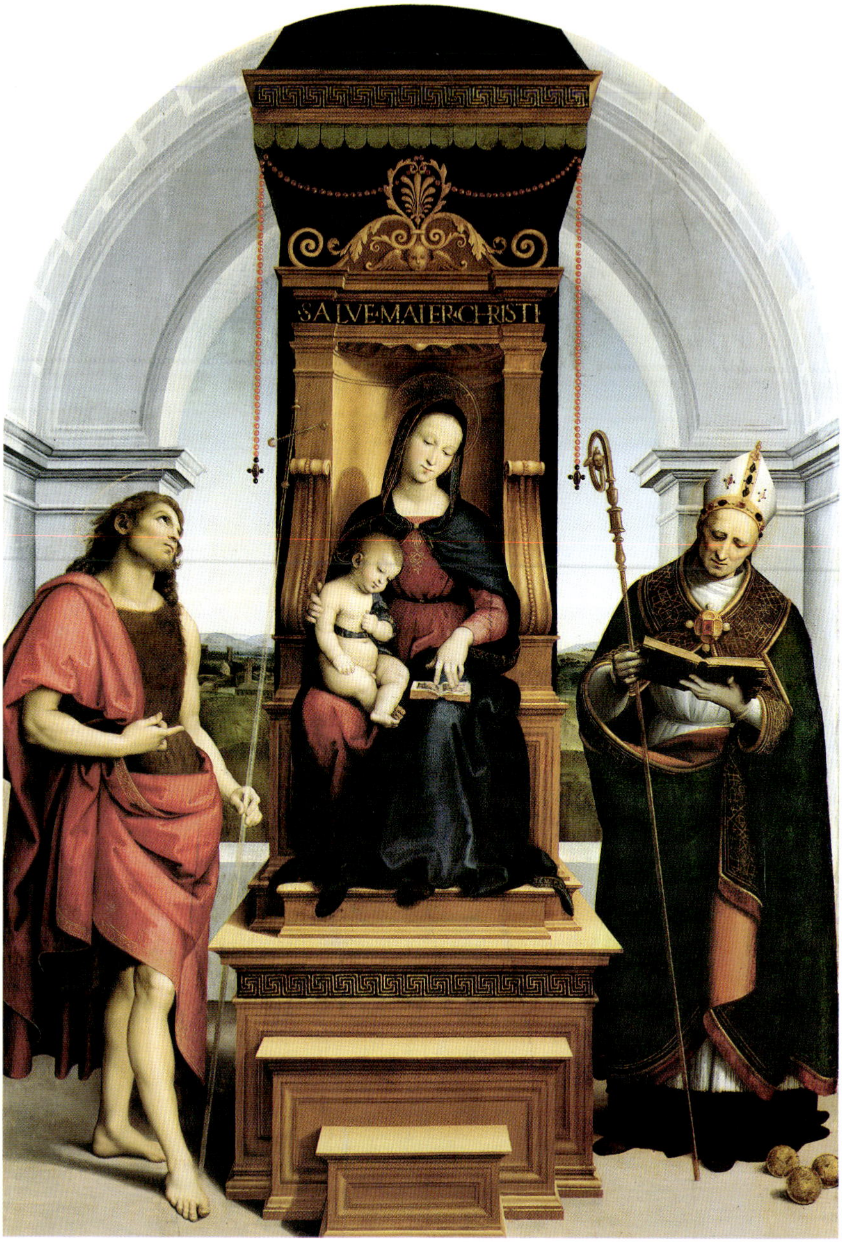

RAPHAEL (1483–1520)
« La Madone Ansidei »

Cinq ans au plus séparent l'*Allégorie* de Raphaël de ce grand retable exécuté pour la chapelle de la famille Ansidei à Pérouse. Sur la robe de la Vierge est inscrite une date, probablement 1505. Tout ce qui était un peu hésitant dans la composition précédente a été développé, harmonisé et mûri. Raphaël conserve sa prédilection pour l'équilibre et pour les formes simplifiées, mais interprétées avec force : par exemple la géométrie tridimensionnelle des marches du trône. La clarté visuelle semble refléter une clarté intellectuelle, symbolisée par la mince tige de verre de la haute croix que Saint Jean-Baptiste tient d'une main légère. Tout est serein, en pleine lumière, dans une atmosphère très différente de la « *Vierge aux rochers* » de Léonard de Vinci (p.57). Il n'y a là ni doutes ni problèmes – seulement des solutions.

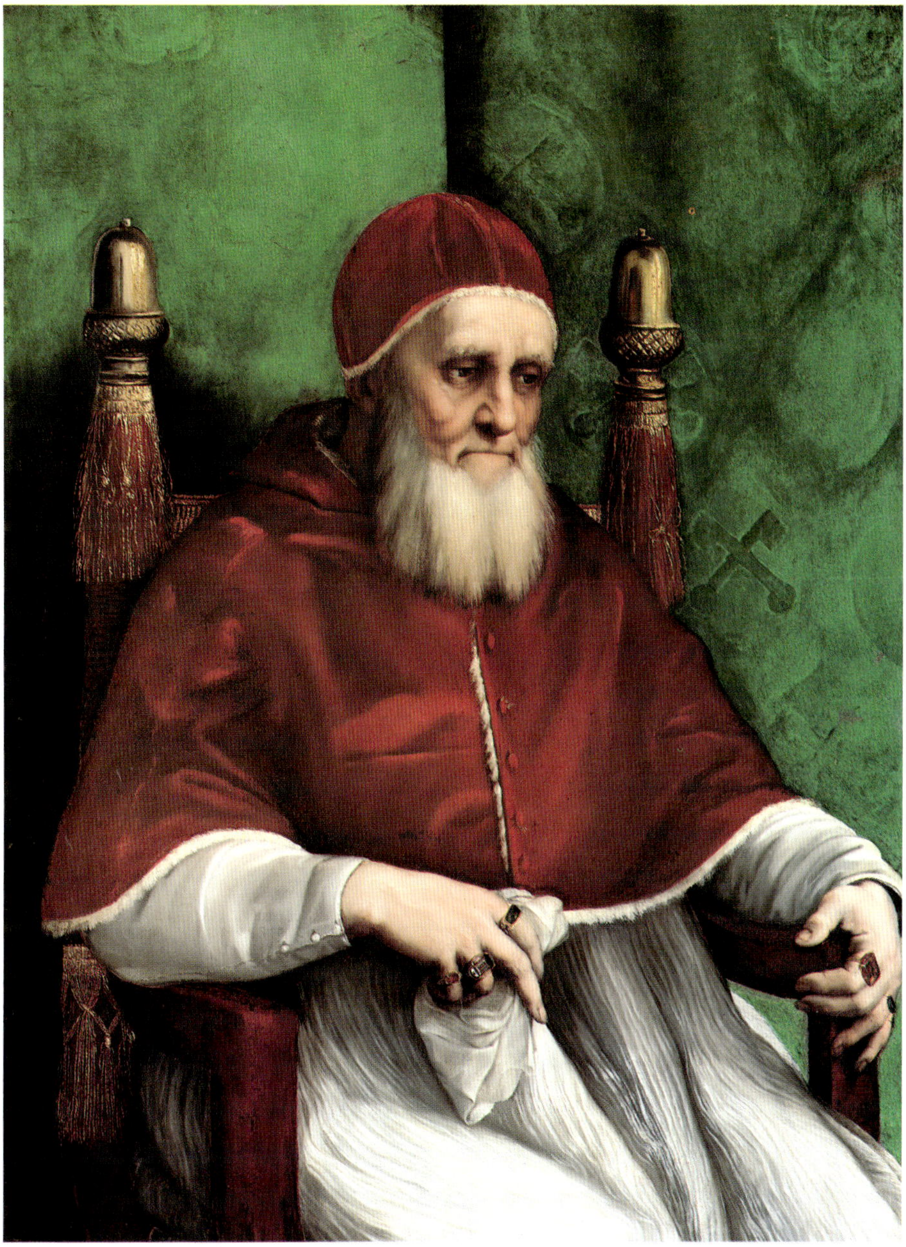

RAPHAEL (1483–1520)
Le Pape Jules II

La brillante carrière ascendante de Raphaël le conduisit jusqu'à Rome et lui valut la protection papale. Pour le Pape Jules II, il peignit à fresques une série de salles du Vatican, notamment, dans la Salle de la Signature, *L'Ecole d'Athènes*, apothéose des idéaux de la Haute Renaissance. Le pape était une personnalité typique de la Renaissance, successeur de Saint Pierre dont le royaume semblait être, étonnamment, tout à fait de ce monde. Jules II était vieux, mais encore puissant et ambitieux, lorsque Raphaël le peignit avec une barbe, en deuil à cause de la perte de la ville de Bologne. En plus de tous ses autres dons, Raphaël était un excellent portraitiste, capable de représenter ses modèles d'une façon à la fois digne et intime. Le type de portrait qu'il créa pour Jules II allait servir longtemps de prototype pour tous les portraits de papes.

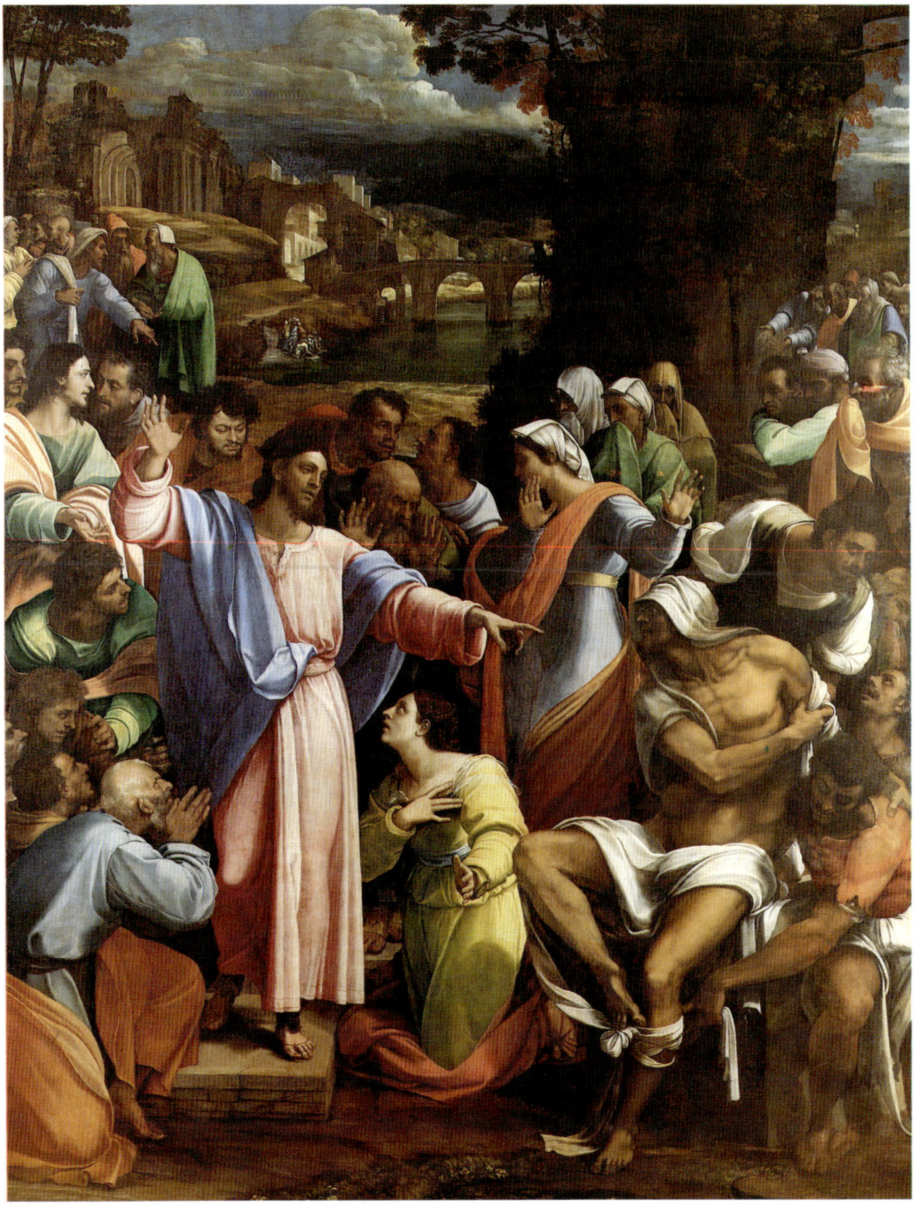

SEBASTIANO del Piombo (vers 1485–1547)
La résurrection de Lazare

Sebastiano était un peintre vénitien établi à Rome. Il peignit ce gigantesque tableau plus ou moins en compétition avec Raphaël qui exécutait pour le même client, le futur pape Clément VII, la *Transfiguration* qui se trouve maintenant au musée du Vatican. Michel-Ange, qui n'aimait pas Raphaël, aurait, selon la tradition, aidé Sebastiano à dessiner certains des personnages, probablement ceux qui participent à l'incident central. Quelle que soit son histoire, ce tableau est un tour de force : dans cette foule de corps gesticulants et de couleurs étincelantes, on reconnaît des portraits, avec en fond un paysage poétique qui rappelle les origines vénitiennes de Sebastiano. Tous les éléments ne s'intègrent peut-être pas parfaitement, mais la manière grandiose de la composition est impressionnante et, avec sa rhétorique voulue, le tableau annonce l'époque baroque.

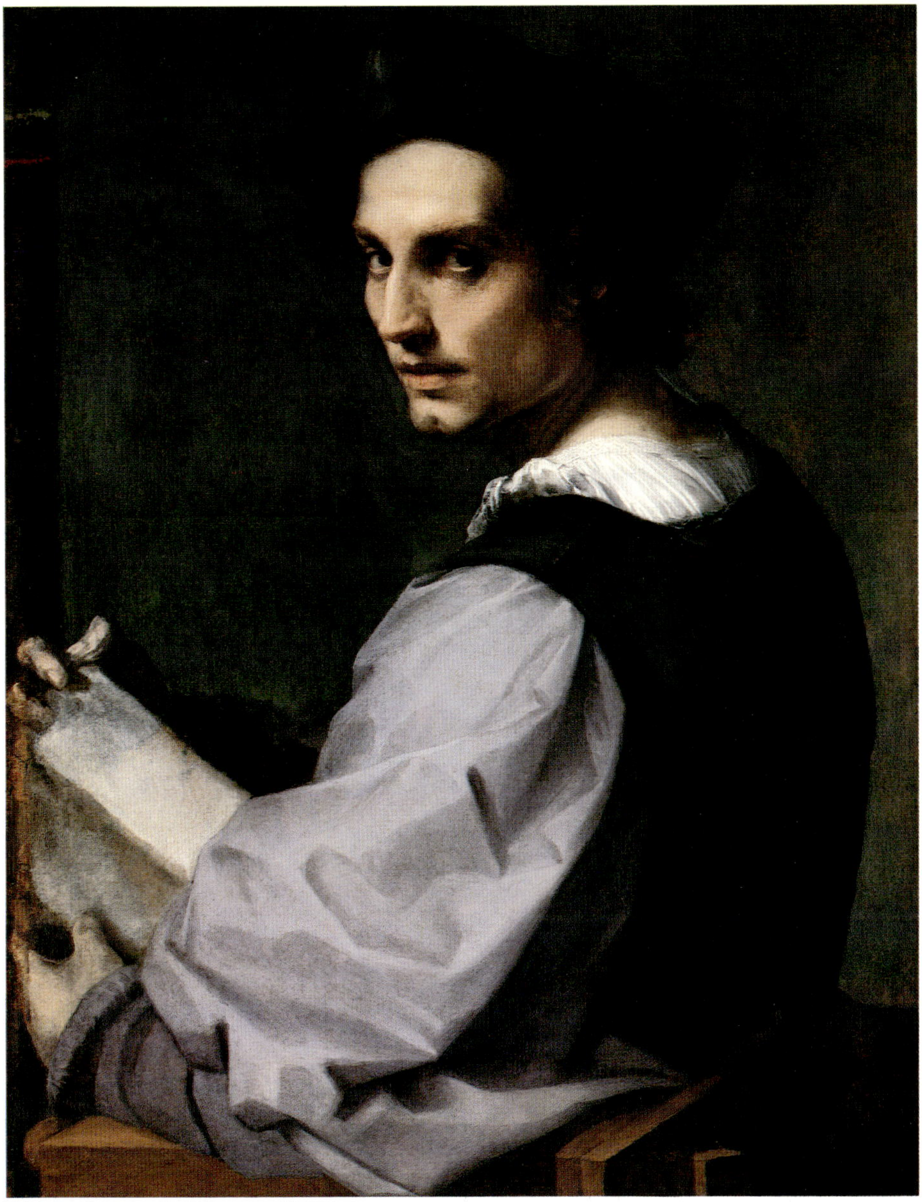

Andrea del SARTO (1486–1530)
Portrait de jeune homme

« Une grisaille générale recouvre tout d'un voile argenté », remarque Andrea del Sarto dans le poème-monologue de Robert Browning consacré à ce peintre. Une grisaille bleutée donne son harmonie à ce portrait qui semble peint dans une demi-lumière crépusculaire d'où émerge le modèle, se retournant sur sa chaise pour fixer le spectateur d'un regard pensif, morose. Ce concept est typique d'un style de portrait du XVIe siècle florentin, style qui traduit des aspirations tout à fait étrangères à cette certitude quattrocentiste communiquée, par exemple, par le portrait masculin de Botticelli (p.30). Sarto est un artiste d'une grande sensibilité qui semble avoir un rapport très étroit avec son modèle, fouillant le visage pour exprimer la pensée intérieure et explorant avec la même délicatesse les contours et la texture du costume élégant, surtout la manche volumineuse qui semble se projeter en direction du spectateur.

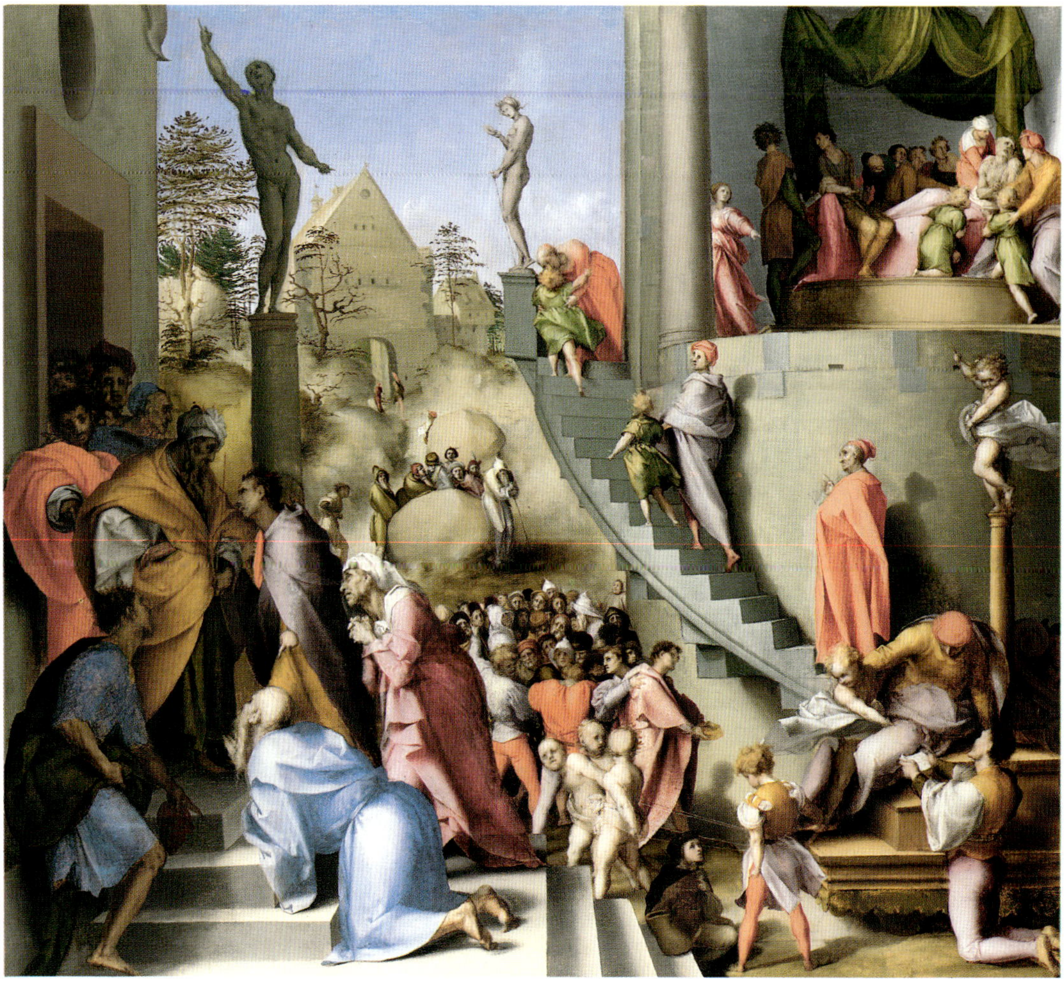

Jacopo PONTORMO (1494–1557)
Joseph en Egypte

Pontormo fut l'élève de Sarto et le maître de Bronzino et ce trio de peintres, dont chacun a sa personnalité propre, constitue un démenti à la conception périmée d'un « déclin » de la peinture vers le milieu du XVIe siècle à Florence ou en Italie. Plus original que Sarto, à la fois comme artiste et comme homme, Pontormo mit au point un style très raffiné, avec des coloris recherchés et des éléments d'une fantaisie exubérante, tous en évidence dans ce tableau. Celui-ci fait partie d'un cycle auquel contribuèrent plusieurs peintres florentins, exécuté comme décoration pour la chambre nuptiale de Pierfrancesco Borgherini. Il n'est guère nécessaire de souligner l'invention de Pontormo. De l'extraordinaire char triomphal, au premier plan, à l'escalier qui s'incurve de façon vertigineuse, il crée un monde imaginaire bien à lui. Dernière note personnelle : il représente, assis sur les marches au premier plan de la composition, son jeune élève Bronzino.

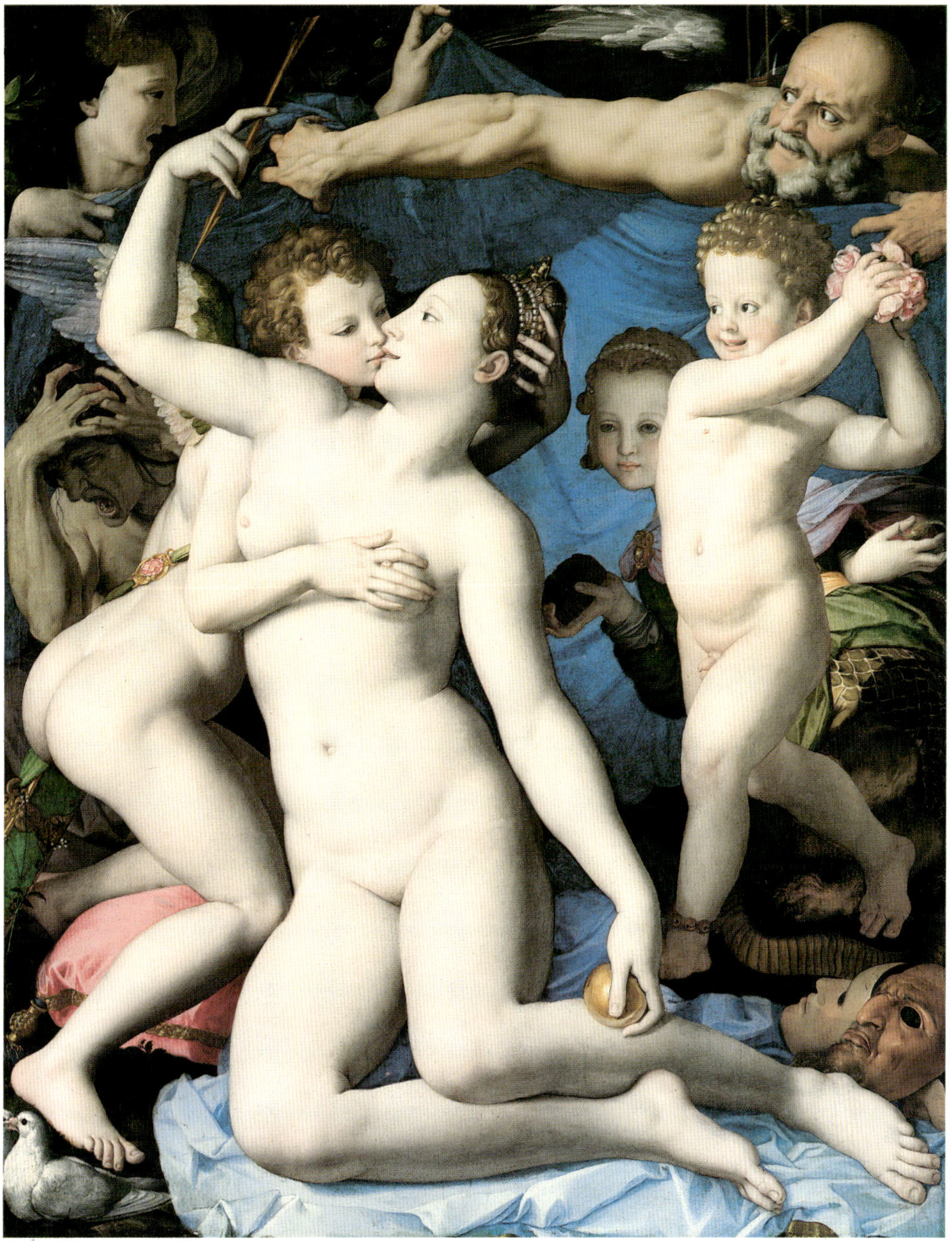

BRONZINO (1503–1572)
Allégorie avec Vénus et Cupidon

Cette allégorie peut sembler abstraite et déconcertante, mais il y a des éléments très clairs, en commençant pas les personnages principaux de Vénus et de son fils Cupidon. Il l'étreint avec une affection pas très innocente et elle ôte de son carquois une flèche – symbole du pouvoir de l'amour. A part le Temps, en haut à droite, la plupart des autres personnages symbolisent les plaisirs et les peines de l'amour et l'allégorie pourrait bien illustrer la conquête de l'Amour par la Beauté, incarnée par Vénus. Bronzino concentre tout son art sur la célébration de la beauté visuelle. Il travaille comme un orfèvre, entrelaçant des corps pâles comme des perles, avec des cheveux de fils dorés, et présentant l'ensemble sur un fond de draperies d'un bleu éclatant, dures et froides comme si elles étaient sculptées dans un minerai rare.

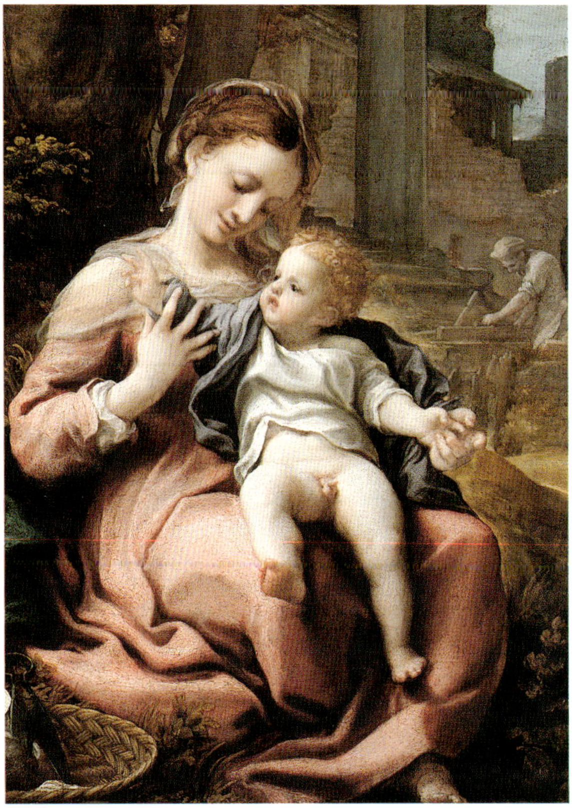

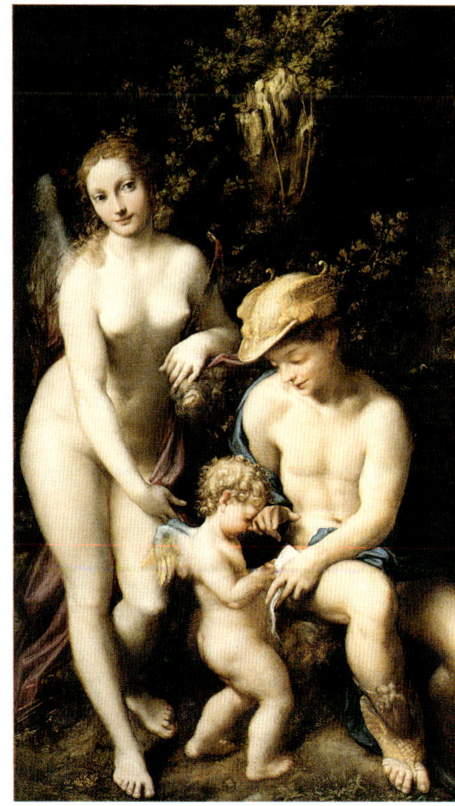

Antonio Allegri, dit le CORREGE (actif en 1514, mort en 1534)
La Madone au panier

Le Corrège avait un don de charme en peinture équivalent au don de la mélodie chez Tchaïkovski. Mais l'un et l'autre s'efforcèrent de ne pas limiter leur art à ce don. Ce petit tableau religieux est charmant, sans doute, mais il est davantage qu'une interprétation domestique et ludique de l'enfance du Christ. L'Enfant dont les bras se tendent sera un jour étendu et cloué sur la Croix, dépouillé de ses vêtements. Et même la concentration de Saint Joseph sur son travail de menuisier pourrait être une allusion au bois de la Croix.

Antonio Allegri, dit le CORREGE (actif en 1514, mort en 1534)
Mercure instruisant Cupidon devant Vénus

Les historiens de l'art éprouvent quelque difficulté à expliquer le Corrège car il est très inattendu pour son époque et peut paraître très « dix-huitième », comme par exemple dans cette composition mythologique. Il n'est pas étonnant que le XVIIIe siècle ait apprécié son oeuvre. La surface de cette peinture est comme celle de la porcelaine de pâte tendre et la chair des trois personnages semble avoir été créée, cellule par cellule, par des caresses du pinceau du Corrège. La scène est située dans une sorte d'Eden profane, sans serpent caché, et le feuillage-même est frémissant. L'ancien titre de ce tableau était « *L'école de l'amour* », mais dans ce climat délicieusement hédoniste, toute tentative d'instruire Cupidon est vouée à l'échec.

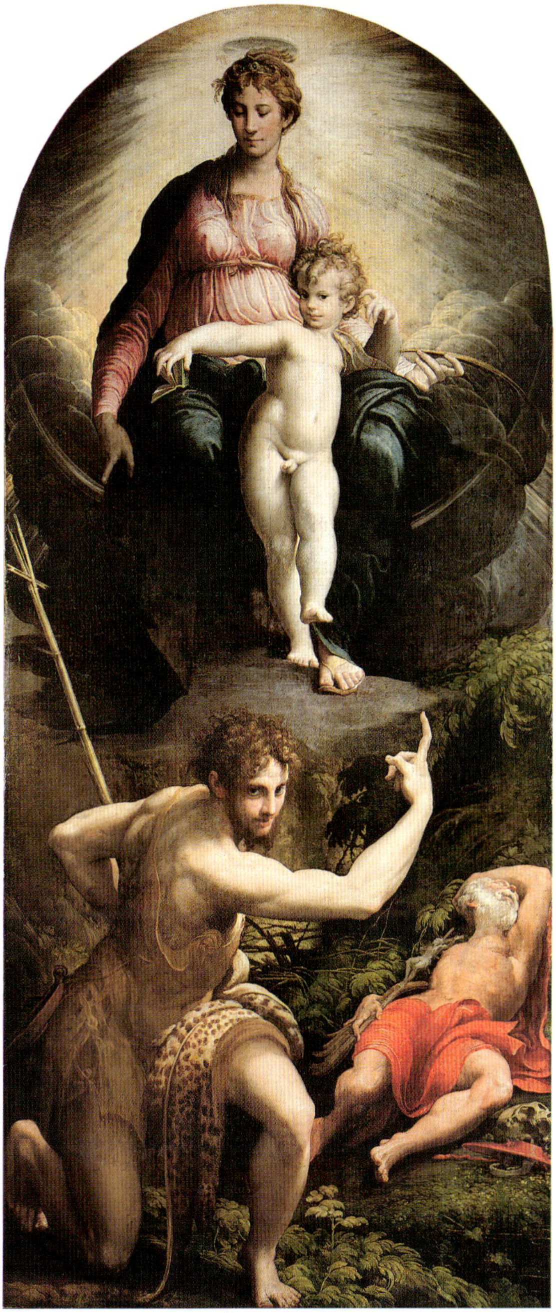

PARMIGIANINO (1503–1540)

La Vierge et l'Enfant avec Saint Jean-Baptiste et Saint Jérôme

Parmigianino, dont le nom est dérivé de sa ville natale de Parme, n'avait que vingt-quatre ans lorsqu'il exécuta ce retable à Rome, à l'époque du sac de la ville en 1527. On y relève des traces évidentes de l'influence de ses grands prédécesseurs, tels que Raphaël, mais l'originalité et l'élégance de cette oeuvre sont remarquables. Le format d'une minceur inhabituelle souligne les proportions de la Vierge très grande et de l'Enfant qui semble danser devant ses genoux. Le long doigt tendu de Saint Jean est presque déboîté dans son expression souple alors qu'il montre la vision au-dessus de lui, baignée d'une luminosité vibrante.

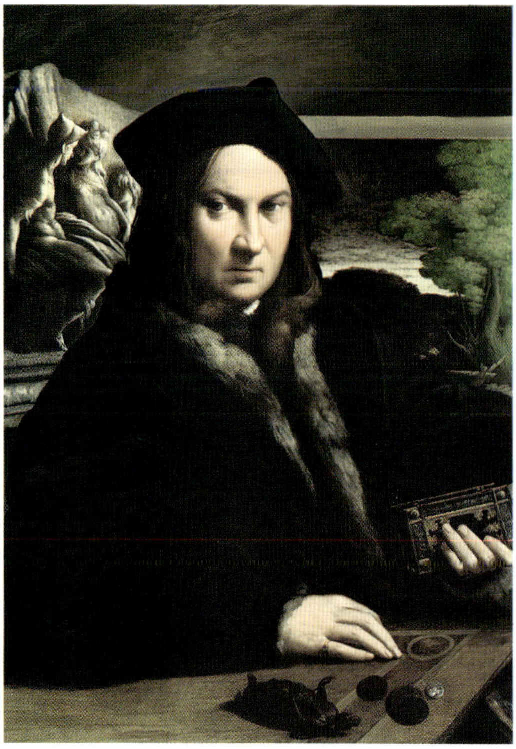

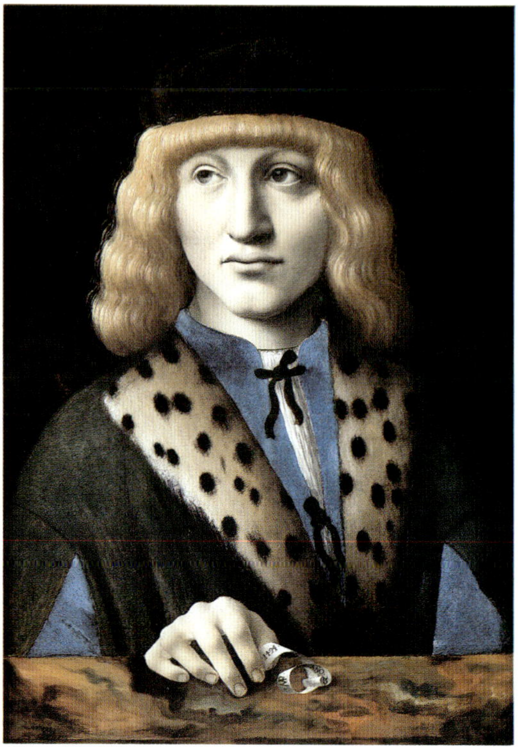

PARMIGIANINO (1503–1540)
Portrait d'homme

Le portrait est un aspect important de l'art de Parmigianino, à la différence du Corrège. Et chaque portrait semble l'avoir encouragé à trouver de nouvelles idées pour sa présentation. Ici, le modèle et le décor donnent une impression étrange, plutôt accablante. Le modèle, vêtu de façon prospère, mais sans ostentation, a l'air sérieux et un peu mystérieux, presque soupçonneux, le regard se détournant du spectateur. Le décor élégant suggère les goûts d'un connaisseur, mais il y a quelque chose de menaçant dans le fragment de paysage que l'on entrevoit à droite. Même le charmant fragment de bas-relief, certainement sculpté à partir de l'imagination de Parmigianino, semble éclairé par une lumière d'orage.

Giovanni Ambrogio PREDA (vers 1455, après 1508)
Francesco d'Archinto

Sur le parchemin que tient Archinto, on lit la date 1494 ; à cette époque, Léonard de Vinci habitait déjà Milan. Le nom de Preda et de son frère Evangelista sont associés à celui de Léonard sur le contrat de la *Vierge aux rochers* (p.57) de Londres et l'influence de Léonard est visible ici, avec des résultats bizarres. Moins doucereux que Luini, Preda a greffé sur un talent professionnel typique du XVe siècle quelques-uns des effets nouveaux et presque surréels de Léonard. Le visage pâle et les yeux vitreux du modèle font penser à une figure de cire et les efforts consciencieux du peintre pour représenter la texture de sa chevelure, jusqu'au dernier fil blond, donne à celle-ci la vitalité factice d'une perruque de nylon.

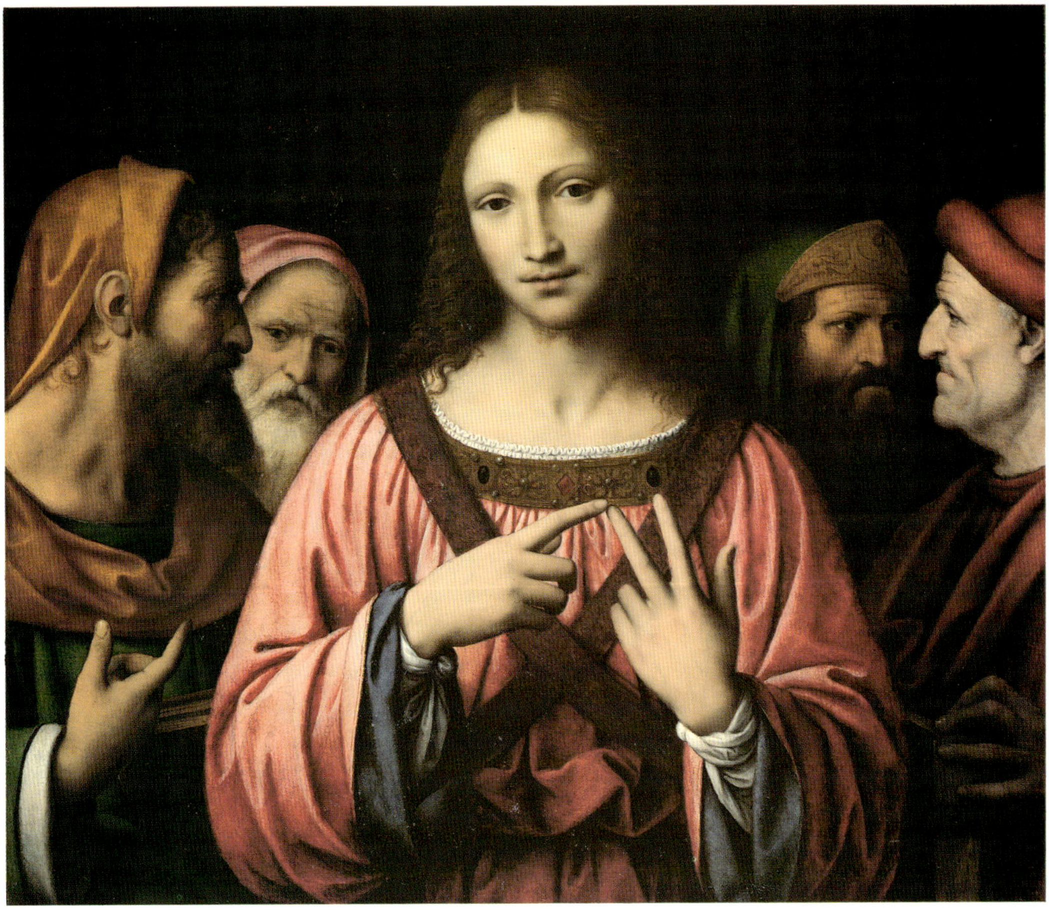

Bernardo LUINI (actif en 1512, mort en 1532)
Le Christ parmi les docteurs

On a cru pendant longtemps que ce tableau célèbre était l'oeuvre de Léonard de Vinci. L'influence de Léonard sur Luini et sur d'autres peintres milanais était presque excessive, leur retirant, dans certains cas, toute individualité. Luini n'y succomba pas complètement – mais il s'en fallut de peu –, car il est plus doux et plus léger que Léonard, à la fois pour les sentiments et la manière. Dans ce tableau, il partage l'intérêt de Léonard pour la physiognomie expressive qui touche à la caricature, contrastant les visages ridés des docteurs d'âge mûr et réputés sages, et la jeunesse du Christ qui est, lui, toute sagesse. Luini a aussi été inspiré par Léonard pour le type du Christ, légèrement androgyne, légèrement souriant, avec des cheveux frisés ondulant en nombreuses boucles.

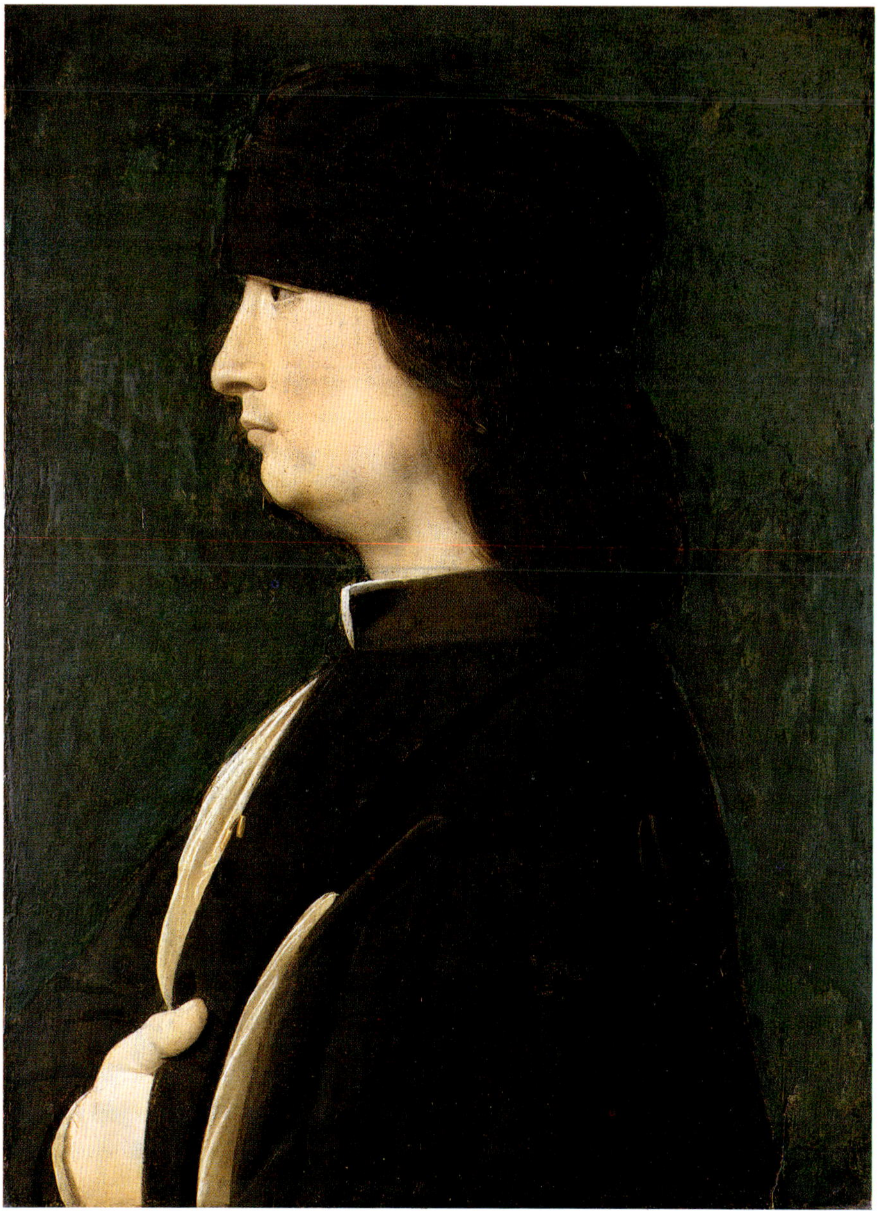

Giovanni Antonio BOLTRAFFIO (vers 1466/67[?]–1516)
Homme de profil

Boltraffio fut probablement le principal disciple de Léonard à Milan. Le portrait de profil y jouissait d'une certaine popularité à la fin du XVe siècle et le traitement simple, sombre de Boltraffio, avec des tonalités restreintes, est très réussi. Il faut reconnaître que le modèle risque d'être quelque peu étouffé, en tant qu'être vivant, entre la couleur sombre de la toque qu'il porte enfoncée jusqu'aux sourcils et les lignes sévères de son col raide. Mais l'image est très belle. Le *Francesco d'Archinto* de Preda (p.68) semble d'un luxe criard par comparaison avec ce personnage austèrement vêtu et, des deux, l'oeuvre de Boltraffio est d'un art plus subtil.

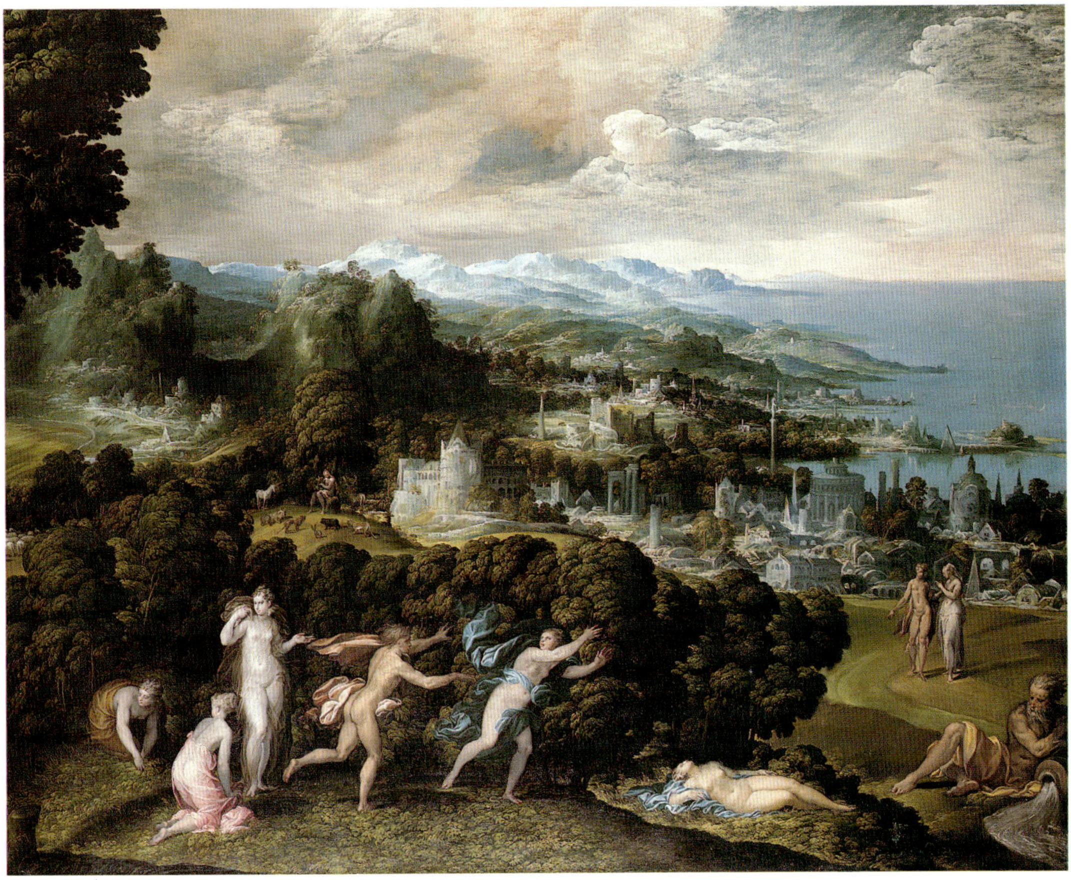

NICCOLO dell'Abate (vers 1509/12–1571)
L'histoire d'Aristée

Cette histoire est en fait mieux connue sous les noms d'Orphée et Eurydice. Le tableau représente Eurydice qui, en fuyant devant le berger Aristée, marche sur un serpent et meurt ensuite de sa morsure. On voit son corps à droite du centre de la composition, mais la narration est quelque peu éclipsée par l'interêt du peintre pour un vaste paysage panoramique de bois, de collines et d'architectures, creusé par une côte accidentée. Des éléments de fantaisie se mêlent à la réalité pour produire un tableau que l'artiste veut décoratif et plein d'invention. Niccolò dell'Abate l'exécuta probablement en France où il passa les vingt dernières années de sa vie, travaillant pour le Roi à la décoration du château de Fontainebleau.

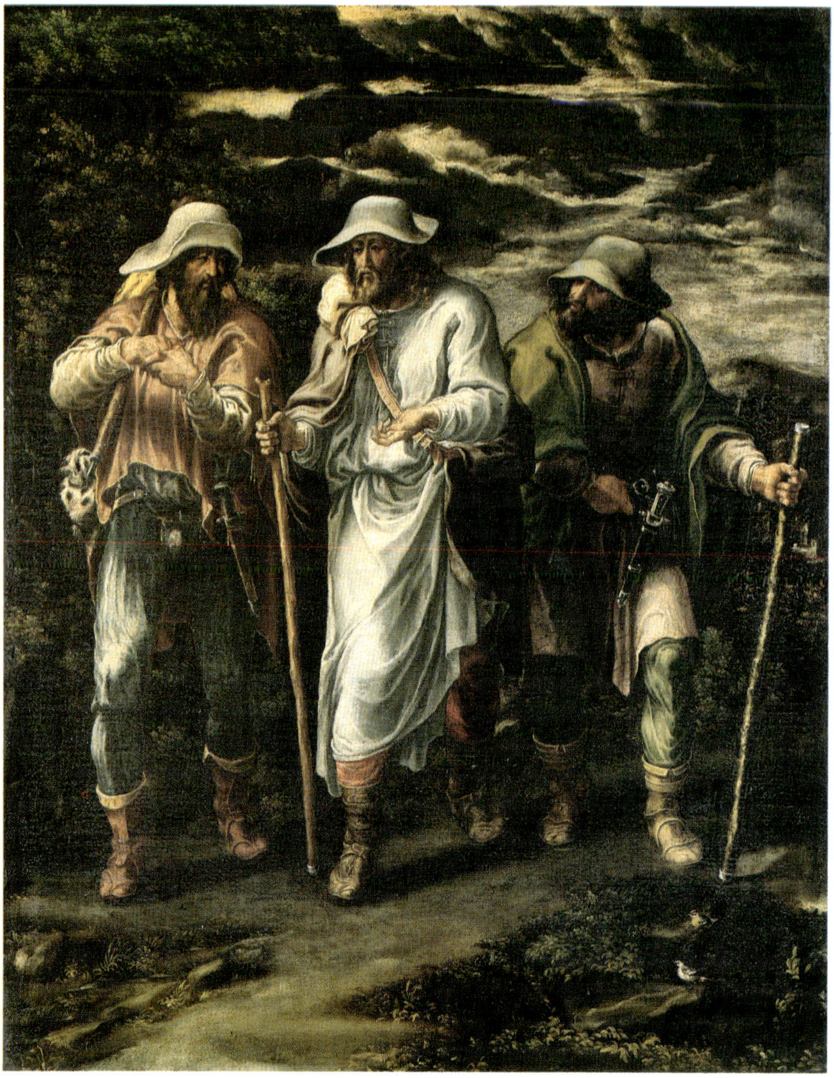

Attribué à Lelio ORSI (vers 1511–1587)
Les pélerins d'Emmaüs

D'après l'Evangile selon Saint Luc, deux des disciples du Christ s'en allèrent, après sa mort, « à un bourg nommé Emmaüs ». En chemin, un inconnu se joignit à eux, qui se révéla ensuite être le Christ (cf le Caravage p.88). On représente traditionnellement les trois personnages en pélerins, comme c'est le cas ici. Orsi n'est pas un peintre célèbre : il est surtout connu pour ses dessins. L'un de ces derniers traite ce sujet de façon semblable à ce tableau très original, qu'on peut donc vraisemblablement lui attribuer. Grands et élancés, les trois pélerins qui se hâtent se détachent de façon presqu'hallucinante sur un ciel mouvementé. Orsi suggère habilement l'autorité du Christ en tant que sujet central et la gêne qu'il suscite chez ses compagnons qui ignorent encore son identité.

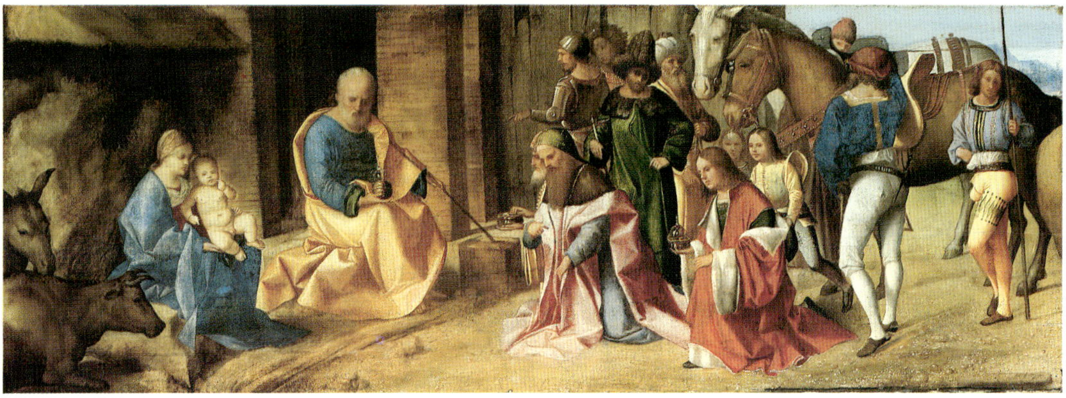

GIORGIONE (actif en 1506, mort en 1510)
L'Adoration des Mages

Les dates ci-dessus suggèrent la brièveté de la carrière de Giorgione. Une partie du mythe qui l'entoure, lui et son oeuvre, provient de cette courte carrière, de sa mort précoce et de la rareté d'oeuvres authentiques de sa main. Mais il est évident qu'il était extraordinairement doué et qu'il exerça à Venise une influence qui se prolongea au-delà de sa vie. Il n'est pas prouvé que cette *Adoration* soit de la main de Giorgione, mais elle lui est attribuée en toute probabilité. Le groupe de la Sainte Famille rappelle la manière de Giovanni Bellini, mais les Mages et leur suite introduisent, comme il convient, un talent nouveau : des effets de couleur originaux et des formes gracieuses, presque désinvoltes. Toute cette nouveauté semble résumée par le courtisan à l'extrême droite, élégamment vêtu et présenté avec une précision délicate, comme détaché de la scène principale et perdu dans un rêve personnel.

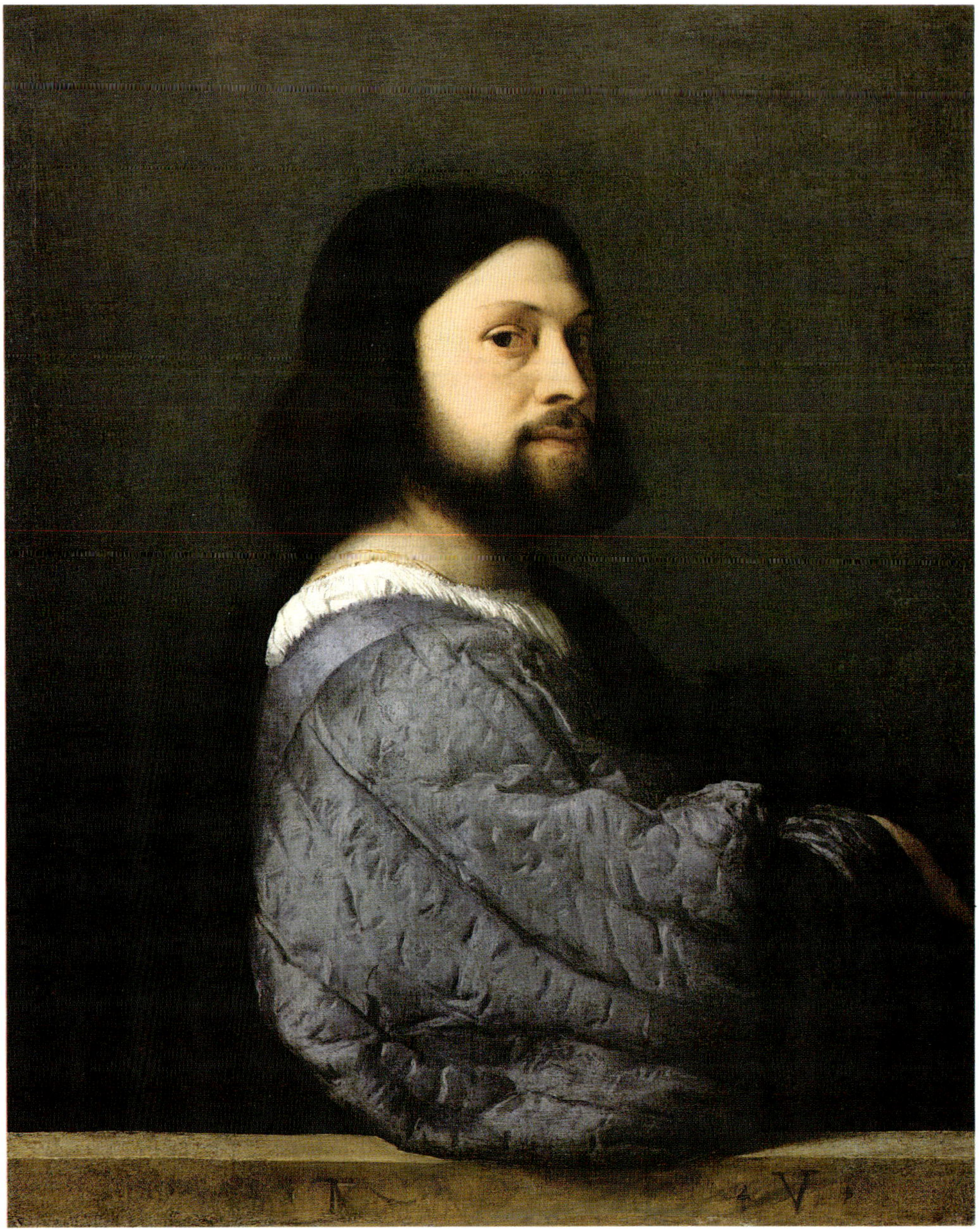

Le TITIEN (actif avant 1511, mort en 1576)
Portrait d'homme

A la mort de Giorgione, le Titien avait encore devant lui soixante-six ans d'activité au cours desquels son style allait constamment évoluer de façon inconnue jusqu'alors. Aucun artiste avant lui n'avait fait preuve d'une telle vitalité, d'une telle exubérance dans la représentation physique de la réalité. Dans cette oeuvre de jeunesse le Titien montre sa maîtrise sûre de la peinture à l'huile, qu'il utilise pour représenter non seulement les traits du modèle, mais aussi – éclipsant presque l'importance de la tête – la splendeur soyeuse de la manche matelassée qui se gonfle le long du parapet. L'oeil survole cette surface peinte comme s'il s'agissait d'un objet en trois dimensions. C'est seulement quand on regarde de plus près que l'illusion se dissipe et révèle des points et des taches de pigment bleu dont chacun joue son rôle dans ce « portrait d'une manche ».

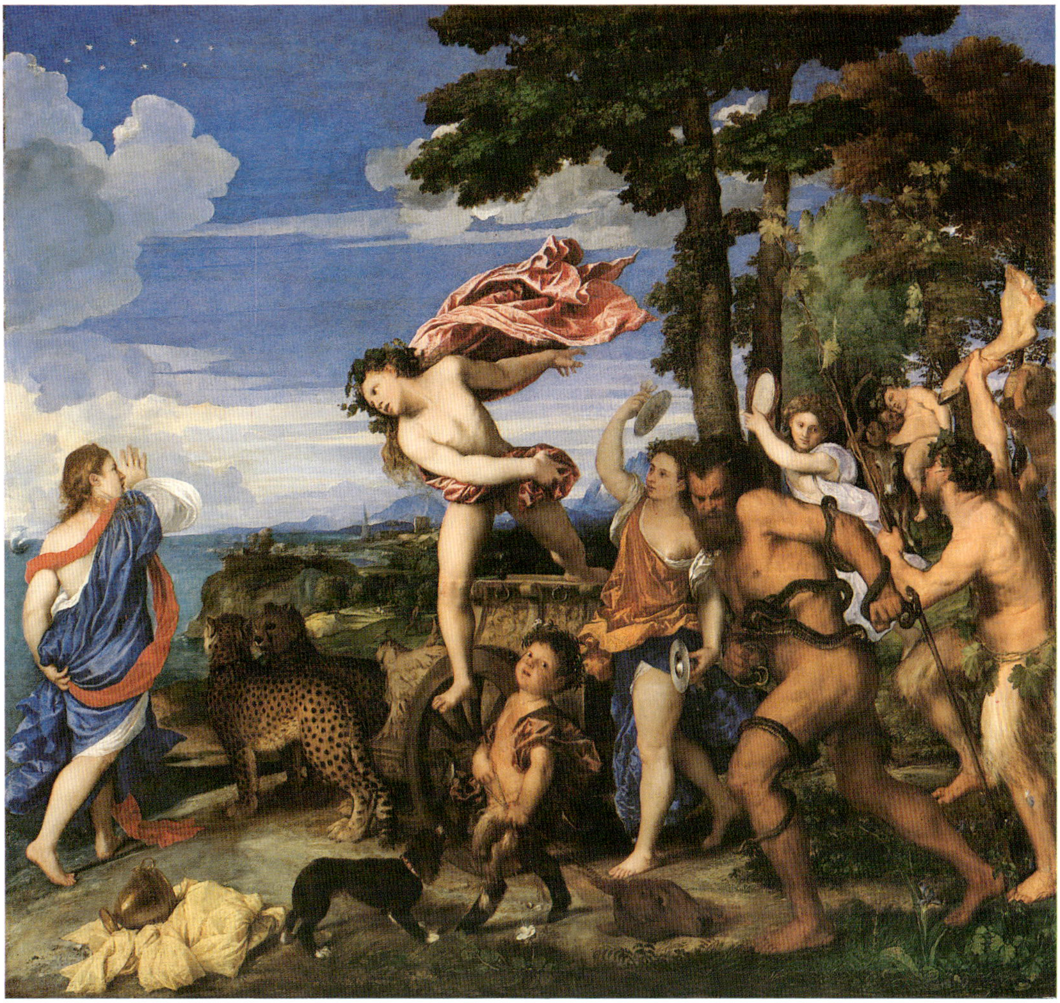

Le TITIEN (actif avant 1511, mort en 1576)
Bacchus et Ariane

C'est pour un grand prince et mécène de la Renaissance, Alphonse d'Este, Duc de Ferrare, que le Titien peignit cette passionnante composition mythologique où Bacchus, dieu du vin, bondit à jamais pour rencontrer et surprendre Ariane, mortelle abandonnée sur l'île de Naxos. C'est la dernière de trois bacchanales que le Titien exécuta pour la salle du château du Duc à Ferrare et il y avait peu de sujets qui puissent mieux convenir au peintre. C'est la force de l'amour sans frein qui fait bondir Bacchus. Et un amour exubérant, sans frein, de la vie imprègne chaque fragment du tableau, de la troupe chancelante des compagnons ivres du dieu au paysage de Naxos d'une luxuriance magique, où de hautes falaises vertes et boisées, se découpant sur des montagnes bleues, nettes comme des cristaux de sulfate de cuivre, plongent en abrupt dans une mer turquoise. Le manteau couleur de vin rouge, qui couvre à peine le dieu exalté, flotte derrière lui comme une bannière proclamant, non point tellement l'arrivée de Bacchus dans l'île, mais bien plutôt celle du Titien à Venise.

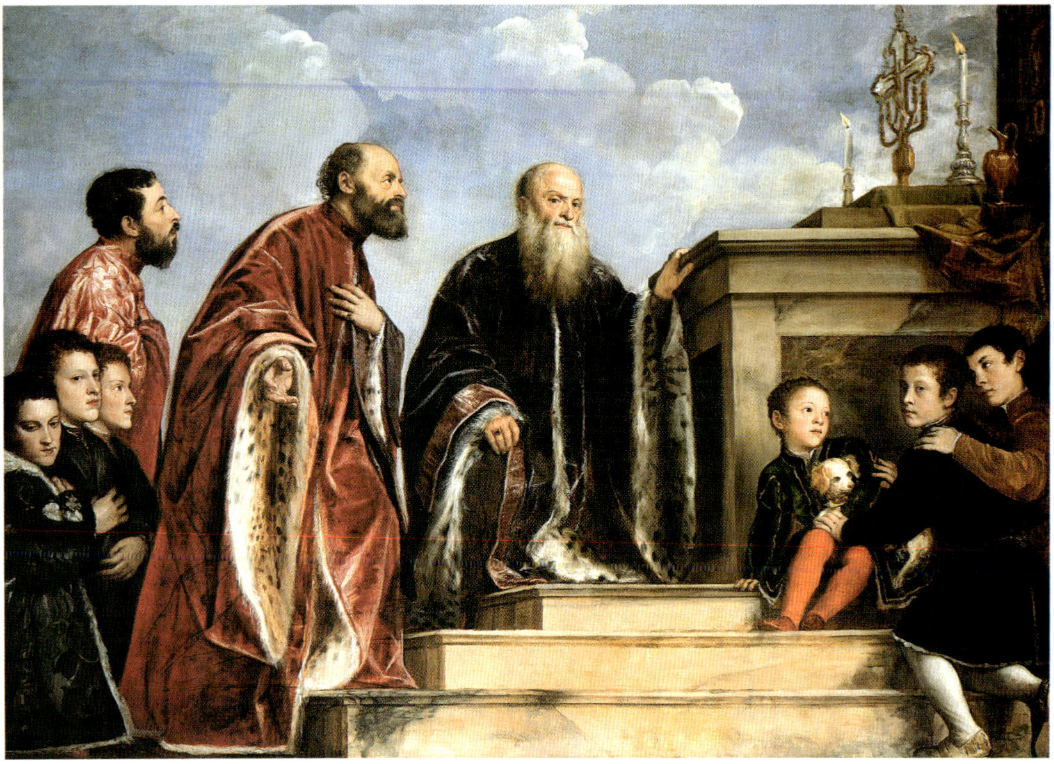

Le TITIEN (actif avant 1511, mort en 1576)
La famille Vendramin

L'attachement acharné du Titien à la réalité physique a fait de lui un grand portraitiste. Lorsqu'il exécuta ce portrait de groupe, unique en son genre, dans les années 1540, sa célébrité s'étendait bien au-delà de Venise. Son style avait changé et s'était développé depuis la période de son *Portrait d'homme* en buste (p. 74). Il manipule maintenant la peinture avec une liberté beaucoup plus grande, presqu'avec rudesse, interprétant la doublure de fourrure mouchetée des lourds vêtements avec une telle vivacité de touche qu'il la fait vibrer sur le tissu velouté plus lisse. Il dépeint ses modèles en pied et présente un éventail d'âges allant du vénérable Gabriel Vendramin – vieillard à la barbe blanche – au petit garçon avec son chien, appuyé sur les marches de l'autel où les adultes de la famille adorent une relique de la Vraie Croix. Il y a quelque chose d'oriental dans cette conception purement masculine de la famille : à cette époque, les Vendramin avaient six filles vivantes.

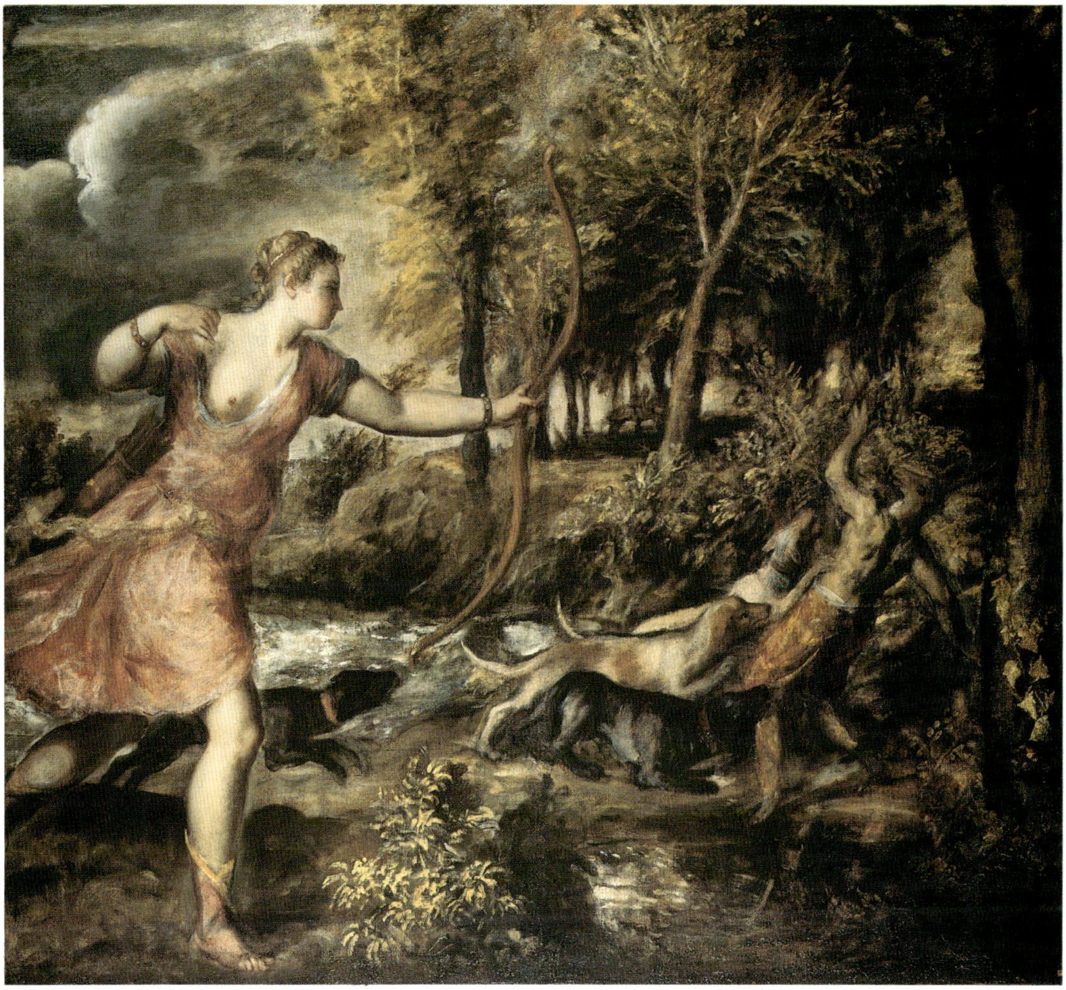

Le TITIEN (actif avant 1511, mort en 1576)
La mort d'Actéon

Une vingtaine d'années séparent ce tableau de *La famille Vendramin.* La technique picturale du Titien entre dans sa dernière phase, la plus magistrale peut-être, avec une liberté qui saisit les formes dans leur essence et passe rapidement à l'exécution. En même temps, sa palette s'est rétrécie. Sa vision s'est approfondie, l'exubérance faisant place – ici du moins – à une interprétation plus réfléchie et plus touchante qui convient à cette histoire tragique. Puni par Diane pour l'avoir par accident surprise au bain, le chasseur Actéon fut transformé par elle en cerf et dévoré par ses propres chiens. Ici, la déesse dominatrice et vengeresse encourage le carnage, sous un ciel menaçant, dans un paysage d'automne où les arbres-mêmes semblent secoués par la férocité de la scène.

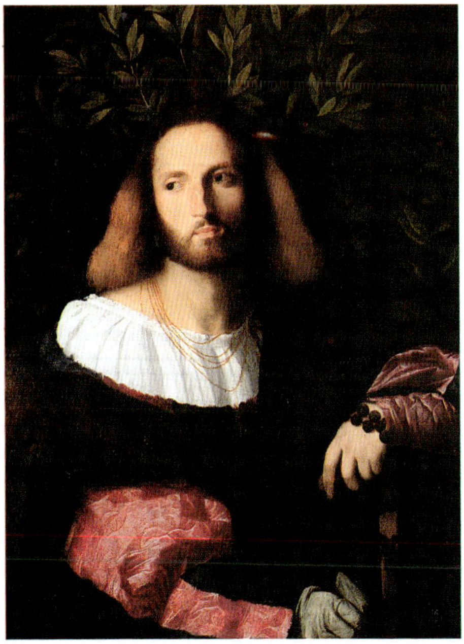

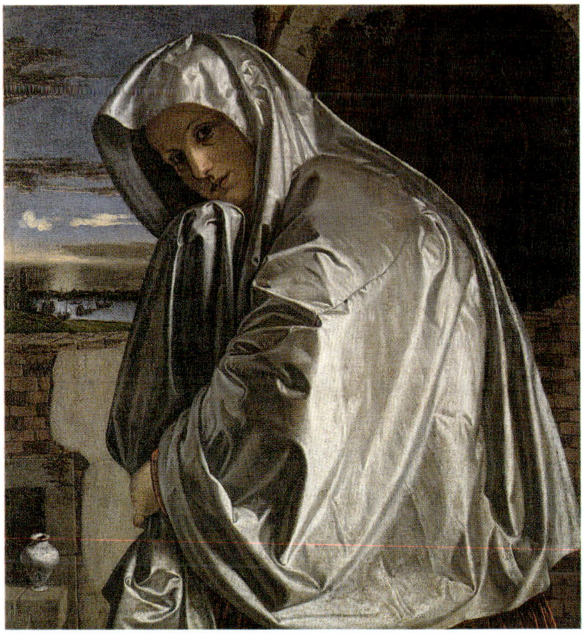

PALMA le Vieux (actif en 1510, mort en 1528)
Portrait d'un poète

Palma est un peintre vénitien dont les tableaux semblent célébrer l'importance du farniente. Leur atmosphère rappelle toujours celle d'une sieste agréablement luxueuse. Le « poète » en question – en supposant qu'il s'agisse vraiment d'un poète et non d'une autre figure littéraire – se repose presque littéralement sur ses lauriers, dont un éventail de feuilles forme un fond pour sa pose contemplative, un livre entre les mains, vêtu d'un somptueux costume. On a parfois supposé que le modèle était le grand poète italien, l'Arioste. Dans ce cas, Palma serait d'accord avec le frère du poète qui l'a célébré après sa mort comme étant de caractère aimable et d'apparence noble.

Gian Girolamo SAVOLDO (actif en 1508, vivant encore en 1548)
Sainte Marie-Madeleine s'approchant du Sépulcre

Savoldo était originaire de Brescia, mais établi à Venise. Et c'est à Venise qu'il situe hardiment cette scène de Marie-Madeleine s'approchant du sépulcre où repose le Christ. Savoldo aimait les effets de lumière subtils et il a très bien suggéré la première lueur de l'aube sur la ville encerclée d'eau. Il appréciait aussi les textures et les étoffes. Il enveloppe la sainte d'un mince tissu argenté, qui évoque la nuit, et reproduit méticuleusement l'ourlet sur son épaule à l'endroit où les deux pièces d'étoffe sont cousues.

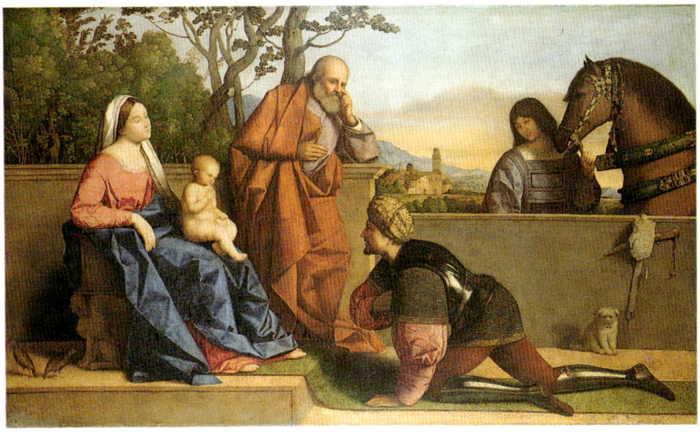

Vincenzo CATENA (actif en 1506, mort en 1531)
Un guerrier adorant le Christ enfant et la Vierge

Ce tableau a un sujet tellement inhabituel qu'il semble étrange qu'on ne lui ait trouvé aucune explication. Catena était vénitien et les grandes dimensions de l'oeuvre, ainsi que sa forme, laissent supposer qu'il s'agissait d'un ex-voto typique de l'époque. Un Doge agenouillé devant la Vierge et l'Enfant n'aurait rien de nouveau, mais le guerrier qui se prosterne dans cette composition semble originaire de l'Orient. L'église, dans le fond, a certainement une signification et le chien quelque peu intimidé n'est pas un simple ornement de genre charmant : il symbolise la Foi.

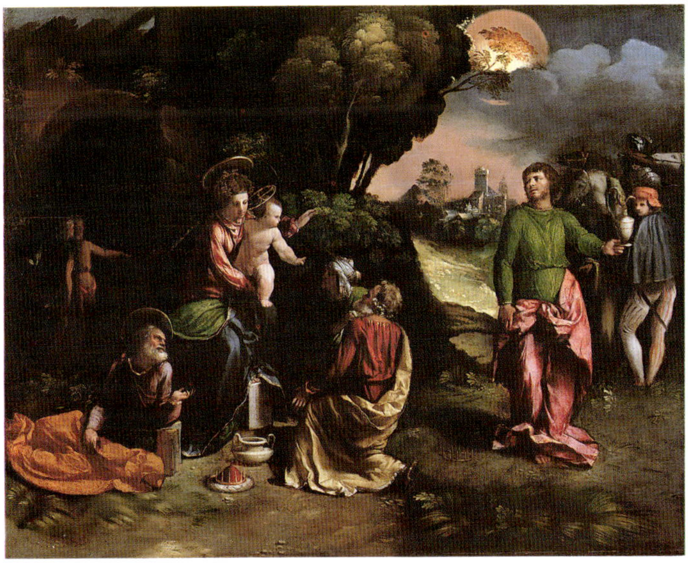

DOSSO Dossi (actif en 1512, mort en 1542)
L'Adoration des Rois Mages

Dosso Dossi est la preuve personnifiée que le XVIe siècle continua à produire des peintres intéressants et originaux. Eliminant les concepts traditionnels de l'étable de Bethléem, Dosso situe la scène dans un paysage boisé et reculé. Les Rois Mages, très dignes, découvrent la Sainte Famille dans un bosquet, près d'un torrent impétueux, tandis qu'une énorme lune prophétique luit doucement dans les nuages.

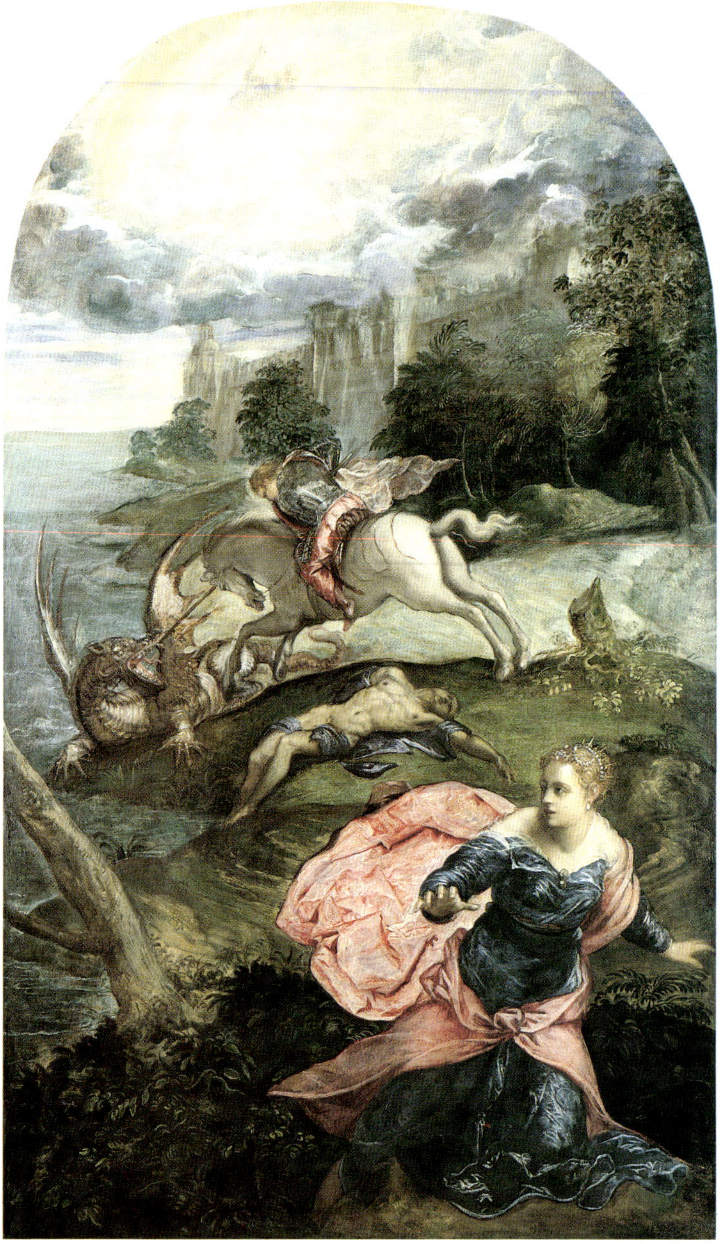

Le TINTORET (1518–1594)
Saint Georges et le dragon

Alors que Palma célèbre l'indolence, le Tintoret célèbre sans cesse l'action. Dans ses compositions, il se passe toujours quelque chose de positif. Le sujet de Saint Georges luttant contre le dragon est suffisamment énergique en lui-même, mais le Tintoret accompagne les événements sur terre d'événements célestes. Son style et sa composition sont tellement hardis et dynamiques que la Princesse, représentée à genoux au premier plan, semble s'envoler du tableau dans le tourbillon de son manteau. La mer écume et les arbres se tordent. Saint Georges fonce sur le dragon, le repoussant vers les vagues. Le point culminant de la scène – très typique du Tintoret dans sa conception comme dans son exécution – est le ciel dont les nuages sont transpercés d'une clarté éblouissante, où Dieu se manifeste.

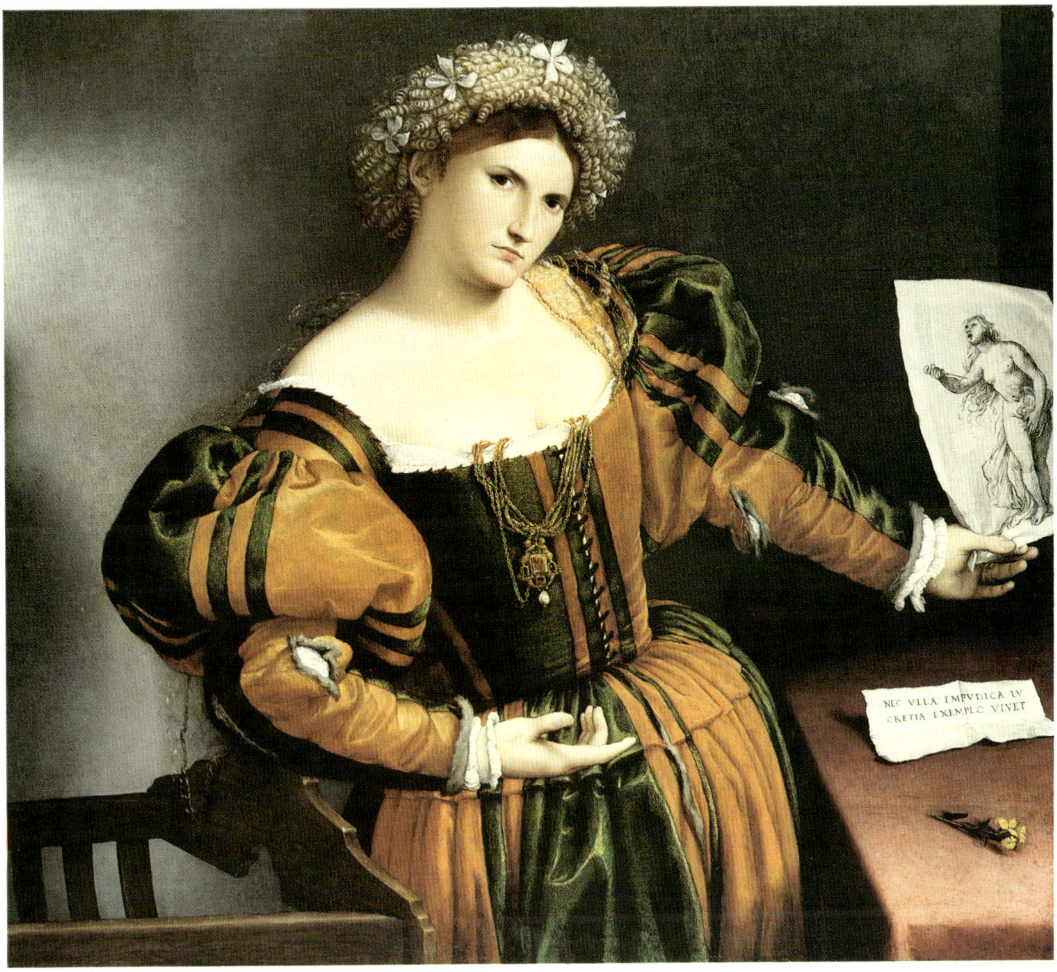

Lorenzo LOTTO (né vers 1480, vivant encore en 1556)
Une dame en Lucrèce

Le titre porte à confusion : il semblerait qu'une dame nommée Lucrezia soit représentée ici, avec une allusion à l'héroïne romaine Lucrèce qui, violée par Sextus Tarquin, se poignarda (comme le représente le dessin que tient le modèle). On sait que Lotto peignit une certaine Lucrezia Valier et ce portrait pourrait bien être le sien. Lotto était particulièrement doué pour évoquer la personnalité et le costume et aimait concevoir des compositions inhabituelles. Il donne à son modèle un air redoutable et impressionnant et elle risque moins de subir le sort de son homonyme que de devenir une femme dominatrice.

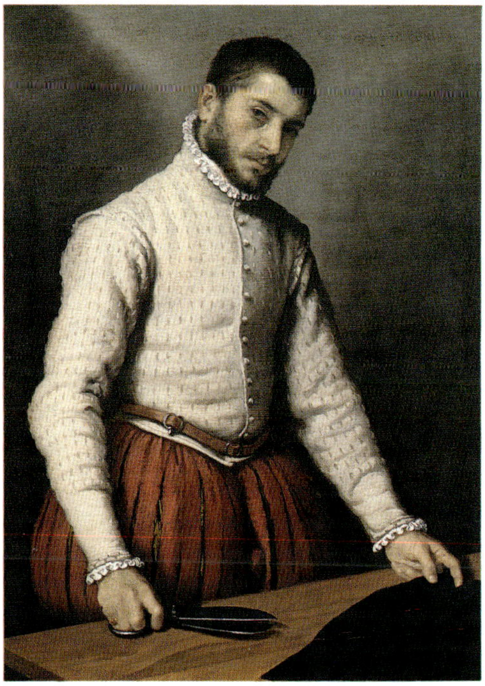

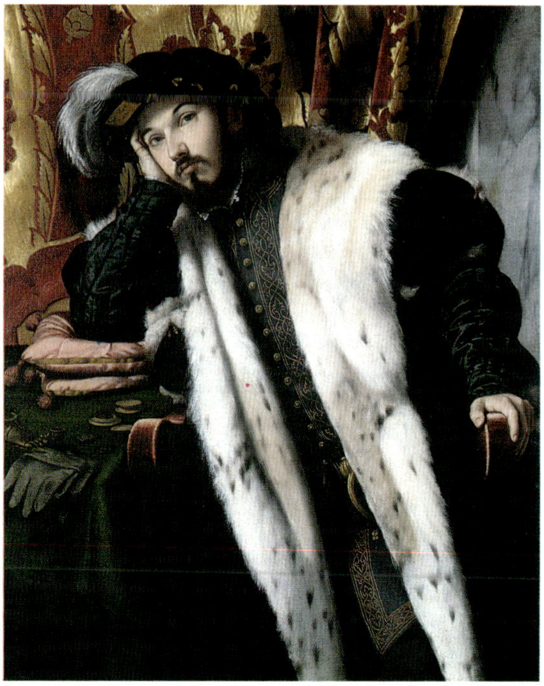

Giovan Battista MORONI (actif en 1546/7, mort en 1578)
Portrait d'homme (« Le tailleur »)

Moroni, comme on pourrait le deviner, fut formé par Moretto et se consacra encore plus exclusivement que son maître au portrait. Ses modèles sont généralement des membres de la bourgeoisie, hommes de loi et clercs, souvent représentés la tête inclinée, comme s'ils conversaient avec le spectateur. Ce tableau est l'un de ses chefs-d'oeuvre, typique par son réalisme discret, mais exceptionnel d'autre part parce qu'il semble représenter, sinon un tailleur, du moins un négociant en drap, à son travail. Le modèle donne l'impression de prendre doublement les mesures du spectateur.

MORETTO da Brescia (vers 1498–1554)
Portrait de jeune homme

De nos jours, Brescia est l'une des moins attirantes des villes d'Italie du Nord, mais au XVIe siècle elle abritait plusieurs peintres de talent et représentait un style de réalisme sobre et sérieux, particulièrement pour le portrait. Moretto est l'un des plus doués des peintres de Brescia, contemporain très proche de Holbein qui n'aurait sûrement pas dédaigné le choix fastueux de matériaux de Moretto : marbre, velours, brocart et cuir ainsi qu'une cascade de fourrure descendant des épaules du modèle comme une neige parsemée de légères empreintes de pattes d'animal. Sur la toque, une insigne portant l'inscription grecque : « Hélas, je désire trop » fait peut-être allusion à un désir sentimental car dans le domaine des biens matériels le modèle semble avoir peu à désirer.

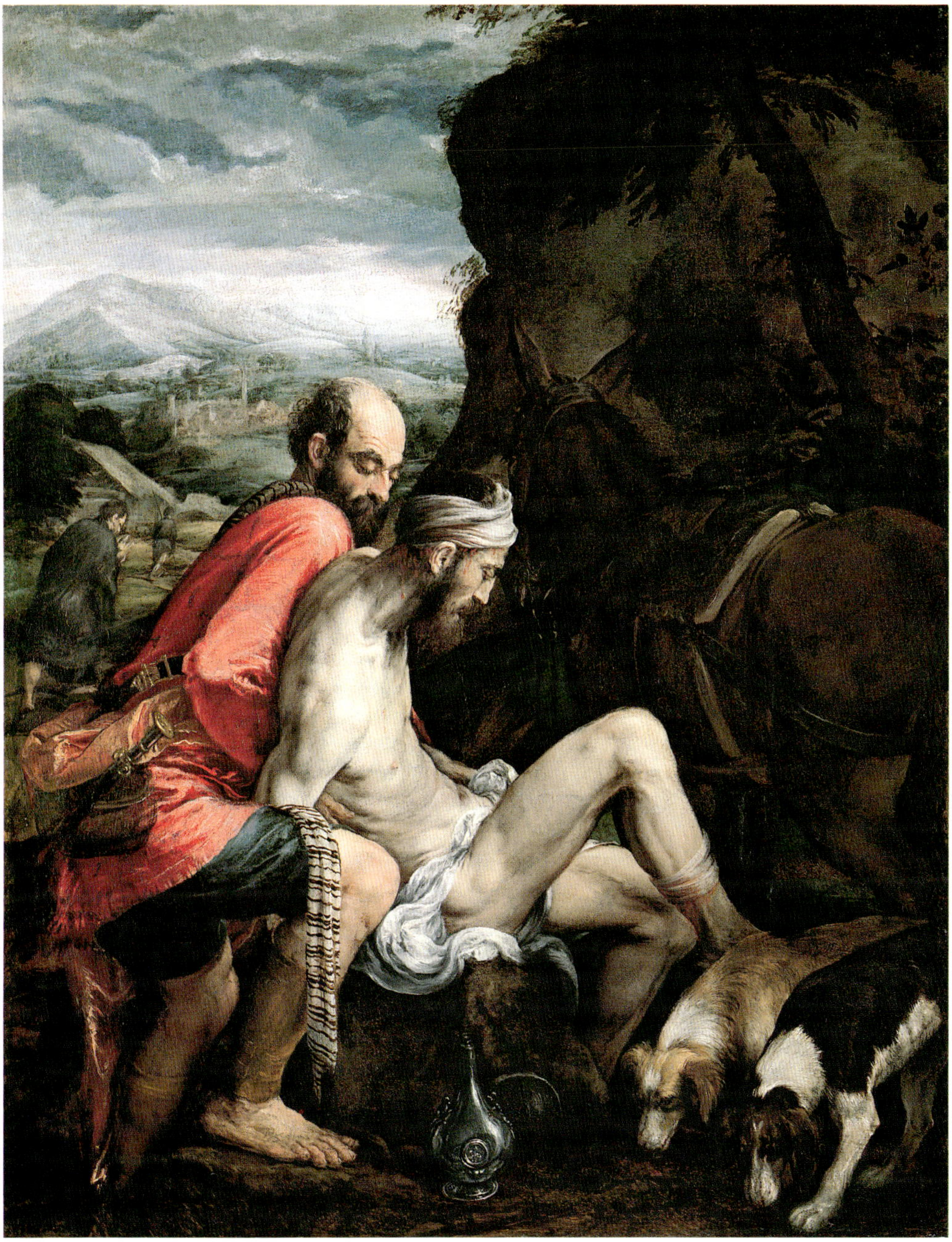

Jacopo BASSANO (actif en 1535, mort en 1592)
Le bon Samaritain

Bassano, selon l'auteur de l'une de ses premières biographies, vivait « loin du bruit des cours et des palais royaux », près du pont de sa ville natale de Bassano, au nord de Venise. L'élément rustique est très important dans son art, mais sans aucune maladresse ni naïveté. Bassano semble avoir créé sans effort une conception nouvelle des sujets religieux : son *Adoration des bergers* est remplie de campagnards authentiques. Dans cette parabole il suggère non seulement la compassion humanitaire, mais toutes les circonstances de l'incident tel qu'il aurait pu se produire dans un décor rustique, donnant une force visuelle aux paroles de Saint Luc au sujet du bon Samaritain qui plaça l'homme dévalisé et blessé « sur sa monture ».

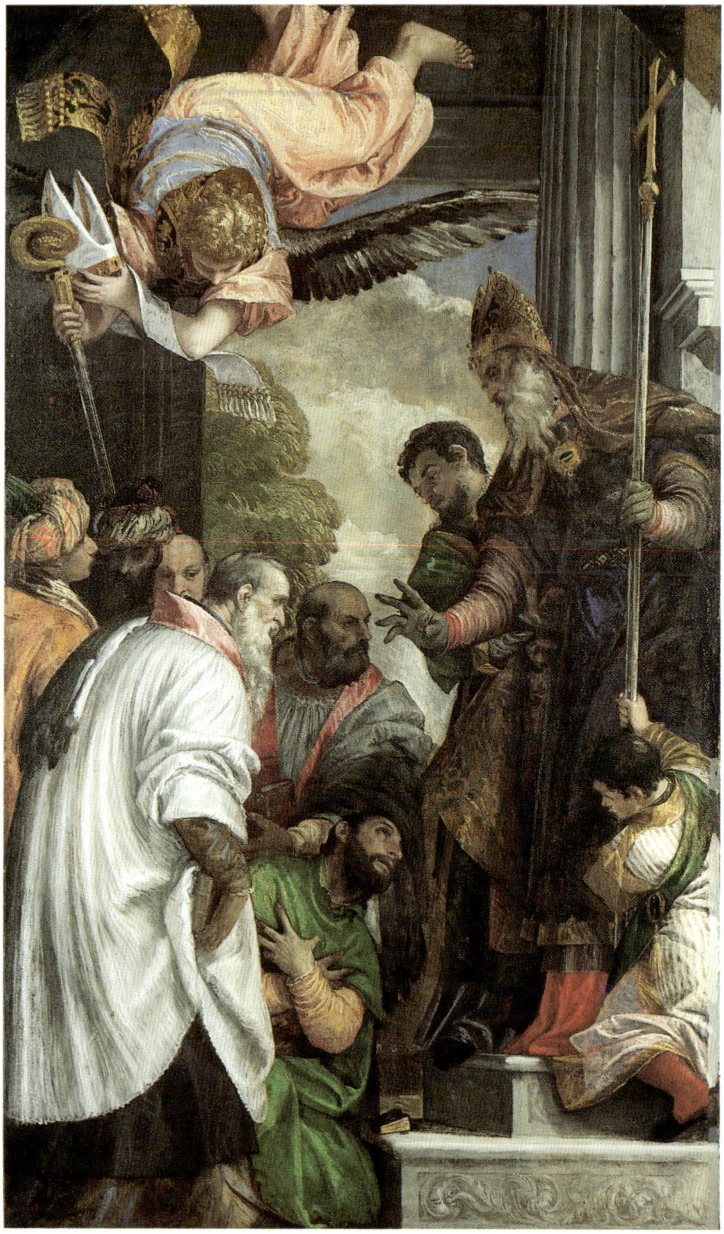

Paolo VERONESE (1528[?]–1588)
La consécration de Saint Nicolas

Selon la légende, Saint Nicolas était d'une piété si précoce que le jour de sa naissance il se dressa pour prier alors qu'on le baignait. Après cela, sa consécration comme évêque de Myre pourrait être considérée comme retombant du sublime au terre à terre, bien qu'ici un ange descende du ciel, portant la mitre et la crosse du futur saint. Véronèse prodigue à son sujet toutes les ressources de sa riche imagination. Trop souvent loué uniquement pour ses talents de « décoration », Véronèse est véritablement un décorateur – et concepteur – de génie comme cette composition le prouve. Mais il ne néglige jamais le fond pour la forme. Si splendide que soit la scène qu'il représente, il place Saint Nicolas au centre, humble silhouette accroupie dont le choix inattendu est souligné par la pompe qui l'entoure.

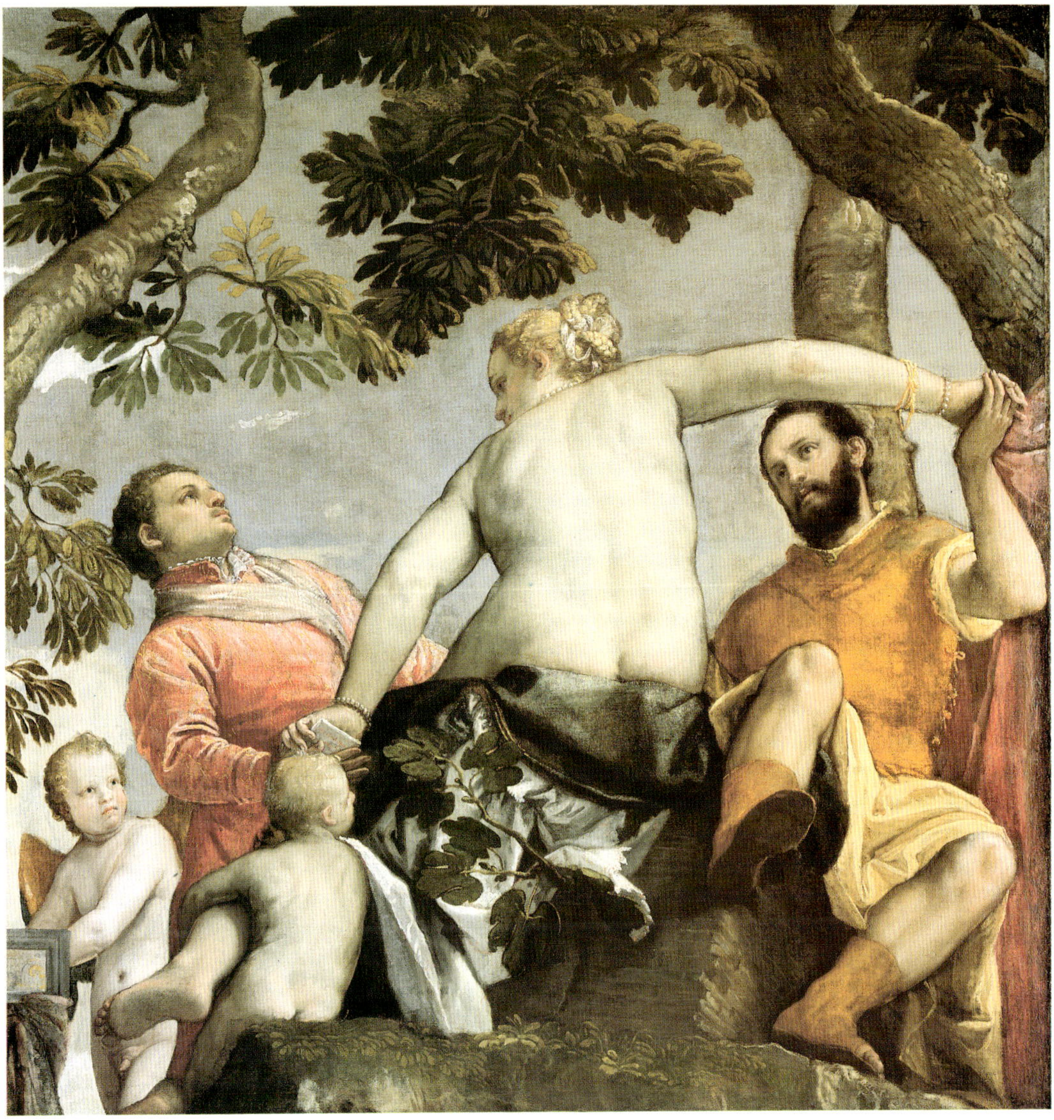

Paolo VERONESE (1528[?]–1588)
Allégorie de l'Amour

C'est l'une d'un ensemble de quatre toiles de Véronèse, appartenant toutes à la National Gallery, qui représentent des aspects de l'amour et étaient sans doute destinées à une décoration de plafond. La signification exacte de cette composition n'a pas été établie : une femme se trouve entre deux hommes aux costumes contrastés, peut-être un courtisan et un soldat. Ce qui est plus passionnant que « l'histoire », c'est la savante composition créée par Véronèse, avec les bras tendus de la femme formant une arcade au centre du tableau, répétée de façon plus atténuée par les troncs d'arbres qui s'inclinent au-dessus des personnages. Aucun peintre ne sait mieux que Véronèse construire un monde cohérent et rationnel parallèle au nôtre et d'une beauté plus harmonieuse en tous points.

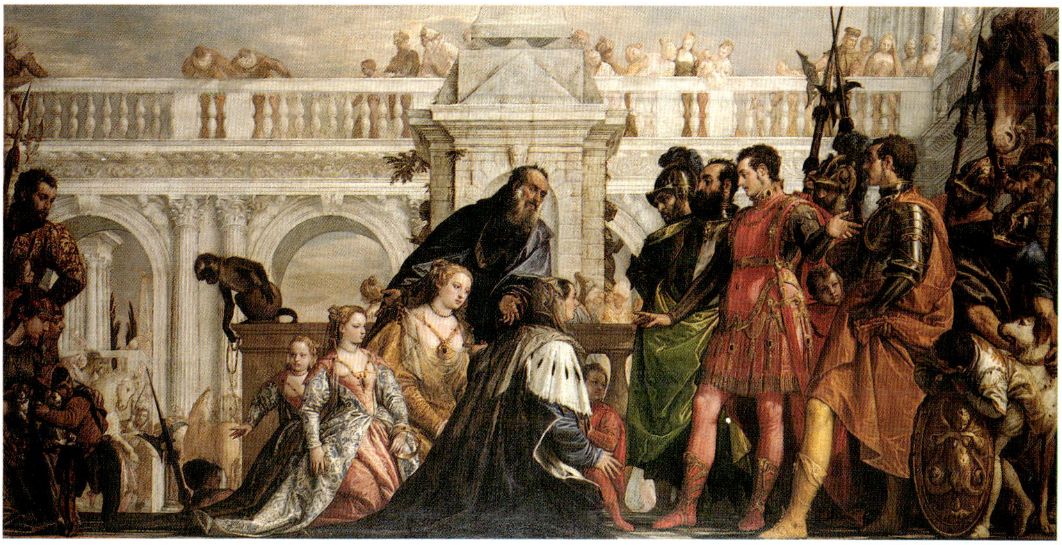

Paolo VERONESE (1528[?]–1588)
La famille de Darius devant Alexandre

Vénitien d'adoption, Véronèse semble parfois exprimer l'essence-même de Venise mieux encore que le Titien. C'est pour la grande famille patricienne des Pisani qu'il peignit ce célèbre spectacle historique qui devait avoir une influence durable. Il a pour thème la magnanimité courtoise que témoigna Alexandre le Grand (en rouge) envers les membres de la famille de son ennemi vaincu, Darius de Perse, qui avaient pris l'ami d'Alexandre, Héphaïstion (en doré), pour le conquérant. C'est un moment hautement dramatique et très moral joué par de grands personnages sur une scène publique, où l'Orient et l'Occident se rencontrent. Véronèse le situe plus ou moins dans la Venise de son temps, laissant entendre que c'est ainsi – avec des coeurs nobles battant sous de nobles costumes – que se comportent toujours les gens bien nés.

La peinture italienne après 1600

Si l'on examine la façon dont les écoles italiennes postérieures à 1600 sont représentées dans la Collection, on est obligé de constater quelques lacunes. Et pourtant, du Caravage à Canaletto, un grand nombre de peintres importants sont représentés par des oeuvres remarquables.

Au moment de la fondation de la National Gallery, il existait en Grande-Bretagne un certain engouement pour le XVIIe siècle italien, mais, en dehors de Canaletto, les oeuvres du XVIIIe siècle étaient rarement collectionnées et peu estimées. Au cours du XIXe siècle, le XVIIe fut plus ou moins éclipsé et le XVIIIe continua à être négligé : purs phénomènes de mode dont pourtant la Collection de la National Gallery porta longtemps la marque. L'école bolonaise du XVIIe siècle – les Carrache, le Dominiquin et Reni surtout – y était représentée depuis le début, mais les compositions religieuses de grande envergure, comme les retables, étaient peu appréciées dans un pays protestant. Ce n'est qu'en 1913, avec le don des *Lamentations sur le Christ mort* d'Annibal Carrache (p.89) qu'une oeuvre de dimensions plus considérables vint suggérer l'existence d'une veine de piété baroque que l'on retrouve dans beaucoup de peintures italiennes de l'époque. On s'explique mal pourquoi la Galerie n'avait pas recherché Le Guerchin à l'époque où régnait encore la mode du XVIIe siècle mais il reste toujours très peu représenté. Le baroque décoratif de Pierre de Cortone ne l'est pas du tout. Par contre, Salvator Rosa avait sa place établie dans de nombreuses collections privées britanniques et un très beau paysage de sa main (p.92) fut l'une des premières acquisitions.

Le don de Sir George Beaumont, qui avait inspiré la fondation de la Galerie, comprenait l'un des premiers chefs-d'oeuvre de Canaletto, surnommé « *La cour du maçon* » (p.96), et d'autres beaux tableaux du peintre vinrent s'y ajouter au cours des années. Guardi était moins populaire et ce n'est qu'au début du XXe siècle qu'avec le legs Salting un groupe de ses oeuvres vint représenter son talent très individuel. Les peintres d'histoire et les décorateurs du XVIIIe siècle furent presqu'entièrement négligés par la Galerie, à l'exception de deux petits dessins de Tiepolo achetés vers la fin du XIXe siècle ainsi que quelques peintures de Pietro Longhi, dont la célèbre *Exhibition d'un rhinocéros à Venise* (p.98).

Ce n'est que tout récemment que la Galerie a été influencée par la réévaluation de la peinture italienne des XVIIe et XVIIIe siècles. En 1958, elle a fait l'acquisition d'une importante série de fresques du Dominiquin (p.90). Encore plus récemment, en 1983, elle a acheté une oeuvre d'une grande vigueur et de dimensions impressionnantes de Luca Giordano (p.94). Il est plus difficile, de nos jours, de représenter de façon satisfaisante le XVIIIe siècle, particulièrement en dehors de Venise. Batoni, portraitiste très apprécié des Britanniques à Rome au XVIIIe siècle, ne fut représenté dans la Collection qu'en 1960. Et le plus célèbre peintre de *vedute* de l'époque à Rome, Panini, est encore très mal illustré.

Mais une politique astucieuse d'acquisition apporta à la National Gallery, en 1958, son premier retable du XVIIIe siècle, la *Nativité* de Pittoni (p.99) et une combinaison de circonstances inattendues – dont notamment une aide généreuse du gouvernement – a eu pour résultat en 1969 l'achat d'une oeuvre très rare, un plafond peint de Tiepolo (p.101) qui compense à lui seul de nombreuses années d'indifférence en Angleterre vis à vis du dernier grand artiste décorateur vénitien.

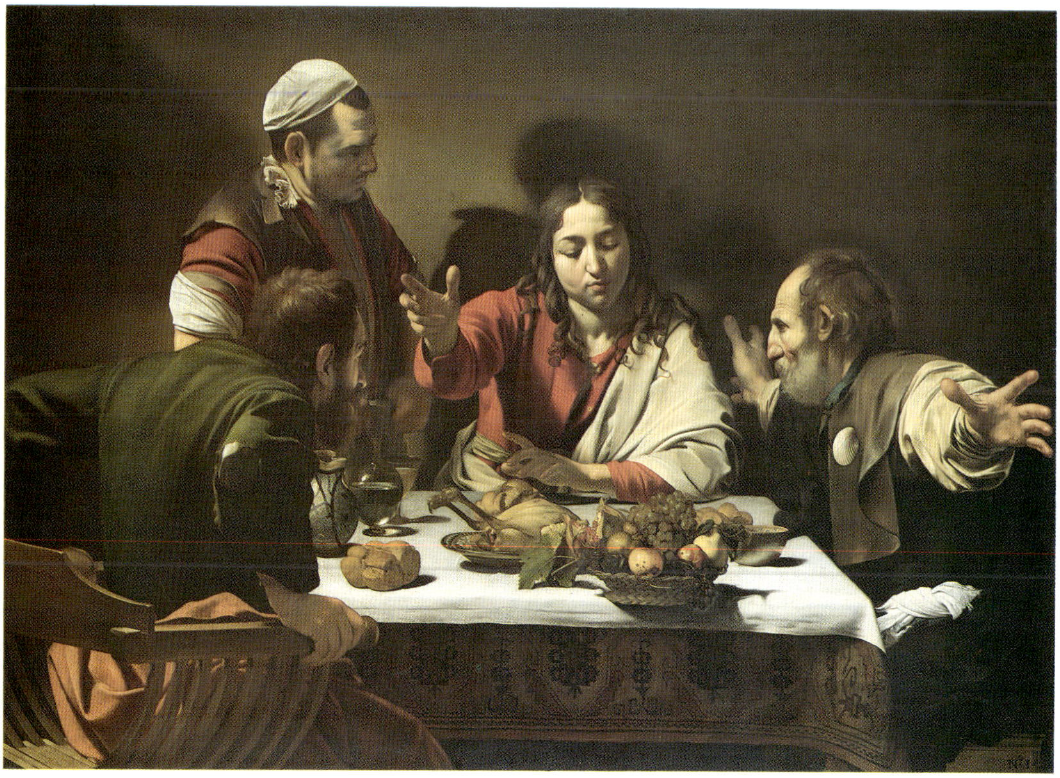

Le CARAVAGE (1573–1610)
Le repas d'Emmaüs

Cette composition peinte à Rome, probablement vers 1600, proclame de façon dramatique de nouvelles intentions artistiques, plaçant l'accent sur le « réalisme », bien servi par la nature morte sur la table et le contraste intense entre la lumière et l'ombre. La technique du Caravage, recréant chaque objet de façon impeccable avec une netteté extraordinaire, suscite une illusion fascinante qui convient à l'instant miraculeux qui est représenté. Le spectateur se voit sommé de partager l'expérience des disciples et de s'asseoir à table avec eux pour assister au retour du Christ après sa Résurrection. « Leurs yeux s'ouvrirent » dit l'Evangile selon Saint Luc, et ces paroles pourraient aussi bien décrire l'effet produit par l'art du Caravage sur ses contemporains.

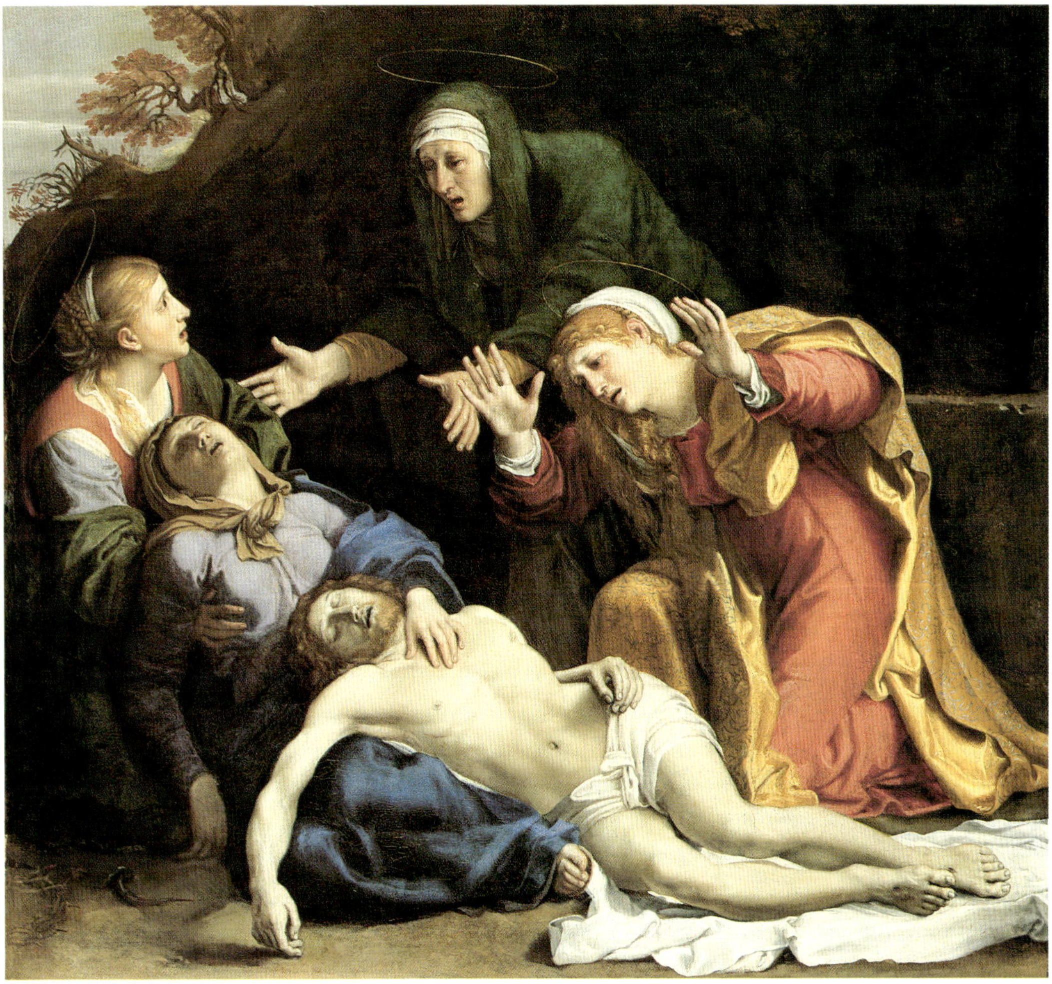

Annibal CARRACHE (1560–1609)

Lamentations sur le Corps du Christ

Cette composition du Carrache fut sans doute exécutée à Rome, quelques années après *Le repas d'Emmaüs* du Caravage, et elle a aussi pour but de représenter un drame intense et émouvant provoquant non pas l'effroi, mais la pitié. Comme le Caravage, Annibale Carracci, dit le Carrache, était un peintre du Nord de l'Italie, imbu de la tradition de cette région. Son art est rempli d'allusions voulues, dans ce cas au Corrège tout autant qu'au Tintoret, mais il demeure très personnel. Dans ce tableau, il se préoccupe moins que le Caravage du « réalisme » de la conception ou de la technique. La douleur exprimée avec dignité et non sans rhétorique, en particulier par Marie-Madeleine, à droite, ne nuit en rien à l'effet de la composition. C'est ce style élevé, plutôt que celui du Caravage, qui devait finalement exercer le plus d'influence.

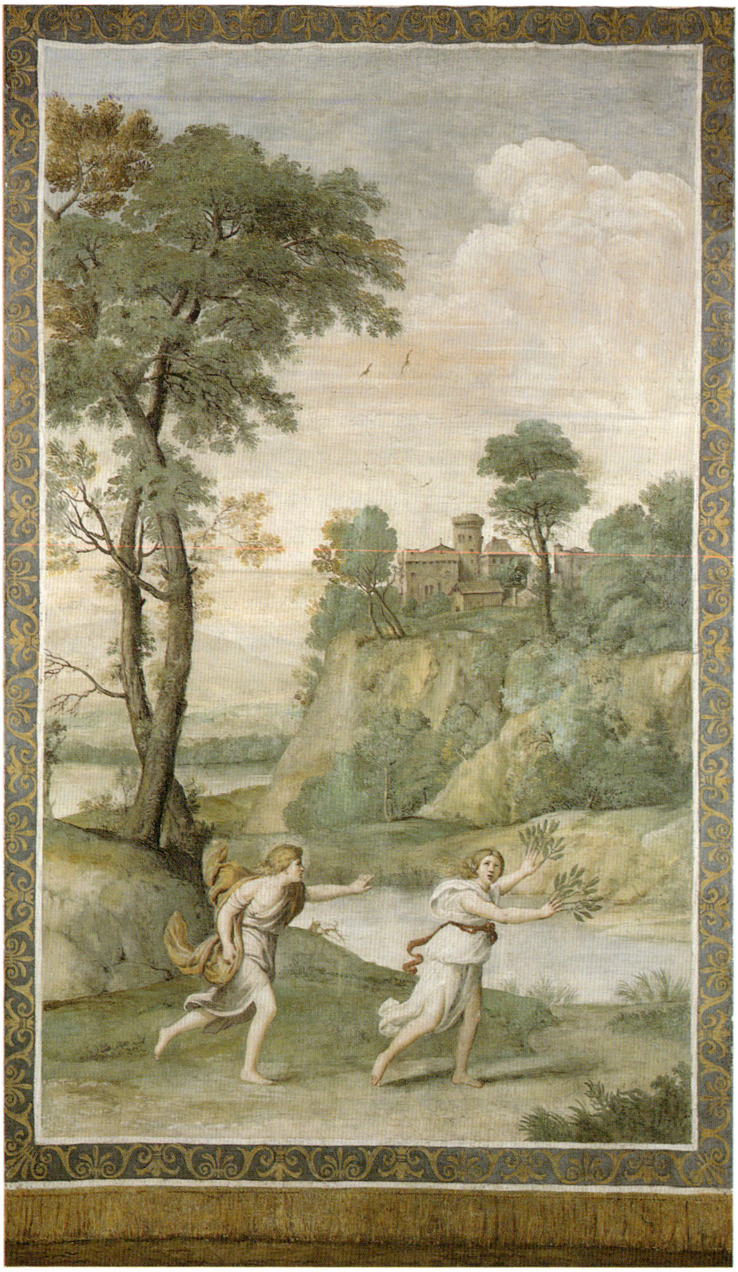

Le DOMINIQUIN (1581–1641)
Apollon poursuivant Daphné

Peintre bolonais, le Dominiquin subit l'attraction de Rome où il travailla pendant quelque temps comme assistant d'Annibal Carrache. Particulièrement inspiré par les paysages, il put exprimer pleinement ce talent dans une série de fresques (dont celle-ci) au sujet de la vie d'Apollon destinées à un pavillon de jardin de la Villa Aldobrandini à Frascati. La campagne est visiblement modifiée et recomposée pour former une noble perspective. Mais, même lorsqu'il arrange la nature, le Dominiquin rend hommage à son charme profond et les deux arbres entrelacés à gauche ne sont pas seulement une invention poétique mais témoignent – plus peut-être que ne le font les deux personnages – d'un instinct pour tout ce qui est vivant et intéressant.

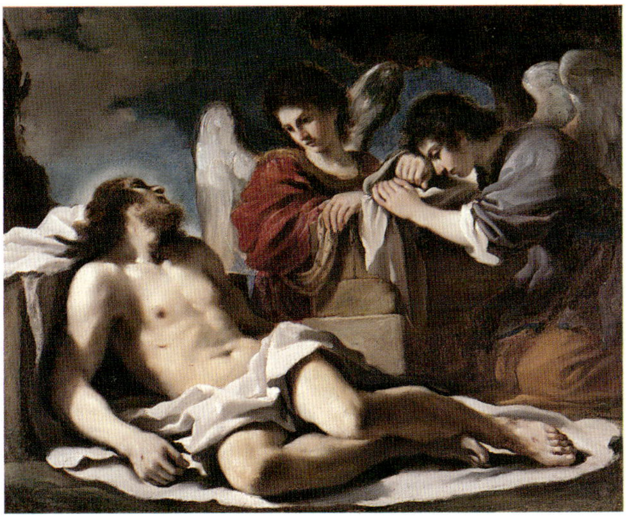

Giovanni Francesco Barbieri, dit le GUERCHIN (1591–1666)
Anges pleurant sur le Christ mort

Dans la longue carrière du Guerchin, ce petit tableau de jeunesse ne peut être considéré comme important. Mais sa qualité mérite qu'on s'y arrête. Il est loin du traitement pathétique par Annibal Carrache des *Lamentations sur le Corps du Christ* (p.89). Les anges pleurent de façon intime – pour ainsi dire humaine – sur leur Créateur. C'est un sujet de piété, appelant une méditation personnelle, et la touche délicate du Guerchin ainsi que ses tonalités tamisées en font un véritable nocturne.

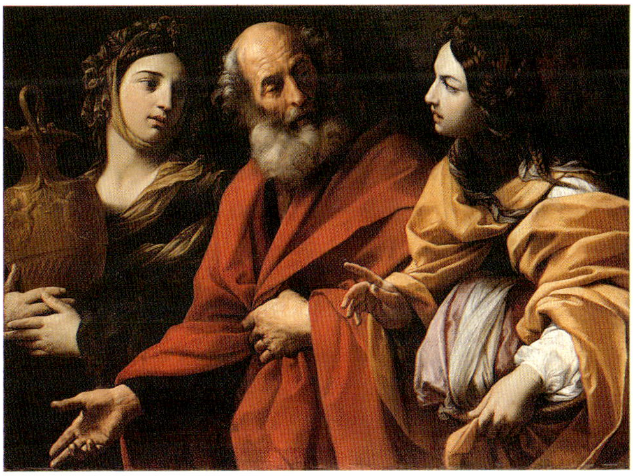

Guido RENI (1575–1642)
Loth et ses filles quittant Sodome

Tout comme le Dominiquin, Reni était un bolonais qui fut influencé par les Carracci. Il devint très célèbre, eut de nombreux élèves, et devait jouir, en Angleterre surtout, d'une haute estime posthume. Cette fuite de Loth et de ses filles ne suggère pas une grande hâte, bien qu'ils quittent une cité sur le point d'être détruite par le feu divin. Reni a créé une frise pleine de dignité, indiquant par les regards et les gestes la conversation des trois personnages. L'élégante cruche bien travaillée que tient la fille de gauche n'est pas un simple accessoire d'ornement, mais fait sans doute allusion à l'incident qui allait suivre : les deux femmes faisant boire du vin à Loth pour l'enivrer.

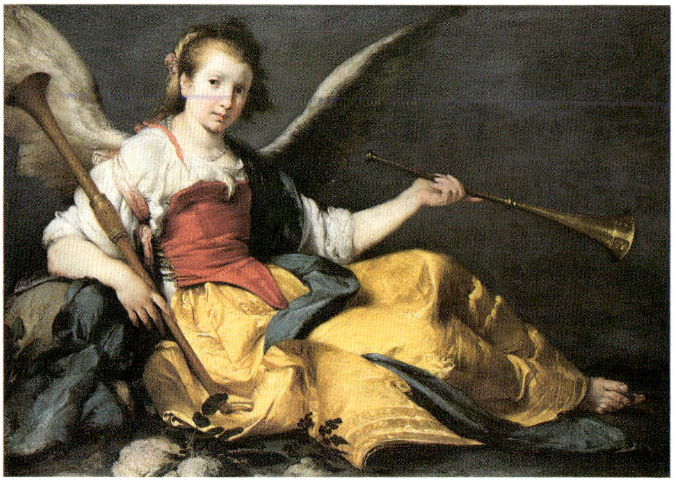

Bernardo STROZZI (1581–1644)
La Renommée

Cette composition a une richesse de couleur toute vénitienne : Strozzi dût la peindre à Venise où il s'installa après avoir quitté son Gênes natal. C'est assez typique qu'il ait représenté la Renommée comme une campagnarde, nullement idéalisée, fermement assise sur le sol et portant des vêtements constitués par une épaisse couche de peinture. Seules les deux ailes ajoutent une touche allégorique. Elle tient deux instruments de musique, qui symbolisent le bon et le mauvais aspect de son influence : une trompette de métal doré et un simple chalumeau de bois. C'est ce dernier, qu'elle tient de la main droite, qui incarne le meilleur aspect de cette Renommée.

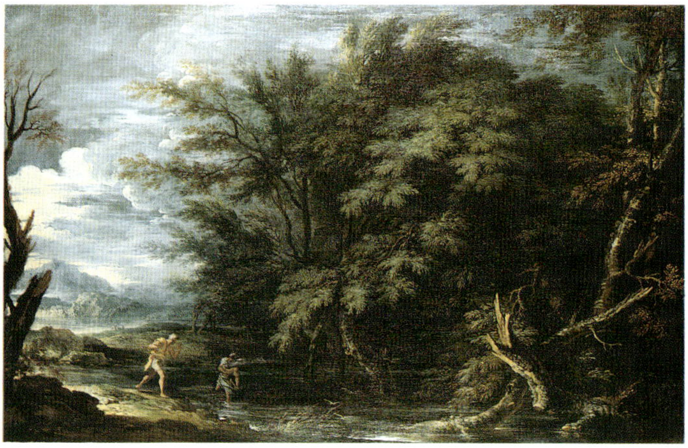

Salvator ROSA (1615–1673)
Paysage avec Mercure et le bûcheron malhonnête

Dans les *Fables* d'Esope, on trouve l'histoire de l'honnête bûcheron récompensé d'une hache d'or par Mercure et du bûcheron malhonnête qui prétendit alors avoir perdu une hache d'or. Mercure retrouva la hache et lui montra qu'il s'agissait d'un morceau de fer. Pour Rosa, les bois ont plus d'importance que les bûcherons – bien que le conte moral soit caractéristique du XVIIe siècle. La Nature, sous la forme d'arbres puissants, dont certains ont des troncs brisés qui sont tombés dans l'eau de façon pittoresque, domine l'humanité, et même un dieu, et assume une majesté sauvage.

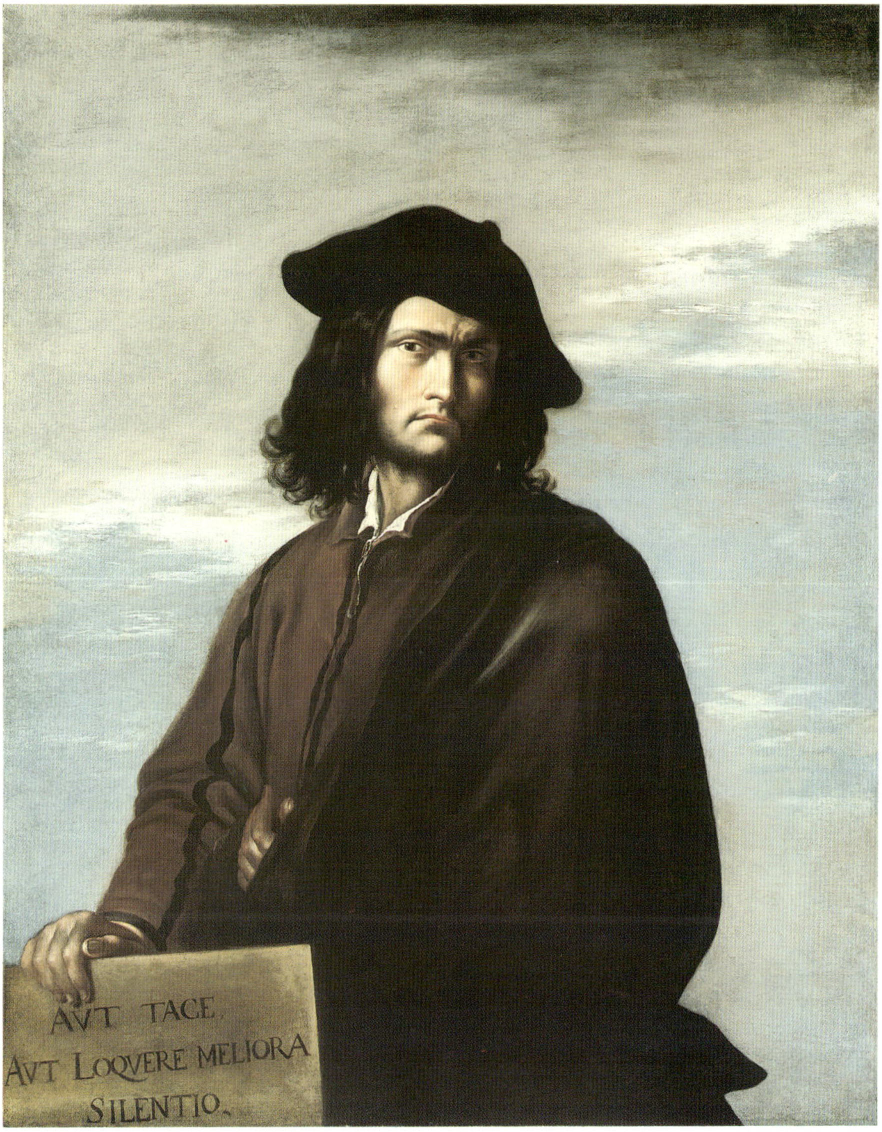

Salvator ROSA (1615–1673)
Autoportrait

« Ou bien tais-toi, » exhorte l'inscription latine sur la tablette que tient le peintre, « ou bien prononce des paroles meilleures que le silence ». Ce qui explique pourquoi Rosa se dresse, lèvres closes, tendu, enveloppé d'un manteau brun, incarnant sans doute la vertu stoïque du Silence. En tant que portrait de l'artiste, cette image – se découpant sur le ciel – a un aspect fier, pensif et solitaire qui anticipe les idées romantiques à venir. Malgré son éloge du silence, la composition est éloquente dans sa présentation de la personnalité du peintre.

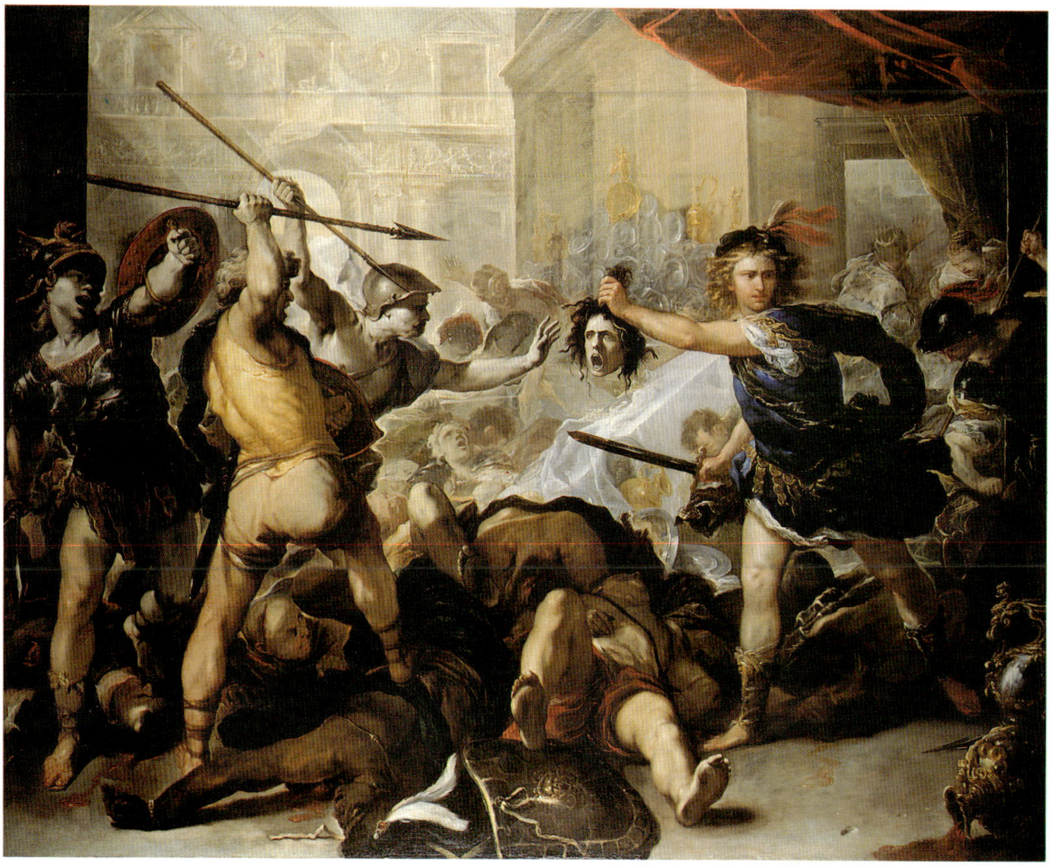

Luca GIORDANO (1634–1705)
Phinée et ses compagnons changés en pierre

Giordano, peintre napolitain célèbre pour la rapidité et l'élan de son exécution, raconte ici à une grande échelle un épisode plutôt compliqué et le traite avec une grande clarté et une grande fougue. A son banquet nuptial, le héros Persée est attaqué par son rival malheureux, Phinée, assisté de ses amis. Pour triompher d'eux, il brandit la tête de Méduse – la Gorgone qui change en pierre tous ceux qu'elle regarde. Giordano montre Persée détournant son propre regard en tenant la tête, tandis que ses ennemis commencent à se pétrifier. La scène inspire l'exaltation plutôt que l'effroi et les tables renversées, les personnages en bataille ou en fuite produisent une abondance d'effets auxquels l'artiste prend visiblement plaisir.

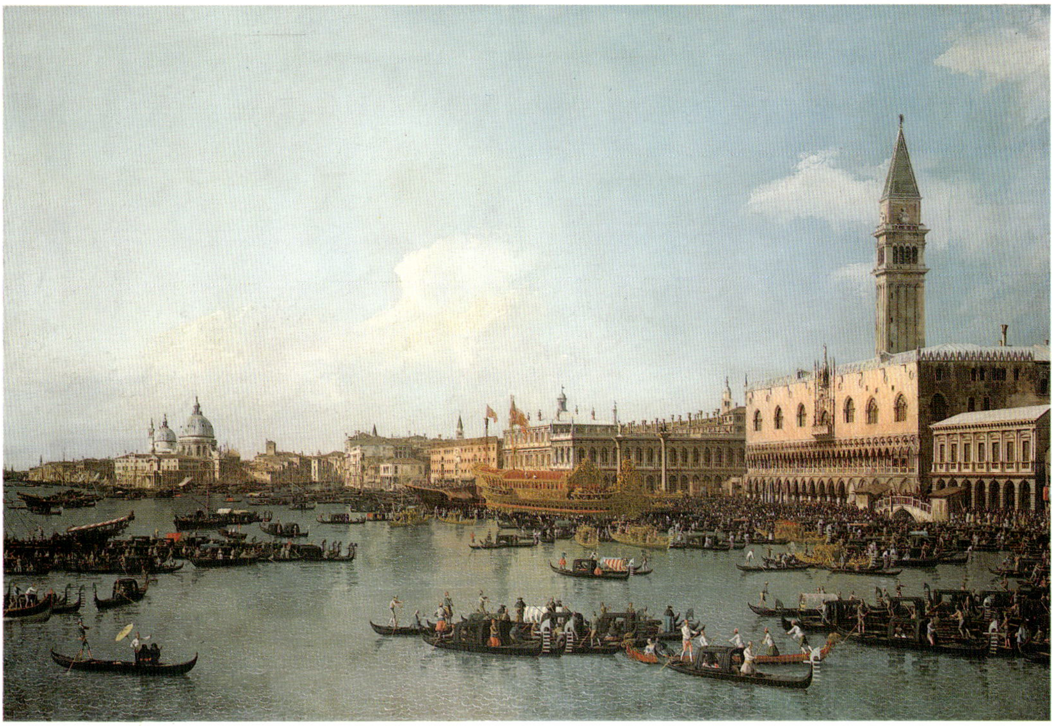

Giovanni Antonio Canal, dit le CANALETTO (1697–1768)
Venise : la rade de Saint-Marc le jour de l'Ascension

Cette vue panoramique de Venise nous montre son aspect public et officiel, non seulement en tant que cité, mais en tant que Sérénissime République. Amarré non loin du Palais des Doges, siège du gouvernement, se trouve le *Bucentaure* rouge et or, la nef de parade, prête à emmener le Doge sur la Lagune pour la grande fête annuelle au cours de laquelle Venise épousait symboliquement l'Adriatique – signe de sa domination présumée éternelle sur la mer. Avec une précision admirable, le Canaletto enregistre tout, jusqu'à la petite tache de peinture jaune représentant le parasol qui abrite le Doge alors qu'il traverse la foule pour se rendre sur le *Bucentaure.* Mais il saisit aussi l'éclat de la lumière et de l'atmosphère et communique au spectateur un grand émerveillement devant le spectacle des magnifiques édifices qui surgissent des eaux.

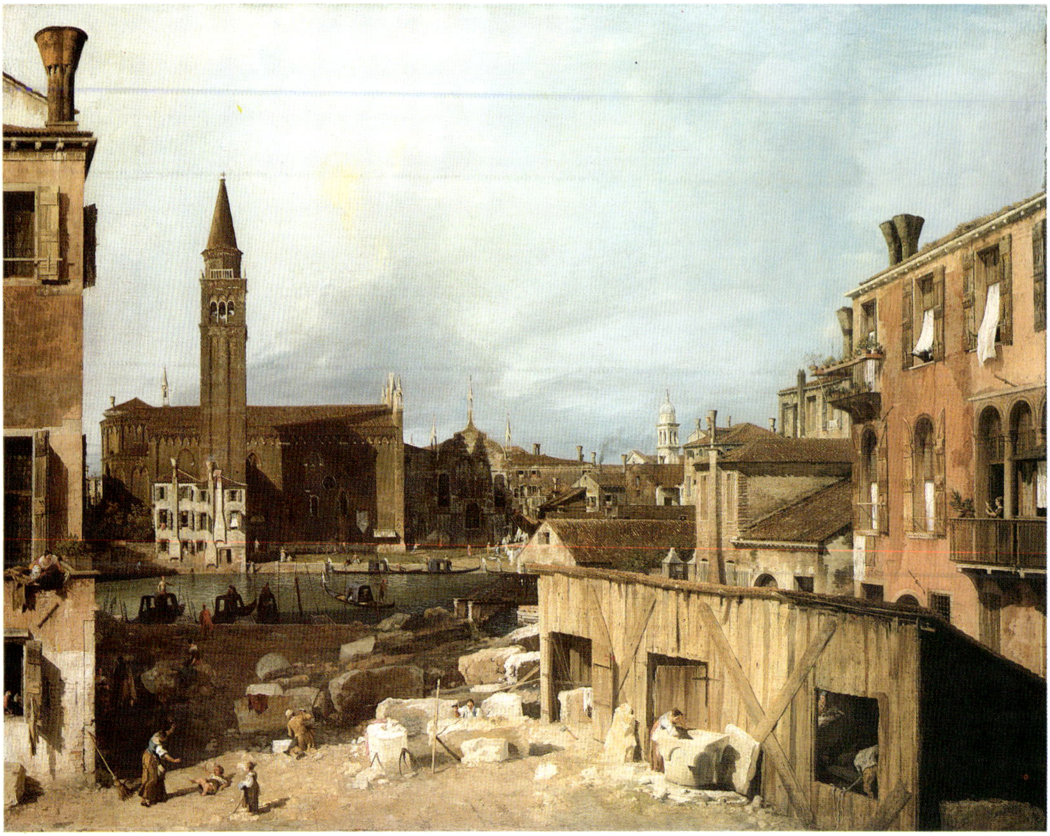

Giovanni Antonio Canal, dit le CANALETTO (1697–1768)
Venise :« la cour du maçon »

Cette scène n'est pas une vue touristique connue, mais une place obscure, un *campo,* près de l'église de Saint Vidal, qui fut reconstruite en partie au début du XVIIIe siècle. Les pierres qui jonchent le *campo* sont probablement destinées à la construction et toute la composition est une exaltation des bâtiments, des murs, des toits et de la brique, la pierre et la tuile usées par les intempéries. C'est la ville natale du Canaletto, à la lumière du matin, s'éveillant à la vie quotidienne. Ce tableau date du début de la carrière du Canaletto et il est remarquable, même comparé aux grandes oeuvres de sa maturité, par son organisation magistrale et son atmosphère, ouvrées avec une telle attention au moindre détail qu'on peut voir, de l'autre côté de l'eau, juste en dehors de l'ombre de l'église, un étendage de linge.

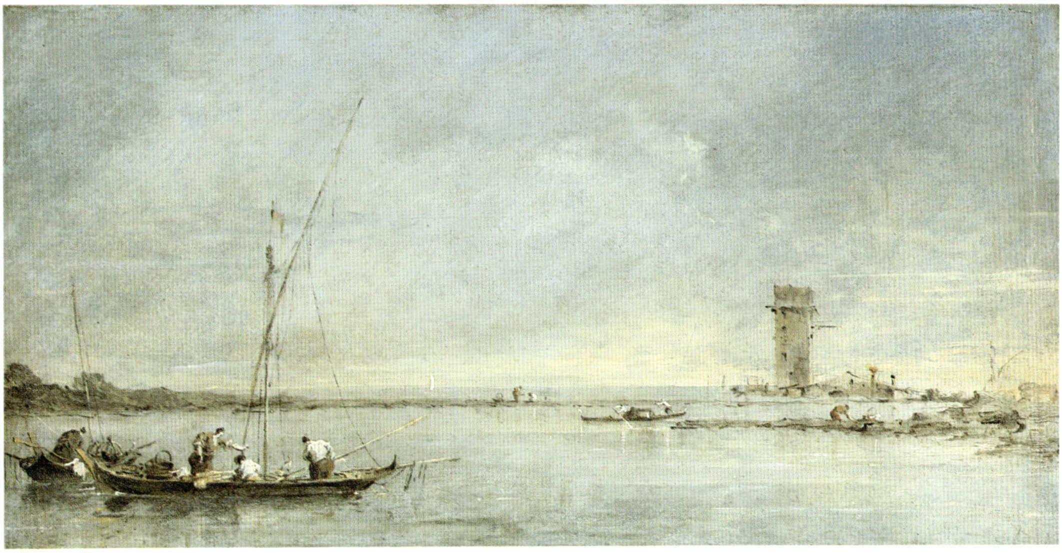

Francesco GUARDI (1712–1794)
Vue de la lagune de Venise

Ce que le Canaletto avait fait pour Venise ne pouvait être répété, et surtout pas par un peintre de tempérament et de technique si différents. Que Guardi l'ait compris ou non, il s'éloigne de plus en plus de tout ce que représentait le Canaletto. Dans ses plus belles compositions, les personnages et l'architecture le cèdent en importance à l'atmosphère. C'est comme si l'air et l'eau avaient graduellement grignoté les objets au point où il ne reste plus que les éléments eux-mêmes, se fondant ici en une harmonie de bleu et de gris. Seuls le mât d'une barque de pêche et la tour en ruines des anciennes fortifications de Venise rompent la longue ligne basse de l'horizon qui donne une troublante impression d'infini.

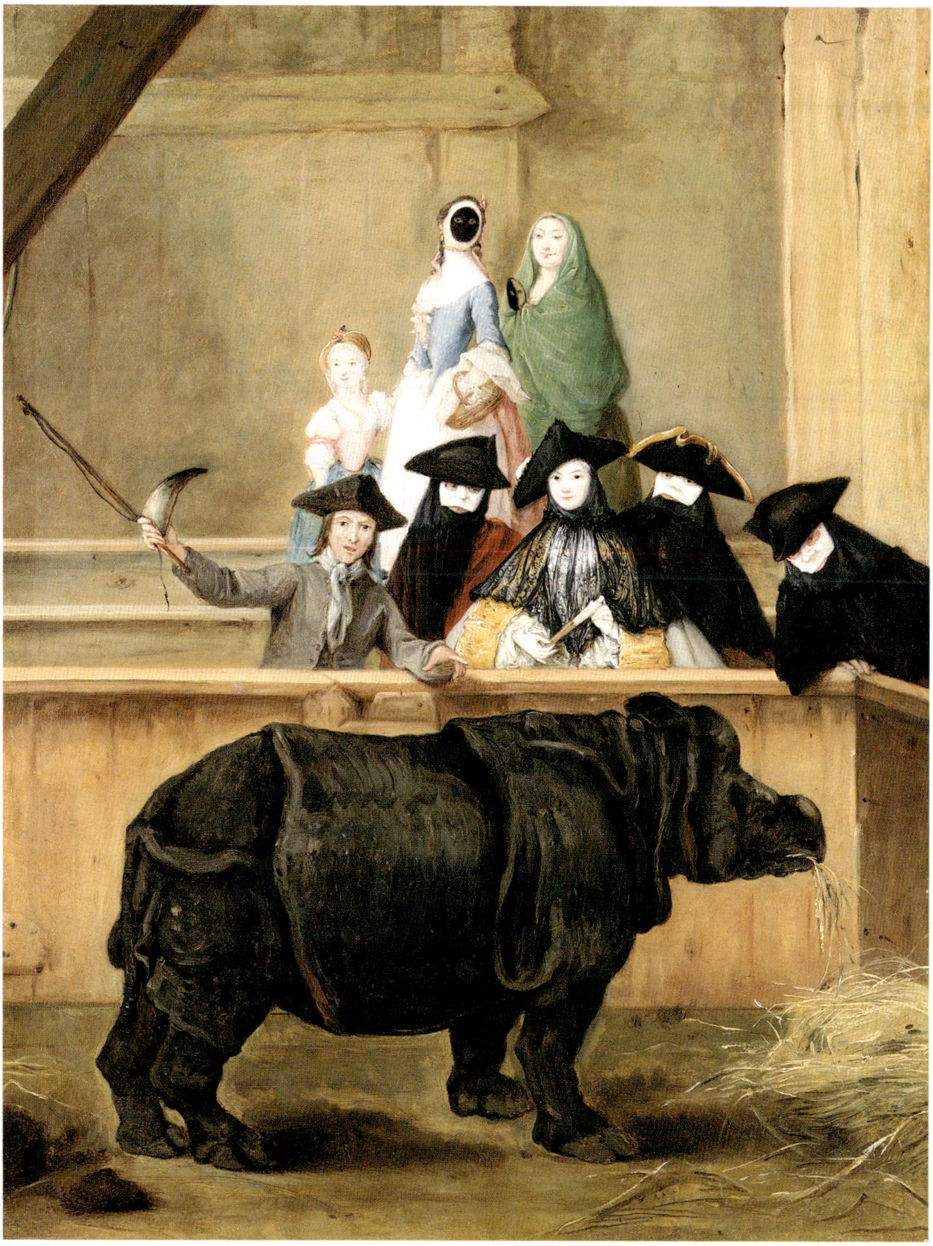

Pietro LONGHI (1702[?]–1785)
Exhibition d'un rhinocéros à Venise

Au carnaval de Venise de 1751, l'une des nouveautés était cette malheureuse bête, promenée dans toute l'Europe depuis Nuremberg. Longhi la peignit plusieurs fois. Un groupe de Vénitiens masqués la regardent d'un air blasé – et c'est de cette rencontre que Longhi tire son tableau. Il est typique de ses petites scènes de la vie vénitienne au XVIIIe siècle, scènes collectionnées par les patriciens de la ville, mais rarement par d'autres, et qui, malgré leur charme, donnent une impression un peu terne et limitée, à laquelle manque le piquant de la satire ou d'une observation attentive.

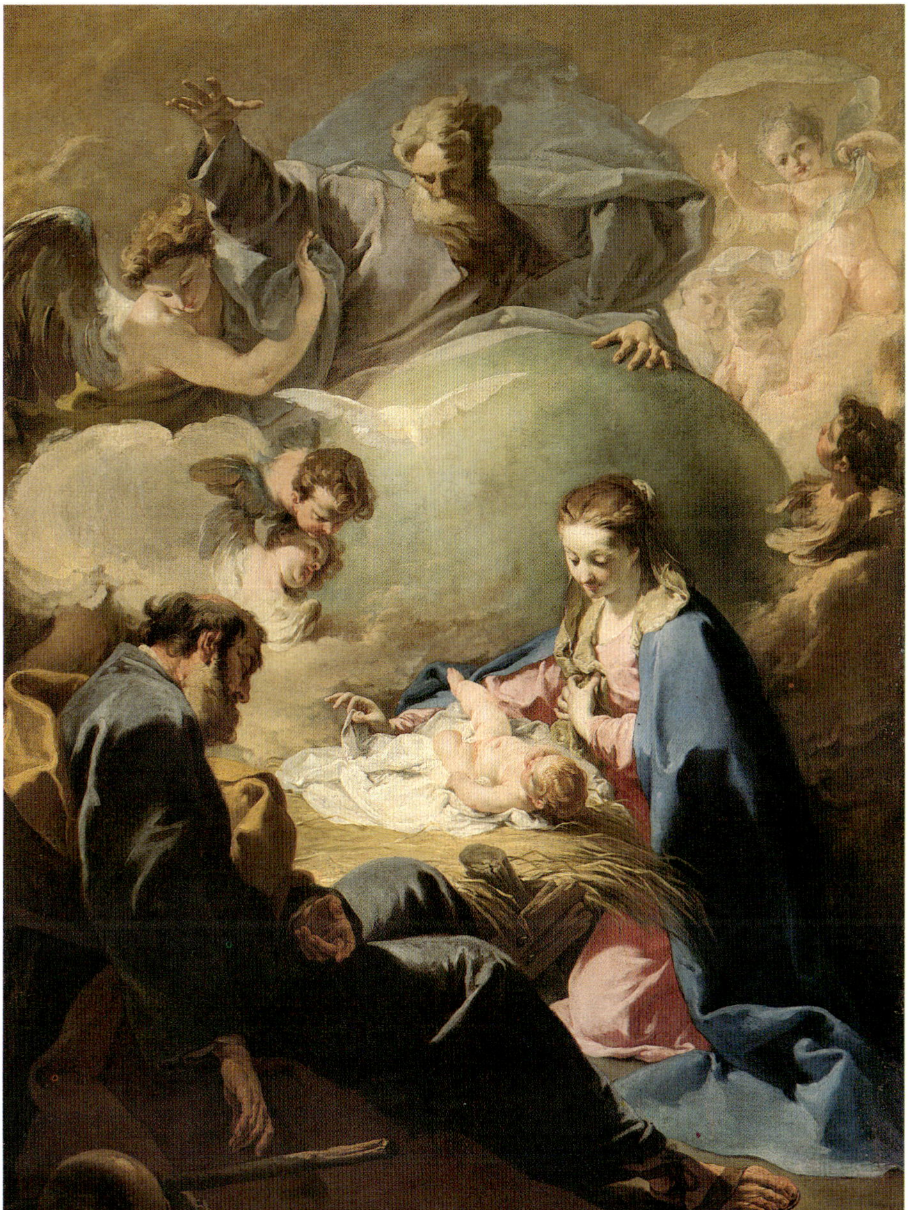

Giovanni Battista PITTONI (1687–1767)
La Nativité

Pittoni était l'un des principaux peintres d'histoire de son époque à Venise, où les sujets religieux étaient toujours très demandés. Il traita souvent le thème de la Nativité, mais ce n'est que dans cette composition de grande envergure, probablement un retable, qu'il a surmonté la scène d'une vision de Dieu le Père et du Saint Esprit. Cela ajoute une note de grâce rococo aux éléments plus simples de la crèche mais cette partie fut masquée par un propriétaire du XIXe siècle, anglais sans doute, – moins, semble-t-il, pour des raisons esthétiques que doctrinaires. Ce n'est qu'après l'acquisition du tableau par la National Gallery que la partie supérieure en fut révélée.

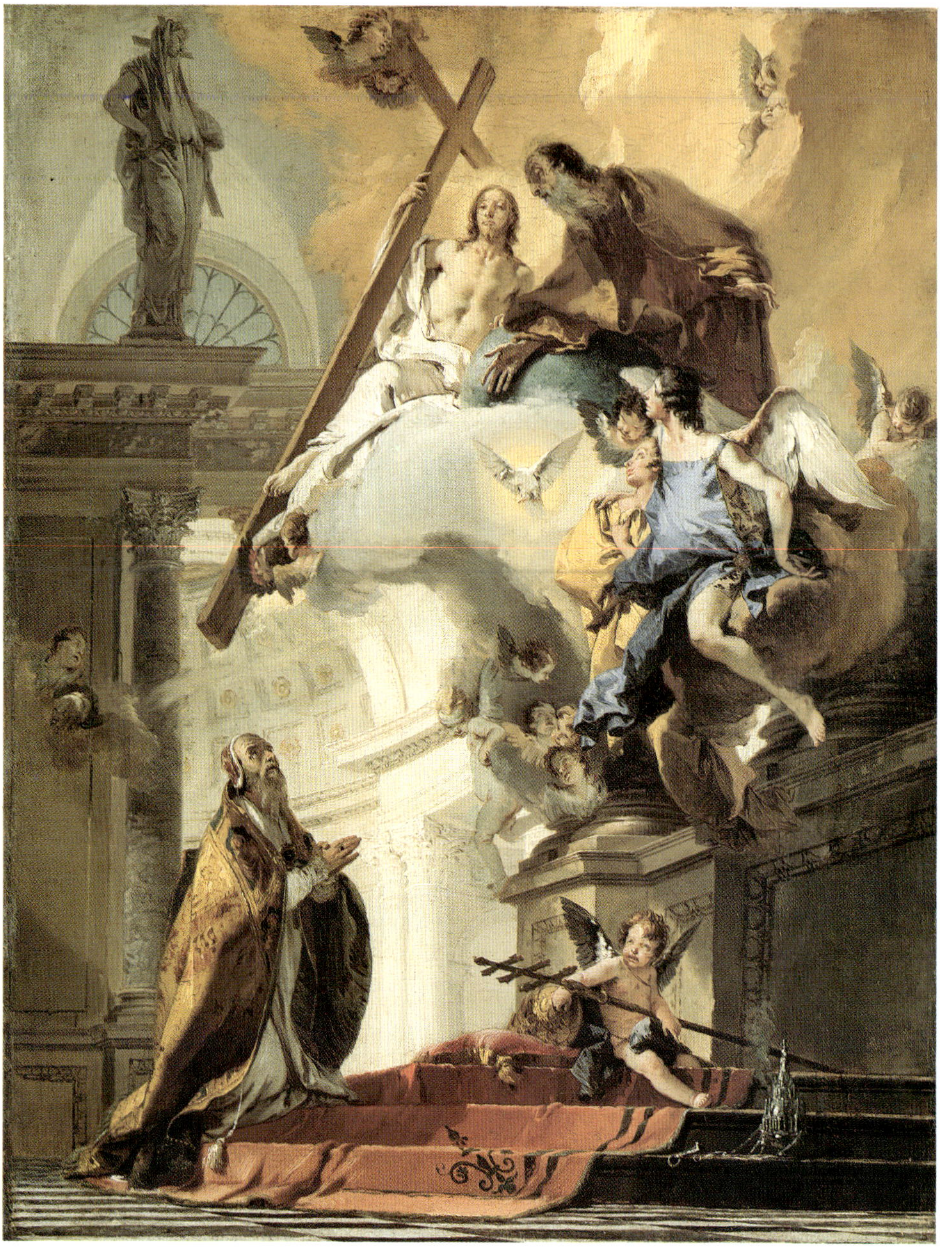

Giovanni Battista TIEPOLO (1696–1770)
La vision de la Trinité du Pape Saint Clément

Cette peinture brillante, d'un degré de finition exceptionnel, est la maquette à échelle réduite d'un grand retable de Tiepolo (actuellement à Munich) destiné à un mécène allemand, l'Archevêque Electeur de Cologne, Clément-Auguste. Le nom de ce client explique suffisamment le choix comme sujet d'un Pape canonisé assez obscur, le premier du nom. La vie de ce Pape semble avoir été sans histoire, autant qu'on le sache, et Tiepolo dut sans doute inventer la vision qui lui est accordée ici, agenouillé, richement vêtu, dans une église magnifique, accompagné d'un angelot qui garde sa grande tiare et sa triple croix. Optimiste à toute épreuve, Tiepolo a su, mieux que tout autre peintre du XVIIIe siècle, évoquer des visions paradisiaques au sein d'un décor somptueux.

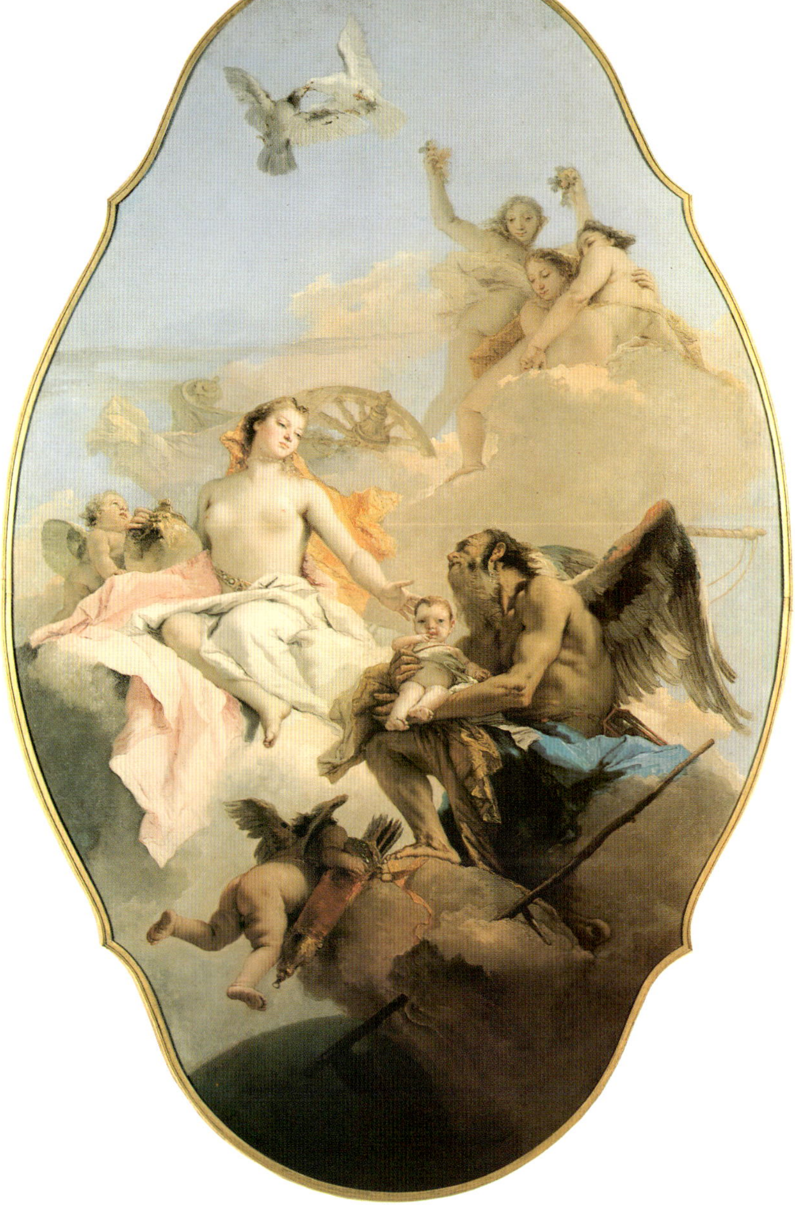

Giovanni Battista TIEPOLO (1696–1770)
Allégorie avec Vénus et le Temps

Tiepolo est le dernier représentant de la tradition vénitienne de couleur et de sensualité ; il est l'héritier non seulement de Véronèse, mais du Titien et du Tintoret. Cette peinture se trouvait autrefois sur le plafond de l'un des palais de la famille Contarini à Venise et fut peut-être exécutée pour célébrer la naissance d'un héritier. Vénus semble ici confier au Temps un garçon à qui elle vient de donner naissance, tandis que les Grâces éparpillent des fleurs en signe de réjouissance. Sous le couvert de ces charmantes décorations, l'artiste semble vouloir exprimer une idée sérieuse et personnelle : pour lui, le Temps est toujours le serviteur de la Beauté (à la différence du message du tableau de Batoni, p.102) et la Beauté est triomphante et immortelle.

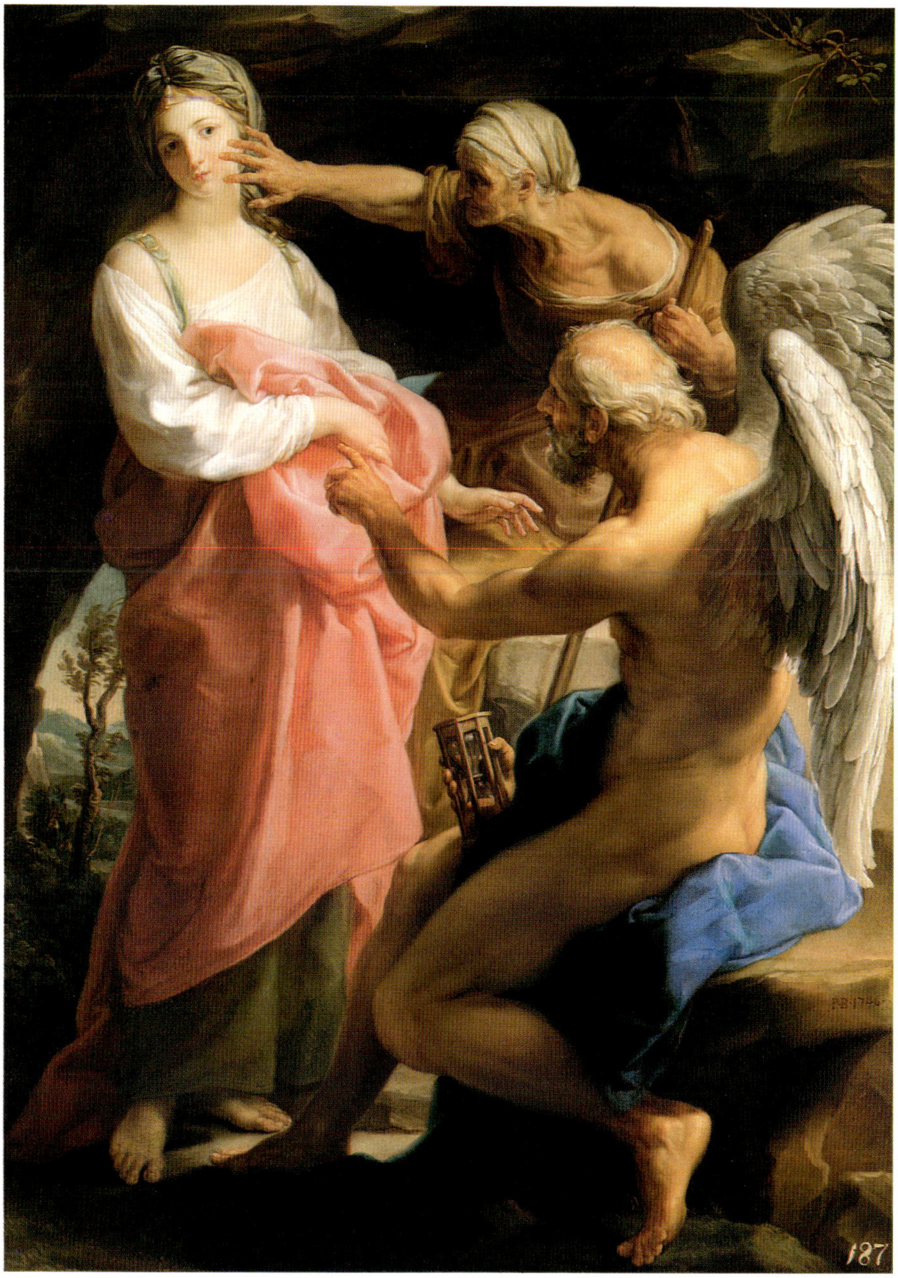

Pompeo Girolamo BATONI (1708–1787)
Le Temps commande à la Vieillesse de détruire la Beauté

Batoni est surtout connu en tant que portraitiste des Britanniques qui visitaient Rome au cours du « Grand Tour », mais il peignit aussi des tableaux d'histoire. Celui-ci fut exécuté, avec un pendant, en 1746 – 47 pour un mécène dans sa ville natale de Lucques. Le sujet insolite et plutôt désagréable a sans doute une base morale mais le style du tableau est d'une élégance froide, avec un tracé ferme et des couleurs attrayantes. Il a quelque chose de sculptural et la pose de la Beauté rappelle une célèbre statue romaine du XVIIe siècle, la *Sainte Suzanne* de Duquesnoy. La composition représente un idéal décoratif assez différent de celui – moins scolastique et plus pictural – que l'on associe d'ordinaire avec le XVIIIe siècle vénitien.

Les débuts de la peinture néerlandaise

Bien que le nom de Jan van Eyck ait toujours été célèbre dans l'histoire de l'art (et qu'une tradition lui ait attribué l'invention de la peinture à l'huile), ni lui ni les autres peintres néerlandais du XVe siècle n'étaient recherchés avec beaucoup d'empressement par les grands collectionneurs ou connaisseurs pendant la période qui précéda la fondation de la National Gallery. Les « Primitifs » intéressaient les archéologues, mais n'avaient pas leur place dans une collection publique de ce genre et c'était particulièrement le cas pour les artistes des Pays-Bas et du Nord.

On le croirait difficilement en inspectant la collection actuelle de la Galerie. Bien que peu abondante, elle comprend des oeuvres rares et de haute qualité. Elles vont de Campin à Pieter Bruegel le Vieux et représentent tous les grands artistes de cette époque, à l'exception de l'un des plus originaux de tous, Hugo van der Goes, dont les tableaux sont rarement sur le marché de nos jours.

A une époque où l'école néerlandaise était encore peu estimée en Angleterre, il est remarquable que les Administrateurs aient fait dès 1842 leur première acquisition : un chef-d'oeuvre unique, le portrait des Arnolfini de Jan van Eyck (p.104). En quelques années, l'achat de deux autres tableaux de van Eyck suivit, dont *L'homme au turban* (p.106). Peu de musées peuvent se vanter de posséder trois oeuvres de Jan van Eyck. Sous la direction d'Eastlake, l'école néerlandaise connut de nouvelles additions importantes. Il acheta le premier Rogier van der Weyden, la belle *Marie-Madeleine lisant* (p.107) ainsi que des oeuvres de Dieric Bouts et d'autres peintres du XVe siècle. Deux legs importants, ceux de Wynn Ellis en 1876 et de George Salting en 1910, apportèrent d'autres beaux tableaux de primitifs néerlandais. Le legs Salting comprenait *la Vierge et l'Enfant devant le pare-étincelles* de Campin (p.107) et le *Jeune homme en prière* de Memlinc (p.110). Dans le legs Wynn Ellis se trouvait un autre portrait masculin plein de charme intime, par Bouts (p.109). Un triptyque complet de Memlinc, commande d'un Anglais, le « *Triptyque de Donne* » (p.111) ne fut acquis par la Galerie qu'en 1957.

Le XVIe siècle est surtout représenté dans la Collection par David et Gossaert et par des tableaux associés à Quinten Massys. Bosch n'était pas un peintre apprécié des Victoriens bien que le seul exemple de cet artiste rare que possède la Galerie (p.114) se soit déjà trouvé en Angleterre au XIXe siècle. La National Gallery en fit l'acquisition en 1934.

Des acquisitions susceptibles d'enrichir la collection de primitifs néerlandais sont forcément peu fréquentes étant donné la rareté de beaux exemples de cette époque sur le marché et la concurrence féroce qu'ils suscitent. Mais la Galerie possède quelques éléments de base qui prouvent que le Nord de l'Europe a eu sa Renaissance en peinture et ses chefs-d'oeuvre – représentés par le portrait des Arnolfini – qui ne cèdent en rien à ceux de l'Italie.

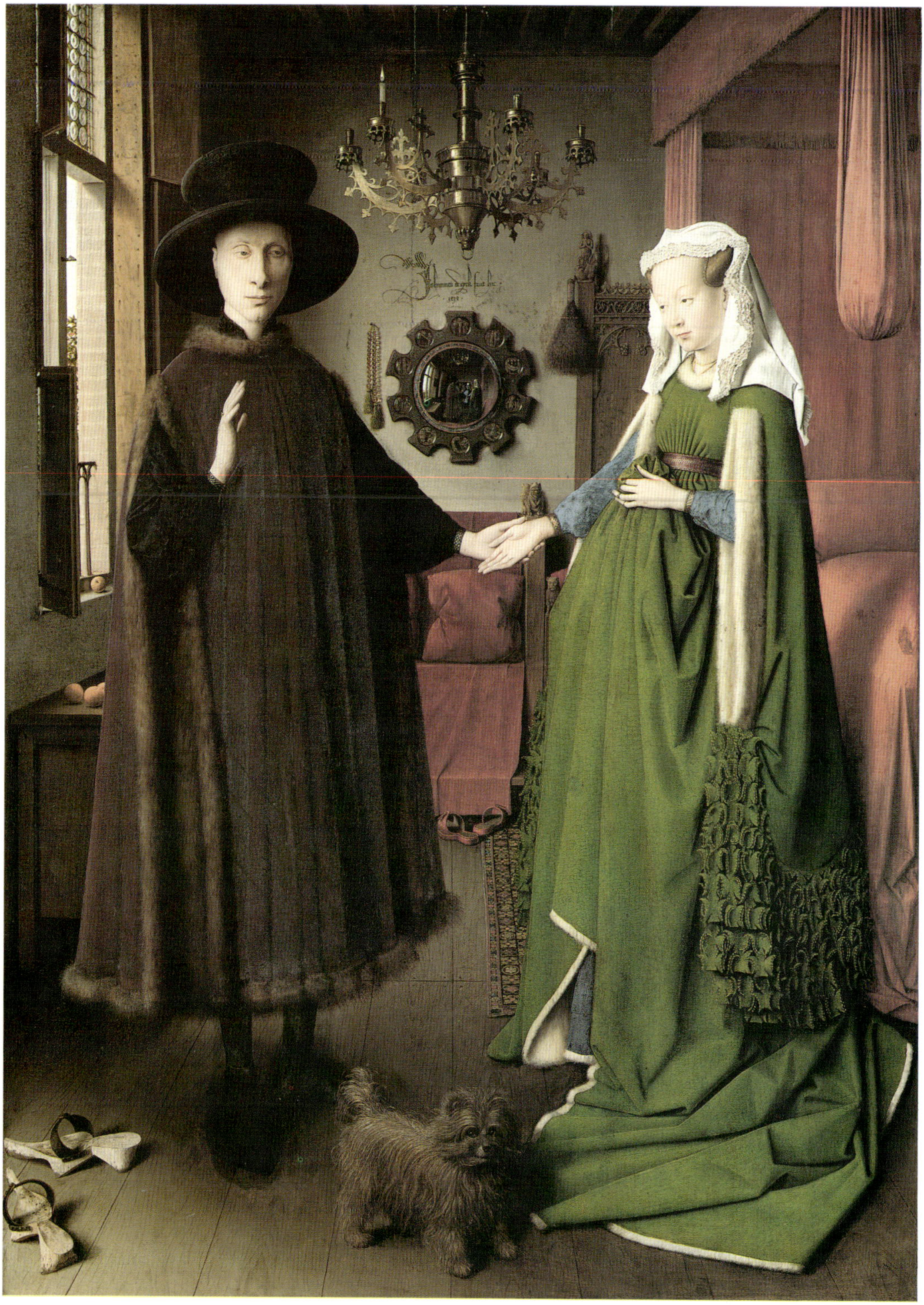

Jan van EYCK (actif en 1422, mort en 1441)
Le Mariage de Giovanni Arnolfini

Signé solennellement en latin, comme pour un témoignage (« Jan van Eyck était présent/1434 »), ce tableau est un double portrait unique à cette date. Giovanni Arnolfini était un marchand de Lucques qui passa une grande partie de sa vie à Bruges, où il mourut en 1472 ; sa femme était également italienne, fille d'un autre marchand de Lucques qui vivait à Paris. Mais il ne s'agit pas d'un simple portrait. Le couple est représenté dans une pièce, probablement à Bruges, dépeinte en tel détail qu'on peut voir de minuscules personnages reflétés dans le miroir central, qui pénètrent dans l'intérieur, venant de la direction des spectateurs, pour assister à la cérémonie de mariage ou de fiançailles.

Il est évident qu'il s'agit d'une cérémonie ou d'une occasion spéciale, à cause des gestes, ceux d'Arnolfini surtout. D'autres détails de la composition, comme par exemple l'unique bougie allumée sur le lustre en plein jour, suggèrent autre chose qu'une scène quotidienne. Mais le tableau peut être apprécié de plusieurs façons. Parmi ses qualités les plus remarquables, on note la reproduction minutieuse de tous les détails du décor qui entoure le couple, jusqu'au motif sur la descente de lit et à la paire de socques de bois. La scène est solennelle, sans doute, mais l'impression demeure familière. Jan van Eyck est typique de la Renaissance par la façon dont il souligne l'importance des êtres humains, alors que sa représentation de l'environnement, si détaillée et baignée de lumière, annonce le thème de la peinture de genre pure qui devait se développer, en Hollande surtout, plusieurs siècles plus tard.

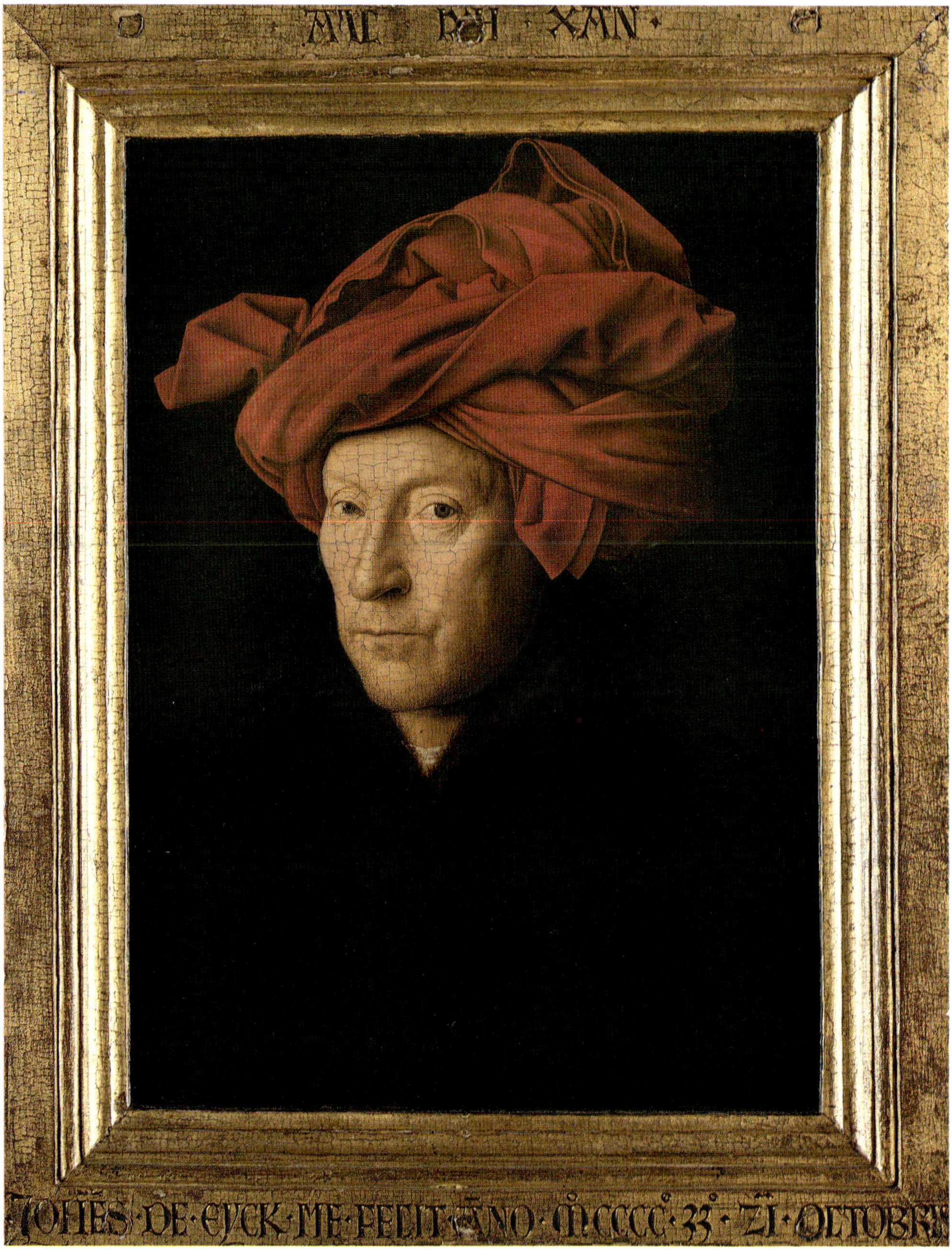

Jan van EYCK (actif en 1422, mort en 1441)
L'homme au turban

La précision glaciale qui émane de ce petit tableau intense est renforcée par la précision avec laquelle Jan van Eyck l'a daté : 21 octobre 1433. Les traits un peu tirés, le revers de fourrure à l'encolure et les plis compliqués du volumineux turban rouge qui surmonte le visage astucieux sont représentés avec une clarté rigoureuse, pour ainsi dire puritaine. Si, comme certains le pensent, il s'agit d'un autoportrait du peintre, il s'est examiné avec la même rigueur intellectuelle que ses autres modèles. En tout cas, il a fait du turban un objet d'une grande beauté, transcendant la réalité, avec toute la logique formelle d'un modèle géométrique complexe.

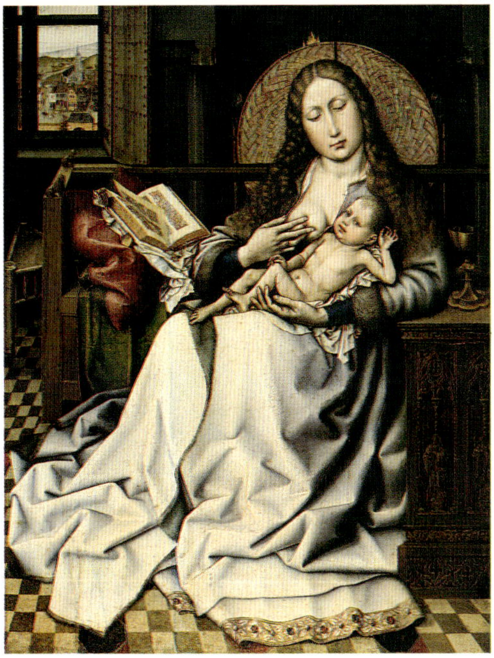

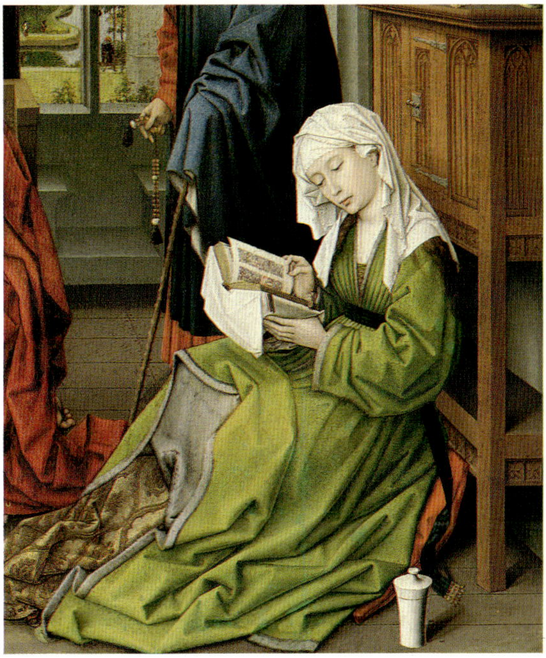

Robert CAMPIN (1378/9–1444)
La Vierge et l'Enfant devant un pare-étincelles

Campin fut actif à Tournai et l'un des premiers représentants du nouveau « réalisme » dans la peinture des Pays-Bas, plus à l'aise dans son naturalisme que van Eyck, plus terre à terre peut-être et moins intellectuel. Il ne sait pas aussi bien organiser l'espace pictural que van Eyck – la perspective du carrelage laisse à désirer –, mais il examine le monde, lui aussi, avec une grande précision. Il a saisi la vie affairée de la ville entrevue par la fenêtre et aussi l'impression confortable, intime de la pièce où la Vierge allaite son Enfant nu. Le pare-étincelles tressé de forme circulaire fournit une auréole appropriée, mais entièrement naturelle, autour de sa tête, et la circonférence est interrompue par une seule flamme vacillante – phénomène naturel qui est en même temps une allusion plaisante à une illumination divine.

Rogier van der WEYDEN (vers 1399–1464)
Marie-Madeleine lisant

Rogier, formé par Campin, devint le peintre officiel de la ville de Bruxelles. A la différence de Jan van Eyck, il semble qu'il n'ait jamais signé ses oeuvres, mais son style très personnel et plein d'émotion devait exercer une grande influence. Ses tableaux suggèrent plus ouvertement un coeur qui bat que ceux de Jan van Eyck et il n'analyse pas ses sujets aussi froidement. La Marie-Madeleine qui lit ne représente qu'un fragment d'un plus grand tableau d'autel qui devait comporter au centre la Vierge et l'Enfant. Mais le personnage, absorbé et mentalement détaché, se dégage bien du reste de la composition. En plus de ses autres dons, Rogier van der Weyden est un coloriste subtil, choisissant un beau vert frais pour la robe de Marie-Madeleine et faisant ressortir sa fraîcheur par le blanc pur du mince bocal de porcelaine à côté d'elle.

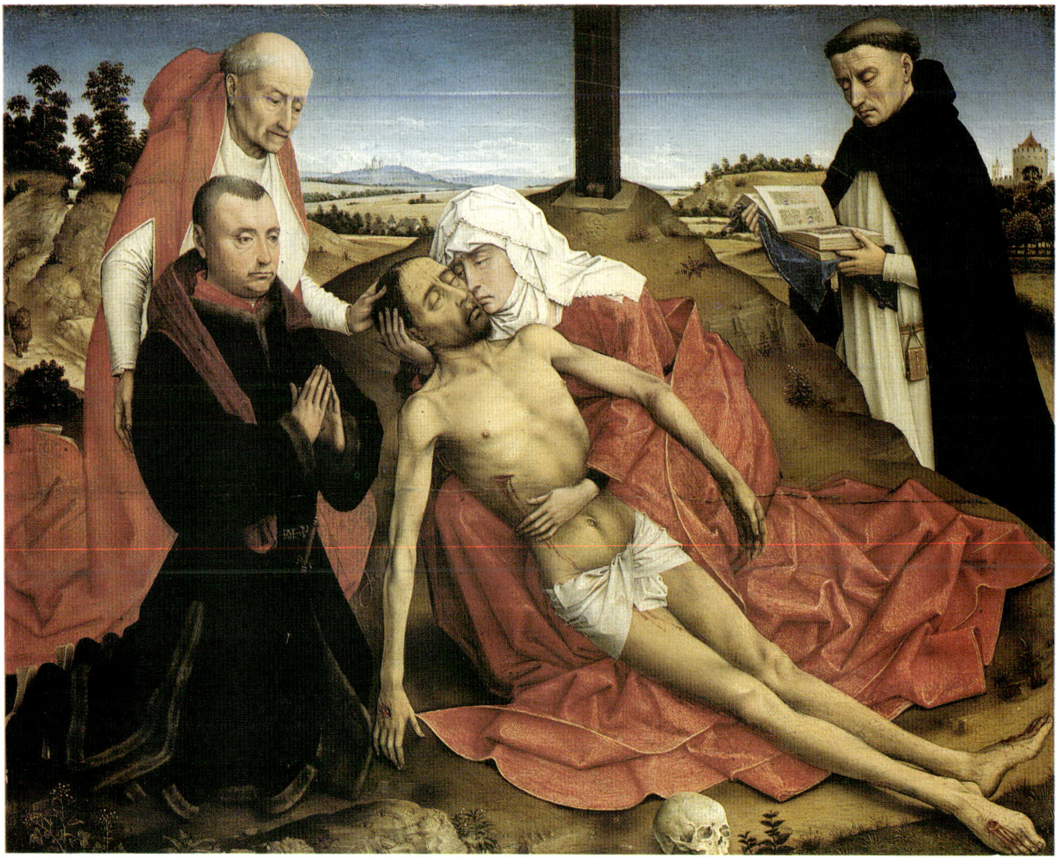

Rogier van der WEYDEN (vers 1399–1464)
Pietà

Rogier van der Weyden est à certains points de vue l'équivalent néerlandais de Giovanni Bellini. Les deux peintres ont une grande sensibilité mais savent la maîtriser et la transformer pour obtenir le meilleur effet artistique. Le sujet de la Pietà est mis en valeur par cette tendresse retenue : la Vierge caresse la tête de son Fils mort et étreint son corps raide. Avec un tact discret, Saint Jérôme tend la main pour toucher la tête du Christ et, de l'autre main, il introduit dans la scène le donateur qui prie respectueusement. Les deux mondes se rencontrent sans heurt et le donateur, qui est très humain et fortement caractérisé, a le privilège de s'agenouiller près d'un corps qui est celui de son Sauveur.

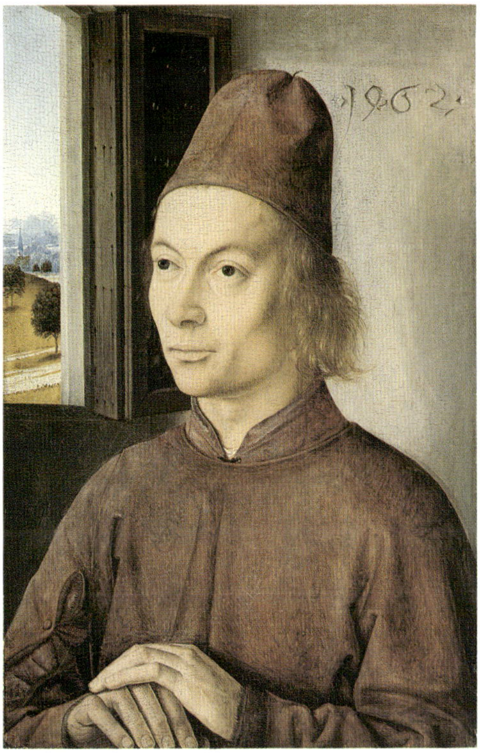

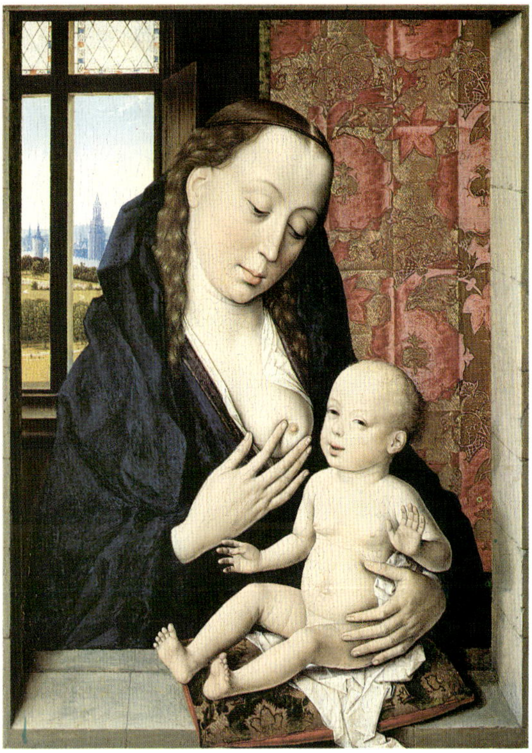

Dieric BOUTS (vivant en 1448, mort en 1475)
Portrait d'homme

Utilisant la fenêtre d'une pièce comme source de lumière et s'intéressant à la forme de ses châssis pliants, Bouts crée ainsi dans cette composition un nouveau type de portrait. Le modèle ne regarde pas tout à fait par la fenêtre, mais il est juxtaposé à la vue qu'on y aperçoit alors que les portraits de l'époque précédente aux Pays-Bas représentaient des visages sur un fond uni. Bouts traduit le jeu de lumière de façon convaincante, lui faisant baigner la tête du modèle et le mur derrière. L'humeur du modèle est également bien rendue : ce portrait est doux, pas du tout idéalisé et étrangement tendre. Il s'agit probablement d'une oeuvre indépendante (et non d'un volet de diptyque), ce qui est assez révolutionnaire pour l'époque.

Dieric BOUTS (vivant en 1448, mort en 1475)
La Vierge et l'Enfant

Ici, ce n'est pas tellement la fenêtre en fond qui attire l'attention, mais l'embrasure de pierre que Bouts a imaginée pour encadrer son groupe central, ce qui renforce l'impression d'assister à une scène intime et sert en même temps de rebord sur lequel est appuyé l'Enfant remuant. En plus du très beau pan de brocart qui se déploie fort à propos derrière la Vierge et qui est peint avec une grande appréciation de sa texture, Bouts représente un coussin de brocart – plutôt mince, il est vrai – pour protéger la chair de l'Enfant du contact de la pierre. Le coussin sert aussi, dans la composition, à interrompre la ligne droite du rebord de l'embrasure. Dans ce petit tableau de piété qui semblerait assez banal au premier abord, on constate un art subtil dans tous les détails.

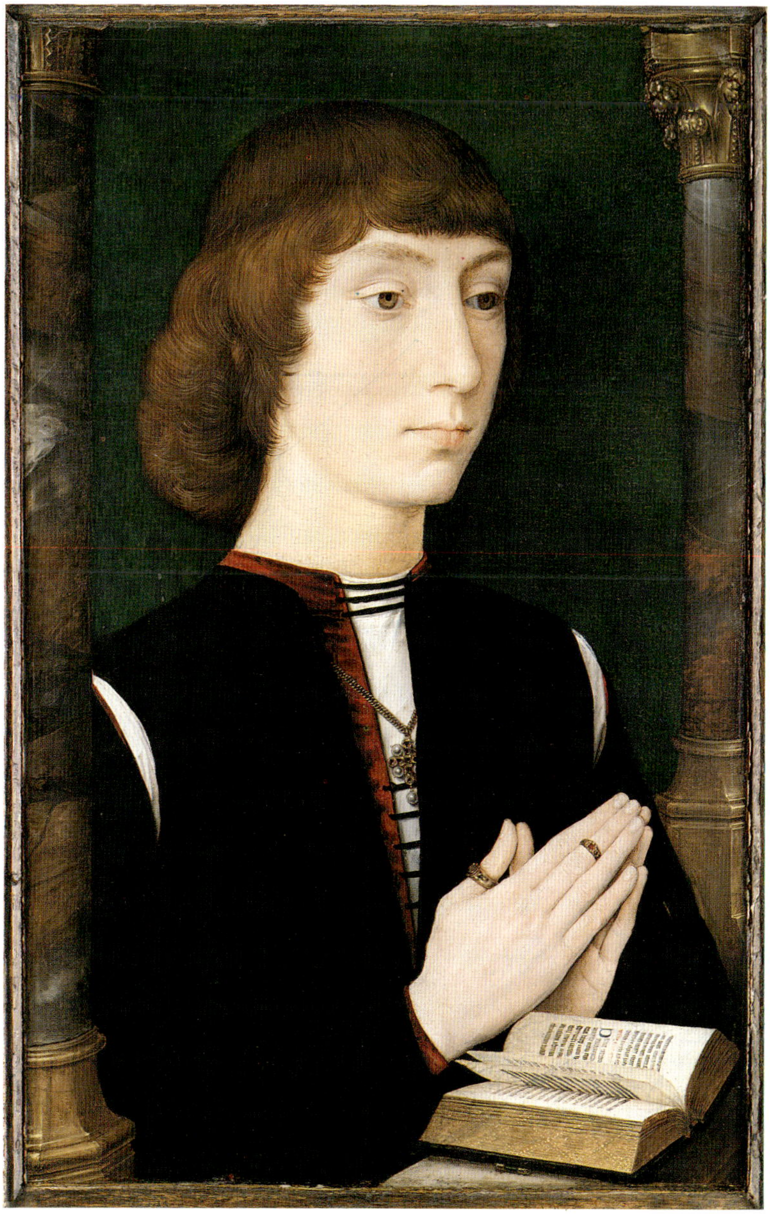

Hans MEMLINC (actif en 1465, mort en 1494)
Jeune homme en prière

La peinture des Pays-Bas a développé une forme très personnelle du diptyque pliant. Un volet représentait une image de piété, généralement la Vierge et l'Enfant, et l'autre un portrait, le plus souvent en buste, de celui qui avait commandé le diptyque. (Un exemple d'une autre école est le « *Diptyque de Wilton* », p.210). Deux courants de la peinture néerlandaise se rencontraient ainsi. Le jeune homme de Memlinc occupait probablement le côté gauche d'un diptyque de ce genre, mais il a sans doute gagné, artistiquement, à être séparé à un certain moment de l'autre panneau. Le spectateur peut apprécier, certes, la peine qu'a pris le modèle à paraître devant la Vierge et l'Enfant en costume élégant, avec des cheveux bien peignés et des bijoux discrets. Il convenait qu'il se présente ainsi à la postérité et que le peintre donne une impression très nette, non seulement de sa piété, mais de sa personnalité toute entière.

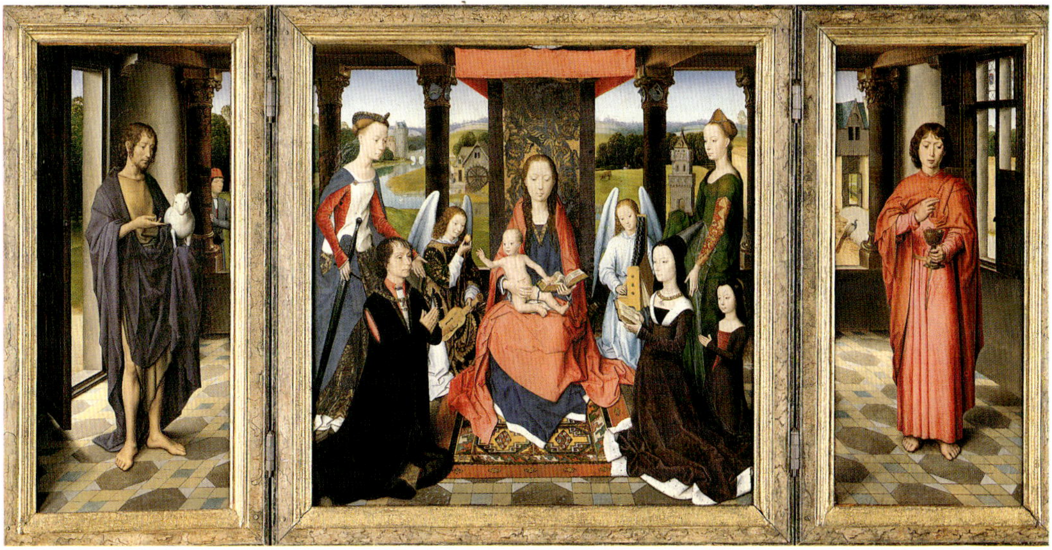

Hans MEMLINC (actif en 1465, mort en 1494)
« *Triptyque de Donne* »

Le triptyque, avec deux volets s'ouvrant pour révéler une scène centrale, était plus imposant que le diptyque habituel. Certains étaient des oeuvres de grande envergure, en position fixe de tableaux d'autel. D'autres étaient plus petits, et portatifs, comme celui-ci, commandé à Memlinc par Sir John Donne, Anglais partisan de la Maison d'York, qui visita plusieurs fois les Flandres. Saint Jean-Baptiste et Saint Jean l'Evangéliste sont représentés sur les battants comme il convient et Sir John lui-même, avec sa famille, s'agenouille au milieu des saints et des anges pour adorer la Vierge et l'Enfant sur leur trône. L'art de Memlinc est réservé et d'une technique impeccable. On ne sait si la scène est située sur terre ou au ciel, mais le décor est une vaste loggia remplie de lumière. Tous les participants sont calmes et à l'aise, et le monde, sous ses aspects les plus agréables, n'est pas trop loin.

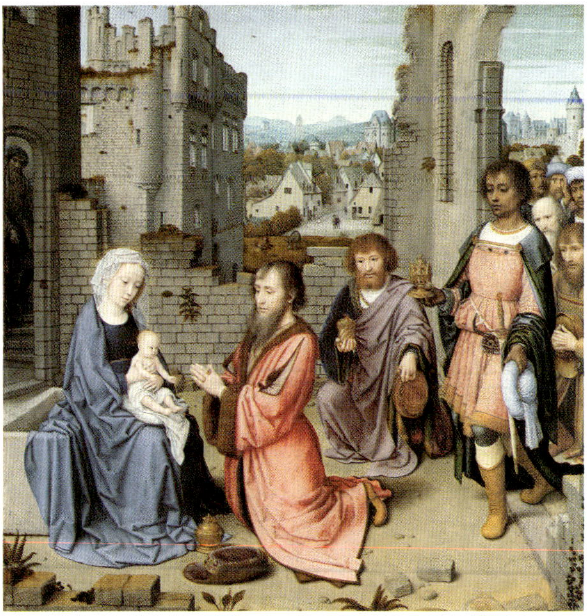

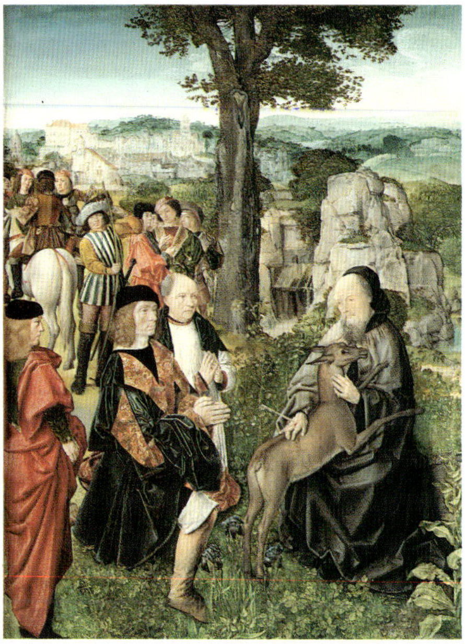

Gérard DAVID (actif en 1484, mort en 1523)
L'Adoration des Rois Mages

A l'époque de l'activité de David, les premiers grands peintres néerlandais étaient morts. De nouveaux idéaux se faisaient jour mais David restait fidèle aux anciens et il lui convenait sans doute de rester dans l'atmosphère conservatrice de Bruges qui devenait de plus en plus stagnante. Lorsqu'on considère les oeuvres de David, il est difficile de se rappeler qu'il mourut après Raphaël. Mais ses scènes tranquilles et sa prédilection pour les couleurs vives et claires ne manquent pas de charme. Mi-exotiques, mi-familiers, ses trois Mages ne surprennent pas dans un ravissant Bethléem nordique où l'étable est une ruine noble et la Vierge et l'Enfant acceptent modestement leur hommage.

MAITRE de SAINT GILLES (actif vers 1500)
Saint Gilles et la biche

C'est ce tableau et son pendant dans la Collection qui ont donné son nom au Maître anonyme. Il travaillait à Paris mais semble avoir été formé aux Pays-Bas. Avec sa prédilection pour les détails décoratifs fouillés, il obtient ici un effet de tapisserie avec une profusion de feuillages et de fleurs parmi lesquels les personnages courtois ont leur place. Le Roi de France est agenouillé pour demander respectueusement pardon à l'hermite Saint Gilles, dont la biche apprivoisée vient d'être blessée par des chasseurs de la suite royale. Le saint pose une main rassurante sur le col de la biche et son autre main est encore transpercée de la flèche. De nombreuses tapisseries de l'époque représentent des scènes de chasse, mais le « message » de ce tableau est certainement contre les sports meurtriers.

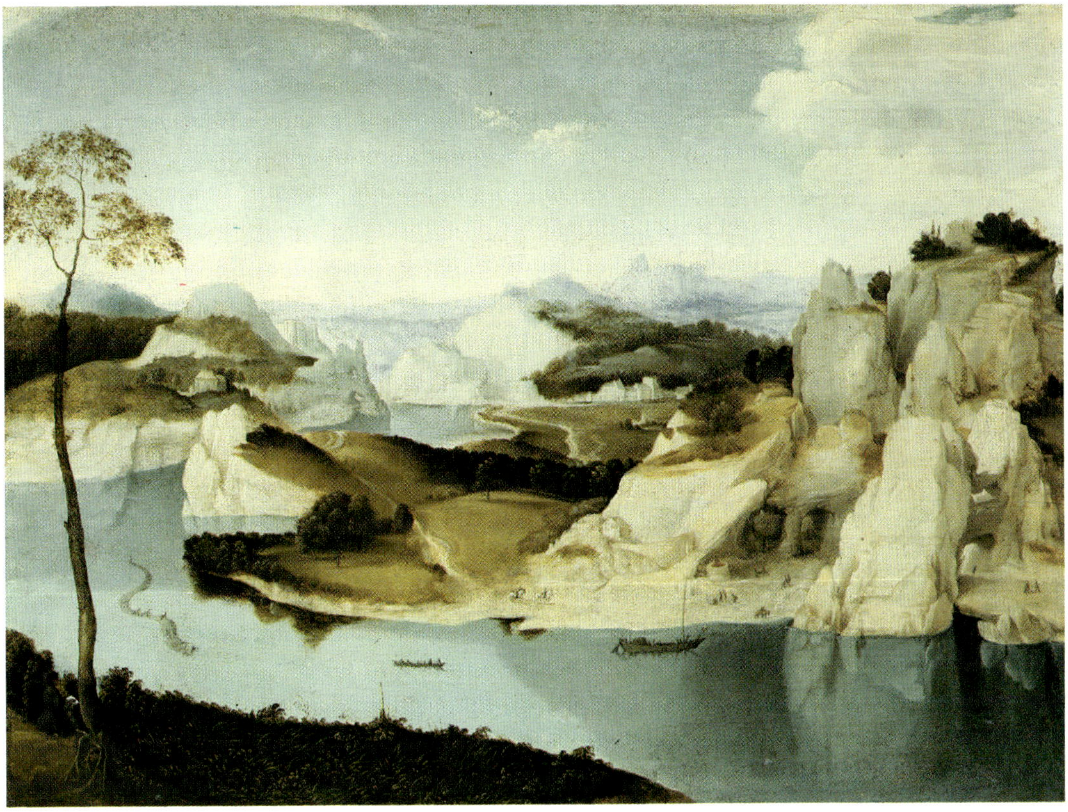

ECOLE NEERLANDAISE (XVIe siècle)
Paysage

Cette séduisante composition pourrait être un fragment d'un plus grand tableau, mais en tout cas il témoigne de l'intérêt constant des peintres du Nord pour le paysage qui, au XVIe siècle, était en train de devenir un sujet artistique par lui-même. La ligne sinueuse du large fleuve uni comme un miroir coulant au pied des hauts pics montagneux d'aspect fantastique a quelque chose d'apaisant. Cela donne presque l'impression d'un paysage de rêve où tout est net (y compris la forme serpentine d'un radeau sur l'eau) et d'une clarté anormale. La petite silhouette d'un artiste en train de dessiner au pied du grand arbre à gauche est particulièrement attirante : elle marque de nouvelles attitudes devant la nature, que les hommes vont examiner sur place et enregistrer.

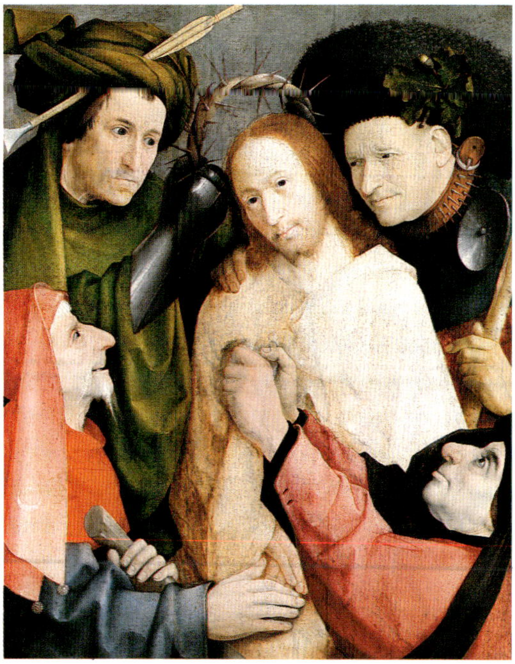

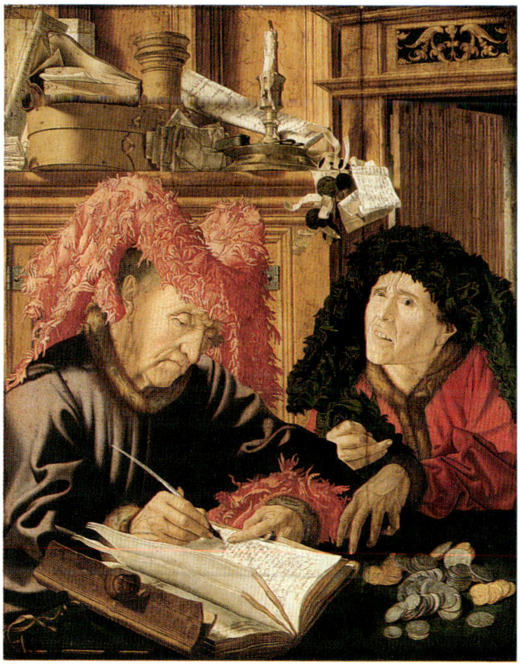

Jérôme BOSCH (vivant en 1474, mort en 1516) *Le Christ aux outrages*

Bosch se spécialise dans les effets bizarres, poignants et troublants, peints avec une précision délicate qui en rehausse le côté hallucinant. Ce tableau n'est pas tout à fait typique de son style, mais il contient un authentique élément de cauchemar. Bosch ne veut pas épargner au spectateur l'horreur de l'épreuve subie par le Christ. La composition a une atmosphère claustrophobique avec les visages grotesques qui convergent des quatre coins du tableau sur la silhouette frêle du Christ. Il regarde vers nous, semblant encore peu conscient du choc imminent et brutal de cette couronne d'épines longues et acérées que nous voyons brandie par un poing de fer derrière sa tête.

MARINUS van Reymerswaele (actif vers 1509[?], mort après 1567[?]) *Deux percepteurs*

Le percepteur est traditionnellement un personnage antipathique du folklore et les deux spécimens extraordinaires inventés par Marinus sont plutôt des croque-mitaines, vêtus de façon fantastique, racornis et à demi fous dans leur quête fiévreuse de l'argent des autres. Mais ce tableau n'est pas une simple satire. La fascination des visages grotesques remonte à Léonard de Vinci (et plus loin encore, aux gargouilles sculptées du Moyen Age) et, pour accompagner cette étude humaine, le peintre a créé une nature morte de formes puissamment modelées composée de boîtes, de papiers, d'un livre et d'une bougie qui coule, qui est une réussite remarquable en elle-même et indique une intention artistique sérieuse.

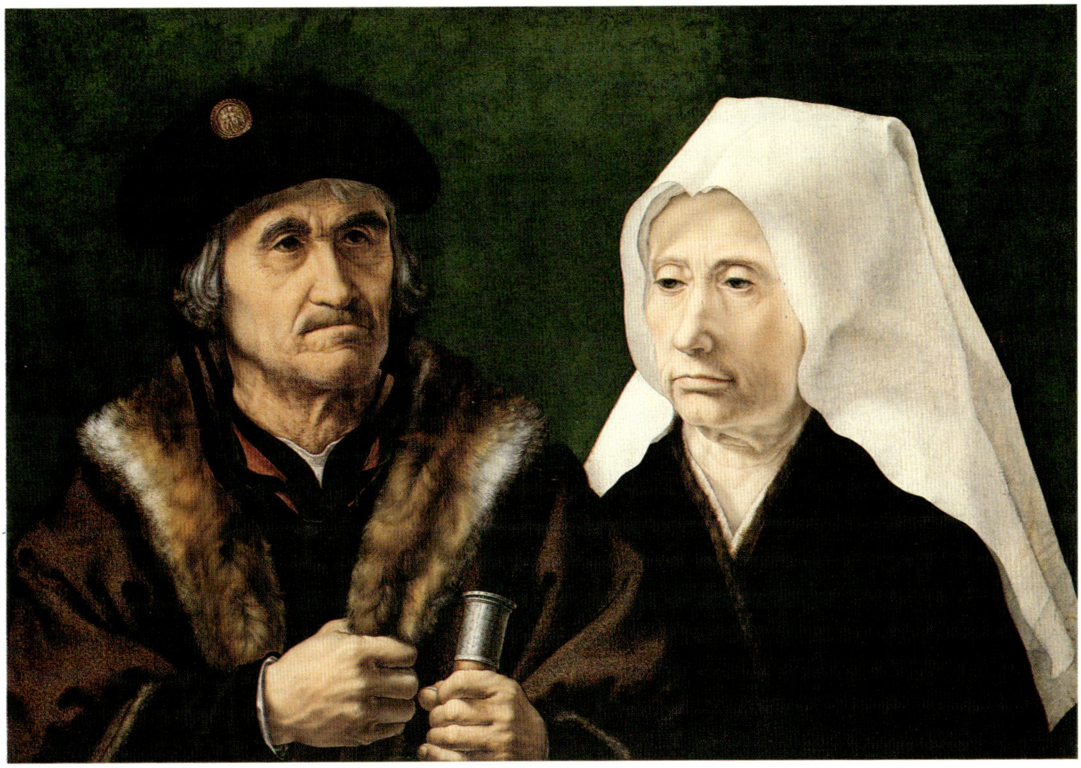

Jan GOSSAERT (actif en 1503, mort en 1532)
Couple d'âge mûr

Gossaert était un véritable artiste de la Renaissance, s'intéressant aux développements de l'art italien (il avait visité l'Italie), peintre de sujets mythologiques, de retables et de portraits sans indulgence. Cette oeuvre semble être son unique double portrait, implacable dans sa représentation d'un couple dont la vie commune n'a laissé sur les deux visages aucune trace de bienveillance. Ils semblent avoir seulement attendu de l'artiste qu'il les dépeigne comme ils étaient : des bourgeois prospères, à la veille de la vieillesse, ni en prière, ni s'adonnant à des loisirs. La double image qui en résulte est d'une vérité nue et poignante.

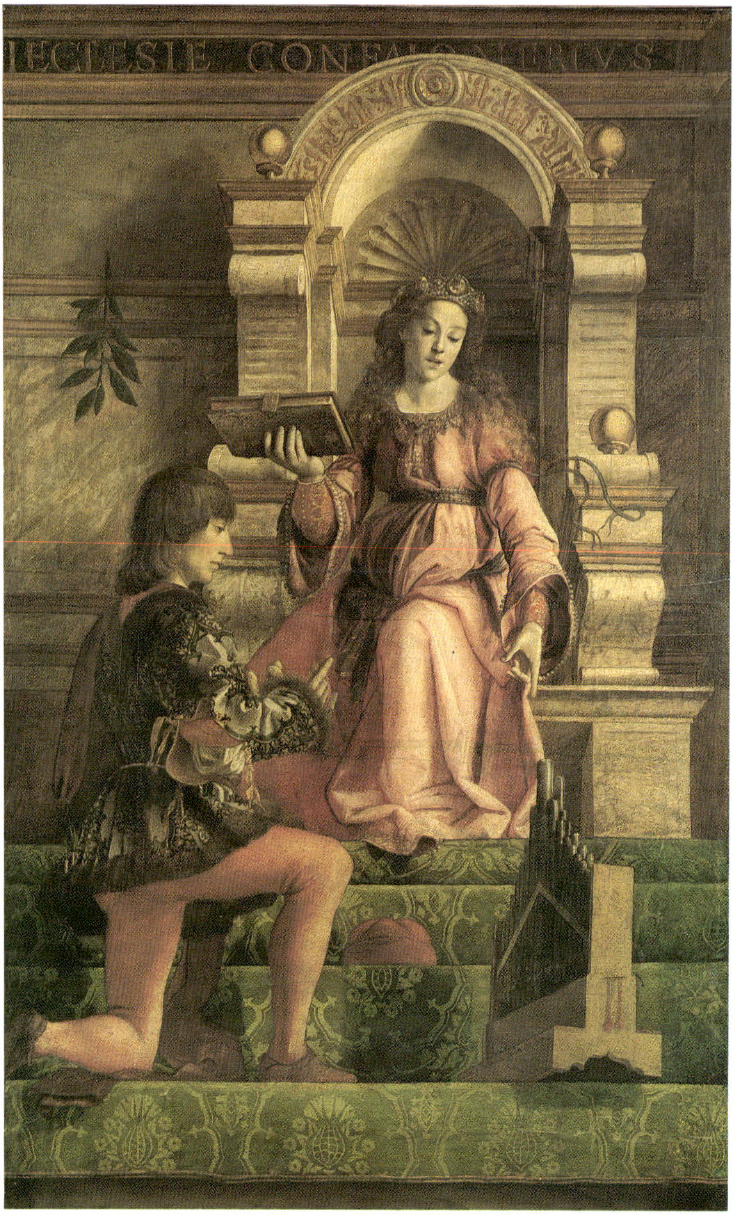

JOOS van Wassenhove (actif en 1460, vers 1480/5[?])
La Musique

Certains tableaux – et c'est peut-être injuste – semblent plus intéressants que leurs auteurs. Ce panneau de *La Musique* est curieux en tant que composition et par son histoire. Le peintre semble pouvoir s'identifier à Justus de Gand qui se rendit en Italie et travailla à la cour de Frédéric de Montefeltro à Urbino. Frédéric était un grand mécène des arts ainsi qu'un dirigeant éclairé et un soldat intrépide. C'est probablement à son palais de Gubbio que cette composition était destinée, dans le cadre d'un ensemble de décorations pour une salle (la Galerie en possède un autre panneau). L'inscription en haut du tableau fait allusion à la position de Frédéric en tant que « Gonfalonier de l'Eglise ». Ce tableau évoque de façon convaincante un climat de civilisation courtoise où l'on croit en la réalité et la vertu de l'art de la Musique auquel tous, par implication, devraient rendre hommage.

La peinture allemande

En dehors des pays germaniques, l'école allemande est assez mal représentée dans les musées européens. En Angleterre, elle n'a jamais été très appréciée, à l'exception de Holbein qui (comme c'est le cas pour Haendel) est considéré comme presqu'anglais puisqu'il s'établit et mourut en Angleterre. Mais les exemples qu'en possède la Galerie, bien que modestes par leur nombre, sont remarquablement représentatifs. Ils nous mènent du « Gothique International » de la belle *Trinité* autrichienne (p.118) au XVIIe siècle avec plusieurs admirables tableaux d'Elsheimer.

Pendant les premières années de la Galerie, on fit peu – ou pas – d'efforts pour acquérir des oeuvres allemandes. Le premier groupe important de primitifs fut le résultat d'une intelligente initiative en 1854 : une expédition en Allemagne pour acheter une collection de tableaux en majorité westphaliens. C'est aussi en 1854 qu'on acheta un remarquable portrait par Baldung (p.123), qu'on croyait alors être de la main de Dürer. Une décision moins admirable fut de revendre certains des tableaux acquis en bloc en Allemagne. Ils se vendirent à des prix dérisoires et de nos jours la plupart seraient une addition souhaitable à la Collection. Aucune vente d'oeuvres de la Collection n'a eu lieu depuis.

Après la mort du Prince Consort en 1861, la Reine Victoria fit don de plusieurs tableaux à sa mémoire. C'est grâce à cette générosité éclairée que la Galerie contient une oeuvre rare de Lochner (p.119) et un agréable panneau du Maître de la Vie de la Vierge (p.121) ainsi que l'anonyme, mais charmante *Dame de la famille Hofer* (p.119). La donation comprenait aussi une oeuvre à grande échelle d'un peintre important de la fin du XVe siècle, le Maître du Retable de Saint Barthélemy, dont la Galerie a, plus récemment, acquis d'autres oeuvres, y compris le ravissant petit tableau de *La Vierge et l'Enfant avec des anges* (p.122).

Il n'a jamais été facile de représenter Dürer en tant que peintre. La seule oeuvre qui lui soit attribuée dans la Collection est le portrait de son père (p.123), acquis en 1904 et dont l'authenticité a été mise en doute. Mais elle a un intérêt historique car c'est très probablement le tableau offert par la ville de Nuremberg à Charles Ier d'Angleterre. Holbein ne fut représenté qu'en 1890 avec l'acquisition de l'unique et magnifique double portrait « *Les ambassadeurs* » (p.126), peint à Londres, bien que les modèles ne soient pas anglais. Le seul autre Holbein de la Collection est également rare et d'un intérêt historique encore plus grand : c'est son seul portrait féminin en pied, celui de Christine de Danemark (p.127), peint pour Henri VIII. Il fut préservé de façon dramatique pour la Galerie en 1909 grâce à une importante donation de dernière minute et offert par le Fonds National des Collections d'Art.

Ces dernières années, on s'est efforcé de consolider la représentation d'autres artistes, Cranach par exemple. En 1980, eut lieu l'importante acquisition du grand panneau du *Christ prenant congé de sa Mère* (p.125) d'Altdorfer, pionnier de la peinture d'atmosphère et artiste européen de premier rang. C'est un rare exemple d'un excellent tableau allemand qui faisait partie d'une collection particulière anglaise au milieu du XIXe siècle. Son importance historique fut reconnue et son acquisition fut rendue possible par une très généreuse contribution du National Heritage Memorial Fund.

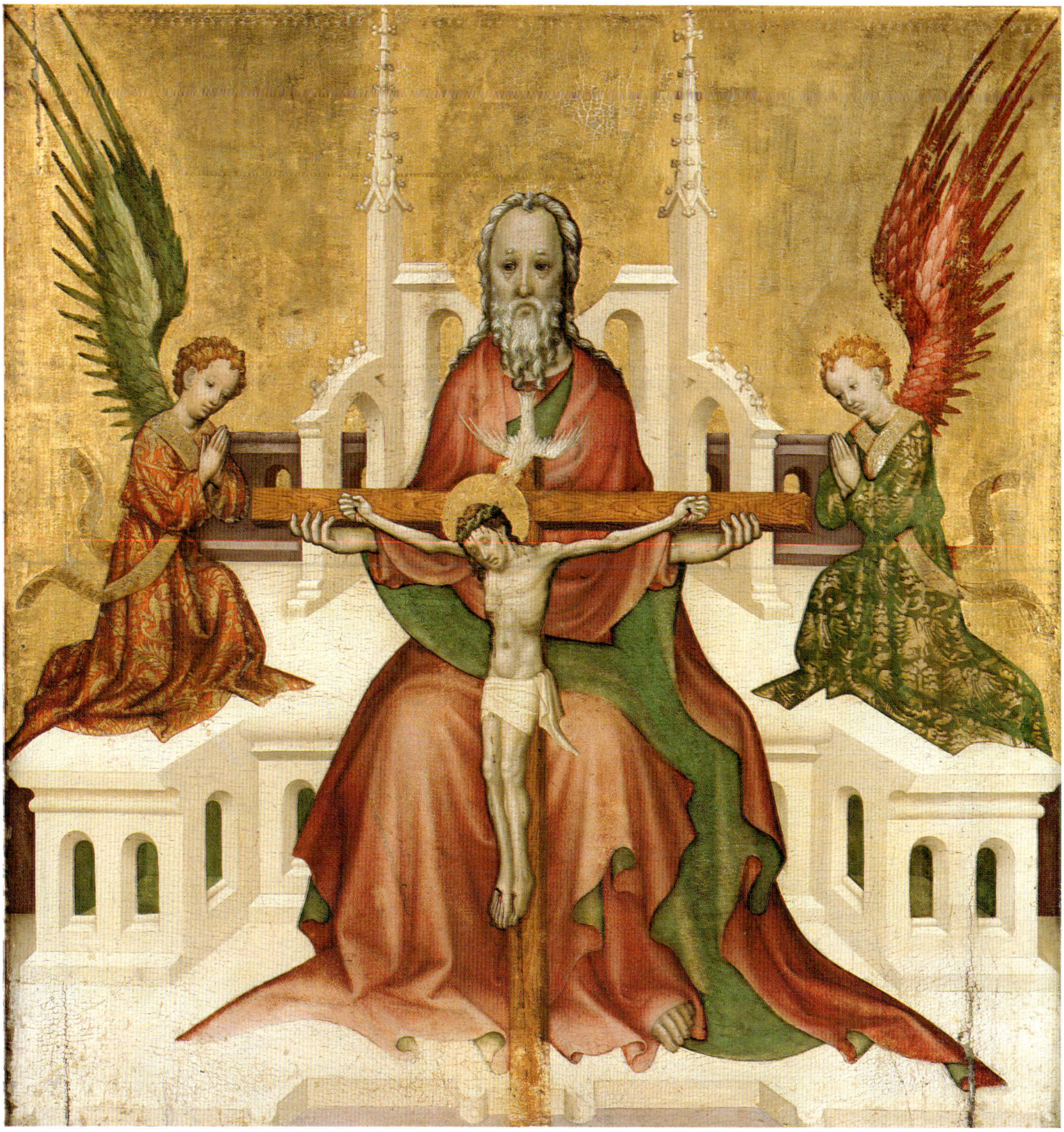

ECOLE AUTRICHIENNE (XVe siècle)
La Trinité avec le Christ crucifié

Ce panneau central d'un retable représente la Trinité sur un Trône de Miséricorde – image de piété typique qui était surtout populaire dans le Nord de l'Europe. L'artiste inconnu éprouve un plaisir évident à créer un trône d'une architecture très complexe, en partie gothique et linéaire, en partie modelée en perspective. Le tableau dans son ensemble révèle un style international caractéristique de la période proche de l'an 1400. Il est courtois, raffiné et coloré. Sur le fond d'or, les hauts clochetons du trône et le contour dentelé des ailes des anges forment des motifs très décoratifs et ce souci d'ornement se poursuit au revers du panneau qui est recouvert de feuilles vertes sur un fond blanc.

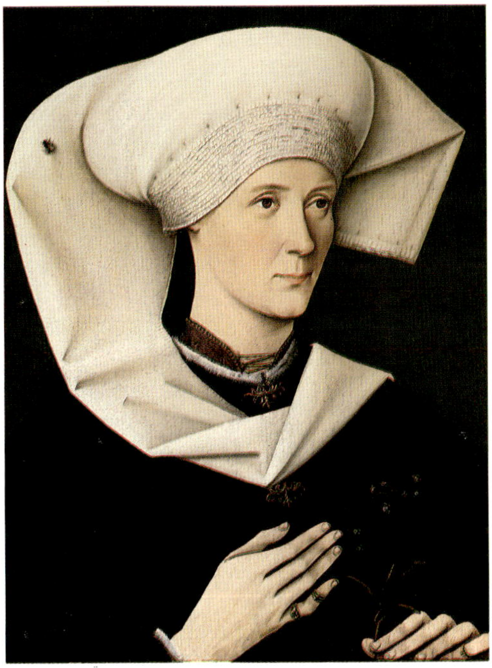

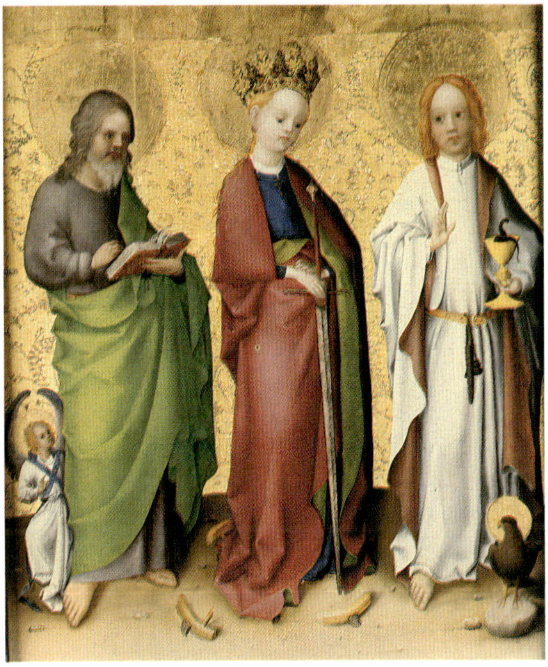

ECOLE SOUABE (XVe siècle)
Dame de la famille Hofer

La dame est identifiée, par une inscription au haut du tableau, comme née Hofer, mais le peintre reste inconnu. La ligne nette et acérée donne au modèle, à son costume et à la composition en général un charme et une naïveté remarquables. Le brin de myosotis qu'elle tient a justifié le nom symbolique de « ne-m'oubliez-pas » car, de ses mains fines à son élégante coiffe tuyautée, le modèle a survécu aux siècles qui ont passé. Le peintre nous fait admirer sa technique en plaçant une mouche en trompe-l'oeil sur le lin empesé de la coiffe – un symbole de mortalité, peut-être, ou simplement une manifestation d'exubérance artistique.

Stephan LOCHNER (actif en 1442, mort en 1451)
Saint Matthieu, Sainte Catherine d'Alexandrie et Saint Jean l'Evangéliste

Les rares oeuvres de Lochner qui ont survécu se trouvent surtout en Allemagne. « Maître Stephan » était un célèbre peintre de Cologne et Dürer, lors de sa visite dans cette ville en 1520, donna deux pfennigs pour qu'on lui ouvre le grand retable de Lochner (maintenant dans la Cathédrale). Ce tableau est le volet gauche d'un autre retable plus petit, exécuté par Lochner pour une église de Cologne. On y trouve des couleurs d'une délicatesse florale et une piété douce beaucoup plus proche des idéaux artistiques germaniques que les idées conventionnelles de scènes macabres de martyre ou d' « expressionnisme » généralisé.

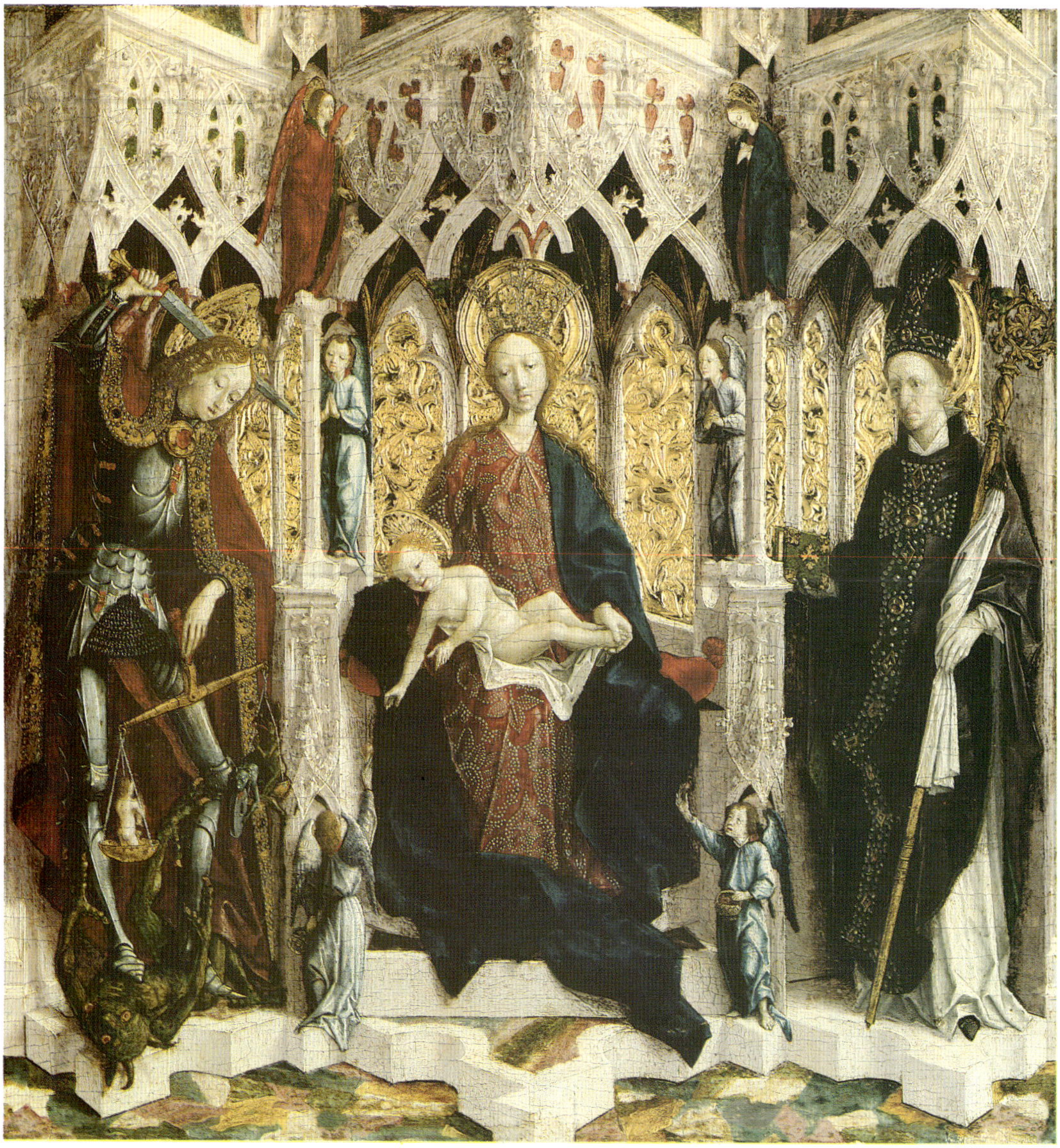

Cercle de Michael PACHER (actif en 1465 [?], mort en 1498)

La Vierge et l'Enfant en gloire avec des saints et des anges

Pacher était actif à Salzbourg et dans le Tyrol en tant que peintre et sculpteur et ce petit tableau dont nous ignorons l'auteur donne un aperçu de son style très personnel. Le dais d'une grande recherche sculpturale surmontant les personnages et leurs types qui semblent taillés dans le bois et placés chacun dans une niche, paraissent imiter sciemment son style. La tonalité est inhabituelle et originale. Ce n'est pas un disciple terne qui a conçu la chasuble d'une belle couleur prune et la mitre assortie du saint évêque, l'une et l'autre brodées de perles étincelantes, tout comme la robe de la Vierge. La qualité s'allie ici à la rareté. Le panneau-même donne quelque indication sur le lieu de provenance, sinon sur l'artiste. Il est en sapin argenté, ce qui laisse supposer que cette oeuvre peu commune provient du Sud du Tyrol.

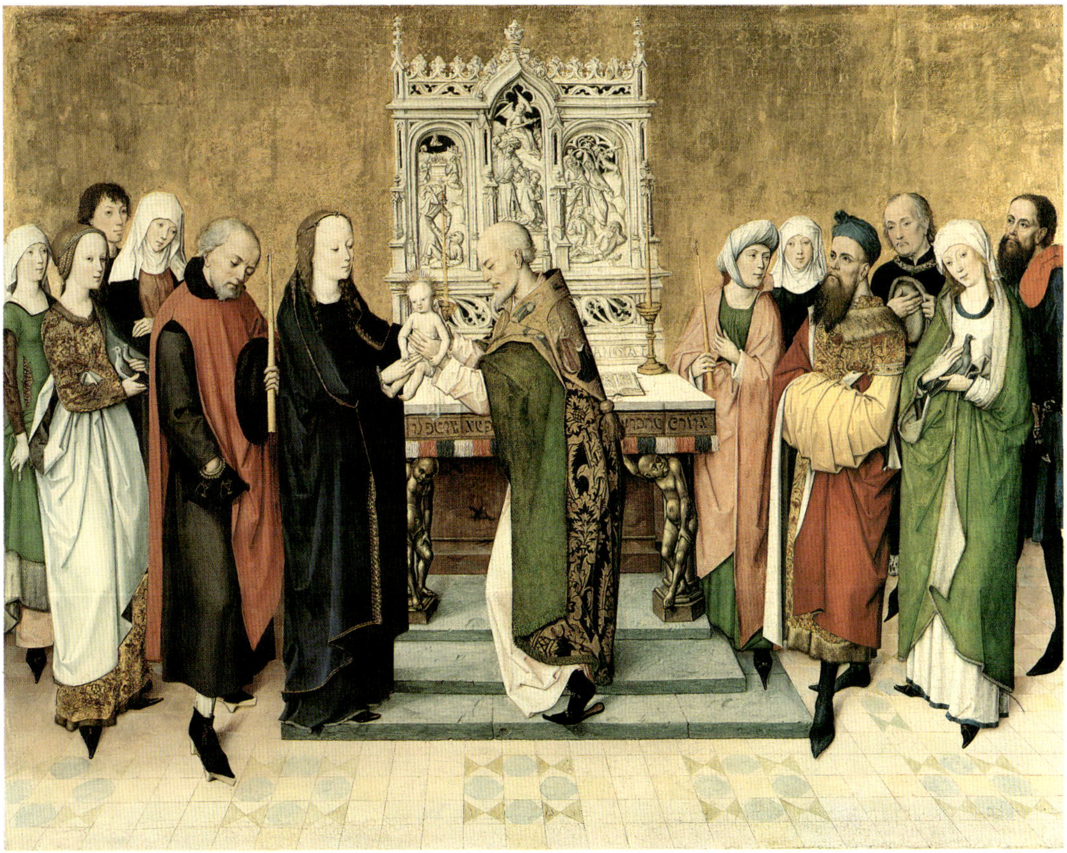

MAITRE de la VIE de la VIERGE
(actif pendant la seconde moitié du XVe siècle)
La Présentation au Temple

Le Maître tient son nom d'une série de huit panneaux représentant des scènes de la vie de la Vierge (se trouvant tous, à l'exception de celui-ci, dans l'Alte Pinakothek de Munich). Cette série était destinée à l'église de Sainte Ursule à Cologne et avait été commandée par un conseiller municipal, le Dr Johann von Schwartz-Hirtz, probablement vers 1460. La scène représente la Purification de la Vierge ainsi que la Présentation du Christ, d'où les colombes que tiennent les femmes, de chaque côté de l'incident central. Le peintre était vraisemblablement allemand, mais profondément – et agréablement – influencé par l'art néerlandais, surtout celui de Rogier van der Weyden. C'est à cette source qu'il faut attribuer les couleurs des costumes et les visages très typés. On remarque en particulier l'homme barbu à droite de l'autel, qui semble être un témoin significatif, mais peut-être païen, des rites chrétiens.

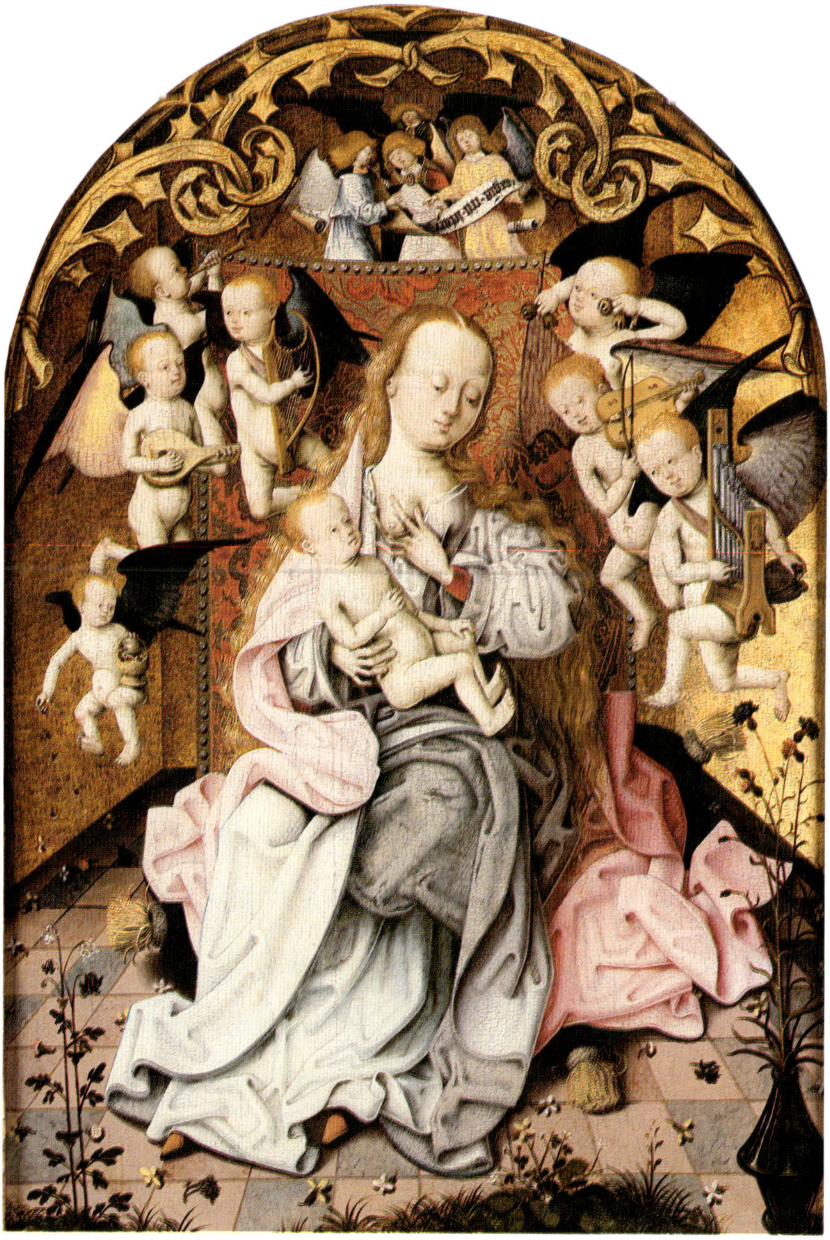

MAITRE de l'AUTEL de Saint BARTHELEMY
(actif fin du XVe/début du XVIe siècle)
La Vierge et l'Enfant avec des anges

Bien que le Maître soit anonyme (il doit son nom à un retable peint pour Cologne mais qui se trouve à Munich), c'est l'un des peintres les plus vivants et les plus originaux de l'époque primitive allemande. Il sait évoquer une grande variété d'atmosphères, suivant la destination de l'oeuvre. Ce petit panneau exprime une joie sans mélange. De jeunes anges qui flottent gaiement, presqu'espiègles, sérénadent la Vierge et l'Enfant, et le plus petit – sans doute trop jeune pour se joindre à l'orchestre – éparpille des pétales de fleurs pour participer aux réjouissances. Tout contribue à la joie et le message de la composition est souligné par les paroles inscrites sur le parchemin au dessus de la tête de la Vierge : « Reine du Paradis, réjouis-toi ».

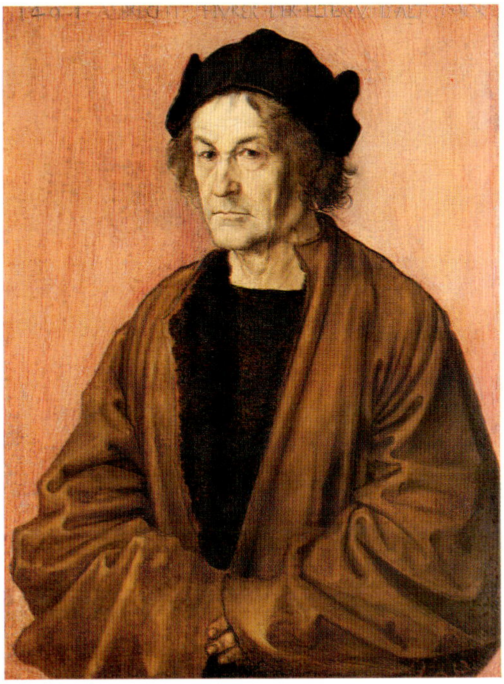

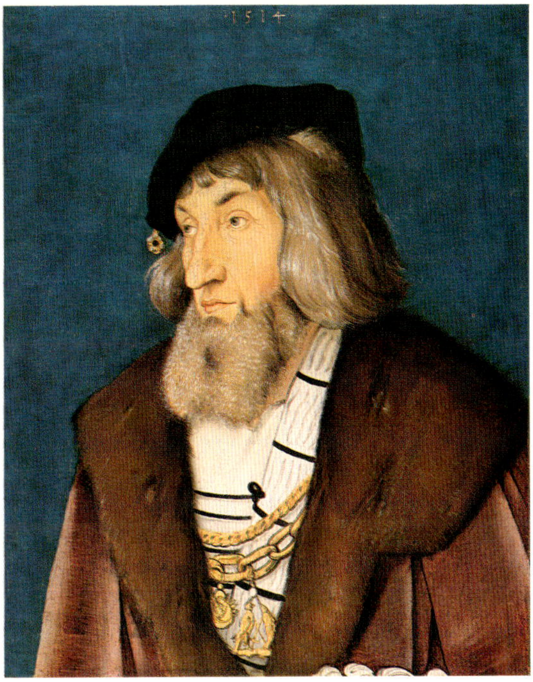

Attribué à Albrecht DURER (1471–1528)
Le père du peintre

Dürer peignit et dessina son père à plusieurs reprises. Il le décrit aussi, dans ce qui a survécu de sa « chronique familiale », comme un homme élevé dans la crainte de Dieu, peu sociable, taciturne, qui avait eu une vie dure. Cette image semble correspondre à sa description. Selon l'inscription en haut du tableau, le modèle avait alors soixante-dix ans, en 1497. Que le portrait soit ou non l'original de Dürer, c'est la meilleure réplique qui existe de cette oeuvre, présentant le père de l'artiste comme un simple artisan d'autrefois, sans prétensions – il était orfèvre –, très différent de la façon dont Dürer se présentait lui-même, élégant et souvent richement vêtu, dans ses autoportraits.

Hans BALDUNG Grien (1484/5–1545)
Portrait d'homme

Baldung fut peut-être l'élève de Dürer et c'est sans doute l'exemple de ce dernier qui encouragea sa vision d'une intensité troublante qui devait produire une série de peintures passionnantes ainsi que de très belles oeuvres graphiques. Baldung est trop peu connu en dehors des pays germaniques. Le portrait n'était qu'un des aspects de son art, mais il savait se concentrer sur un modèle – comme c'est le cas ici – avec une acuité visuelle presque sinistre. Les résultats sont beaucoup plus nerveux et individuels que dans les portraits néerlandais de l'époque. La texture des cheveux, de la barbe et de l'épais col de fourrure du modèle semble vivante, se dressant et se bouclant comme de minuscules ressorts métalliques, aussi vibrants et intenses que ses sourcils abrupts et ses yeux pâles et fixes. Une dernière touche de surréalisme vient s'ajouter au portrait avec la médaille de la coiffure qui se balance sur le côté du visage, comme un troisième oeil flottant en pierres précieuses.

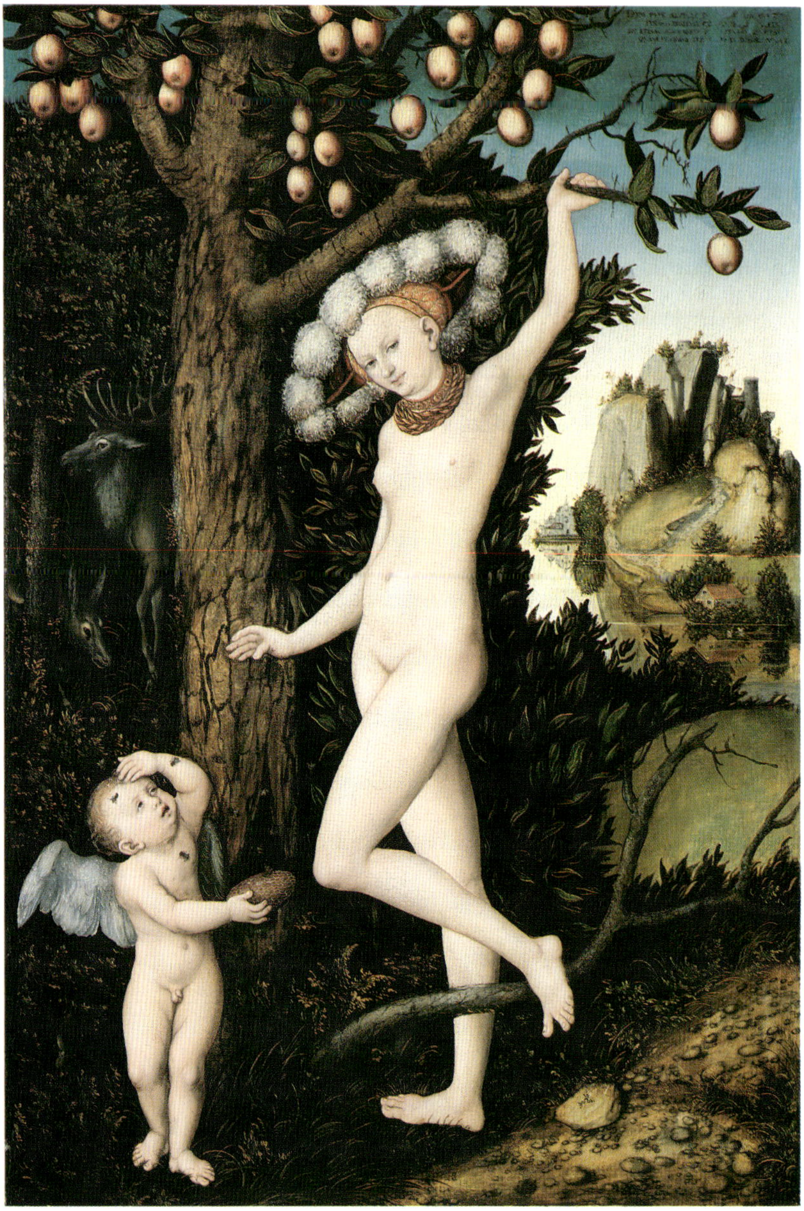

Lucas CRANACH le Vieux (1472–1553)
L'Amour se plaignant à Vénus

Cranach est le parfait artiste de cour de l'Allemagne. Dans ses mythologies émaillées, il se plaît à introduire les paysages du Nord, représentant les montagnes encore plus abruptes et les forêts encore plus sombres et plus profondes que dans la réalité. Nue et provocante, vêtue seulement d'un collier et d'un chapeau à la mode, sa Vénus semble tout aussi acclimatée que les daims qui se cachent dans l'épais sous-bois. Elle écoute à peine la plainte de l'Amour, piqué par les abeilles dont il a volé le rayon de miel, et semble se préoccuper davantage de charmer le spectateur. Le sujet est tiré du poète grec Théocrite. Une maxime morale est inscrite sur le tableau, déclarant que c'est ainsi que nous sommes punis lorsque nous recherchons le plaisir. Comme une Eve encore plus abandonnée, la Vénus de Cranach semble bien décidée à démentir cette attitude de contrainte, s'offrant généreusement avec les pommes du plaisir.

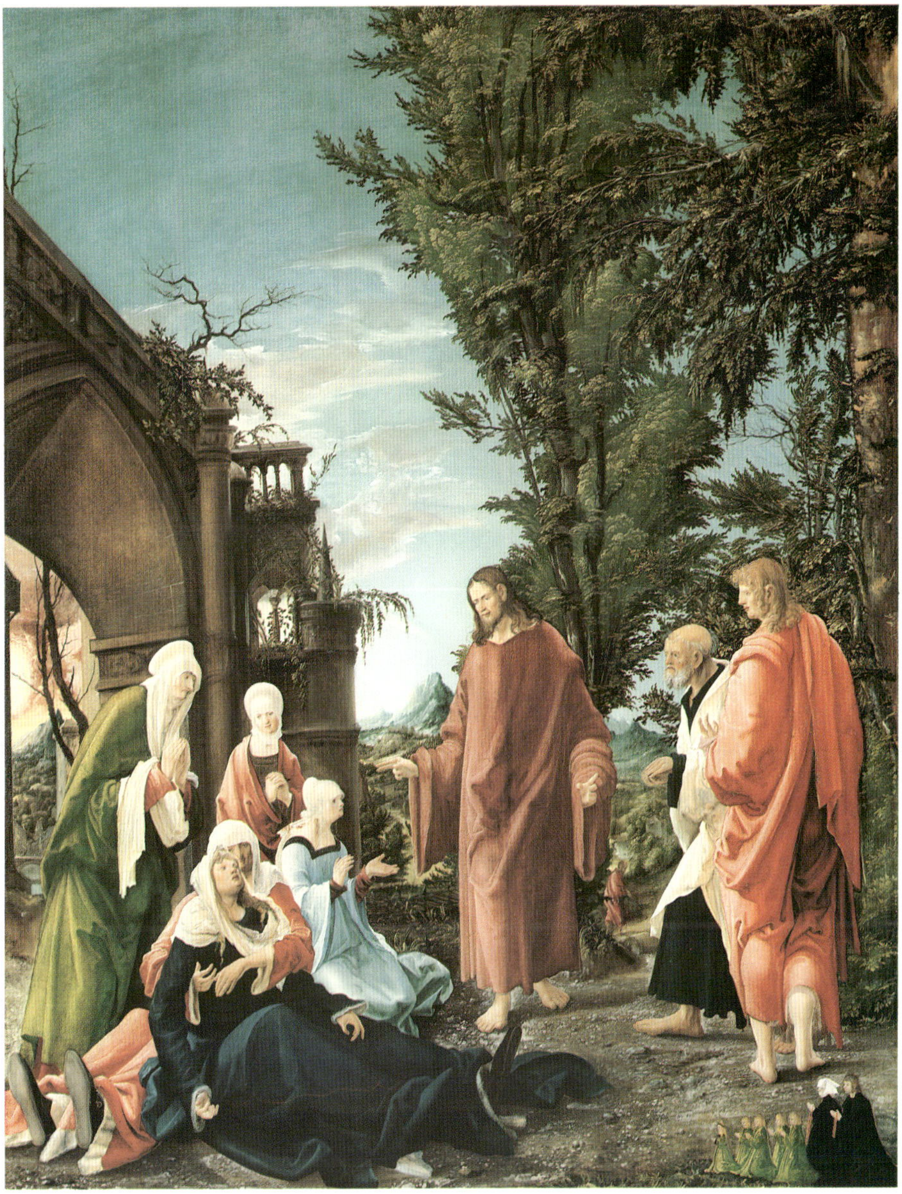

Albrecht ALTDORFER (né avant 1480, mort en 1538)
Le Christ prenant congé de sa Mère

Les Evangiles ne parlent pas des adieux du Christ à sa Mère avant son départ pour son saint ministère, mais les textes médiévaux y font allusion et cela devint un sujet pour les mystères de la Passion. Altdorfer fut peut-être influencé par ces spectacles pour sa propre interprétation, qui représente la Vierge s'évanouissant au moment de la séparation. La scène est située devant les portes d'une ville du Nord, et plusieurs des Saintes Femmes portent des coiffes qui ressemblent à celle de la dame née Hofer (voir p.119). Mais surtout, Altdorfer profite de cette occasion pour évoquer un paysage danubien d'arbres élancés et de feuillage resplendissant sur un fond de ciel d'un bleu alpin. L'émotion intensifie toute la scène, y compris la silhouette élevée du Saint Jean vêtu d'écarlate et, par contraste, il y a quelque chose de solennel et de touchant dans les minuscules personnages du donateur, de sa femme et de leurs enfants, agenouillés pour assister à cet incident sacré qui se déroule dans le contexte familier de leur pays natal.

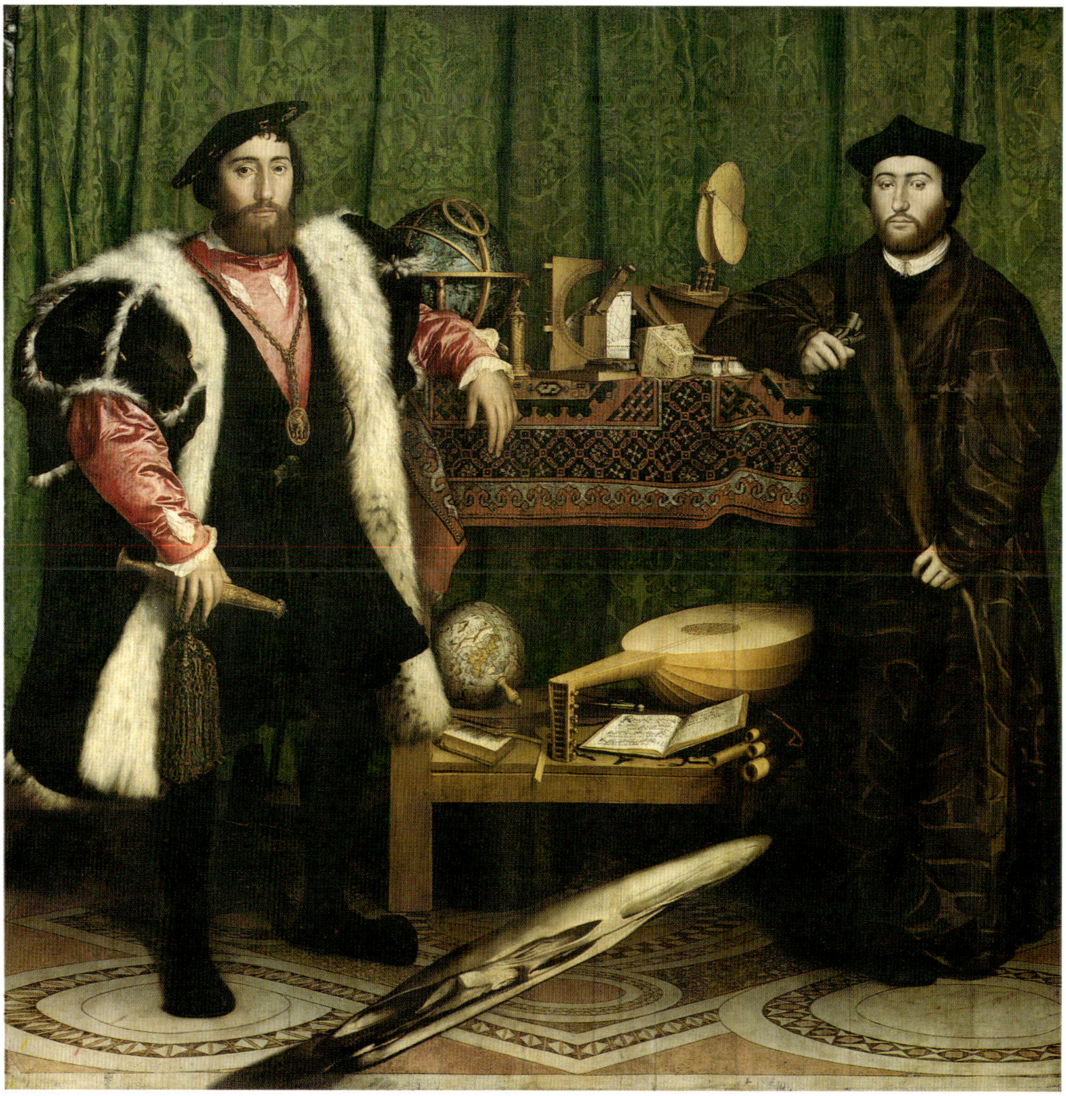

Hans HOLBEIN le Jeune (1497/8–1543)
« Les ambassadeurs »

Le titre de ce tableau est approprié et bien connu, mais il n'est pas exact. Les deux hommes représentés ici – Jean de Dinteville et Georges de Selve – ne furent jamais ambassadeurs ensemble, bien que Dinteville fût Ambassadeur de France à la cour d'Henri VIII lorsque ce double portrait complexe fut exécuté, à Londres, en 1533. Ensemble, ils incarnent admirablement l'Etat et l'Eglise : Delville resplendissant à gauche, et à droite le plus austère Selve, évêque qui était venu à Londres pour rendre visite à son ami l'ambassadeur. Entre eux, Holbein a rassemblé une foule d'instruments de musique et d'autres objets qui symbolisent sans doute leurs goûts. La composition fait penser à une reprise hardie du portrait Arnolfini de Jan van Eyck (p.104) pour célébrer, non pas un mariage, mais une rencontre et une amitié. Le tableau respire l'orgueil et la joie de vivre, mais Holbein y ajoute un présage de mortalité. Vu de près sous un certain angle, l'objet déformé au premier plan se révèle être une tête de mort, mettant pour ainsi dire en perspective l'existence humaine.

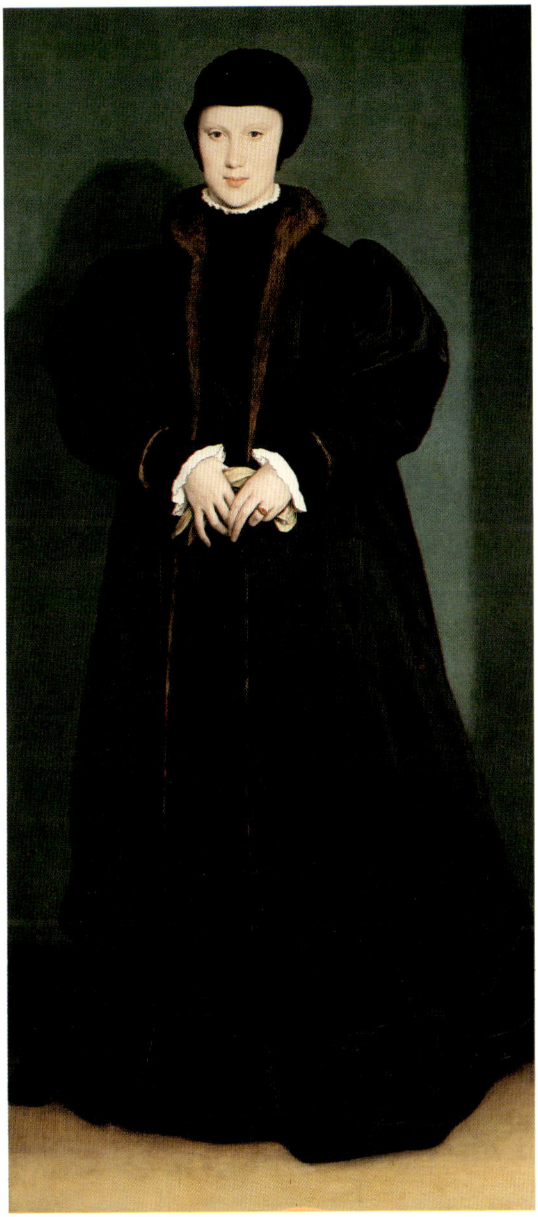

Hans HOLBEIN le Jeune (1497/8–1543)
Christine de Danemark, Duchesse de Milan

En 1538, à l'âge de seize ans, Christine de Danemark, déjà veuve, en vêtements de deuil, posait à Bruxelles pour Holbein, peintre de Henri VIII. Le Roi cherchait une quatrième épouse et le modèle, nièce de l'Empereur Charles Quint, semblait une candidate désirable. Ce sort lui fut épargné et Henri VIII ne semble pas avoir gardé ce portrait en pied très subtil que Holbein peignit sans doute à son retour à Londres, le basant sur une étude faite sur place. Le deuil de Christine contribue à l'effet voulu par Holbein, donnant une impression de hauteur grâce à la silhouette sombre sur un fond bleu-vert et faisant ressortir ses mains d'une pâleur d'ivoire, dont la beauté était célébrée, sur les différents tissus de sa robe noire. Si *Les ambassadeurs* est d'une virtuosité presque trop appuyée, ici au contraire Holbein se distingue par la simplicité – mais une simplicité qui résulte d'un calcul artistique tout aussi savant.

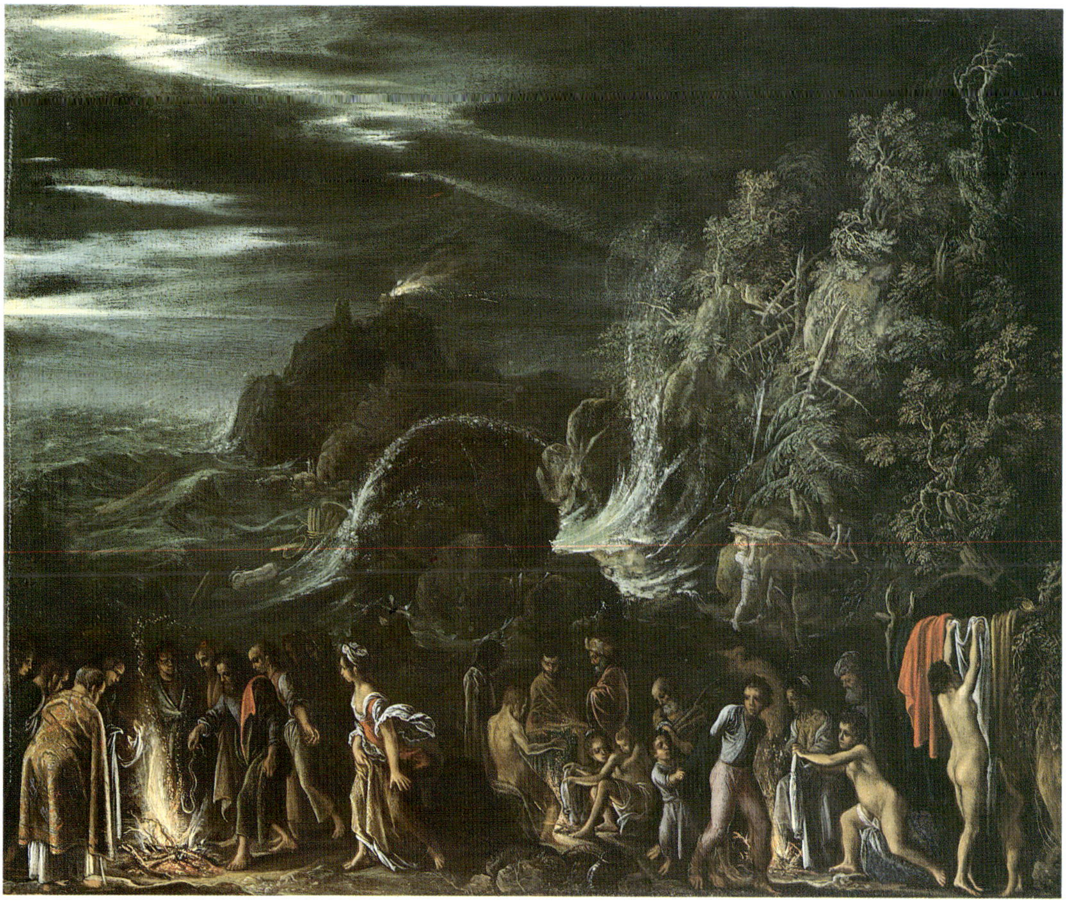

Adam ELSHEIMER (1578–1610)
Saint Paul à Malte

Il est typique d'Elsheimer, qui était particulièrement sensible aux effets de lumière inhabituels, qu'il ait présenté cette scène – qui selon les *Actes des Apôtres* avait eu lieu en plein jour – par une nuit sombre et orageuse, illuminée par des éclairs et des feux qui couvent. Par certains points, Elsheimer est l'héritier d'Altdorfer ; c'est certainement un interprète poétique de la nature et de l'atmosphère, et ses oeuvres sont généralement à une petite échelle, comme celle-ci. Il quitta l'Allemagne et en 1600 il était établi à Rome. Pendant les dix dernières années de sa vie il développa sa propre interprétation des thèmes religieux et mythologiques, souvent avec des éléments de paysage, créant des tableaux qui sont parmi les plus originaux et les plus attirants du XVIIe siècle. Ils influencèrent Claude Lorrain et la mort prématurée d'Elsheimer serait regrettée par Rubens.

La peinture flamande

Les deux grands représentants de la peinture flamande au XVIIe siècle étaient Rubens et Van Dyck. Tous deux étaient évidemment connus des collectionneurs et des connaisseurs anglais puisqu'ils avaient été patronnés par Charles Ier. On se serait attendu à ce que Van Dyck, en particulier, qui avait passé une grande partie de sa vie en Angleterre, en tant que portraitiste non seulement du Roi et de sa famille mais de toute la haute société, soit largement représenté dans la Collection de la National Gallery depuis le début.

Mais les choses n'étaient pas aussi simples : les deux peintres figuraient parmi les tableaux d'Angerstein acquis lors de la création de la Galerie en 1824, mais les plus beaux portraits britanniques de Van Dyck avaient tendance à rester dans les familles des modèles, et d'autre part certaines caractéristiques de l'art de Rubens – ses grandes compositions religieuses par exemple – déplaisaient aux collectionneurs protestants. C'était Rubens le paysagiste qui était estimé en Grande-Bretagne et un magnifique exemple très personnel, un grand panorama d'atmosphère, la *Vue de Het Steen* (p.134), faisait partie du don de Sir George Beaumont qui fut à l'origine de la fondation de la Galerie. En 1828, le Duc de Sutherland fit un geste d'une grande générosité en offrant *La paix et la guerre* (p.132) composition exécutée pour Charles Ier et significative en tant qu'héritage historique en plus de ses qualités esthétiques. Sans se laisser influencer par les conventions victoriennes ni par la pruderie de l'époque, les Administrateurs achetèrent en 1844 le voluptueux *Jugement de Pâris* (p.132) de Rubens, ne payant pas moins de 4.000 guinées. Lors de l'acquisition de la collection de Sir Robert Peel, en 1871, d'importantes oeuvres flamandes, aussi bien que hollandaises, vinrent s'ajouter à la Collection, dont le *Susanna Lunden* de Rubens, mieux connu sous le titre « *Le chapeau de paille* » (p.133), qui avait inspiré plusieurs peintres, dont Lawrence pour son portrait de Lady Peel.

Ce n'est qu'en 1881 que la National Gallery fit l'acquisition d'un portrait vraiment important de Van Dyck. Cette année-là, lors de la vente de Blenheim, les Administrateurs purent acheter le grand portrait équestre de Charles Ier (p.137), exécuté pour le Roi, mais vendu à l'étranger au moment de la République et revenu en Angleterre sous forme de cadeau à John, premier Duc de Marlborough. D'autres grands peintres flamands, comme Jordaens et Teniers, n'étaient au début représentés que sporadiquement. *La Sainte Famille* de Jordaens (p.135) fut un don du Duc de Northumberland en 1838 et la belle vue de Het Sterckshof de Teniers (p.140) fut acquise en 1871. Pour des raisons surtout esthétiques, semble-t-il, la Galerie eut la bonne idée d'acheter en 1883 le *Portrait d'un enfant* (p.138) de Jacques van Oost (bien que le tableau fût alors censé être hollandais et par Isaak van Ostade).

Au cours du XXe siècle on a saisi plusieurs occasions d'améliorer la représentation de Van Dyck et de Rubens en particulier, à l'aide de donations généreuses. Rubens en tant que peintre de personnages à une grande échelle demeure insuffisamment représenté (la Collection n'a toujours pas de retable de sa main), et l'acquisition en 1980 de son chef- d'oeuvre de jeunesse, *Samson et Dalilah*, exécuté à Anvers à son retour d'Italie, a été particulièrement opportune. Au cours de ces dernières années, la National Gallery a acquis plusieurs tableaux de Van Dyck, dont le dernier, *Les enfants Balbi* (p.136), est un exemple important de la brillante période gênoise de Van Dyck, qui n'était pas représentée auparavant dans la Collection.

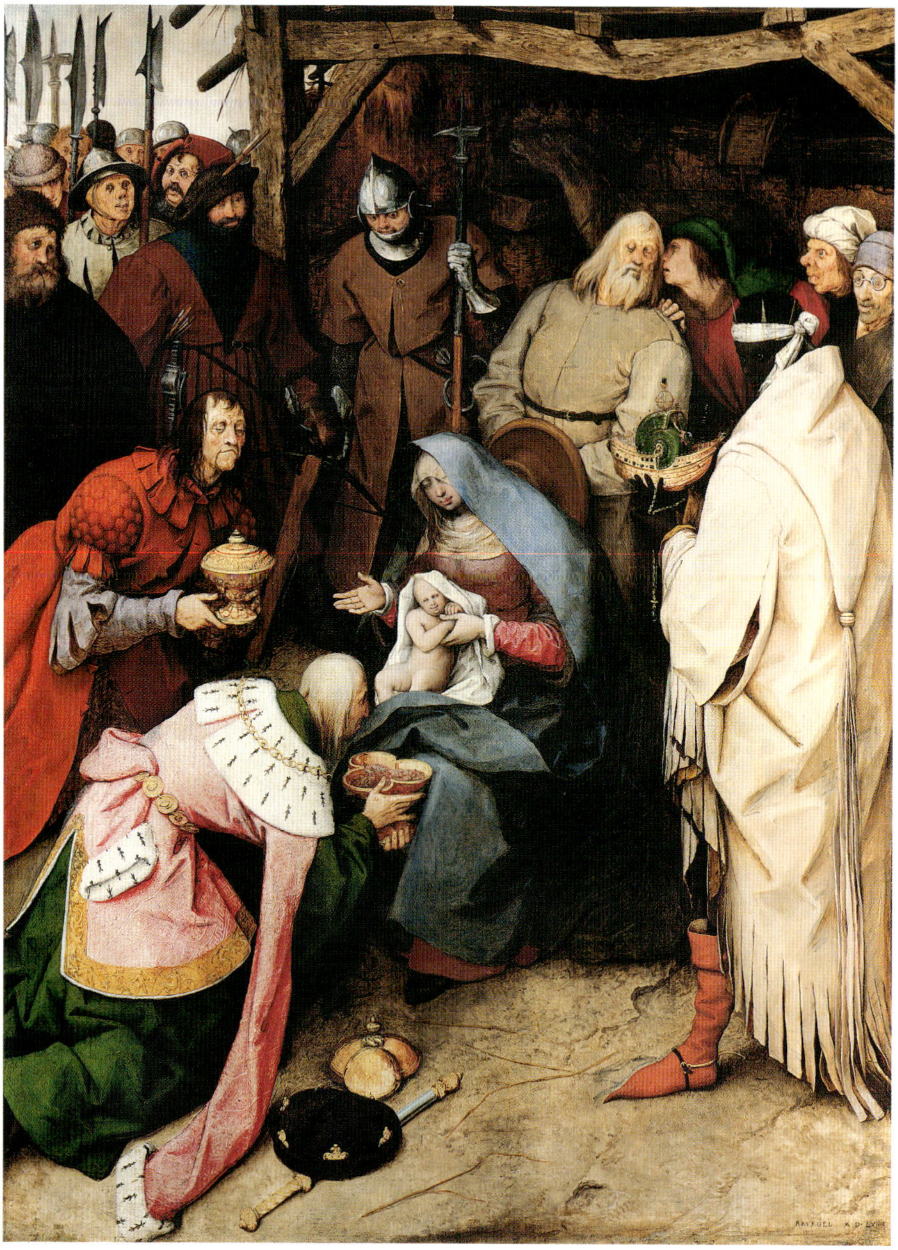

Pieter BRUEGEL le Vieux (actif en 1551, mort en 1569)
L'Adoration des Rois

On ne pourrait imaginer une réévaluation plus radicale d'un sujet familier qui est normalement l'objet de représentations tranquilles, avec un peu de luxe et d'exotisme. Bruegel a certainement voulu surprendre, peut-être même choquer le spectateur pour le forcer à apprécier pleinement les implications du sujet. Son Christ Enfant qui ressemble à un foetus est né dans un rude décor paysan, dans une grange nue et grossière avec comme spectateurs ahuris des soldats aux yeux ronds quelque peu menaçants. A l'exception du roi noir qui, debout, tient son cadeau ciselé avec art – une nef en forme de coquillage –, les Rois semblent être des vieillards tremblotants, qui adorent aveuglément sans bien comprendre pourquoi. Il en serait peut-être ainsi, affirme Bruegel, si le Christ naissait de nouveau dans les Pays-Bas de l'époque du peintre.

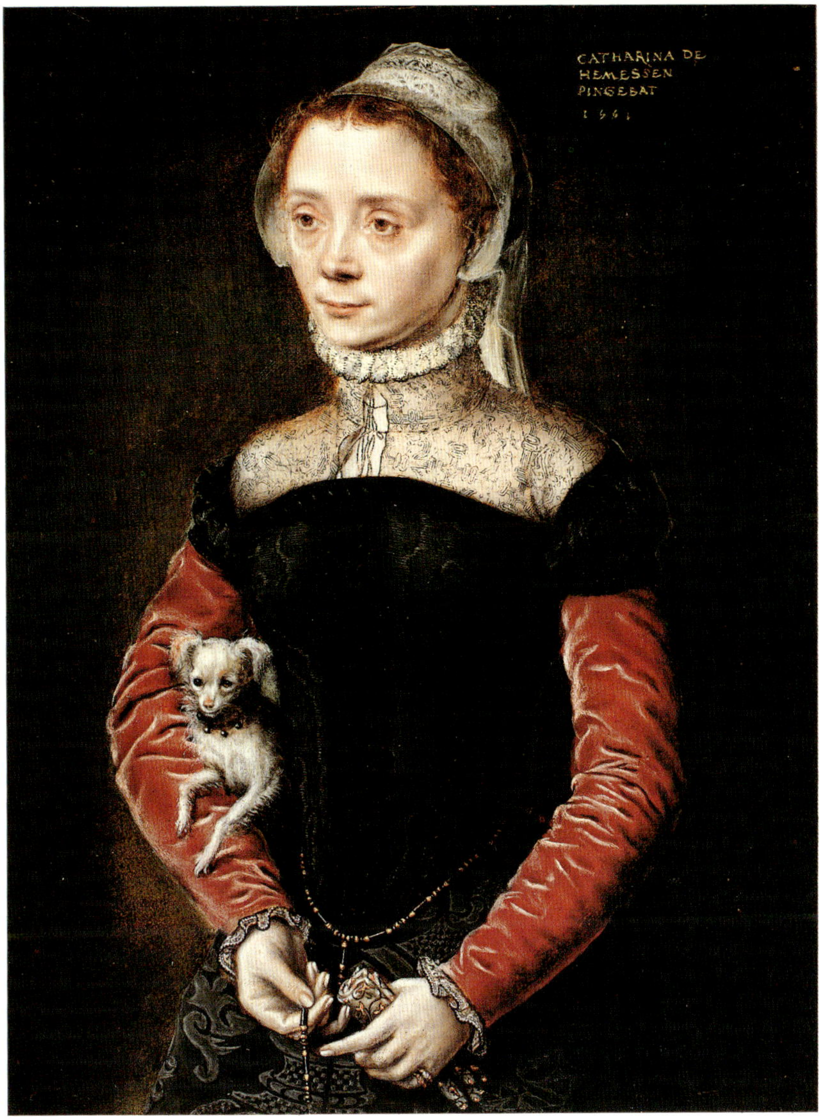

Katharina de HEMESSEN (1527/8 – après 1566[?])
Portrait d'une dame

Il est sans doute vrai que les artistes-femmes ont été sous-évaluées ou même oubliées dans l'histoire de l'art conventionnelle. Le nom de Katharina de Hemessen n'est certes pas familier, bien qu'elle n'ait pas été inconnue à son époque. Fille d'un peintre d'Anvers, elle se spécialisait dans les petits portraits, généralement de femmes, dans un style très semblable à celui de ce tableau. Elle y révèle son sens très aigu des caractères, qui est confirmé dans ses autres portraits. Malgré les beaux atours du modèle, elle et son petit chien sont saisis sur le vif avec une franchise peu flatteuse et les dimensions de miniature n'ont pas empêché le peintre de détailler des traits marqués, semble-t-il, non seulement par la vie, mais par la réflexion.

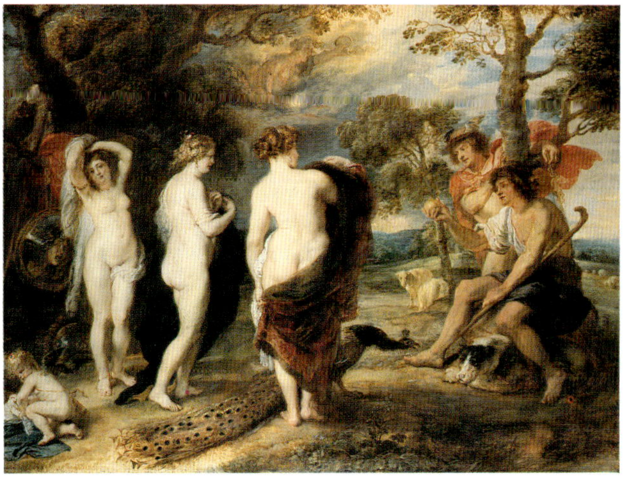

Petrus Paulus RUBENS (1577–1640)
Le jugement de Pâris

Malgré les premières réalisations de la peinture flamande, rien n'avait vraiment préparé l'arrivée sur la scène d'un génie de l'envergure de Rubens. C'est un peintre complet. Aucun peintre depuis le Titien n'avait traité avec une telle verve le thème du nu féminin. Dans cette oeuvre assez tardive, la maîtrise de Rubens s'applique aussi bien aux corps des déesses rivales qu'au riche décor de la campagne. Pâris offre la pomme à la blonde Vénus, au centre – que Rubens aurait probablement choisie lui-même – mais la ligne voluptueuse du dos nu de Junon, rehaussé par un drapé de riche vêtement doublé de fourrure, mériterait à elle seule une récompense.

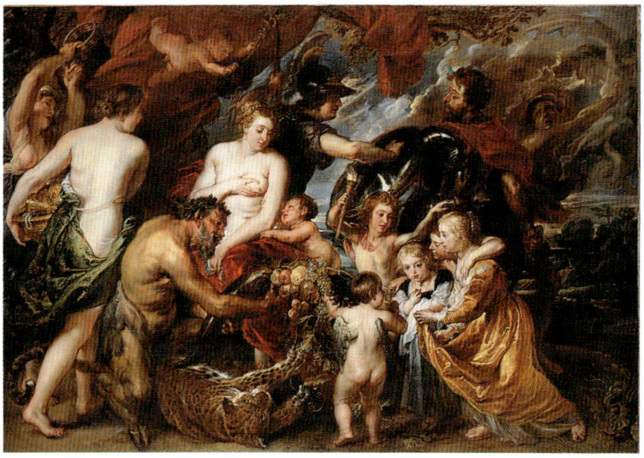

Petrus Paulus RUBENS (1577–1640)
La paix et la guerre

C'est une mission diplomatique qui amena Rubens en Angleterre en 1629, où Charles Ier allait l'annoblir. Partisan fervent de la paix, Rubens a créé ici en peinture la vision vers laquelle tendaient ses activités diplomatiques. Il offrit le tableau à Charles Ier, ce qui s'imposait. Mars est entraîné par Minerve, permettant à la Paix d'allaiter le jeune Plutus, dieu de la richesse, tandis que les fruits de la terre et les bienfaits de la prospérité sont incarnés de façon somptueuse. Botticelli avait jadis représenté sa vision de paix cosmique (voir p.32) et Rubens réinterprète ce concept pour la nouvelle époque baroque.

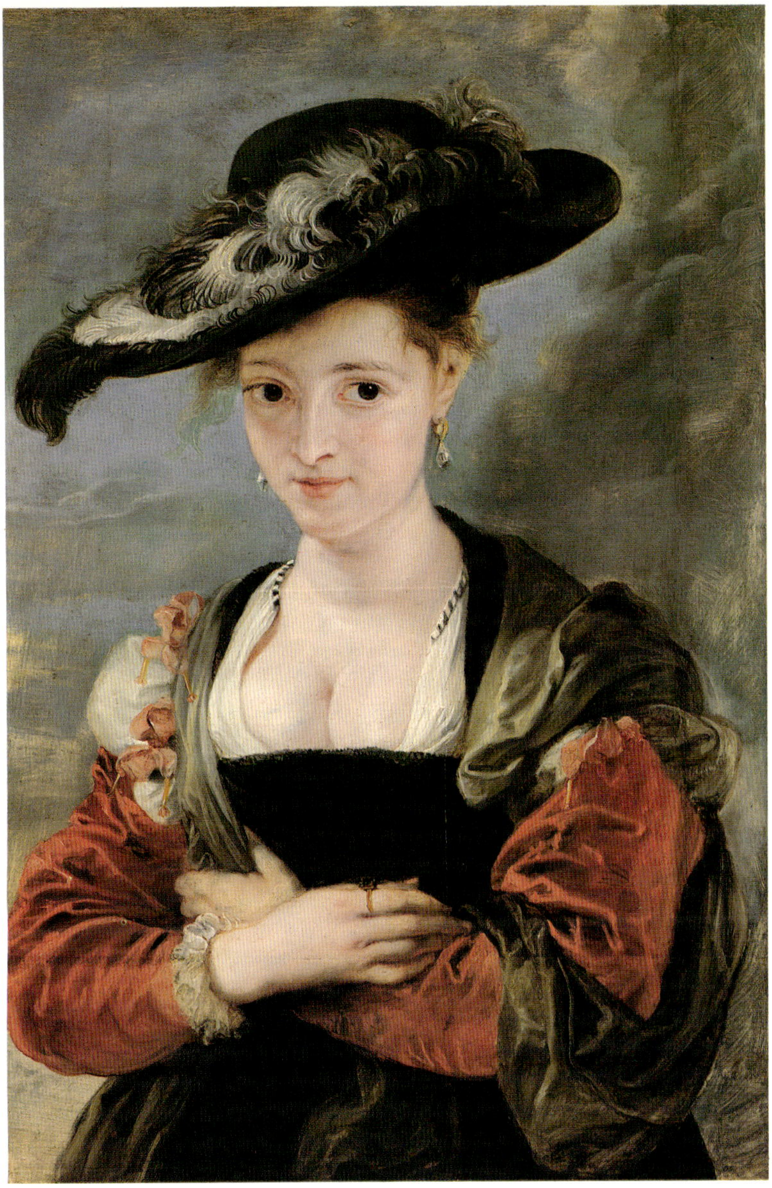

Petrus Paulus RUBENS (1577–1640)
Susanna Lunden (« Le chapeau de paille »)

« Spectateur, je l'ai épousée », semble proclamer ici le créateur de ce charmant portrait si vivant. Mais c'est en fait la jeune soeur du modèle que Rubens allait épouser, quelques années après l'exécution de ce portrait, après la mort de sa première femme. Mais il pourrait s'agir d'un portrait de noces, probablement peint vers 1633, date à laquelle le modèle épousa Arnold Lunden. La peinture est déposée sur le panneau avec une fraîcheur et une énergie qui fait vibrer toute la surface. Traitant le pigment avec un art presque musical, Rubens en module le tempo, le faisant tourbillonner dans les plumes frisées du chapeau et les boucles de cheveux qui s'en échappent, puis ralentissant pour le figer et suggérer l'épiderme tendre et le visage ensorcelant dans l'ombre du rebord. Avec ses grands yeux et son sourire timide prêt à éclore, Susanna Lunden revit sous le pinceau de Rubens avec une intensité surprenante.

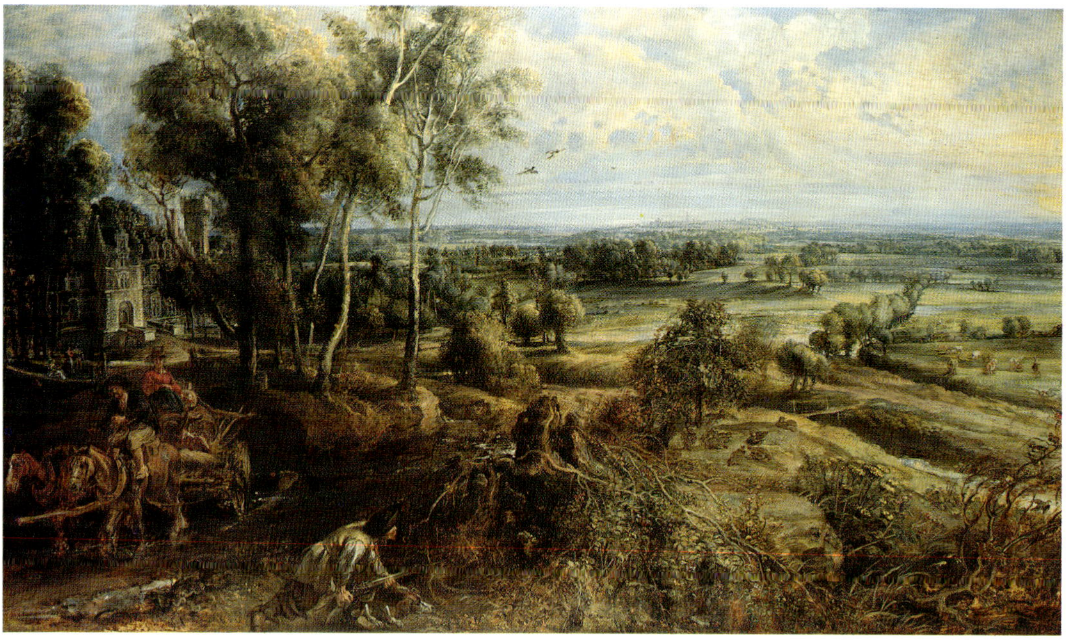

Petrus Paulus RUBENS (1577–1640)
Paysage d'automne avec une vue de Het Steen

En 1635, Rubens achetait la propriété et le manoir de Het Steen, à quelque distance d'Anvers et il allait y passer de plus en plus de temps. Ce n'est pas son achat de la maison qui le poussa à peindre des paysages – c'était depuis longtemps un des aspects de son art très varié –, mais cela renforça certainement son attachement à la terre. Dans ce panorama d'un matin d'automne, il laisse errer son regard sur le paysage ondulé et boisé alors que commencent les activités du petit jour et que les premiers rayons du soleil lointain traversent la composition pour venir illuminer les fenêtres de sa propre maison. La joie que provoque toujours chez le peintre le monde physique s'exprime de façon émouvante ; il semble traduire en peinture les vers de l'Allegro de Milton composés quelques années auparavant : « Mes yeux ont capturé de nouveaux plaisirs, Que mesure le paysage alentour ».

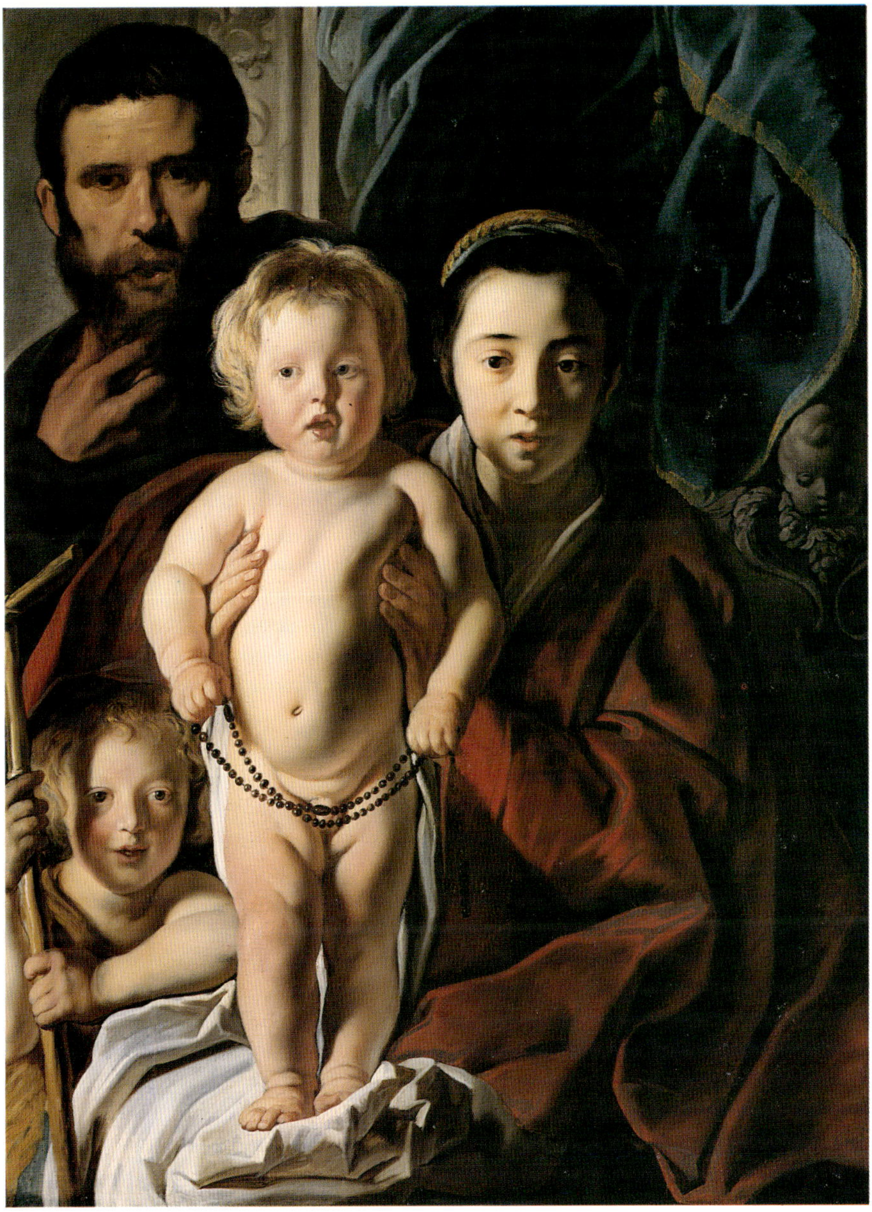

Jacob JORDAENS (1593–1678)
La Sainte Famille

A Anvers, Jordaens venait en seconde place après Rubens par ordre d'âge. Presqu'aussi hardi que Rubens dans son art, il est sans doute sous-estimé aujourd'hui. Bien qu'il fût originaire du Sud catholique, il se rapprocha des Protestants et devait être enterré de l'autre côté de la frontière, dans le Nord des Pays-Bas. Dans sa peinture, le choix des images est très catholique (le Christ Enfant tient un rosaire), mais il représente la Sainte Famille comme une famille ordinaire, presque terre à terre. Les personnages font face au spectateur et l'impression de confrontation est renforcée par de violents contrastes de lumière et d'ombre, à la Caravage.

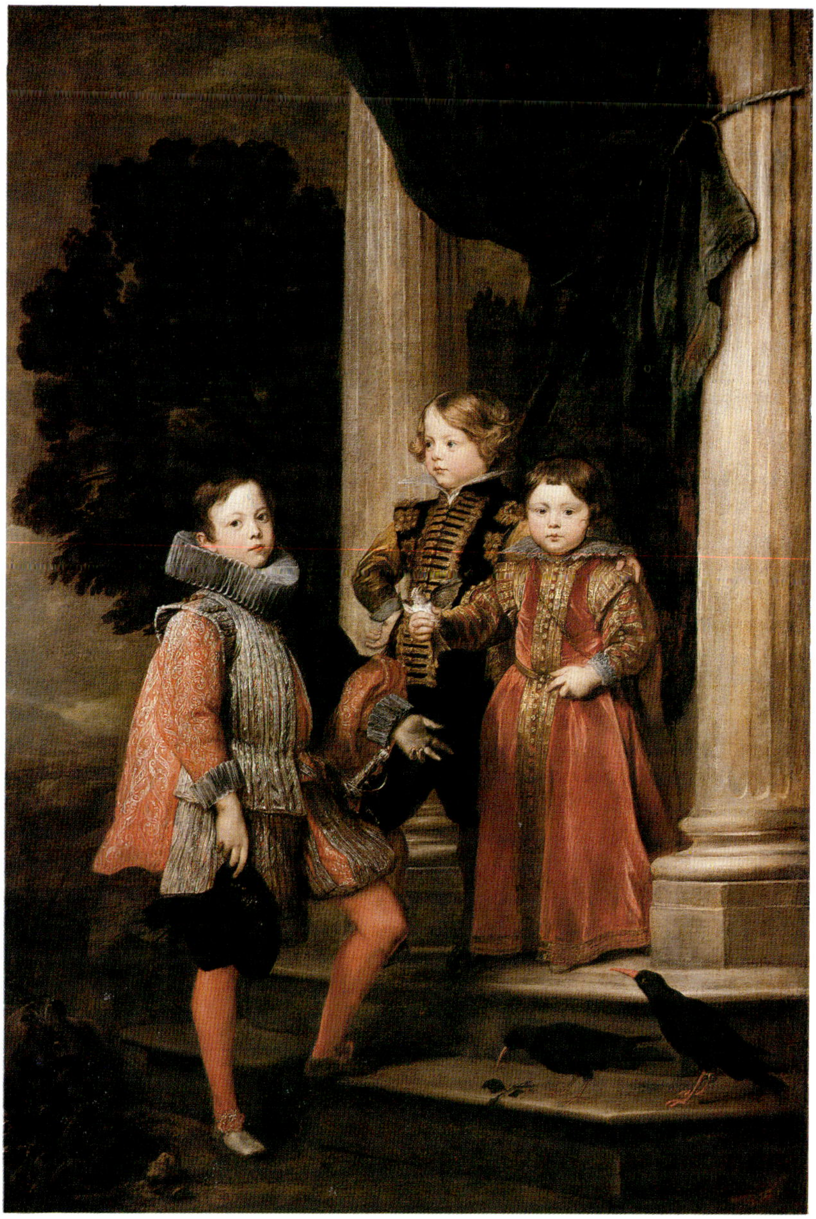

Anton van DYCK (1599–1641)
Les enfants Balbi

Destiné à une vie mouvementée et à une mort précoce, Van Dyck était déjà un peintre indépendant à l'âge de dix-sept ans. Il arriva en Italie en 1621, venant d'Anvers où il était né, et s'installa à Gênes. Il trouva chez les patriciens de la ville des modèles pour ses portraits très sensibles, à demi-romantiques. En partie inspiré par le Titien, dont il devait acheter plus tard la *Famille Vendramin* (p.76), il créa une série de très belles images, tantôt imposantes, tantôt intimes, et parfois comme ici un mélange des deux. Les riches tonalités rouges et noires de ce portrait de groupe – y compris les craves apprivoisés – semblent illustrer la maxime du Titien selon laquelle ces couleurs, avec le blanc, devraient suffire à un peintre. Ce qui est d'une nouveauté frappante, c'est l'importance accordée aux enfants, peints en pied et comme suspendus entre la sécurité de leur demeure palatiale et le monde extérieur.

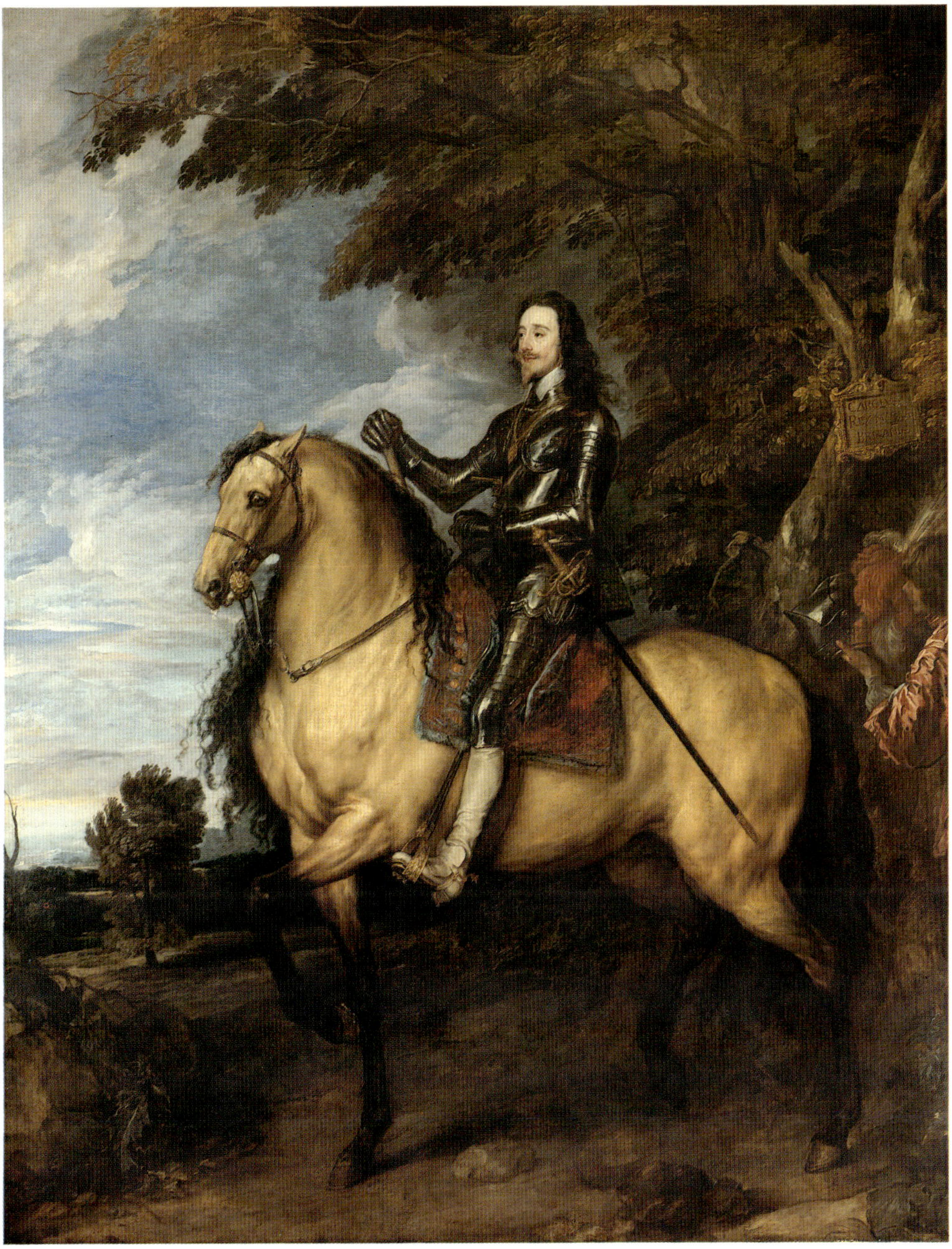

Anton van DYCK (1599–1641)
Portrait équestre de Charles Ier

La tablette accrochée très en vue à un tronc d'arbre à droite annonce qu'il s'agit de Charles, Roi de Grande-Bretagne. Autour de son modèle tête nue, en armure, monté sur un beau cheval bai et partant fièrement dans la campagne, Van Dyck évoque des idées impressionnantes de chevalerie, de prestige personnel et de rang royal qui s'imposent sans paroles. Mais Van Dyck a donné bien plus au Roi : l'immortalité. Le monarque digne, mais de petite taille, mécène notoire des arts mais dirigeant maladroit, devient l'image parfaite de la royauté. Aucun pressentiment de la Guerre Civile ou de l'exécution du Roi ne vient troubler l'assurance artistique triomphale du tableau.

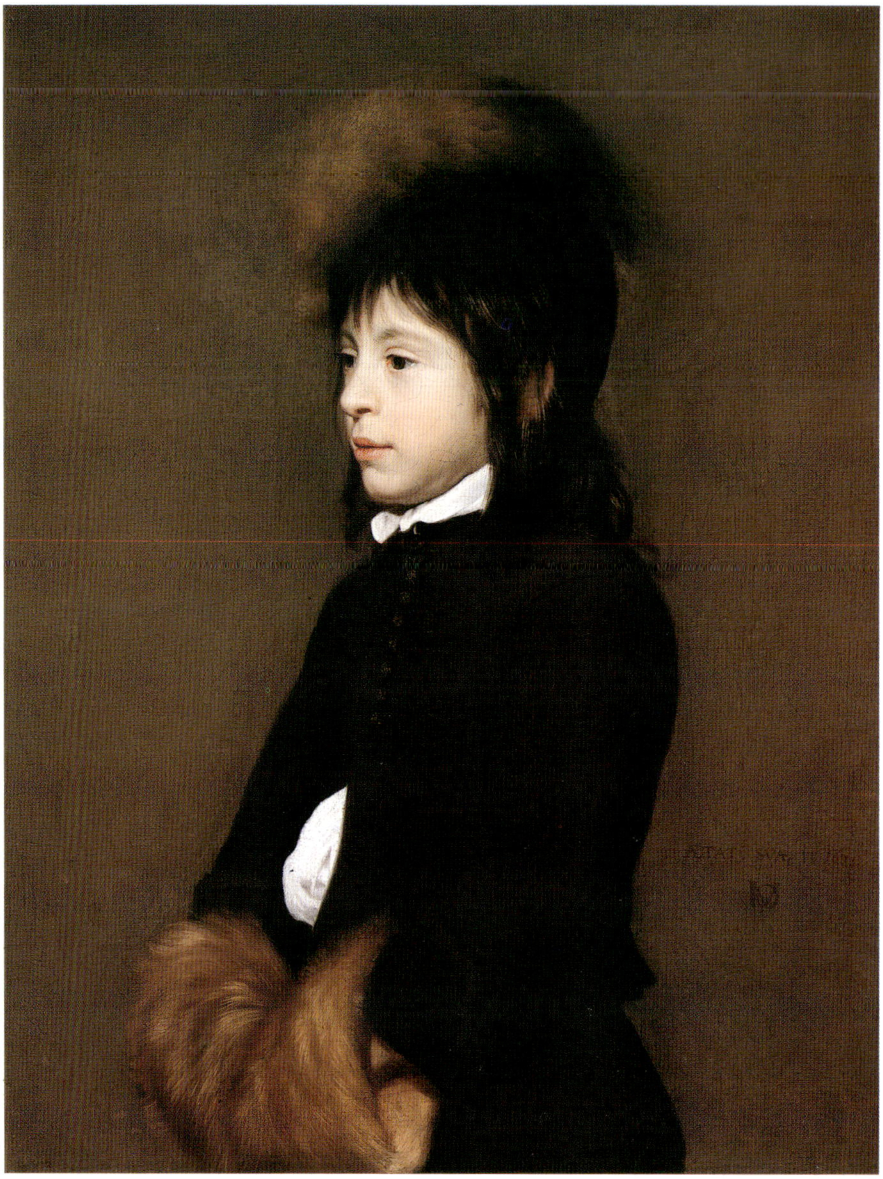

Jacques van OOST le Vieux (1601–1671)
Portrait d'un garçon de onze ans

L'âge de l'enfant est inscrit sur le tableau, avec les initiales du peintre et la date 1650, mais on ignore son identité. C'est sans importance. Avec son costume d'hiver et son manchon, il a suffisamment impressionné un artiste assez obscur, actif à Bruges, pour qu'il en résulte ce portrait mémorable. Ses tonalités subtiles et sa réserve (rappelant par hasard le portrait d'homme de Boltraffio, p. 70) sont accompagnées d'une caractérisation habile. Un peu pensif, un peu conscient de poser pour son portrait et peut-être même un peu fier de son bonnet de fourrure et de son manchon, l'enfant serait considéré par l'écrivain Walter Pater comme l'incarnation juvénile de son personnage de philosophe, Sebastian van Storck, dans un « portrait imaginaire » publié en 1886, trois ans après l'acquisition du tableau par la Galerie.

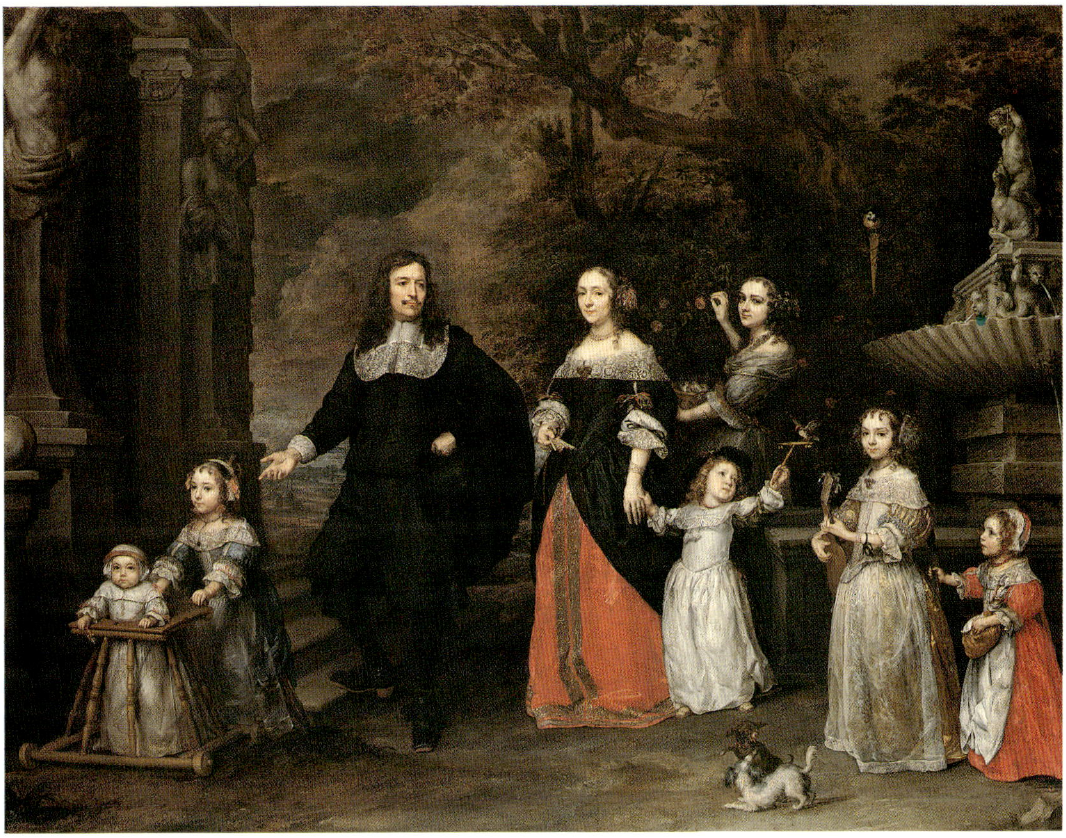

Gonzalez COQUES (1614 ou 1618–1684)
Groupe de famille

Bien que peu estimé maintenant, Coques était un des principaux portraitistes d'Anvers, se spécialisant dans des compositions à petite échelle, comme celle-ci, avec des personnages en pied. Cette famille prospère prend l'air dans un beau jardin qui est probablement le sien, avec un mélange approprié de dignité chez le père et de vivacité chez les jeunes enfants. La touche habile de Coques saisit des ressemblances convaincantes et tout le détail des costumes – sans oublier l'étalage d'une profusion de belles dentelles. Cet art fait plus qu'enregistrer. Pour cette famille, Coques se montre plein de vitalité et de compréhension et il signe en quelque sorte sa composition avec la petite fioriture des deux chiens qui batifolent au premier plan.

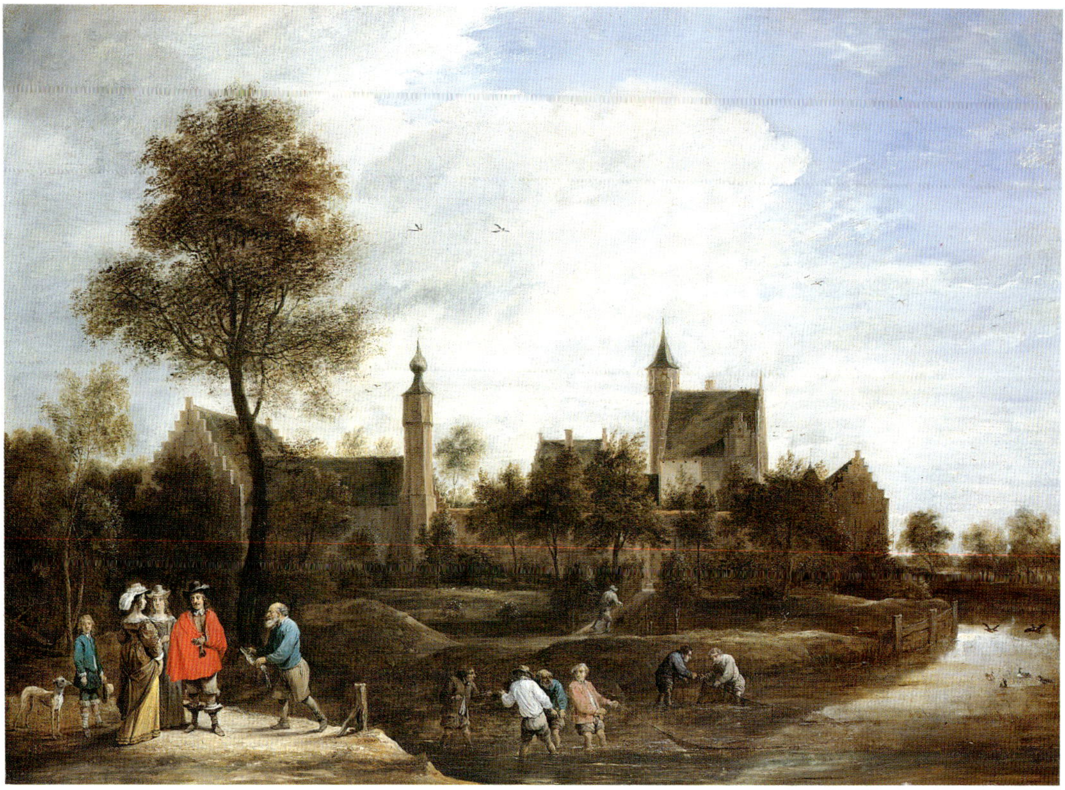

David TENIERS le Jeune (1610–1690)
Vue de Het Sterckshof près d'Anvers

Selon la tradition ce tableau représenterait la maison de campagne de Teniers, d'où on a déduit que c'est lui et sa famille qui reçoivent le tribut d'un poisson offert par un paysan. C'est probablement incorrect, mais l'atmosphère de la composition reste inchangée. La scène associe des portraits de personnages, la vie quotidienne rustique et un paysage d'atmosphère – le tout présenté avec un art délicat. Teniers était beaucoup plus estimé aux XVIIIe et XIXe siècles que de nos jours et son talent mérite une réévaluation. En un sens, il marque la fin d'une lignée artistique venant de Bruegel, dont il épousa la petite-fille. Mais le fait que Watteau naquit de son vivant semble avoir une signification symbolique.

La peinture hollandaise

Les liens artistiques entre l'Angleterre et la Hollande sont bien établis et remontent au moins à l'époque d'Anne de Danemark, mère de Charles Ier, qui mourut en 1617 et dont la collection personnelle de tableaux comprenait quelques « Cuisines hollandaises ». Vers le milieu du XVIIe siècle, les collectionneurs et connaisseurs anglais étaient bien informés des réalisations de la florissante école hollandaise contemporaine et, plus tard, des générations de collectionneurs allaient confirmer une prédilection nationale pour la peinture hollandaise qui égalait presque celle pour l'art italien.

Il en résulte que la Collection de la National Gallery est à la fois importante et d'excellente qualité bien que son caractère soit si fortement marqué par les goûts particuliers des connaisseurs britanniques qu'il y manque des exemples de peinture d'histoire ou de compositions à une grande échelle (un aspect de l'art hollandais qui ne les intéressait guère). C'est ainsi que, bien que la Collection ait possédé dès sa fondation des tableaux de Rembrandt, elle n'avait fait l'acquisition d'aucune grande peinture d'histoire avant 1964, date de l'achat du *Festin de Balthazar* (p.175).

Lors des débuts quelque peu désordonnés de la Galerie, il ne semble pas qu'il avoir existé aucune intention systématique de représenter l'école hollandaise. Même sous la direction d'Eastlake, la situation ne changea pas beaucoup, et c'est son successeur, Sir William Boxall, qui acheta le premier tableau de Pieter de Hooch à Paris en 1869 : *Femme et sa servante dans une cour* (p.169). De Hooch n'était pas alors un nom très familier et un peintre encore moins connu était Vermeer, dont la *Jeune femme à l'épinette* (p.171) était dans la collection de son admirateur du XIXe siècle, Thoré, et fut acquise en 1892.

C'est l'achat en 1871 de la plus grande partie de la collection de l'ancien Premier Ministre, Sir Robert Peel, qui améliora de façon dramatique la représentation de l'art hollandais. Peel avait un goût très judicieux, appuyé par une grande richesse. Le paysage était visiblement l'une de ses prédilections et la Galerie acquit ainsi *L'avenue* de Hobbema (p.151) et *L'étang entouré d'arbres* de Ruisdael (p.146), ainsi que la scène italianisante lumineuse de Berchem (p.148) et le *Château d'Ubbergen* de Cuyp (p.149).

Cinq ans après l'achat de la collection de Peel, la Galerie bénéficia du généreux legs de Wynn Ellis, dont les nombreux tableaux hollandais comprenaient la *Scène de port* de Jan van de Cappelle (p.155) et la ravissante *Fantaisie architecturale* de Dirk van Delen (p.165). En 1910 il y eut un legs encore plus important, celui de George Salting, dont les beaux tableaux hollandais comprenaient un Steen particulièrement évocateur et poétique (p.164) ainsi qu'un intérieur d'église de Saenredam (p.168) d'une luminosité sereine.

Au cours des périodes qui suivirent, on saisit les occasions d'achats judicieux pour ajouter encore à la collection déjà importante. En 1924, on achetait un très rare portrait de Fabritius (p.173), peut-être un autoportrait. Récemment, les acquisitions hollandaises sont allées d'un tranquille chef- d'oeuvre de Ter Brugghen, *Le concert* (p.157) au brillant *Garçon tenant un crâne* de Hals (p.162). Les natures mortes sont un genre malheureusement peu représenté aussi la Galerie a été d'autant plus reconnaissante du legs par R.S.Newall, en 1978, d'une magnifique nature morte de Kalf (p.167).

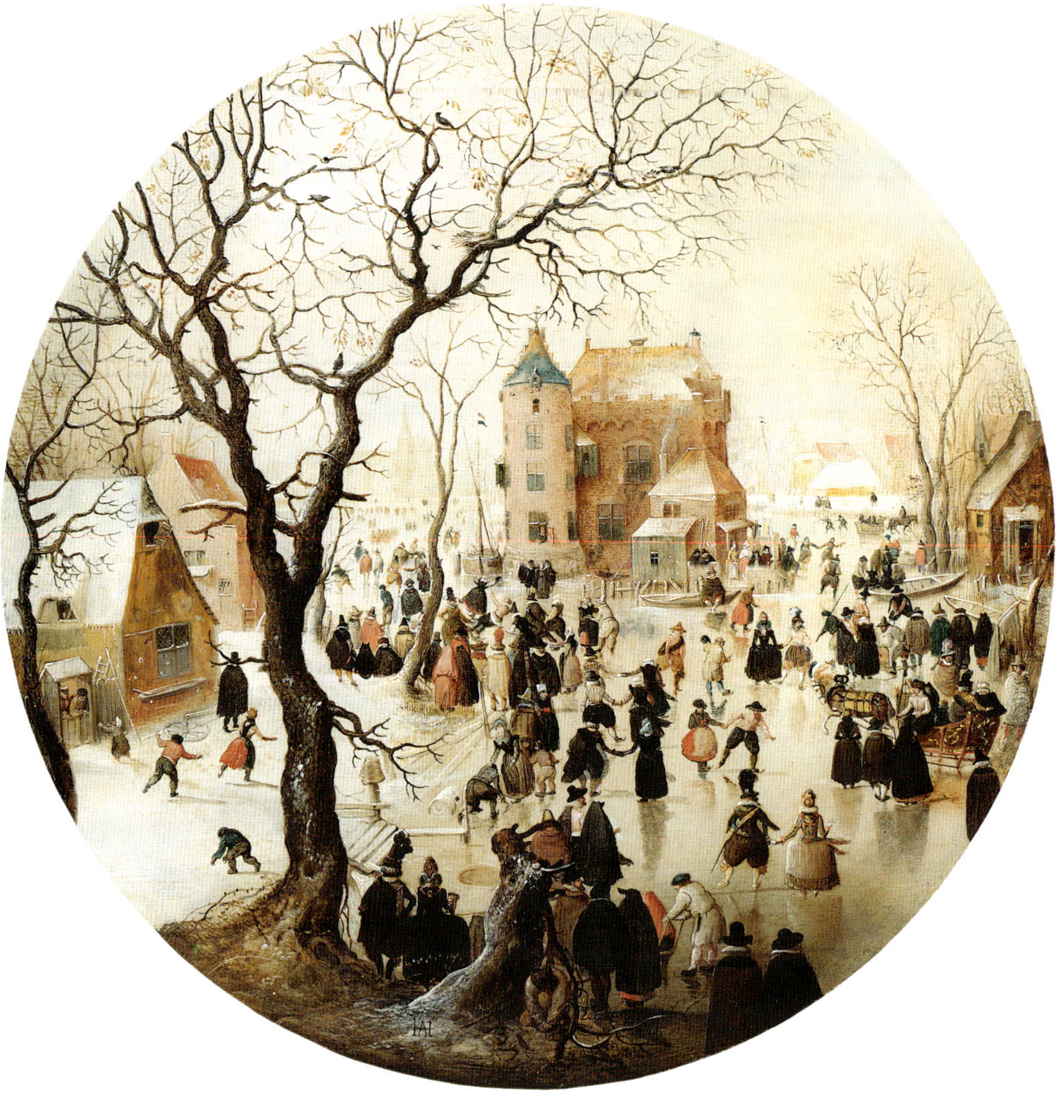

Hendrick AVERCAMP (1585–1634)

Scène d'hiver avec des patineurs près d'un château

Quand on sait que Avercamp était sourd-muet, on a trop facilement tendance à imaginer une compensation dans l'éloquence expressive de l'action et des gestes des personnages qui animent cette scène d'hiver typique. Mais il est vrai que ses patineurs miment leurs rôles avec une vivacité convaincante, s'élançant et dansant sur leurs patins, glissant ou culbutant sur la glace. L'hiver évoque une atmosphère de carnaval, créant une salle de bal en plein air sur l'eau gelée et attirant toute une société qui vient en profiter. La forme circulaire de cette composition renforce l'impression de regarder une vue stéréoscopique très vivante où les différentes générations s'amusent chacune à sa façon et où tout suggère la température hivernale, de l'arbre nu au premier plan avec quelques oiseaux perchés sur ses branches froides, aux toits dans le lointain qui s'estompent dans des voiles délicats de brume glaciale.

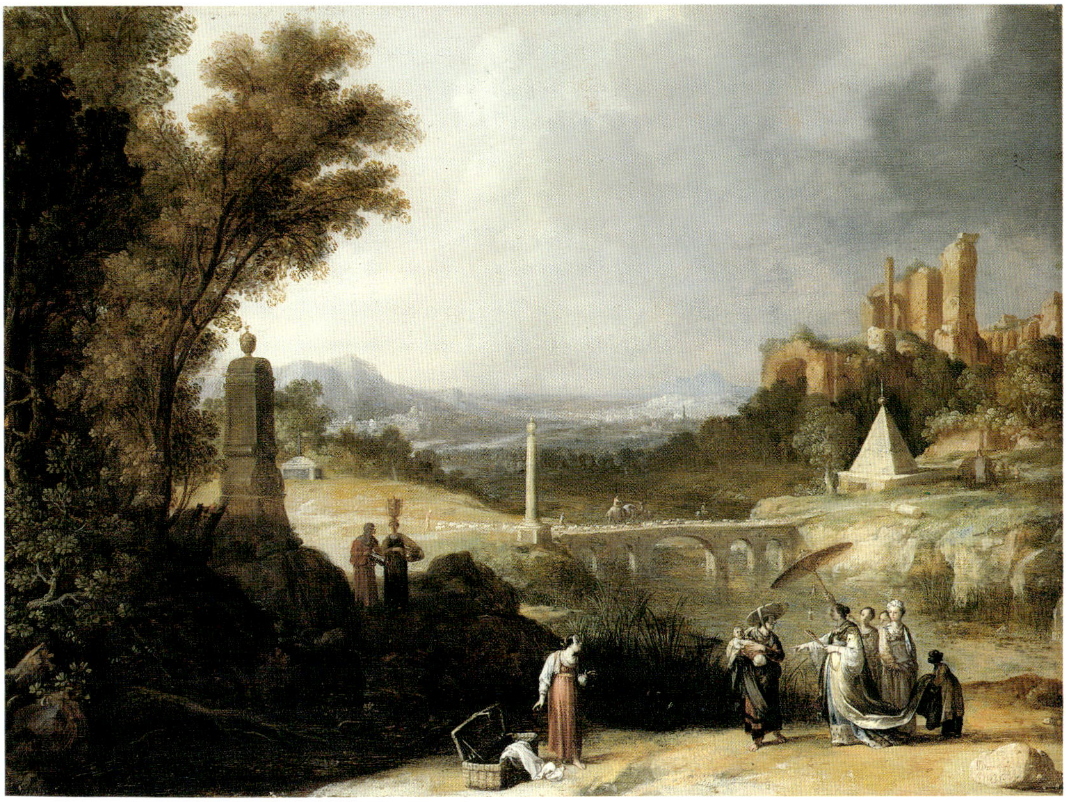

Bartholomeus BREENBERGH (1599/1600[?]–1657)
La découverte de Moïse

Breenbergh n'est que l'un des nombreux exemples des effets bénéfiques exercés par l'Italie sur les peintres hollandais qui la visitèrent. Ce tableau est daté 1636 et fut exécuté à son retour en Hollande après un séjour de quelques années à Rome. Le peintre y évoque le paysage italien, en partie influencé par les artistes qu'il dût connaître à Rome, mais il y mêle des éléments de fantaisie pure, pour donner à la scène un caractère vaguement « égyptien ». Le résultat est charmant et pas trop sérieux. Un grain d'humour semble s'être glissé dans le groupe de personnages du premier plan, où la fille du Pharaon gesticule en direction de la joyeuse paysanne qui tient le jeune Moïse et le petit Noir porte-queue regarde l'incident d'un air stupéfait.

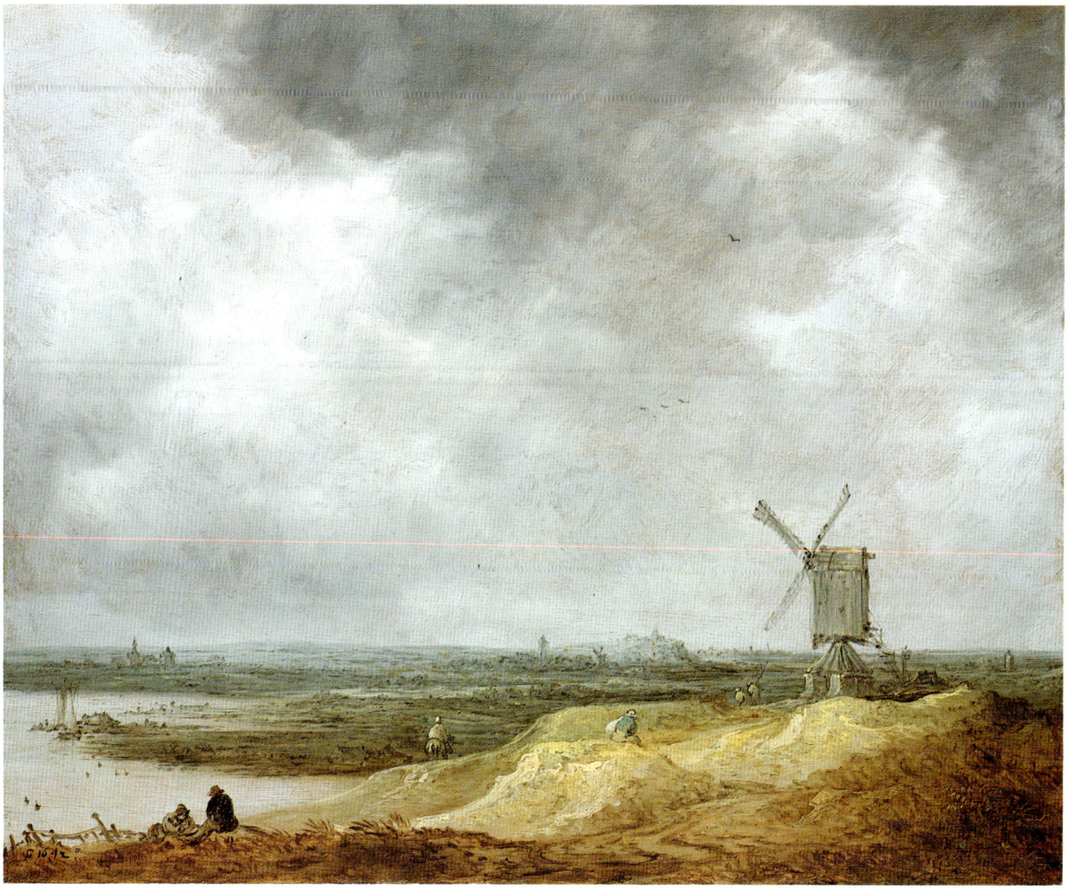

Jan van GOYEN (1596–1656)
Moulin à vent près d'un fleuve

Goyen est l'un des premiers grands interprètes du paysage hollandais sous ses aspects les moins dramatiques, auquel il consacra un intérêt obsessif au cours d'une carrière bien remplie. Moins le sujet semble s'imposer, plus Goyen l'interprète de façon saisissante. On devine le dessin sur lequel repose cette peinture, avec sa notation rapide des pigments et sa tendance à une tonalité monochrome. Un moulin à vent d'apparence plutôt fragile, sur un terrain plat discrètement peuplé de quelques taches de petits personnages courbés (généralement vus en silhouette, par derrière) et qui se confond presque avec l'eau au bord du fleuve : c'est là toute la composition. Goyen consacre la plus grande proportion de l'espace au ciel, où la lumière s'échappe des nuages voilés et envoie des lueurs au dessus de la terre et de l'eau, donnant une merveilleuse impression d'atmosphère et de mouvement qui ne serait pas indigne de Constable.

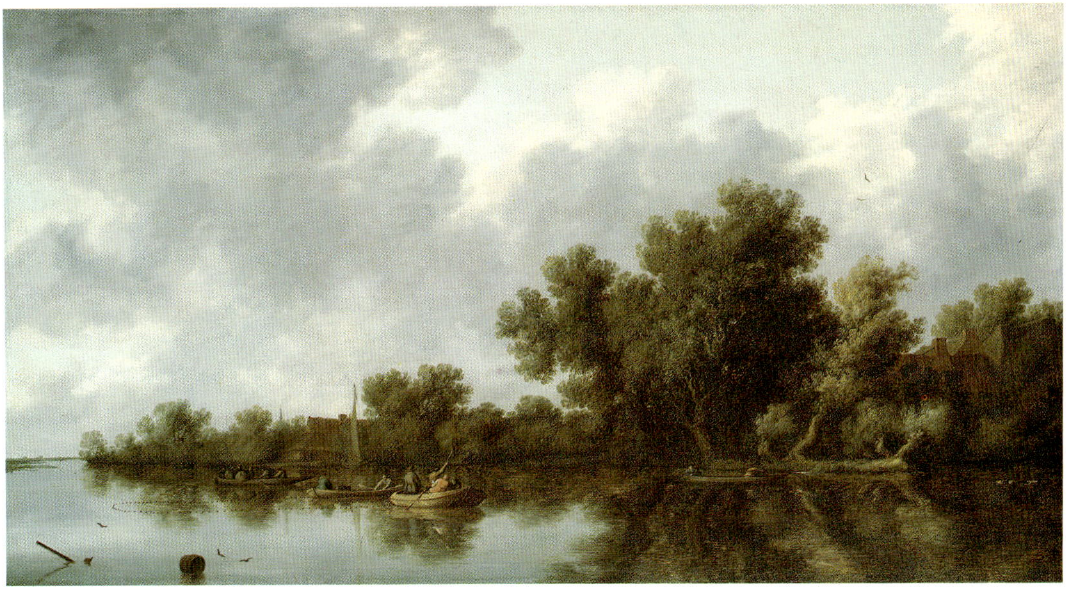

Salomon van RUYSDAEL (1600/1603[?]–1670)
Cours d'eau

L'oncle du célèbre paysagiste, Jacob van Ruisdael, Salomon van Ruysdael était lui-même un peintre remarquable. Oncle et neveu n'ignoraient sûrement pas l'art de Goyen et selon un document de 1634 – deux ans avant l'exécution de ce tableau – Goyen travaillait alors dans la maison du frère de Salomon à Haarlem, où la famille s'était établie. Le format allongé du tableau est typique des premières oeuvres de Salomon, à l'époque où sa sensibilité était probablement le plus aiguë. Il se plaît à souligner la forme allongée avec un motif de rives frangées d'arbres s'éloignant au bord d'un large fleuve, et à sertir ainsi la bande de terre entre des étendues d'eau et de ciel. La tonalité de cette peinture est plus sombre et plus dramatique que celle de Goyen, prouvant que l'artiste n'a de maître que lui-même.

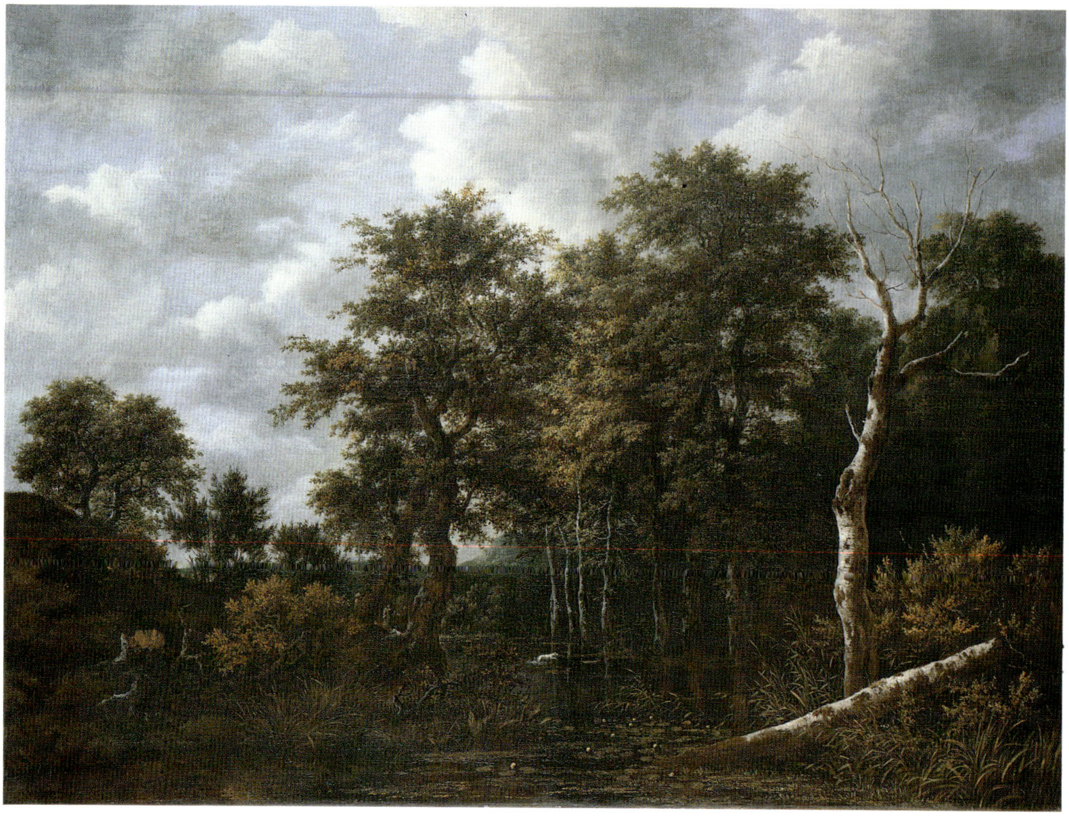

Jacob van RUISDAEL (vers 1628–1682)
Etang entouré d'arbres

C'est l'une des compositions les plus majestueuses de Ruisdael, dont malheureusement l'état de conservation laisse à désirer. Elle provient de la collection de Sir Robert Peel et semble être le Ruisdael dont il avait dit à un visiteur qu'il lui donnait « au milieu des tracas des préoccupations officielles » une impression de tranquillité. Au centre de la scène on voit l'incident assez peu tranquille d'un lièvre qui nage pour échapper à des chiens qui le poursuivent, encouragés par des chasseurs. La nature, comme toujours chez cet artiste, semble supérieure à l'humanité. Même les arbres morts et abattus ont une sorte de majesté, bien qu'ils forment un contraste avec les arbres vivants et feuillus en bordure de l'étang, qui est égayé par une éclosion de nénuphars. Le XVIIe siècle était la grande époque du paysage et ce tableau présente des affinités, inattendues certes, avec une peinture presque contemporaine d'un artiste méridional, le *Paysage avec Mercure et le bûcheron malhonnête* de Salvator Rosa (p.92).

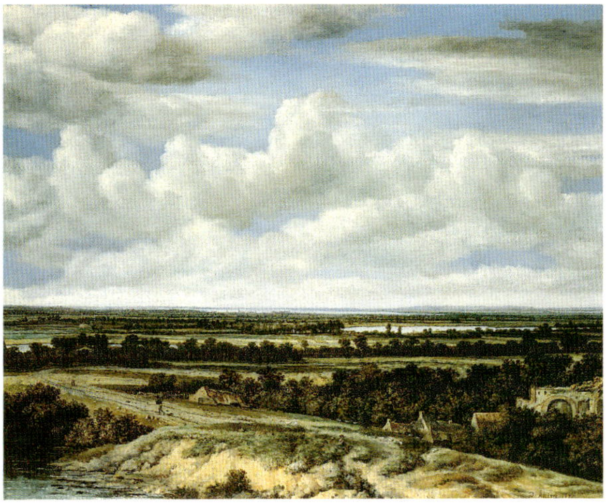

Philips KONINCK (1619–1688)
Paysage avec une route près d'une ruine

Koninck nous offre un antidote aux sensations de claustrophobie provoquées par les bois profonds et les étangs envahis d'herbes de Ruisdael. Ses panoramas, dont ce tableau est un exemple remarquable, proposent à l'oeil un voyage enivrant à travers l'espace, glissant sur des successions de lumière et d'ombre qui strient le paysage plat, pour rencontrer ici la ligne étincelante d'eau lointaine qui sépare la terre du vaste ciel. Estimé de nos jours comme le maître de ces effets atmosphériques, Koninck était surtout connu de son temps comme peintre de genre et portraitiste.

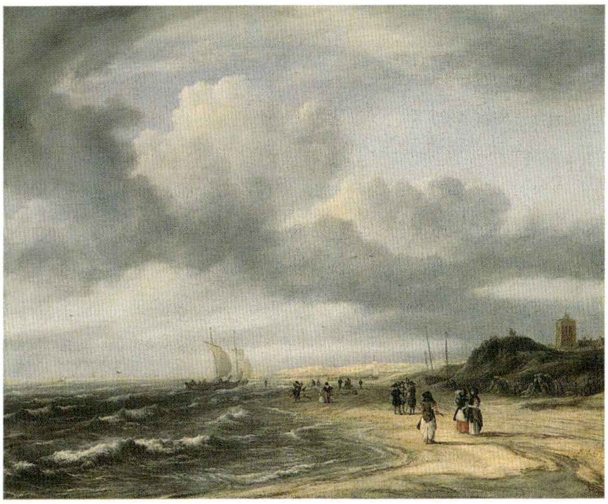

Jacob van RUISDAEL (vers 1628–1682)
La plage à Egmond-aan-Zee

Ce tableau d'une simplicité trompeuse n'est pas l'oeuvre la plus typique de Ruisdael car c'est plutôt une marine qu'un paysage, mais il est fortement marqué de sa personnalité par la sympathie intense avec les éléments qui s'en dégage. Les vagues agitées, couronnées d'écume, qui arrivent sur la plage, sous un ciel livide et menaçant, créent une atmosphère à la fois exaltante et mélancolique. Il semble inévitable que ces forces finissent par ronger la terre et en effet, avant le milieu du XVIIIe siècle, la mer avait recouvert les dunes et l'église que Ruisdael représente à droite.

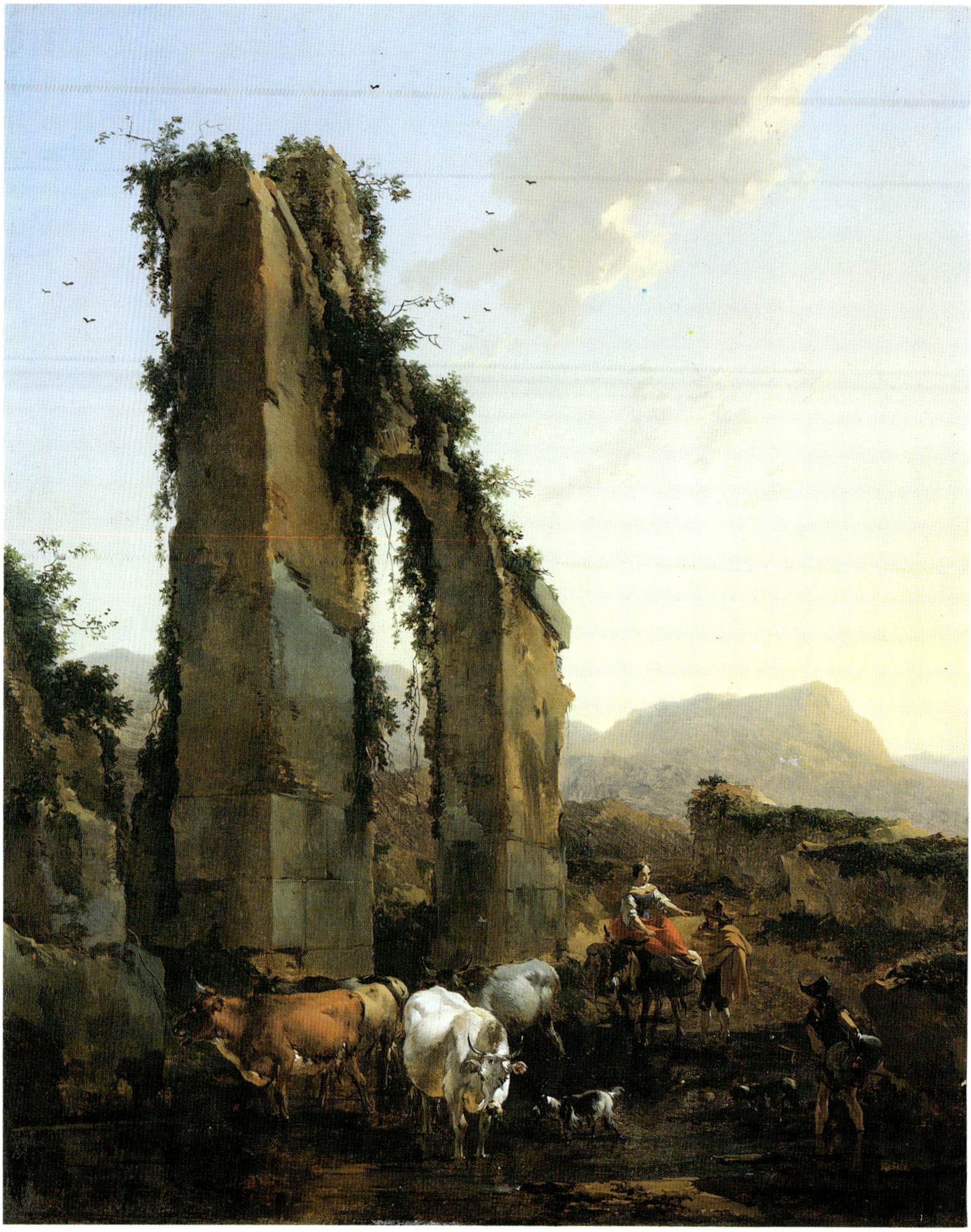

Nicolaes BERCHEM (1620–1683)
Paysans et leur bétail près d'un aqueduc

L'Italie n'a sans doute jamais été un pays aussi enchanté qu'elle le paraît ici, avec un coin solitaire de la Campagne romaine inondée d'une lumière méditerranéenne qui se déverse comme du vin sur les ruines d'un aqueduc dont elle rince les flancs, en même temps que ceux du bétail qui se rafraîchit dans le ruisseau à sa base. C'est Berchem qui rêve de l'Italie qu'il ne reverra jamais et dont il évoque le souvenir sous un climat du Nord. Berchem avait sans doute une trentaine d'années lors de son voyage à Rome, et, après son retour dans son pays, il devint le principal peintre hollandais de sujets pastoraux italianisants ainsi que de charmantes scènes imaginaires de ports où il semble annoncer le rococo. Ici, la ruine antique couverte de plantes grimpantes qui se dresse sur le ciel incandescent anticipe le romantisme.

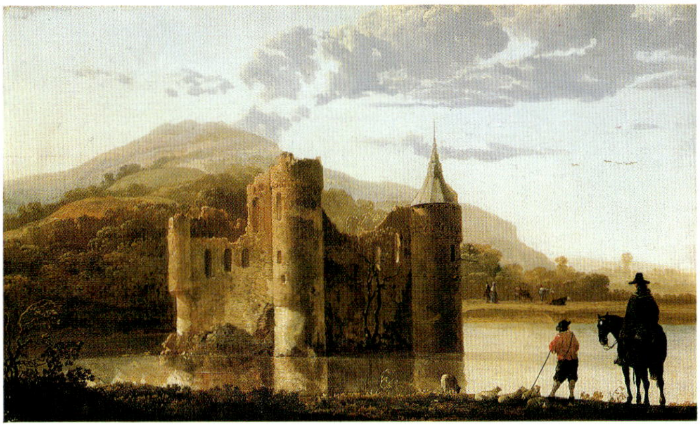

Aelbert CUYP (1620–1691)
Le château d'Ubbergen

Cuyp est depuis longtemps très apprécié des collectionneurs britanniques. Dans la National Gallery, il est représenté par un groupe important de peintures, dont aucune ne révèle le meilleur de son talent à une grande échelle. Mais ce petit exemple mérite une place parmi ses plus belles oeuvres (et comme on pourrait s'y attendre, il appartenait à Peel). Cuyp travailla peu en dehors de la Hollande et fut surtout actif dans sa ville natale de Dordrecht. Les ruines du château d'Ubbergen, aux portes de Nimègue, lui fournissent ici un prétexte suffisant pour une interprétation lyrique d'effets de lumière allant du ciel radieux moucheté de nuages au mirroir limpide du fleuve. La lumière s'agglomère comme des touffes de lichen sur les murs du château et dans le prisme transparent imaginé par Cuyp, tout est suspendu dans une luminosité magique.

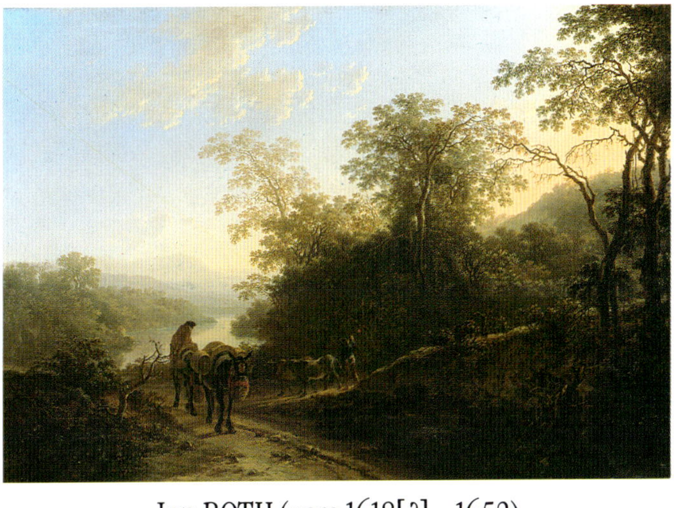

Jan BOTH (vers 1618[?] –1652)
Paysans avec des mules et des boeufs près d'un fleuve

Both visita Rome avant Berchem et dut y être inspiré de la même façon par la lumière et les paysages de l'Italie. Lui aussi revint en Hollande mais il n'avait guère qu'une dizaine d'années d'activité devant lui. Cependant, pendant cette période, il créa sa propre vision de la campagne italienne, où l'horizon brumeux est interrompu par des jaillissements de feuillage étincelant. Ce tableau est l'une de ses oeuvres les plus délicates, suggérant un frémissement dans la nature accompagnant le lever du soleil. Ce style poétique anticipe certains paysages de la dernière manière de Gainsborough.

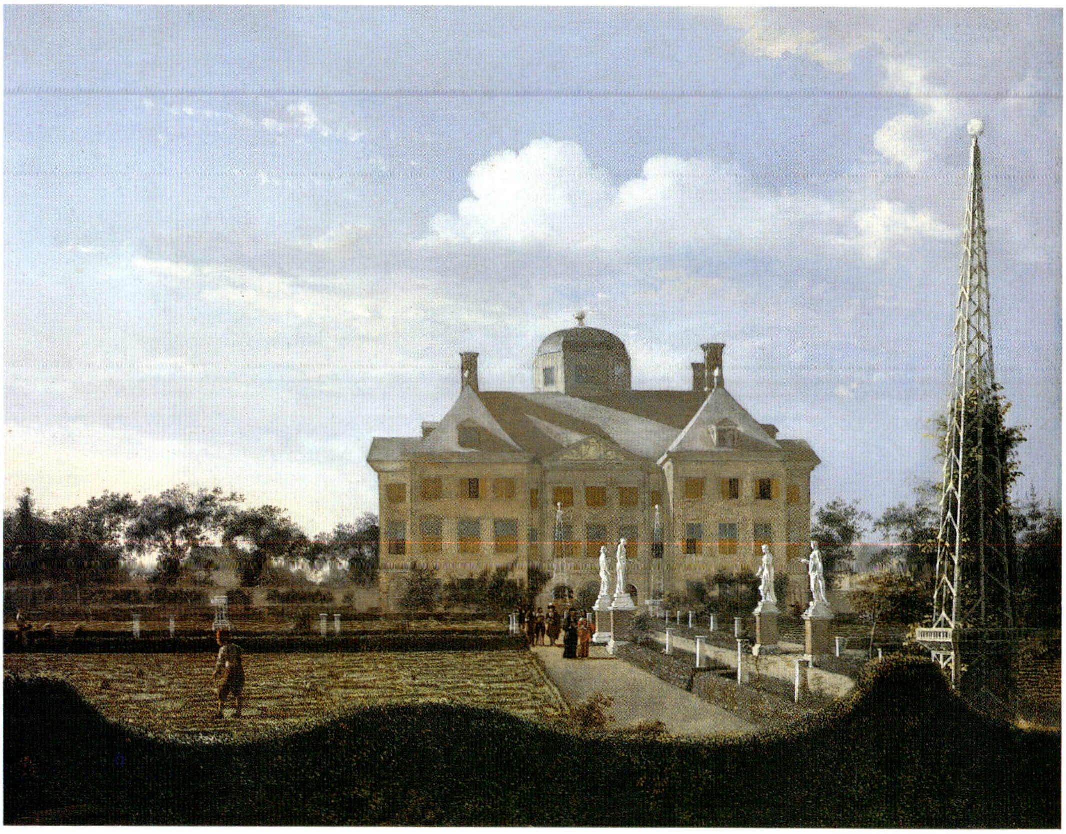

Jan van der HEYDEN (1637–1712)
Huis ten Bosch

La « maison dans le bois » est un petit château aux portes de La Haye construit, alors que van der Heyden était enfant, pour l'épouse du Prince Frédéric-Henri d'Orange. Cette vue, côté jardin, du bâtiment originel suggère, entre autres choses, le charme d'une vie de loisirs dans un jardin ensoleillé et bien entretenu où rien n'est trop grandiose ni trop impressionnant. Van der Heyden aime le grand soleil qui lui permet de délimiter toutes les formes, en particulier la ligne ondulante de la haie au premier plan. Son intérêt pour l'architecture fait de lui l'interprète de la scène urbaine tout comme Ruisdael est celui de la campagne.

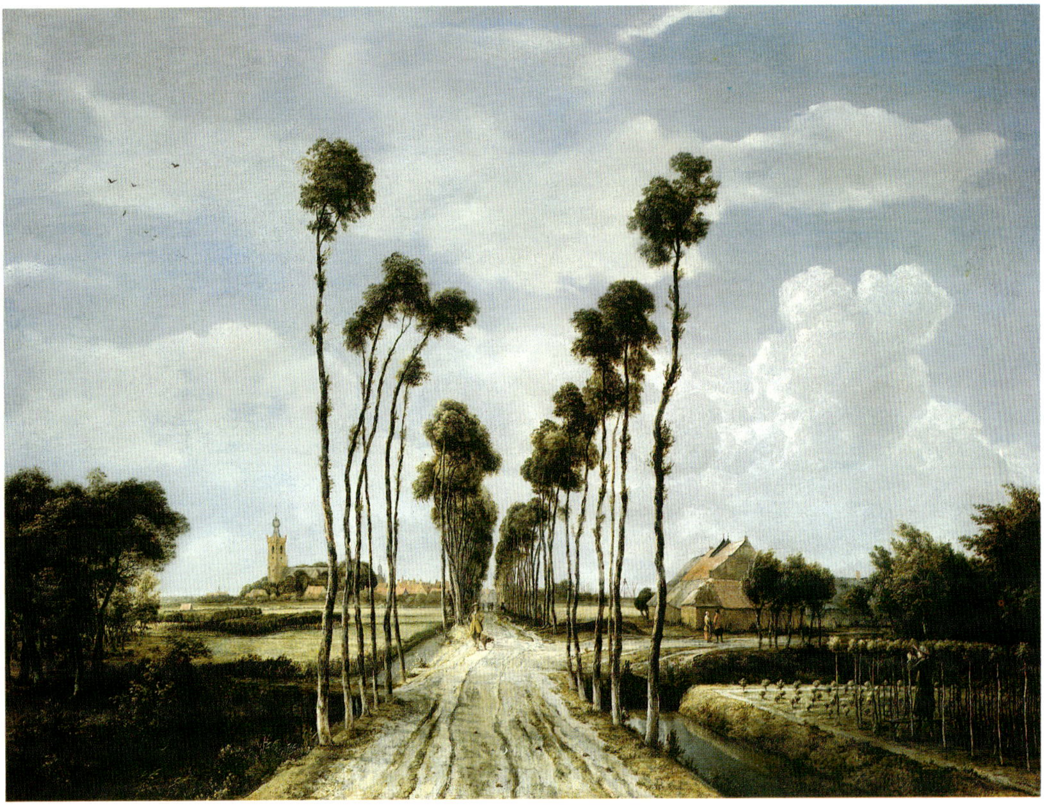

Meyndert HOBBEMA (1638–1709)
L'avenue à Middelharnis

La Hollande du XVIIe siècle a donné naissance à tant de grands paysagistes originaux qu'il est difficile de comprendre pourquoi un artiste compétent, sans plus, comme Hobbema a une telle réputation. *L'avenue* pourrait l'expliquer en partie car c'est une composition mémorable qui occupe en peinture une position équivalente à celle, pour la poésie anglaise, de l'*Elégie* de Gray. Middelharnis est un village dans l'île d'Over Flakee et l'avenue d'arbres représentée dans le tableau fut plantée en 1664. Hobbema semble enregistrer la scène avec une grande exactitude, mais elle ne peut avoir eu cet aspect qu'un bon nombre d'années après la plantation des arbres. Bien que l'effet de perspective centrale s'éloignant vers l'horizon soit notoire, il n'en est pas moins frappant et la suggestion d'une légère brise qui souffle par un temps changeant anime la composition.

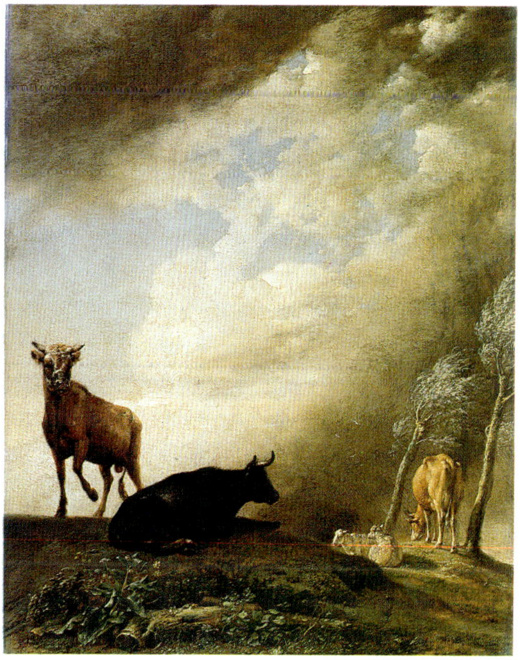

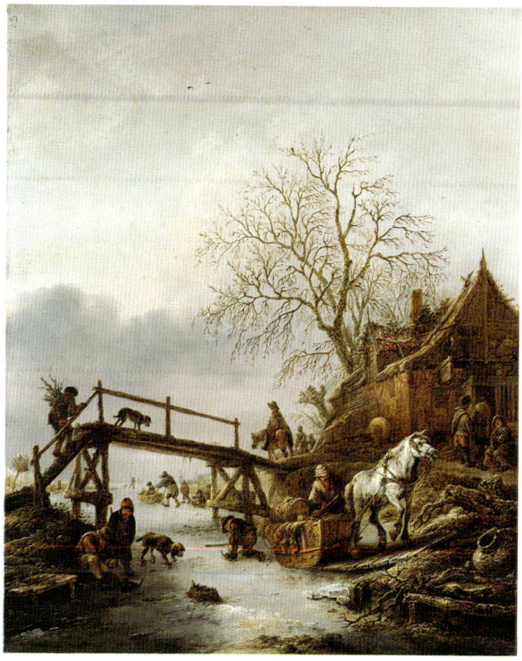

Paulus POTTER (1625–1654)
Bétail et moutons dans un paysage d'orage

Potter était un artiste d'une grande originalité et jusqu'au XIXe siècle il fut très célèbre pour ses peintures, généralement à petite échelle, d'animaux dans des paysages. Pour la plupart des peintres, des vaches et des moutons ne présenteraient pas un sujet d'inspiration évident, mais Potter utilise habilement le taureau piaffant, d'une fougue dangereuse, qui se détache sur une trainée de nuages blêmes dans un paysage dénudé où deux arbres sauvages sont courbés par la tempête. C'est le ciel qui joue le rôle le plus important et Potter réussit admirablement à donner au spectateur l'impression d'une rafale de vent et de pluie en plein visage.

Isack van OSTADE (1621–1649)
Scène hivernale

On oublie trop souvent la déplorable brièveté de la carrière d'Ostade. Son frère aîné Adriaen, dont il était l'élève et dont il imita au début les intérieurs paysans, lui survécut de longues années. Il devient plus intéressant lorsqu'il peint des scènes extérieures, souvent hivernales, dont celle-ci est un très bel exemple, avec une pointe de froid glacial dans l'atmosphère. Elle est très naturelle, comparée à la scène de patinage d'Avercamp (p.142), non seulement par sa technique, mais par sa concentration sur l'expérience de l'hiver telle que les pauvres la ressentent. Même les personnages qui attachent leurs patins ne se préparent pas à s'amuser, mais à circuler pendant la période rude de l'année. La sympathie humaine d'Ostade ne tombe pas dans le sentimentalisme de même que son art ne tombe pas dans le pittoresque. Il est impossible de savoir comment il se serait développé s'il avait vécu au-delà de la trentaine.

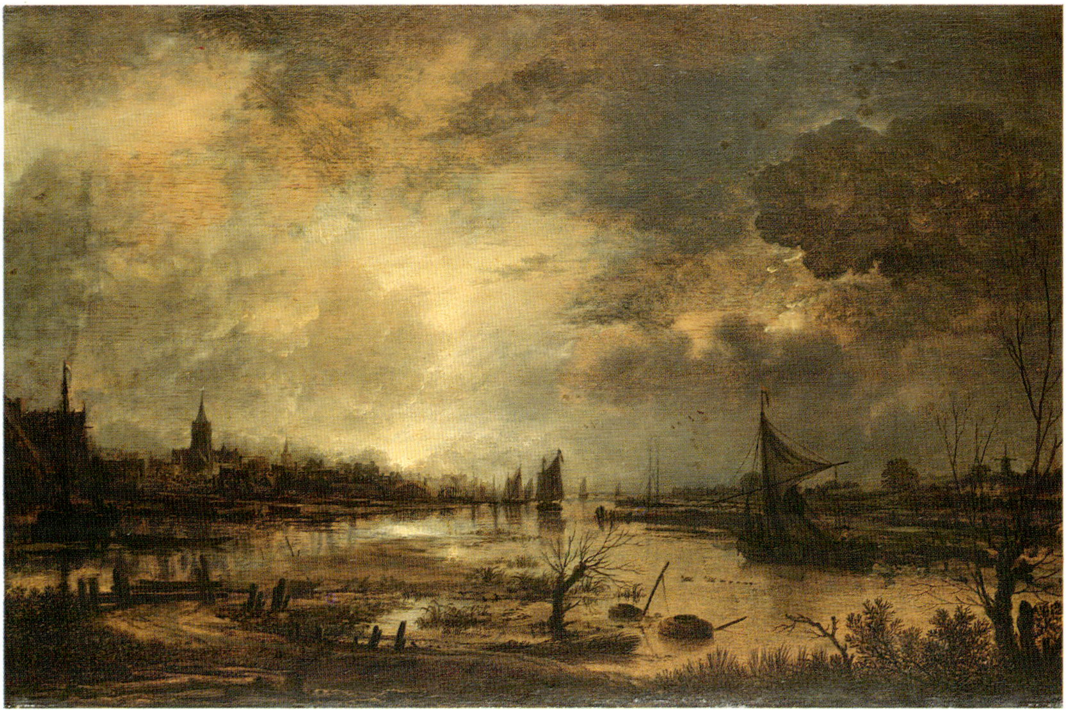

Aert van der NEER (1603 ou 1604–1677)
Vue au clair de lune

L'hiver semble avoir été la saison que van der Neer aimait représenter avant tout, et le soir le moment de la journée qu'il préférait. Malheureusement pour sa réputation, du moins auprès de la postérité, il peignit un trop grand nombre de ces scènes, avec trop peu de variations. Cependant son évocation du spectacle du crépuscule et du clair de lune exprime une sensibilité sincère et ce petit tableau a une atmosphère à demi-désolée qui impressionne. Van der Neer semble avoir rarement peint un lieu authentique et cela indique sans doute la vision intérieure qui le hantait et qu'il essayait toujours d'exprimer.

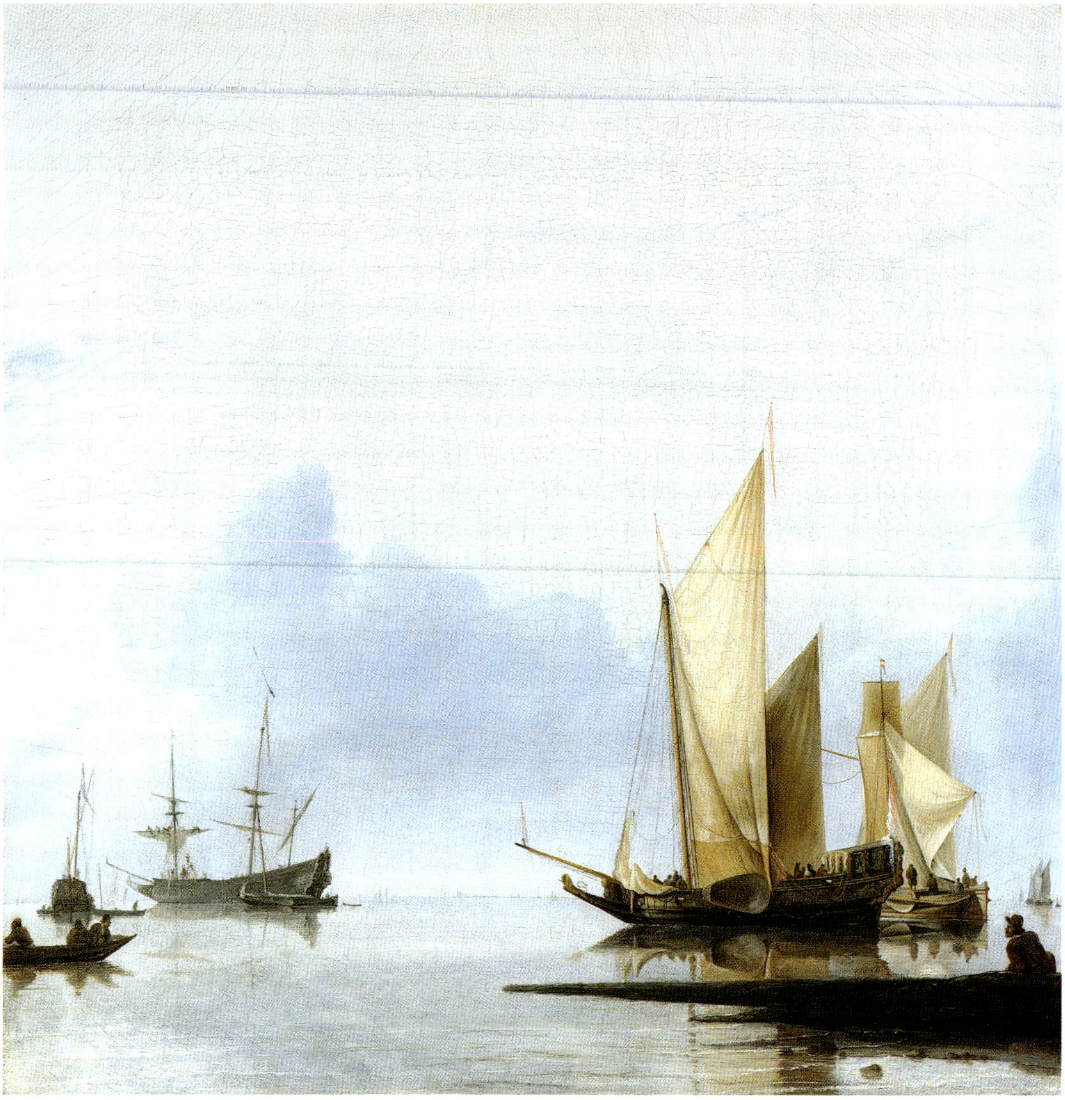

Hendrick DUBBELS (1621[?] – 1676[?])
Voiliers accalminés au large

Documenté à un moment comme commerçant à Amsterdam et peu après comme ayant fait faillite, Dubbels ne fut jamais un artiste très célèbre, ni même très apprécié. Ce tableau fut longtemps attribué à Jan van de Cappelle bien qu'il soit en quelque façon plus simpliste et d'une technique plus naïve que l'oeuvre de ce dernier. Sa simplicité explique en partie son charme, renforcé par le don de Dubbels pour les belles tonalités. Les voiles couleur de papillon de nuit et le nuage de cobalt qui est suspendu comme sur une porcelaine bleue et blanche, sont tranquillement à leur place, en dehors de tout naturalisme.

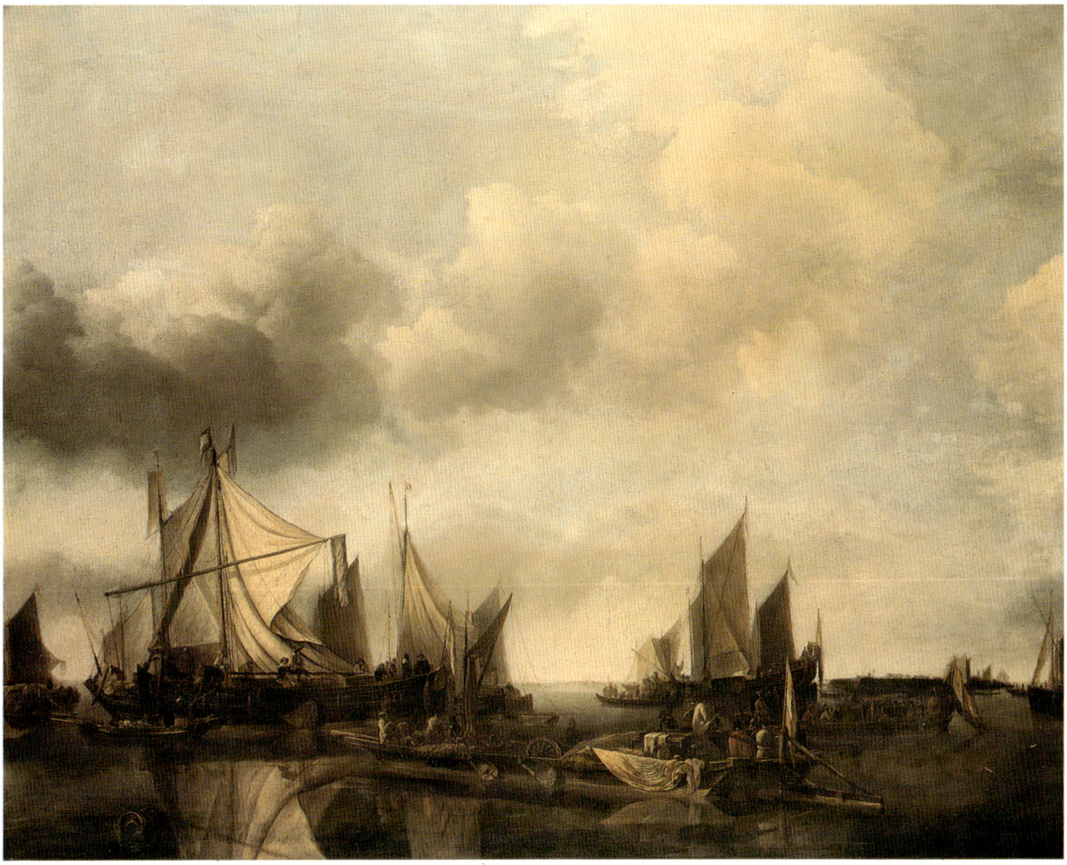

Jan van de CAPPELLE (vers 1623/5–1679)
Scène de port

Cappelle s'inscrit dans la tradition établie de peintures de marines en Hollande. Il en était conscient et son importante collection comprenait des oeuvres de ses prédécesseurs tels que Goyen, Avercamp et Rembrandt. Il était riche et peu prolifique mais mit au point un type de marine calme et naturaliste qui semble exprimer, sans grandiloquence, le concept de la Hollande maîtresse des mers. Il y a toujours un point, dans ses tableaux, où flotte le drapeau hollandais (ici, sur un yacht au deuxième plan). Mais en fin de compte son art suggère un intérêt, moins pour la navigation en tant que telle, que pour les eaux sereines et pour un vaste ciel, nuageux sans être menaçant.

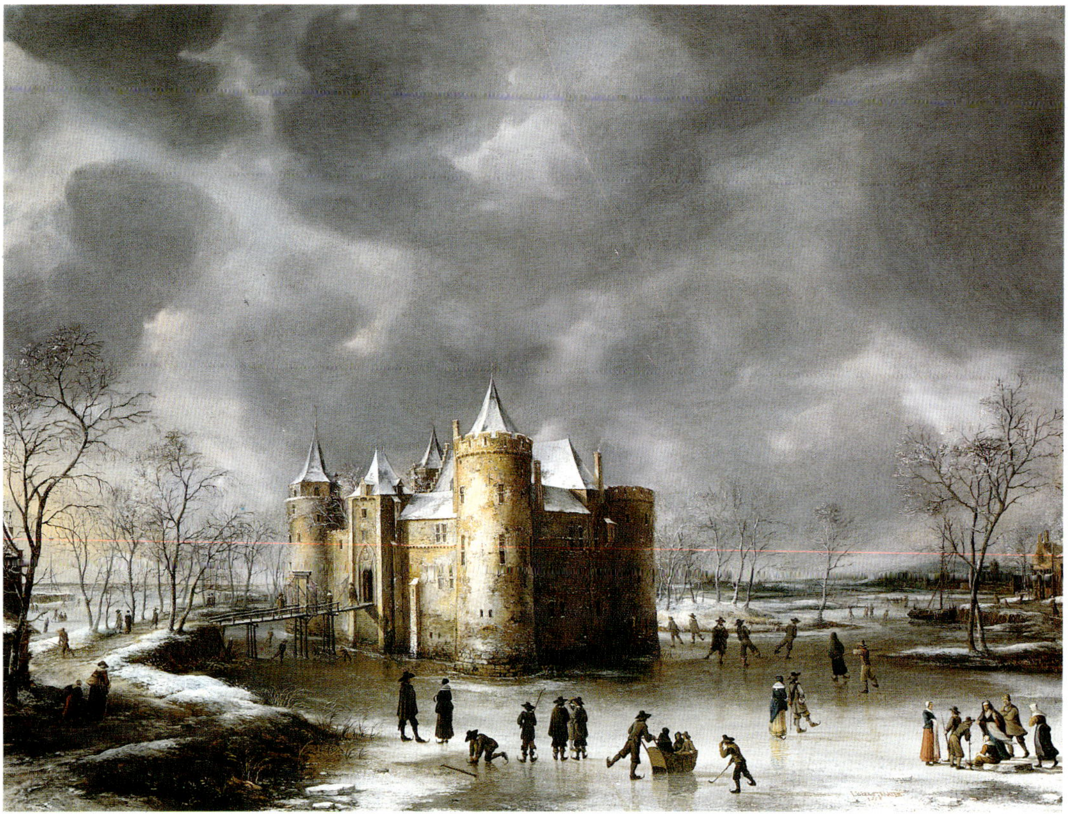

Jan BEERSTRAATEN (1622–1666)
Le château de Muiden en hiver

Le château de Muiden, qui subsiste encore à notre époque, est situé à quelques kilomètres d'Amsterdam. Il avait été construit comme fortification au XIIIe siècle, mais du temps de Beerstraaten, il était surtout célèbre comme lieu de rencontre tranquille pour un cercle de poètes et lettrés hollandais. Il attira évidemment le peintre à cause de sa silhouette sombre et estompée. Dans ce paysage glacial, Beerstraaten ne cherche pas l'exactitude topographique, mais réussit à donner l'impression d'un froid hivernal intense : les branches verglacées des arbres se détachent d'une façon presque sinistre sur un ciel empourpré, métallique, où la neige menace. Grâce à un paradoxe de l'art, une froideur atmosphérique si bien rendue donne au spectateur un sentiment de chaleur agréable.

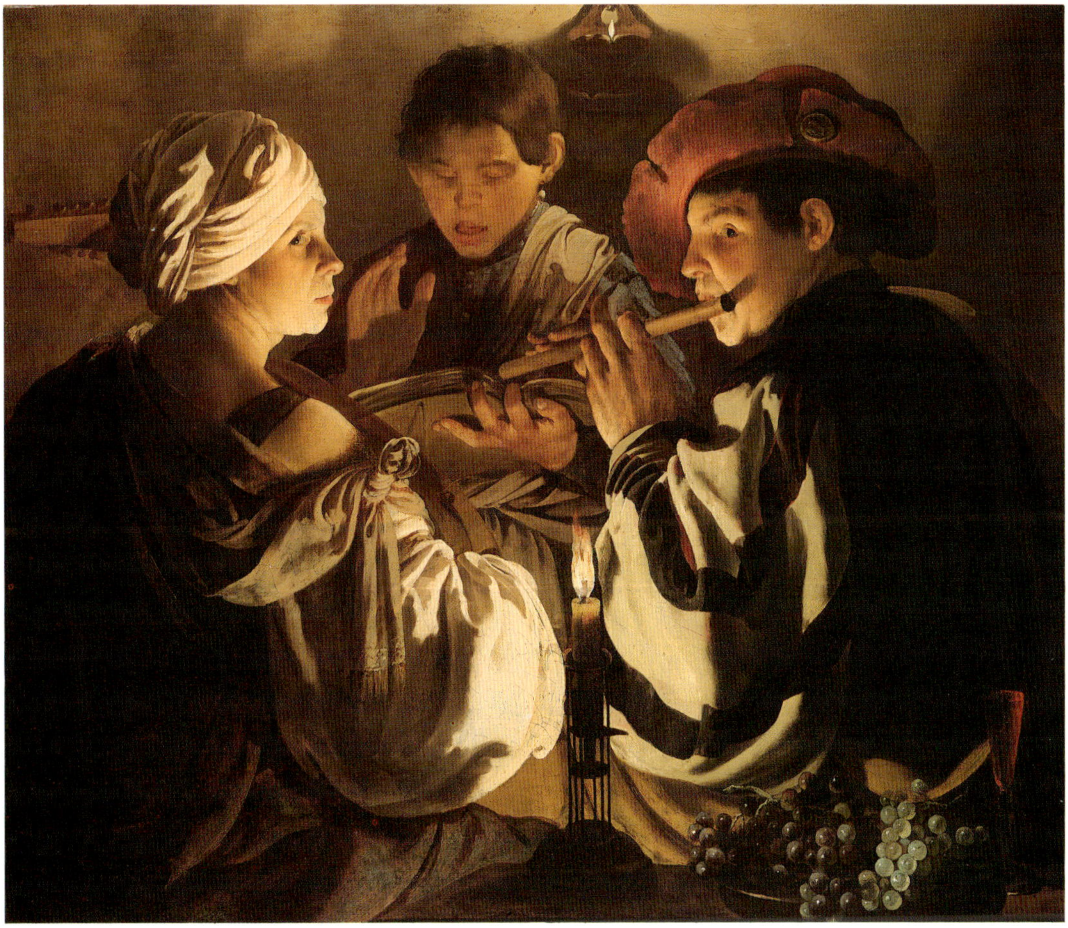

Hendrick Ter BRUGGHEN (1588[?]–1629)
Le concert

Ter Brugghen est un autre exemple d'un peintre hollandais influencé par l'Italie, mais dans son cas ce n'étaient ni le paysage ni la lumière qui l'attiraient, mais plutôt, semble-t-il, l'oeuvre du Caravage et de ses disciples. Dans sa jeunesse, il passa quelque temps à Rome, puis rentra à Utrecht pour y passer le reste de sa vie. Il a peint des tableaux de genre et d'histoire dans un style qui, malgré son inspiration italienne, est profondément personnel et intimiste plutôt que dramatique. Cette composition de personnages en buste est typique de ses meilleures réalisations et c'est peut-être son chef-d'oeuvre de peinture profane. L'atmosphère en est tendre et recueillie. Une seule bougie suffit à éclairer le trio de musiciens et sa lumière douce est admirablement rendue par le peintre. Il s'attarde sur les plis de draperies illuminés et les traits des visages et crée ainsi une surface de peinture qui s'épanouit sous son pinceau et s'accorde parfaitement avec l'ambiance du tableau.

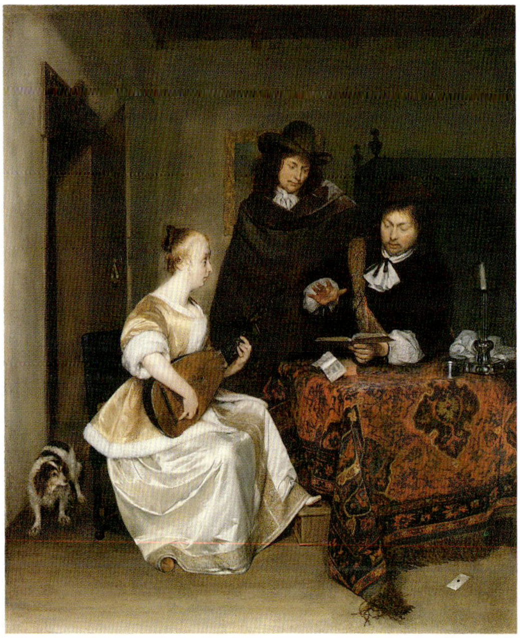

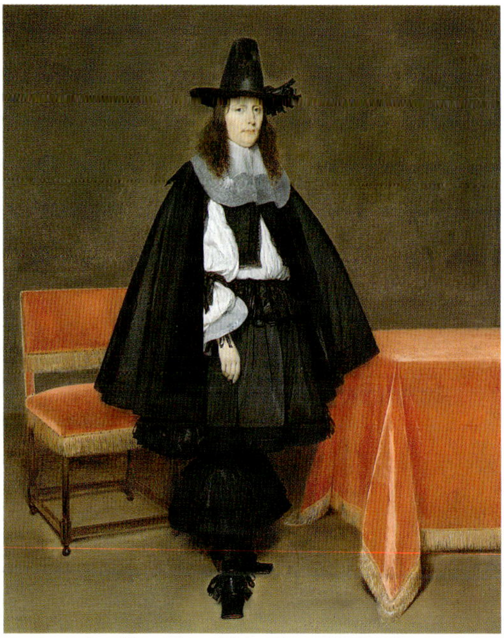

Gérard Ter BORCH (1617–1681)
Femme jouant de la musique avec deux hommes

Les intérieurs hollandais de ce genre représentent un aspect tellement familier de l'art européen qu'on risque d'oublier qu'il s'agit d'une catégorie de peinture tout à fait nouvelle. Ils incarnent une société qui demande à voir refléter ses divertissements, ses costumes et ses intérieurs avec une grande fidélité. Cela fait partie de la révolution « naturelle » de la peinture au XVIIe siècle. Ter Borch est l'un des principaux créateurs de sujets de genre comme celui-ci et l'un des peintres les plus sensibles aux nuances d'atmosphère tout autant qu'aux textures. Malgré sa fidélité apparente à la représentation de la nature, il use d'un art très savant. Non seulement la composition est soigneusement étudiée, mais son thème de gens prospères jouant de la musique – des personnages beaucoup moins intemporels et bohèmes que ceux de Ter Brugghen (p.157) – frise la galanterie. La musique, semble-t-il, alimente toujours l'amour.

Gérard Ter BORCH (1617–1681)
Portrait de jeune homme

Ter Borch préférait travailler à une échelle réduite, mais c'était un artiste aux dons variés. Un autre aspect de son originalité est sa création virtuelle d'un nouveau genre de peinture : le portrait en pied, comme ici, en miniature. Son intérêt pour les étoffes se donne libre cours avec le costume raffiné, à la mode, d'un modèle dont l'expression est représentée, avec une franchise presque cruelle, comme hésitante. Soit ses vêtements recherchés, soit la vie-même, lui ont causé une appréhension justifiée et le peintre le note tout comme il note le jeu de lumière sur la frange de la nappe.

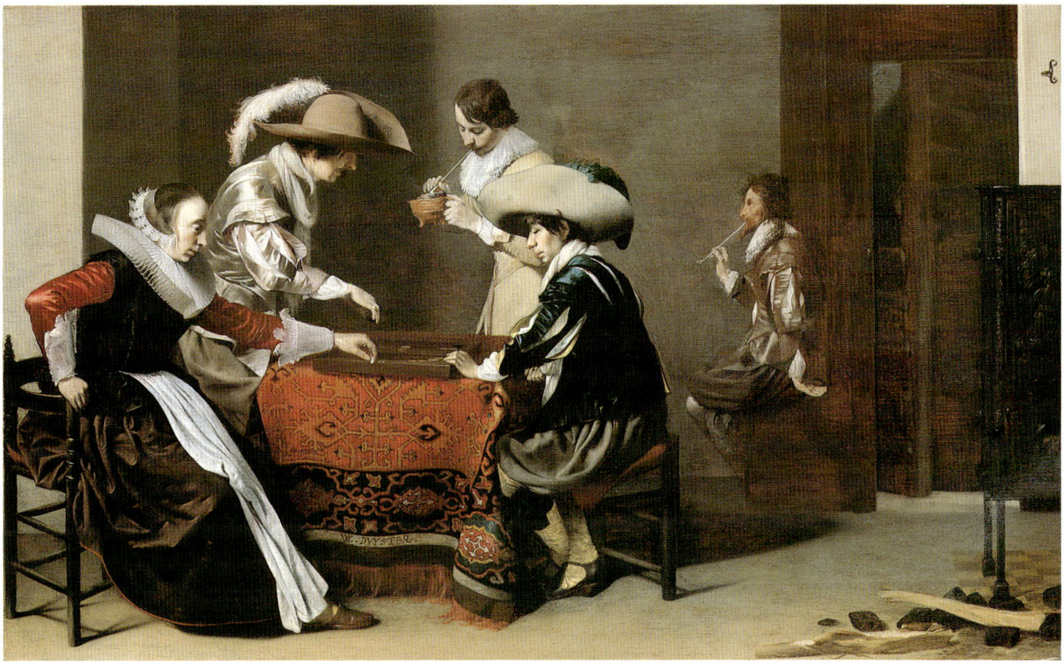

Willem DUYSTER (vers 1599–1635)
Joueurs de trictrac

Après l'art subtil de Ter Borch, celui de Duyster peut paraître un peu trop guindé, si achevé qu'il soit. Mais il appartient à une génération antérieure : c'est presque un caravagiste hollandais à une petite échelle, avec une observation aiguë de la physionomie et du geste. Ses deux fumeurs sont des études adroites et contrastantes de l'action et du repos. En fait, avec le fumeur isolé, méditatif du fond, visiblement détaché des joueurs à la table, Duyster semble sur le point d'émettre une remarque critique sur le jeu de la vie.

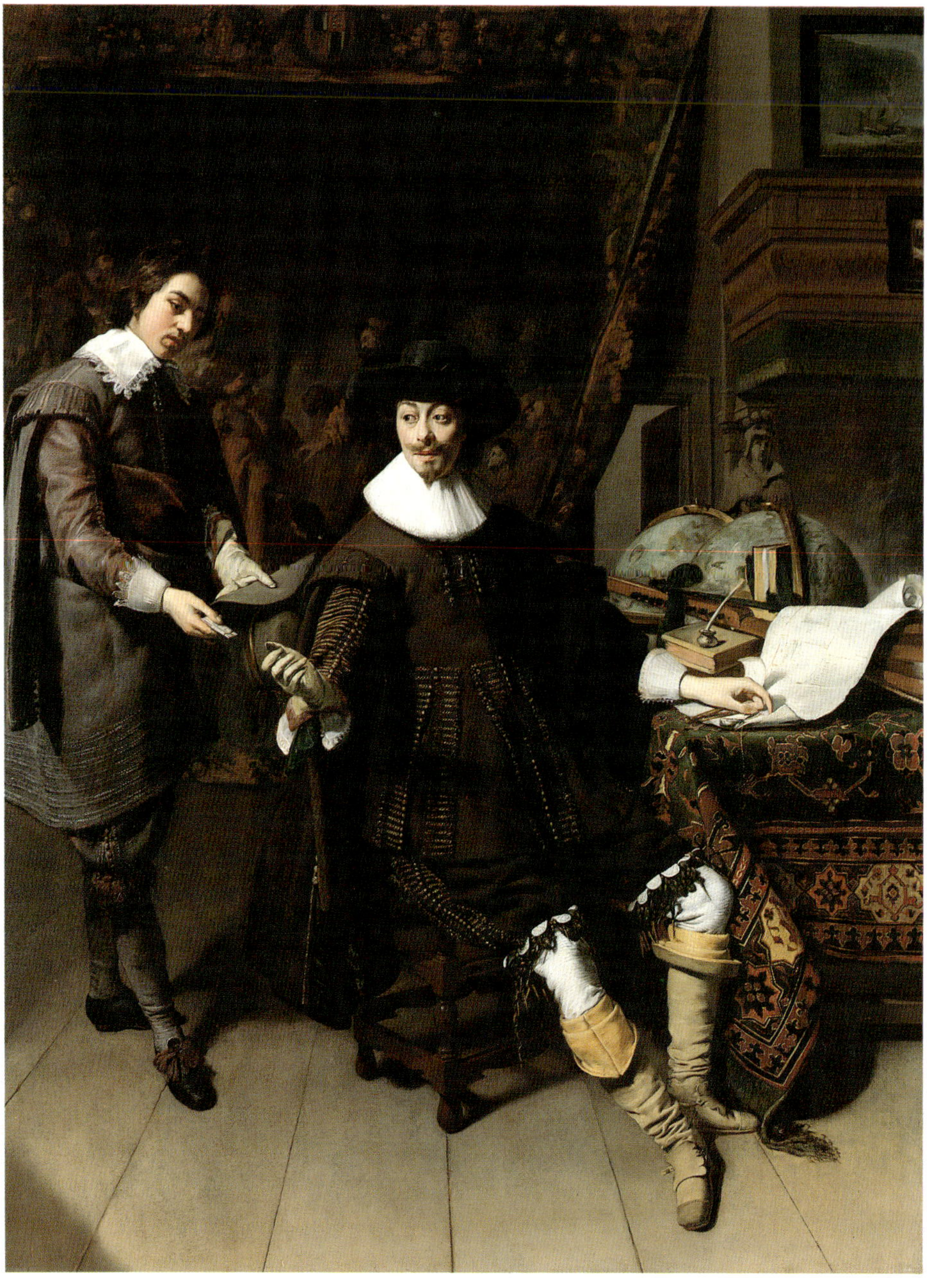

Thomas de KEYSER (1596 ou 1597–1667)
Constantin Huygens et son clerc ou son page

Même si cette composition très détaillée n'était pas passionnante en elle-même, le modèle provoquerait notre curiosité. Aucun portrait, depuis « *Les ambassadeurs* » de Holbein peut-être, n'avait communiqué les goûts du modèle avec autant de conviction. Huygens était un personnage aux talents variés : diplomate et conseiller royal, érudit s'intéressant aux sciences tout autant qu'aux beaux arts. Dans une composition à une échelle relativement réduite, le peintre réussit à suggérer la variété et l'intensité de l'activité de son modèle. Huygens se détourne de ce qui semble être un plan architectural pour recevoir une lettre d'un messager respectueux, suggérant ainsi un lettré qui est en même temps un homme du monde.

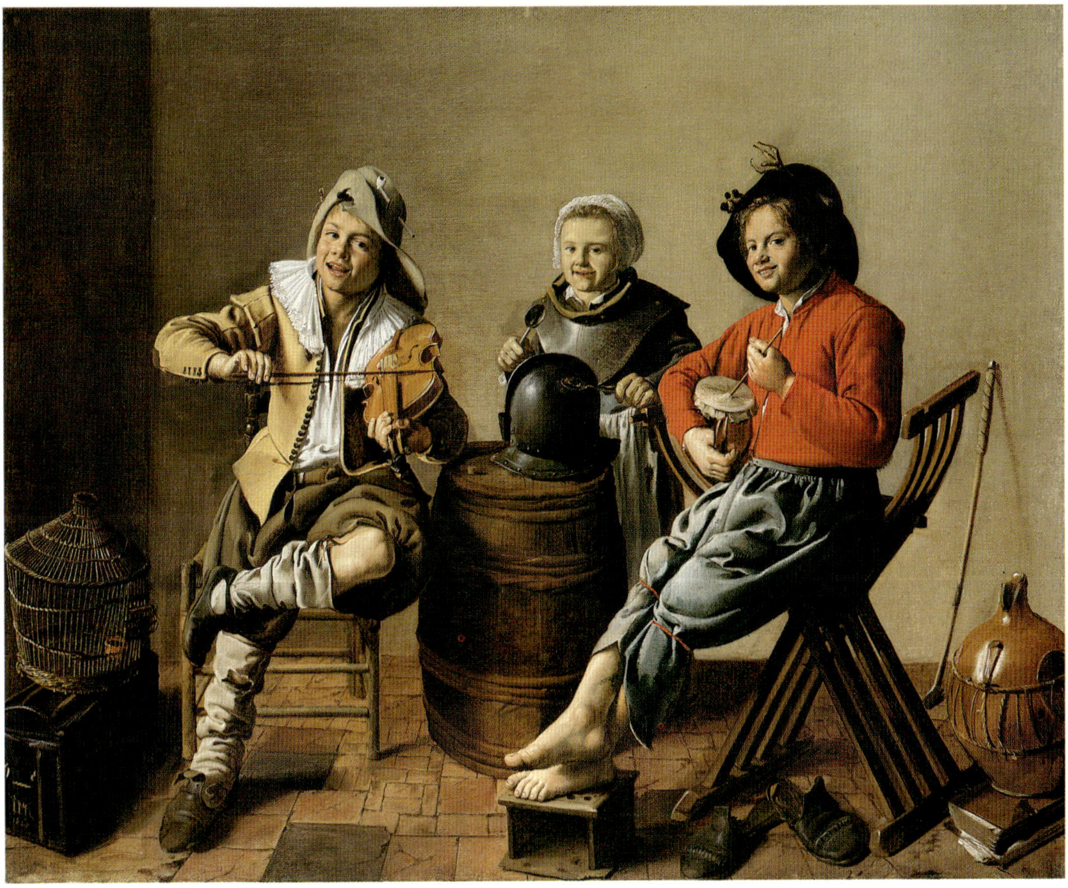

Jan MOLENAER (1609 ou 1610[?]–1668)
Enfants jouant de la musique

En tant que sujet artistique, les enfants sont plus ou moins une découverte des peintres européens du XVIIe siècle. Princiers, comme chez Van Dyck (p.136), paysans et pauvres comme chez les frères Le Nain en France ou chez Molenaer (dans un tableau jadis attribué à Le Nain), ils apportent un nouvel aspect de la nature et du naturel dans l'art. Le joyeux trio de Molenaer joue une musique plutôt improvisée – la fillette tape sur un casque avec deux cuillères – mais ils semblent heureux dans leur humble décor d'arrière-cuisine. Il pourrait presque s'agir de jeunes musiciens ambulants qui se sont arrêtés en route. Ils sont certainement pauvres, mais Molenaer ne fait que le noter, s'attachant plutôt à leurs visages rieurs – révélateurs, peut-être, d'une attitude insouciante devant les dures réalités de l'existence.

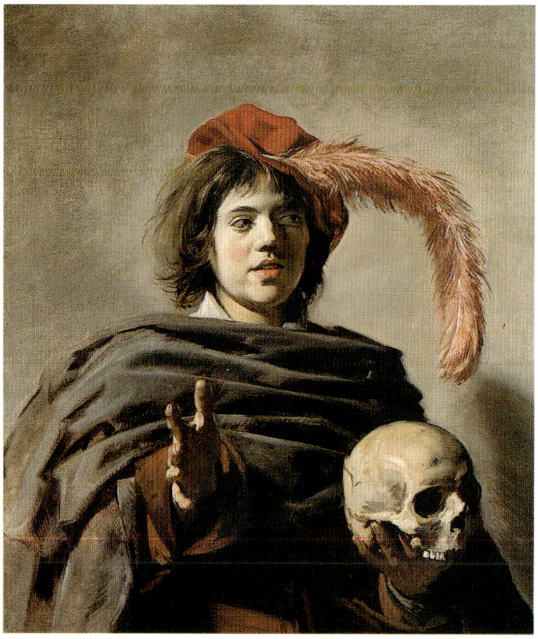

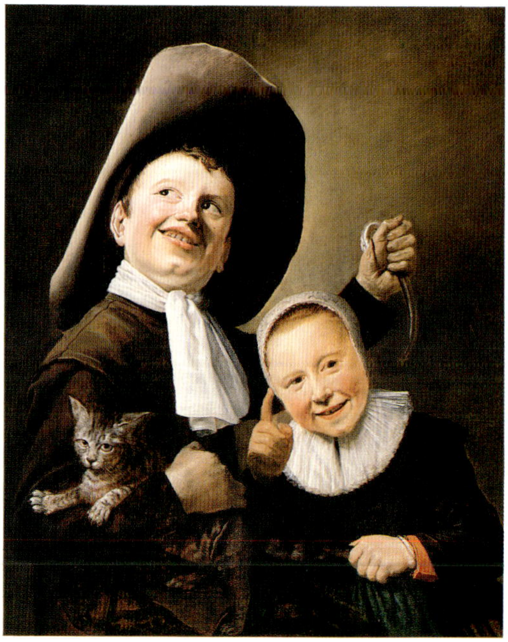

Frans HALS (vers 1580[?]–1666)
Garçon tenant un crâne

Hals sait suggérer différentes atmosphères, mais toujours avec le même style : un style de vigoureux coups de pinceau cinglants et d'application de pigment rapide, dont cette étude brillante fournit un excellent exemple. Il sait être un portraitiste d'une sobriété et d'une dignité intenses (surtout dans les portraits de groupes) mais il sait aussi faire admirer ses qualités de manipulateur habile de la peinture à l'huile. Si le message que cette composition prétend présenter est celui de la mortalité, l'effet en est détruit par la vitalité qui s'en dégage. Si menaçant qu'il soit, le crâne est presqu'éclipsé en tant qu'image par la longue plume exubérante plantée allégrement sur la coiffure du jeune homme.

Judith LEYSTER (1609–1660)
Un garçon et une fillette

Des enfants servent aussi de thème au peintre qui épousa Jan Molenaer. Le garçon tient un chat et semble brandir une anguille, peut-être pour illustrer quelque proverbe hollandais, ou peut-être simplement pour indiquer d'une façon générale que l'enfance est une période d'insouciance, comme l'animation des deux enfants semble le souligner. Fille d'un brasseur qui habitait Haarlem, Judith Leyster (qui signe souvent, comme ici, avec une étoile : jeu de mots sur son nom) avait un talent précoce. Elle fut peut-être l'élève de Frans Hals et des tableaux comme celui-ci suggèrent certainement son influence.

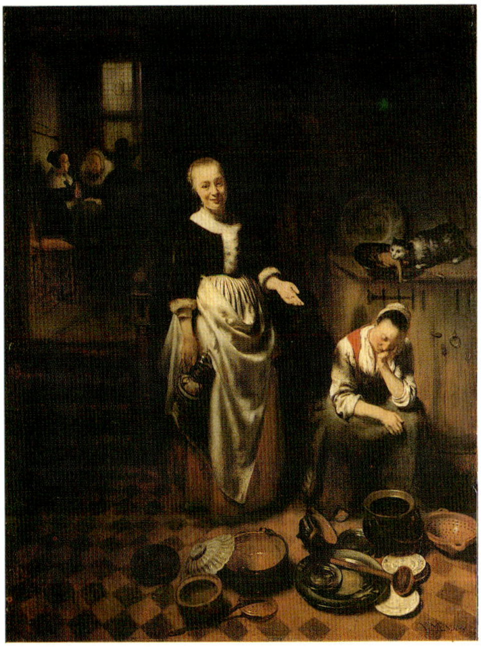

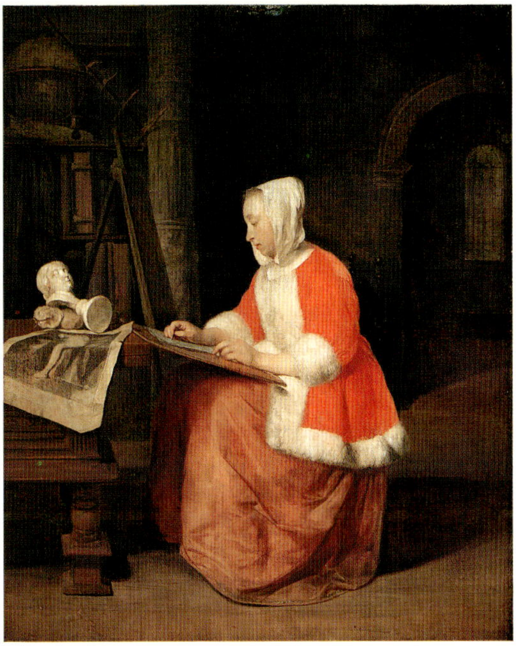

Nicolaes MAES (1634–1693)
Intérieur avec une servante endormie et sa maîtresse

Maes a établi un type spécial de peinture de genre domestique vaguement associé à l'Ecole de Delft et à l'oeuvre de Peter de Hooch (p.169), avec quelques réminiscences du style de Rembrandt. A la différence de Hooch, il abandonna ensuite les scènes de genre pour se consacrer au portrait. Cet intérieur sombre – qui nous intrigue encore davantage à cause de la pièce d'en haut, entrevue dans le fond – ne manque pas de mystère. Mais le sujet est un peu plus troublant pour nous que Maes n'en avait l'intention. La servante endormie pourrait bien être épuisée par le travail qu'on exige d'elle – une pile de vaisselle assez imposante l'attend sur le carrelage – et non pas paresseuse par nature. Il est difficile de sympathiser avec la maîtresse de maison suffisante qui invite la complicité du spectateur pour se lamenter sur le problème des domestiques dans la Hollande du XVIIe siècle.

Gabriel METSU (1629–1667)
Femme qui dessine

Metsu est l'un des peintres de genre hollandais les plus agréables. Il n'a pas l'éminence de Hooch et Vermeer, mais il évite généralement la manière précieuse et fignolée de son maître présumé, Dou. Ici, le sujet est attirant : surtout parce qu'il nous montre la poursuite de l'art, dans un décor civilisé et par une femme (ce qui n'est pas fréquent dans l'art hollandais). Le peintre nous communique le plaisir de s'absorber dans ce genre de travail, seule. Et une note de sérieux y est ajoutée par les traits de la femme elle-même, qui évitent résolument la joliesse.

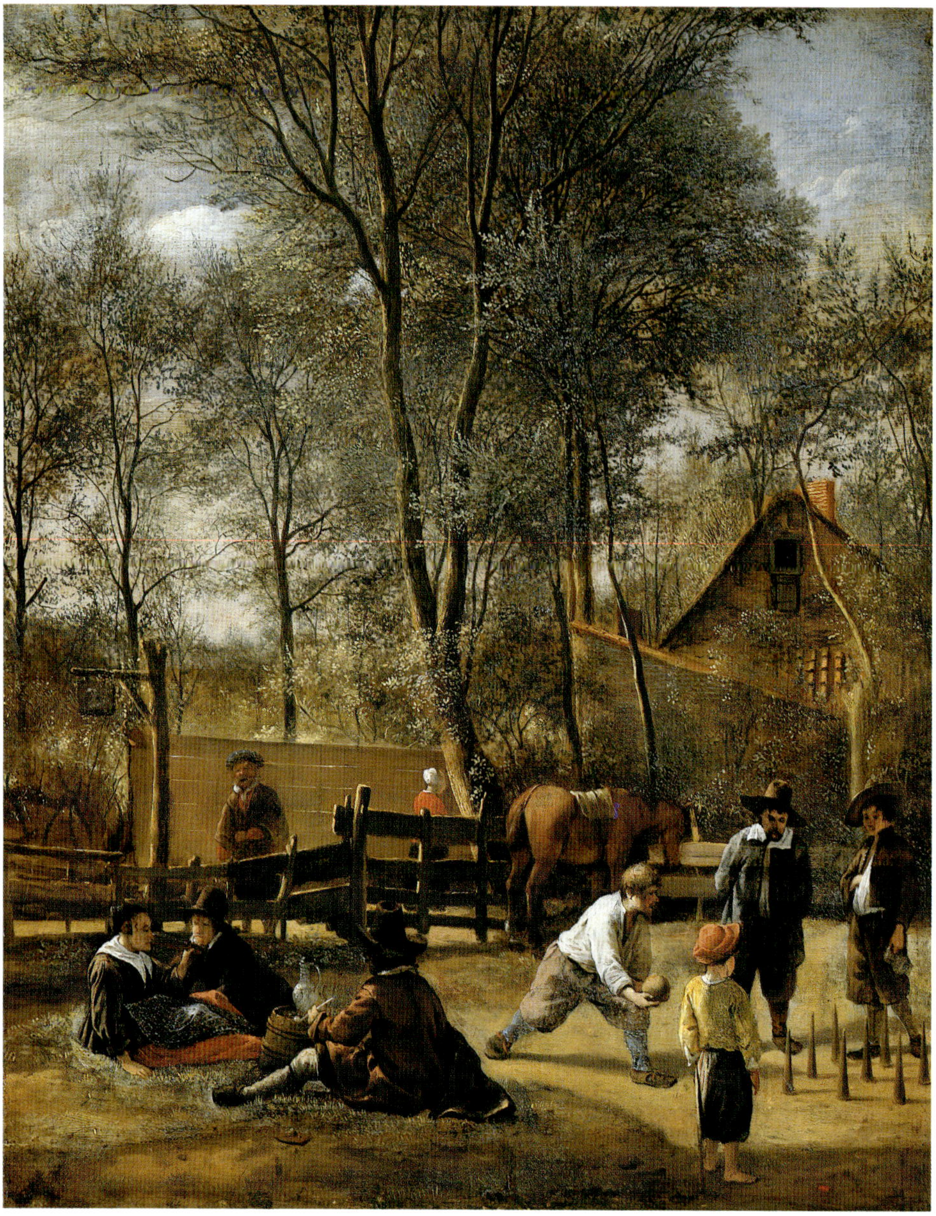

Jan STEEN (1625 ou 1626–1679)
Joueurs de quilles devant une auberge

Steen était le fils d'un brasseur et, vers la fin de sa vie, il fut propriétaire d'une auberge, mais ces deux faits ne semblent pas avoir un grand rapport avec cette scène enchantée, qui suggère un déjeuner sur l'herbe et le passage agréable du temps, à un rythme lent, par une journée d'été devant le Cygne Blanc, petite maison à demi-enfouie au milieu de grands arbres. Steen est un peintre très délicat, malgré ses sujets souvent tapageurs, mais il a rarement égalé la subtile atmosphère de cette scène en plein air, où la lumière semble se glisser à travers le feuillage brillant et prêter son éclat à un pichet, à un vêtement en lin blanc ou à la haie en bordure. Toute action est suspendue. Le joueur de quilles attend, sur le point de lancer la boule et la silhouette de la jeune fille est arrêtée, en route vers l'auberge, sa coiffe une tache lumineuse saisie avant qu'elle ne disparaisse dans la pénombre des arbres.

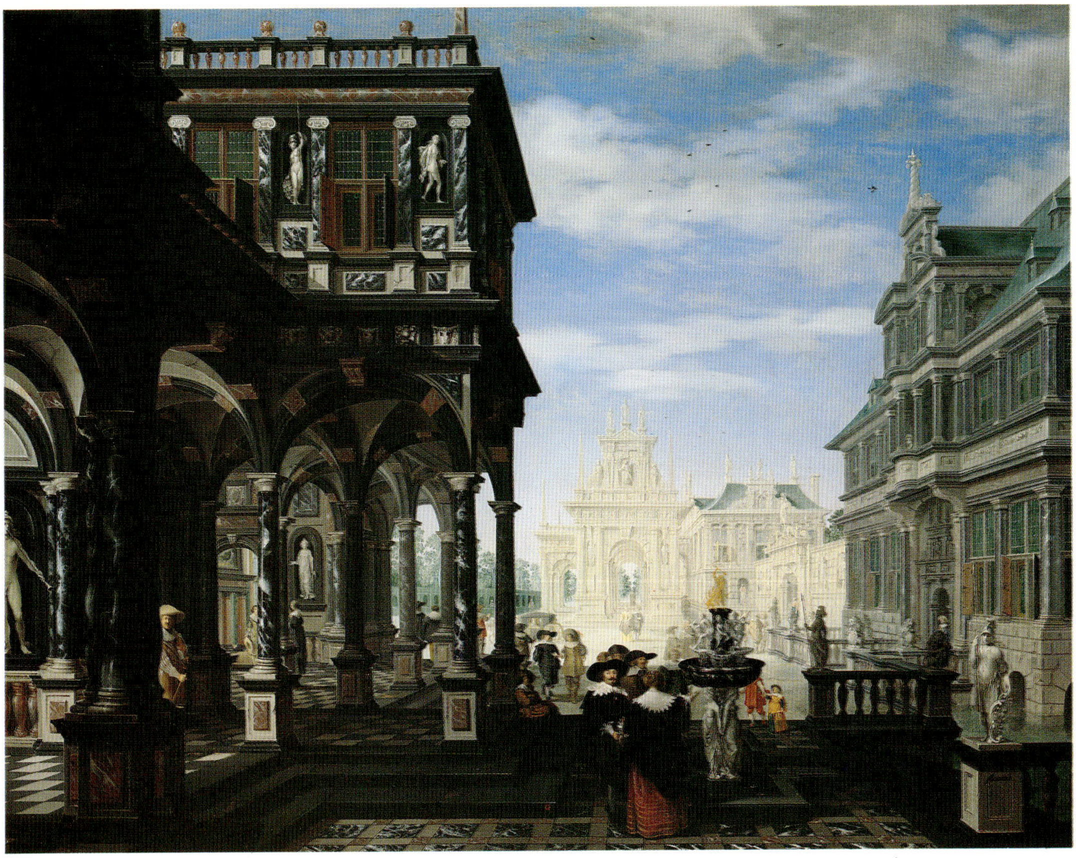

Dirk van DELEN (1604/5–1671)
Fantaisie architecturale

Dans le cadre de la tendance naturaliste dont fait preuve la peinture hollandaise au XVIIe siècle, l'oeuvre d'un peintre comme van Delen fait contraste. Il peignait des scènes architecturales dans un style très différent de celui de van der Heyden (p.150) ou de Saenredam (p.168), se complaisant à une accumulation de détails fantaisistes pour créer cet assemblage ravissant, brillant et invraisemblable. Impossible de le prendre pour une architecture véritable : ce que l'artiste déploie, c'est sa puissance d'invention dans un mode intentionnellement capricieux hérité de la Renaissance.

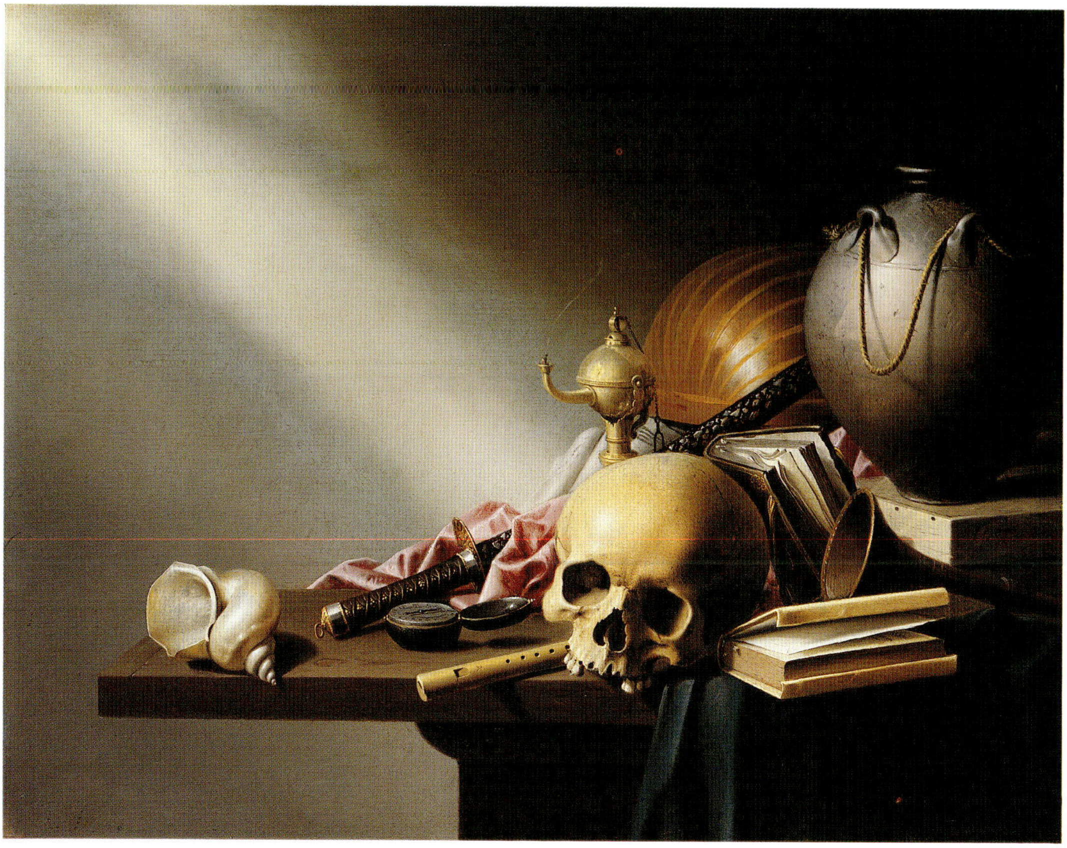

Harmen STEENWYCK (1612, après 1665)

Nature morte : allégorie des vanités de la vie humaine

Steenwyck semble s'être spécialisé dans le genre « Vanitas » de nature morte, catégorie de peinture qui devint à la mode en Hollande tout au début du XVIIe siècle. Elle offre au peintre l'occasion d'explorer une variété de formes et dans l'assemblage de Steenwyck se trouve la nouveauté inattendue d'une épée japonaise dans un fourreau richement incrusté de nacre. Elle représente peut-être la richesse ou le rang social, et c'est aussi un objet rare de collectionneur, tout comme le beau coquillage. Bien que l'artiste exprime comme il se doit la morale que tout est vanité, il peint chaque objet avec un respect qui transforme un lieu commun en art.

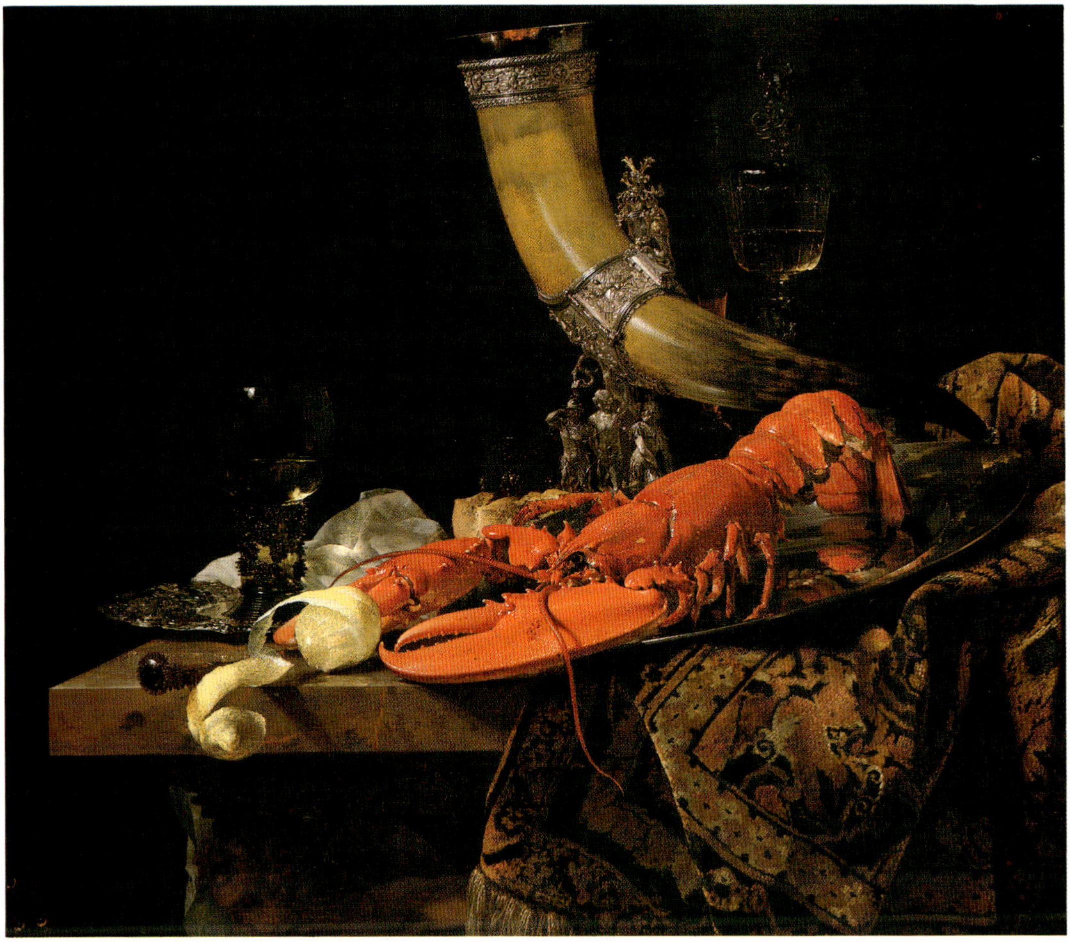

Willem KALF (1619–1693)
Nature morte avec la corne à boire de la Guilde des Archers de Saint Sébastien

Les natures mortes hollandaises ne s'acharnent pas toutes sur les vanités humaines. Certaines, comme celle-ci, prêchent une leçon quelque peu différente, proposant avec une franche opulence, les plaisirs de la bonne chère et du bon vin. L'art de Kalf semble avoir plu à sa riche clientèle d'Amsterdam, qui pouvait s'offrir des homards et des tapis de Turquie, sinon posséder la corne à boire magnifiquement ornée (qui existe encore de nos jours), trésor du XVIe siècle avec une monture d'argent ciselé représentant entre autres un lion tenant le blason de la ville. Kalf n'est pas un simple fournisseur de nourritures raffinées et d'objets de luxe en peinture. La richesse, ici, provient en partie de son sens très développé pour la texture et la couleur, et le chef-d'oeuvre de virtuosité de toute la composition est sans doute le citron dont l'écorce se déroule.

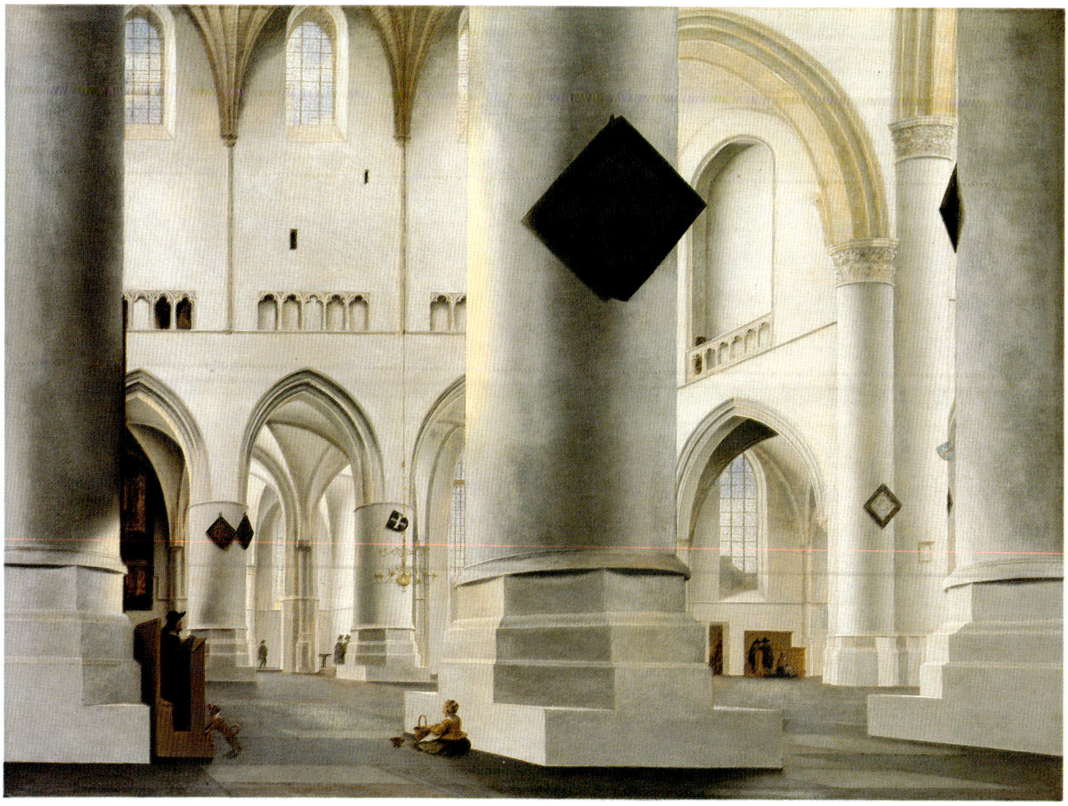

Pieter SAENREDAM (1597–1665)
Intérieur de la Grote Kerk à Haarlem

Saenredam qui s'est spécialisé dans les intérieurs d'église avec une fidèle exactitude et une grande précision (datant parfois ses dessins non seulement de l'année, mais du jour et du mois) pourrait paraître un archiviste, sans plus. Mais en fait on constate qu'il prenait souvent des libertés dans ses tableaux, pour des raisons purement artistiques, et sa bibliothèque nous révèle qu'il s'intéressait à l'optique et à la perspective. Cette composition est frappante pour l'austère beauté de ses tonalités et la reproduction des formes, si bien que l'intérieur de la Grote Kirk prend un aspect idéalisé, plus pur, plus aéré et plus satisfaisant pour l'esprit qu'il ne l'est en réalité. Saenredam avait exécuté un dessin préliminaire (daté 29 mai 1636) sur place, ce qui ne présentait aucun problème pour lui puisqu'il s'était établi de bonne heure à Haarlem et y travaillait généralement.

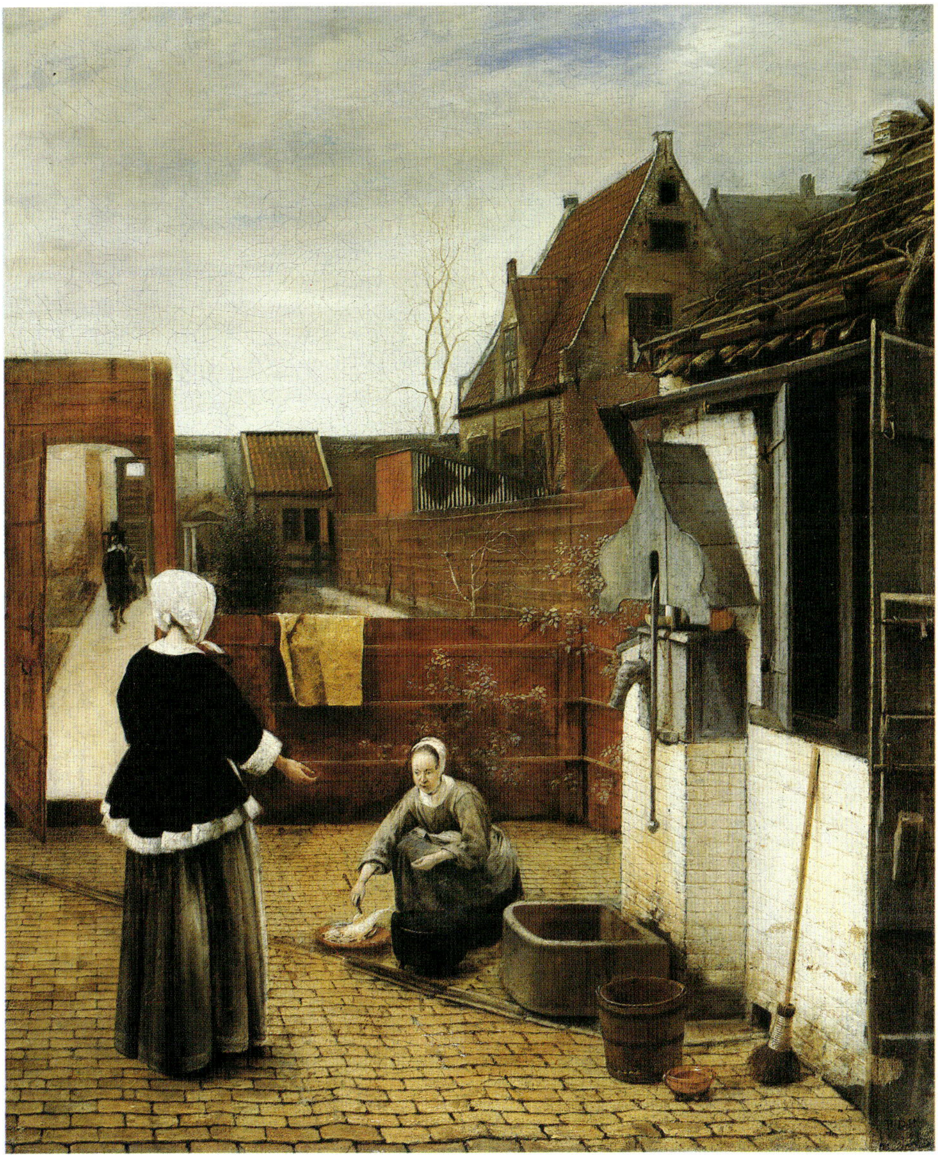

Pieter de HOOCH (1629–1684)
Femme et sa servante dans une cour

Les scènes de plein air de Hooch sont probablement les plus originales qu'il ait peintes ; elles ne peuvent présenter aucune rivalité posthume avec Vermeer. C'est à Delft, où il vécut pendant sept ans environ à partir de 1653, qu'il produisit ses plus belles oeuvres. L'architecture de la ville l'attirait, comme on le constate dans cette vue qui contient des éléments réorganisés de l'ancien rempart de la cité et d'autres motifs, comme le pavillon de jardin, qui la rappellent. L'oeil du peintre s'attarde sur chaque détail de la pompe, du jardin nu, des volets mi-clos et même de la brique délavée, puis les fond dans un ensemble tonal intégré étonnamment homogène. Sur le rouge chaud de la barrière et de l'entrée il fait détacher la silhouette de la femme debout, supprimant toute individualité pour la montrer entièrement de dos. Elle sert simplement de repoussoir pour la couleur, sa coiffe blanche et sa veste noire et blanche mettant la dernière note de sobriété.

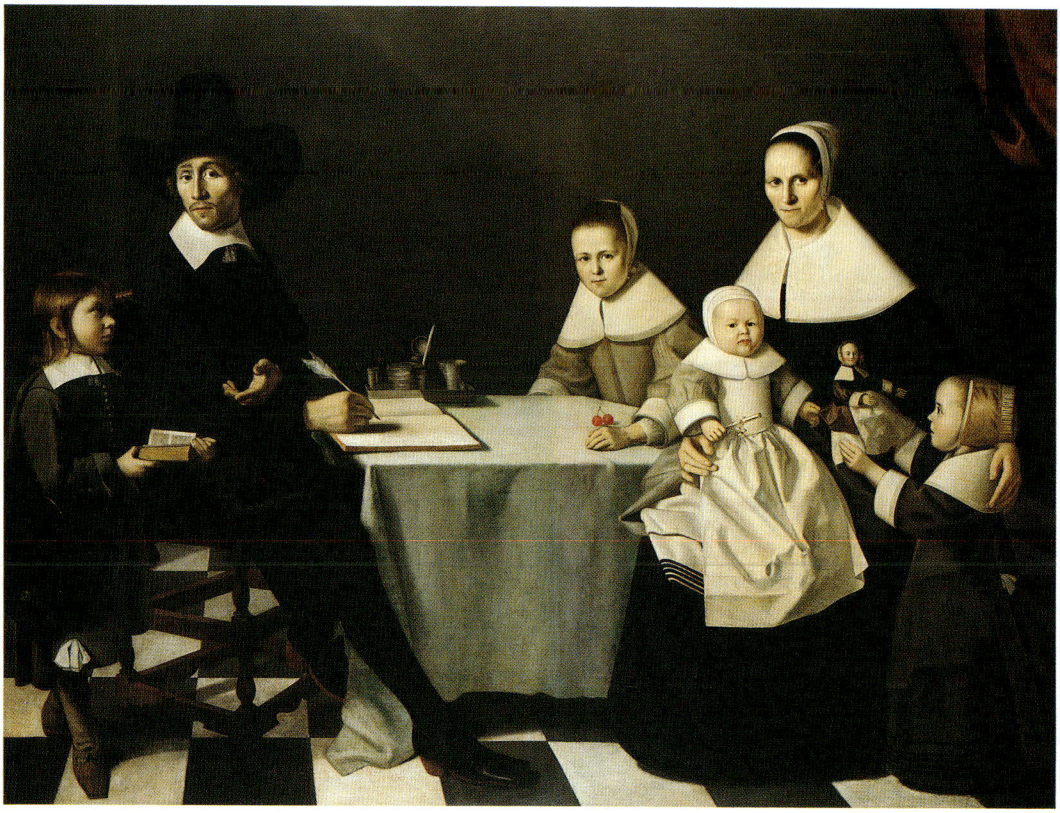

Attribué à Michel NOUTS (actif en 1656)
Groupe de famille

Bien que ce grand tableau ait subi des vicissitudes, car il fut endommagé et en partie repeint, et, à un certain moment, coupé en deux, il conserve sa distinction et a peu d'égaux dans la gamme variée de la collection hollandaise de la National Gallery. Il fut probablement peint à Delft, peut-être par le mystérieux Nouts. Ce groupe de famille d'apparence grave, austère même, fidèlement reproduit et incarnant sans doute les vertus hollandaises, contraste avec l'élégante famille flamande de Coques (p.139) qui, par comparaison, prend un air hédoniste presque voulu. L'économie est suggérée par l'intérieur simple et la diligence par le père préoccupé qui interrompt à peine son travail pour faire réciter la leçon de son fils. La mère n'est pas une femme d'une maturité confortable, comme chez Maes par exemple : comme c'est son devoir, elle s'occupe non sans sévérité de trois enfants aussi solennels qu'elle. La poupée ajoute une note un peu plus frivole dans tout ce grand sérieux, mais on a l'impression qu'elle sera peut-être confisquée avant l'heure du coucher.

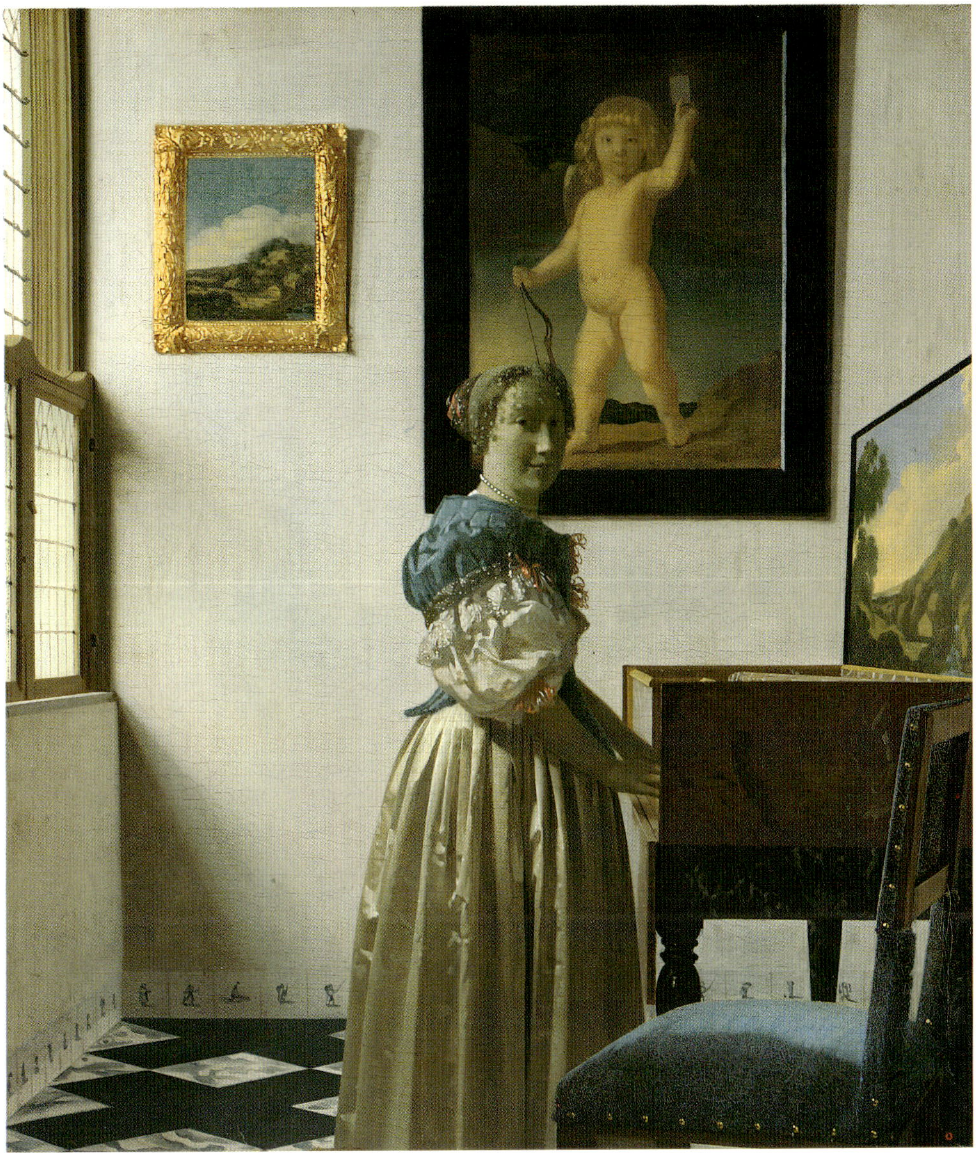

Johannes VERMEER (1632–1675)
Jeune femme à l'épinette

Il y a relativement peu d'hommes dans les tableaux de Vermeer. Ses intérieurs sont normalement habités par des femmes et la musique est leur occupation préférée. Cette femme solitaire semble seulement toucher l'instrument, rompant à peine le silence de la pièce qui forme un décor parfait pour sa silhouette droite et immobile. Lorsqu'il la peignit, vers 1670, Vermeer avait épuré son style et sa conception. Le tableau est un chef-d'oeuvre d'organisation subtile, peint en se conformant, non pas à ce qui est là, mais à ce que la lumière délimite. Ainsi les boucles du modèle, son collier de perles et les rubans de sa merveilleuse manche bleue et blanche sont baignés dans une sorte de luminosité liquide, qui absorbe les détails et les dépasse. Chaque forme est nette et concentrée, avec des horizontales clairement définies et des verticales qui encadrent, par exemple, le visage de la femme en même temps que le tableau représentant Cupidon. Par sa géométrie autant que par ses teintes froides et sa lumière blonde, c'est un Vermeer qui a sa place à côté des oeuvres de Piero della Francesca.

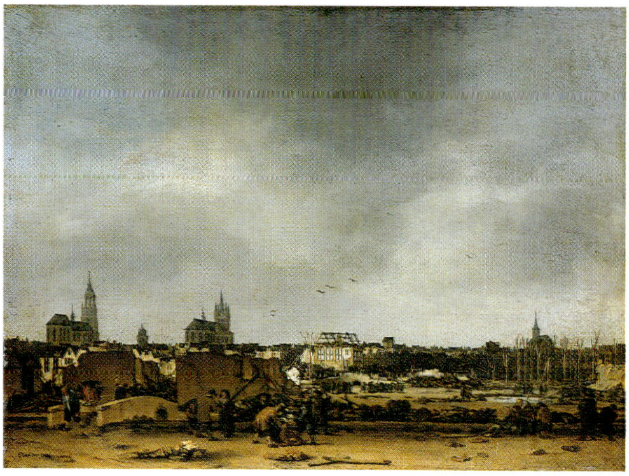

Egbert van der POEL (1621–1684)
Vue de Delft après l'explosion de 1654

L'explosion d'une poudrière le lundi matin 12 octobre 1654 détruisit une grande partie de Delft et fit de nombreuses victimes – dont Carel Fabritius (voir p.173). Van der Poel était natif de Delft et assista peut-être à la scène (il date ce tableau du jour de la catastrophe). Cela devint une sorte de spécialité dans son oeuvre qui jusqu'alors se bornait surtout à de paisibles compositions rustiques et il existe au moins une douzaine de versions de sa main des conséquences de l'explosion ou du moment-même. Une telle scène de désolation surprend dans le cadre tranquille de l'art hollandais du XVIIe siècle.

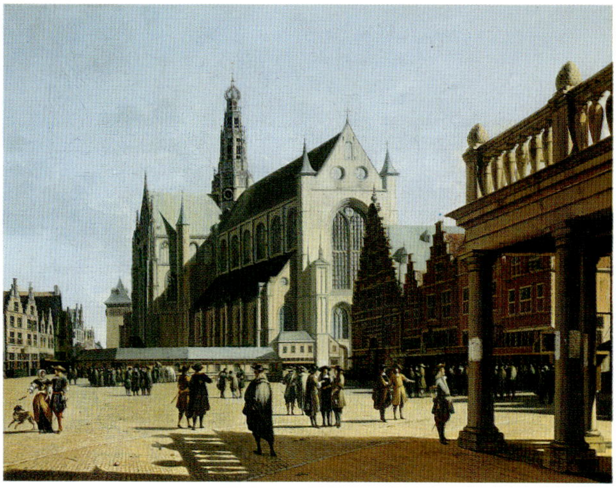

Gerrit BERCKHEYDE (1638–1698)
La Place du Marché de Haarlem

L'église en évidence est la Grote Kerk (Saint-Bavon) qui n'a guère changé depuis. Comme Saenredam, Berckheyde était natif de Haarlem et les vues de la ville représentent une proportion importante de son oeuvre. Ici, un affairement tranquille et la prospérité civique sont soulignés par les ombres allongées et le soleil radieux de la fin de l'après-midi. Le portique qui sert si bien de repoussoir à Berckheyde est celui de l'hôtel de ville et avait été érigé quelques années avant la naissance du peintre.

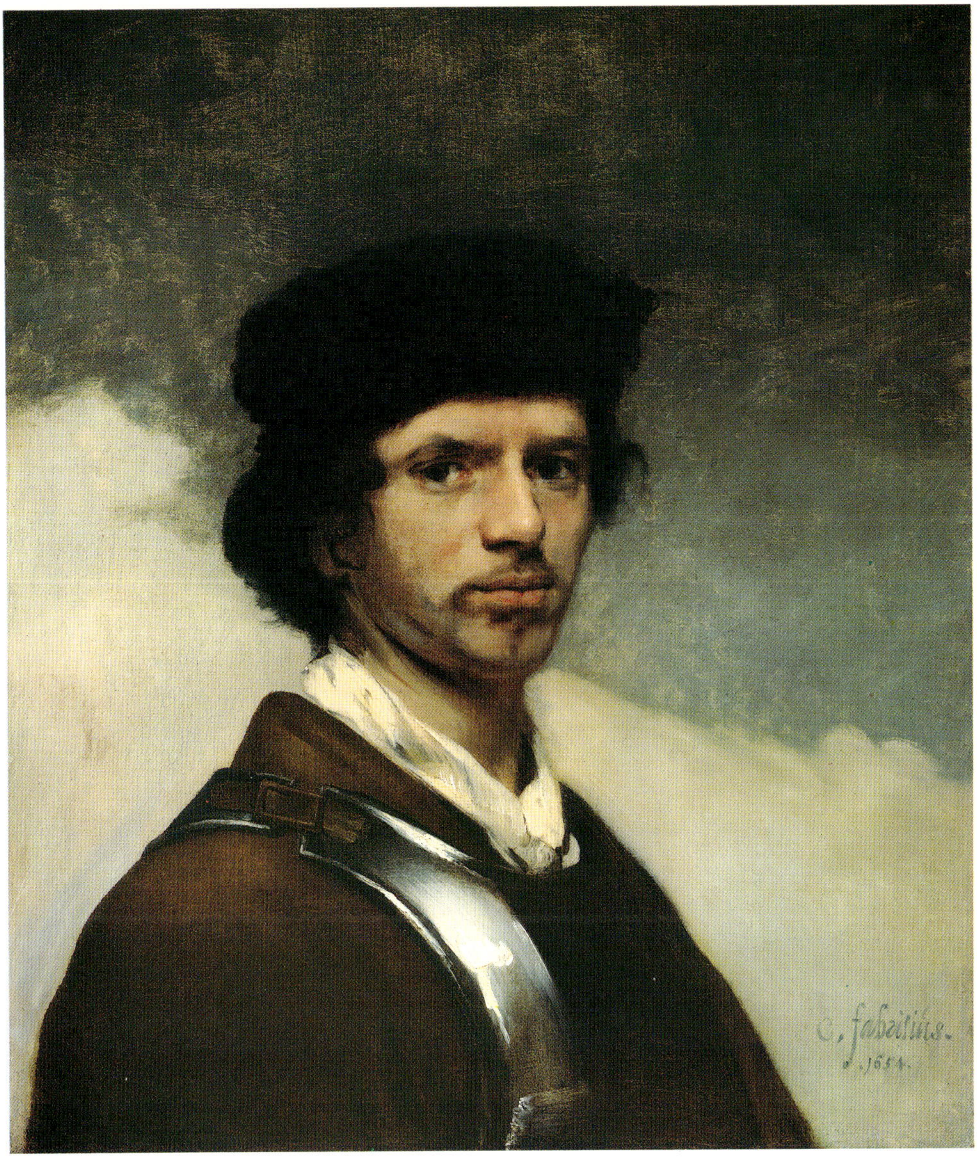

Carel FABRITIUS (1622–1654)
Autoportrait (?)

Dans ce portrait impressionnant, daté de l'année de la mort accidentelle de Fabritius, à l'âge de trente-deux ans, il est tentant de voir un autoportrait, mais il n'existe pas de documentation pour le prouver. Fabritius avait passé quelque temps dans l'atelier de Rembrandt et le costume légèrement élaboré, le regard scrutateur du modèle et surtout le maniement hardi de la peinture suggèrent l'influence de son maître. Mais ce qui est remarquable, c'est la manière individuelle du peintre et sa présentation. Plus proche de Rosa (p.93) que de Rembrandt, il place le personnage devant un ciel nuageux. Il l'éclaire pleinement et le peint avec une franchise magistrale dont la vigueur rappelle Frans Hals (p.162), bien que le résultat soit très différent. L'accent de lumière épais sur la cuirasse semble ajouté à la hâte mais a sûrement été calculé avec soin de même que le pigment rugueux qui traduit la texture laineuse du chapeau de fourrure. Peu de peintures de Fabritius ont survécu (la Galerie a la chance d'en posséder deux), mais dans les meilleures, son originalité est manifeste.

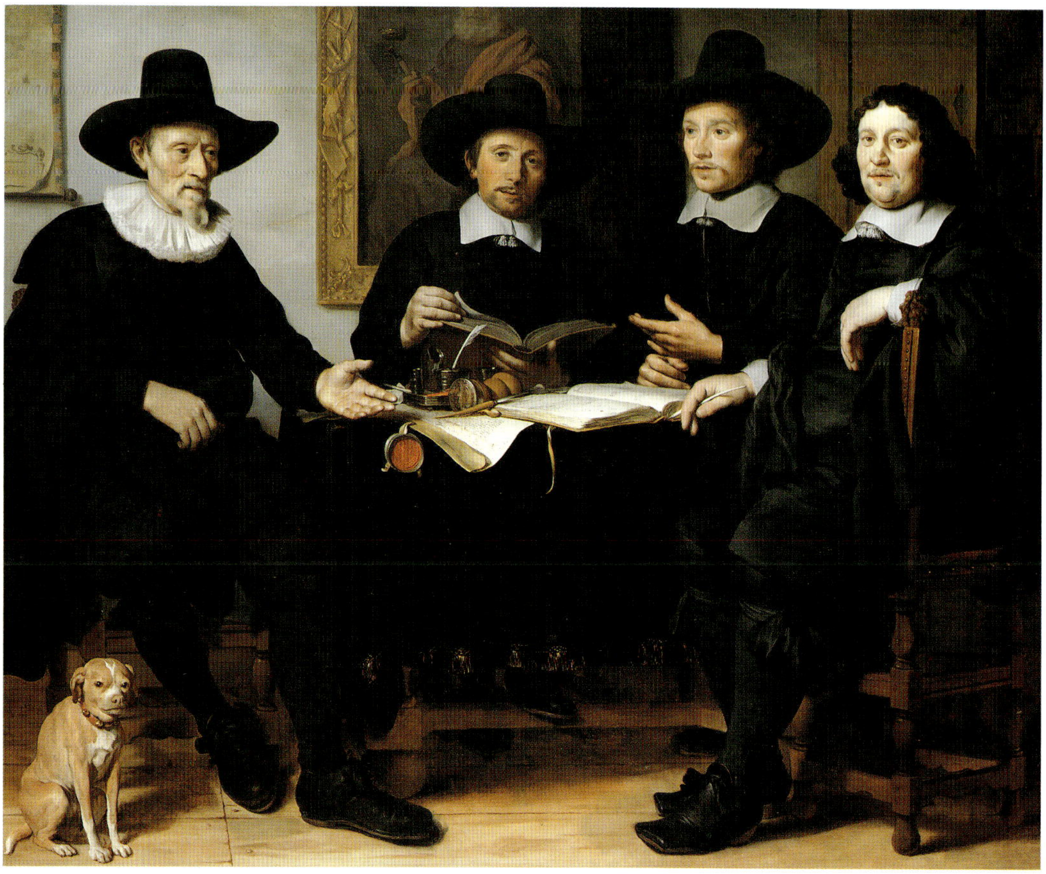

Gerbrand van den EECKHOUT (1621–1674)
Quatre membres de la guilde des tonneliers et encaveurs d'Amsterdam

Il s'agit ici d'un type de portrait de groupe professionnel développé en Hollande au XVIIe siècle et Eeckhout semble admirablement doué pour donner aux modèles exactement ce qu'ils attendaient de lui : des ressemblances convaincantes et une présentation d'eux-mêmes sérieuse plutôt que brillante ou dramatique (les mollets bien garnis du gros homme assis à l'extrême droite sont enregistrés avec une franchise désarmante). Le détail des sceaux et des registres de leur métier – avec une image encadrée, en fond, de leur saint patron, Saint Mathias – contribue à situer ces quatre dignitaires capables et simplement vêtus dans la société de leur ville et de leur époque.

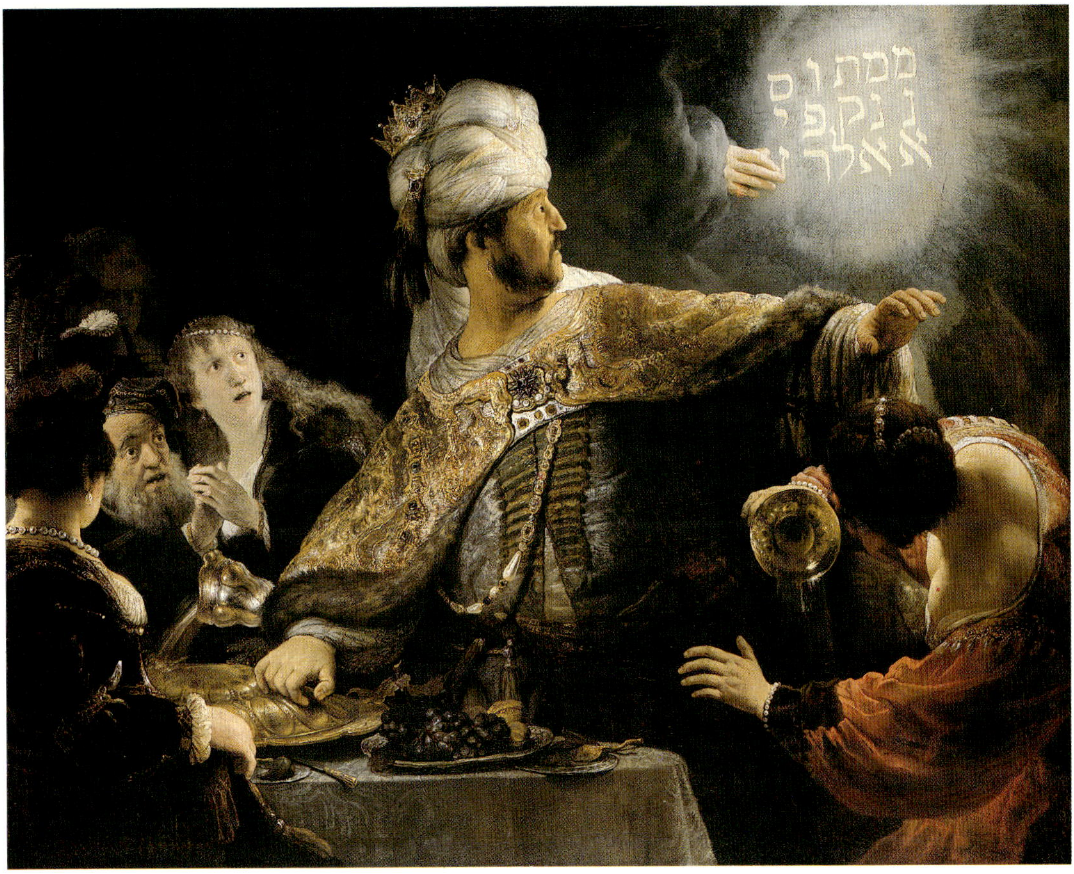

REMBRANDT (1606–1669)
Le festin de Balthazar

Rembrandt appartient tout à fait à son temps lorsqu'il s'agit de traiter de grands sujets historiques ou mythologiques : à l'époque où Rubens était en train de travailler à son *Jugement de Pâris* (p.132), aux environs de 1635, Rembrandt peignait *Le festin de Balthazar.* Ces deux tableaux sont très révélateurs pour leurs créateurs respectifs. Le thème de Balthazar, tiré de l'Ancien Testament, était fréquent dans l'art car il se prêtait évidemment à des effets exotiques et dramatiques. Le « grand festin » du Roi de Babylone est interrompu par une main mystérieuse écrivant sur le mur les mots « Mene, mene, tekel upharsin » (paroles qui, traduites, annoncent la mort du Roi et la destruction de son royaume). Rembrandt transcrit exactement le message en hébreu et donne à l'événement toute sa gravité et sa signification effrayante. Malgré la splendeur de Balthazar, son festin est dépeint à une petite échelle, presqu'intime. Le contraste provient du heurt entre un personnage d'un physique imposant et d'une splendeur orientale et la vision éthérée, lumineuse, dans laquelle il peut – comme nous – déjà lire son destin.

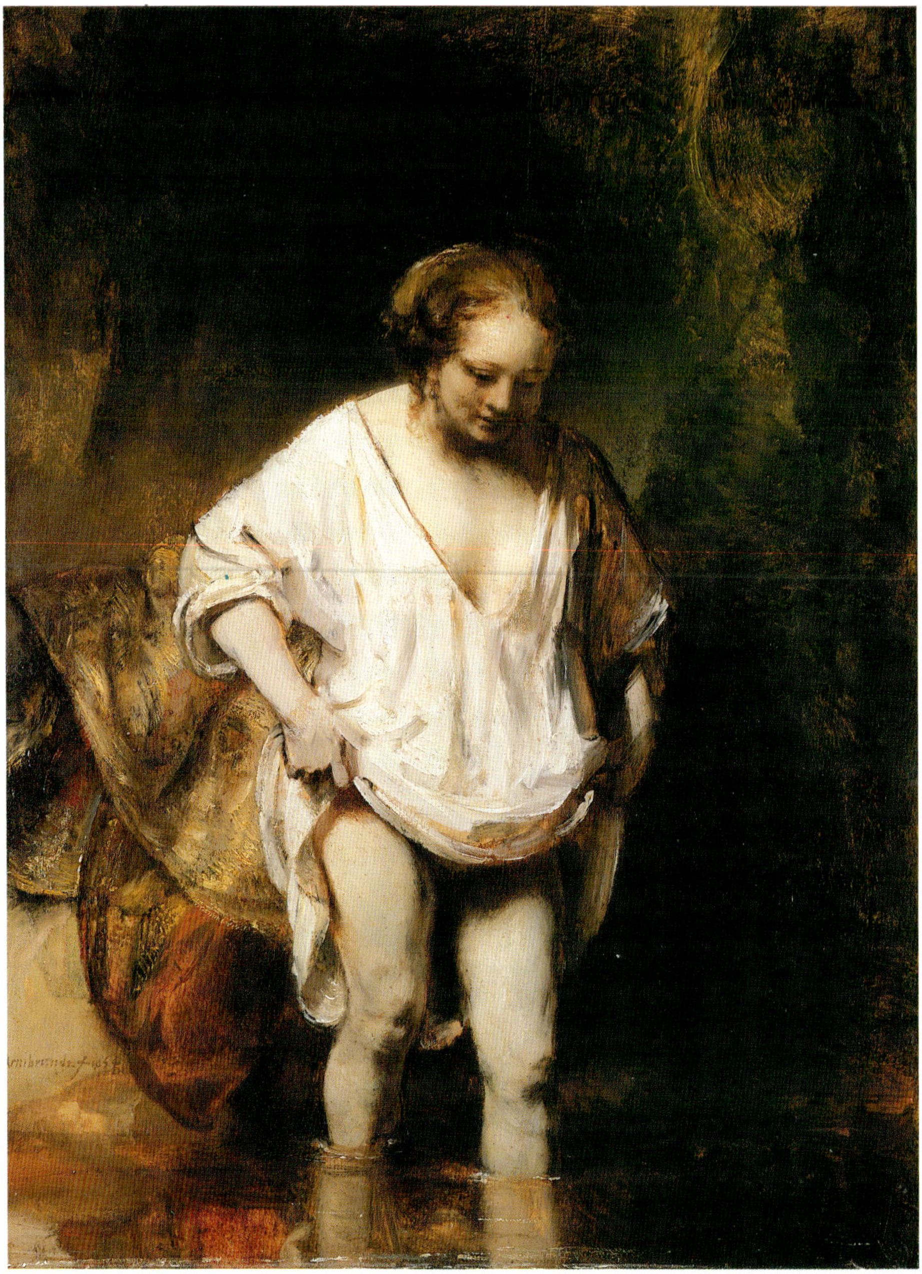

REMBRANDT (1606–1669)
Femme au bain

Ce tableau est signé et daté 1655 et il n'est pas impossible qu'il représente un sujet précis, tiré peut-être de l'Ancien Testament et exécuté sur commande. Les traits de la femme ressemblent à ceux de la compagne de Rembrandt, Hendrickje Stoffels, condamnée par l'Eglise Réformée après avoir avoué qu'elle s'était « souillée par sa fornication avec Rembrandt », dont elle avait donné naissance à l'enfant l'année avant l'exécution de ce tableau. La technique de la composition fait partie intégrale de son intimité et de son charme rêveur. Elle est peinte avec une grande liberté – Rembrandt ne s'attarde pas sur les draperies d'or sur la rive, ni sur les plis de la chemise blanche – et chaque coup de pinceau semble renforcer l'atmosphère de solitude et de réflexion.

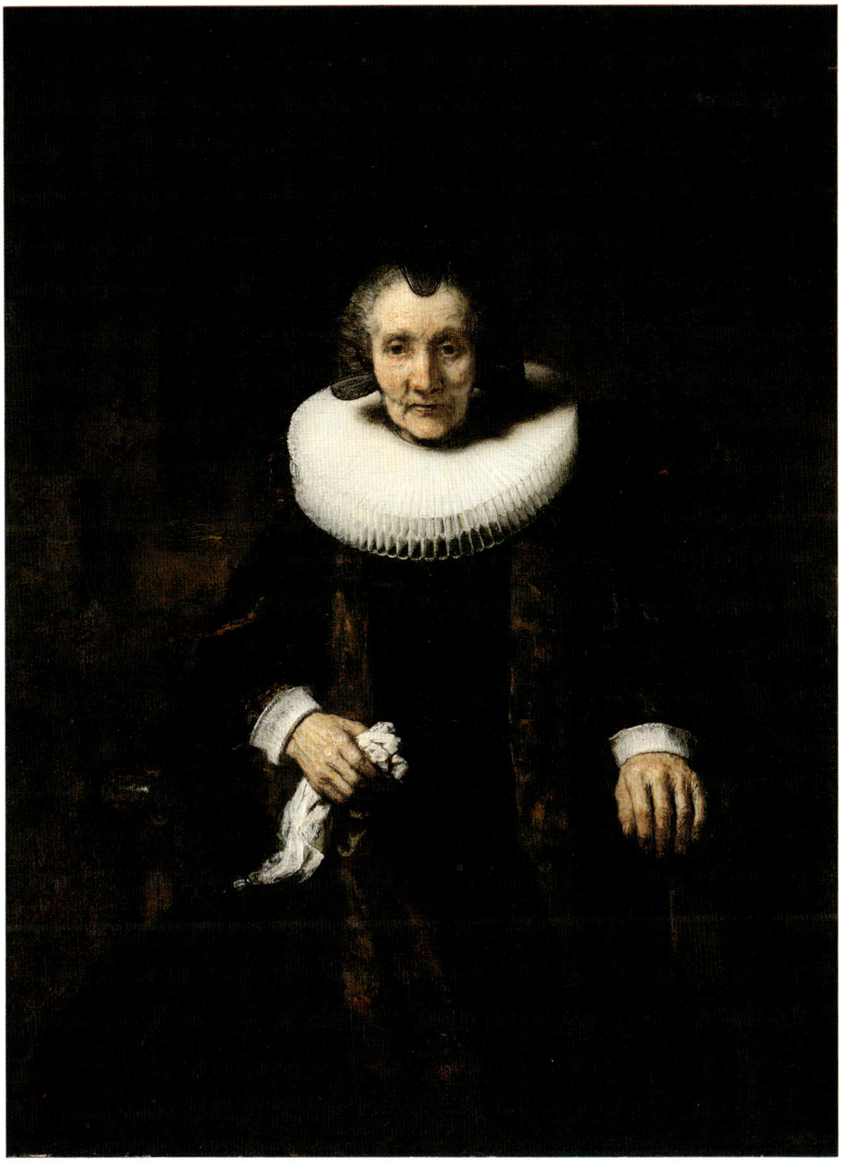

REMBRANDT (1606–1669)
Margaretha de Geer

Margaretha de Geer devait approcher de quatre-vingt ans lorsqu'elle posa pour ce portrait où Rembrandt exprime de façon émouvante à la fois sa fragilité et son caractère indomptable. Elle avait épousé Jacob Trip (dont le portrait dans sa vieillesse fait aussi partie de la Collection) avant la naissance du peintre et devait lui survivre, ainsi qu'à son mari. Elle trône sur sa chaise d'une façon presque royale, et donne l'impression d'être aussi immobile dans son attitude qu'elle est résolue à rester fidèle à la mode de la robe à fraise qui datait de quarante ans auparavant. Mais la vieillesse l'a profondément marquée et la puissance de son image provient en partie des touches de pigment émouvantes qui révèlent le teint rouillé, la bouche ridée et les yeux enfoncés. La tête vivante est presque amputée par la large fraise raide et empesée et exprime une personnalité encore acerbe bien que le modèle soit réduit, physiquement, à chercher d'une main osseuse l'appui du bras de sa chaise.

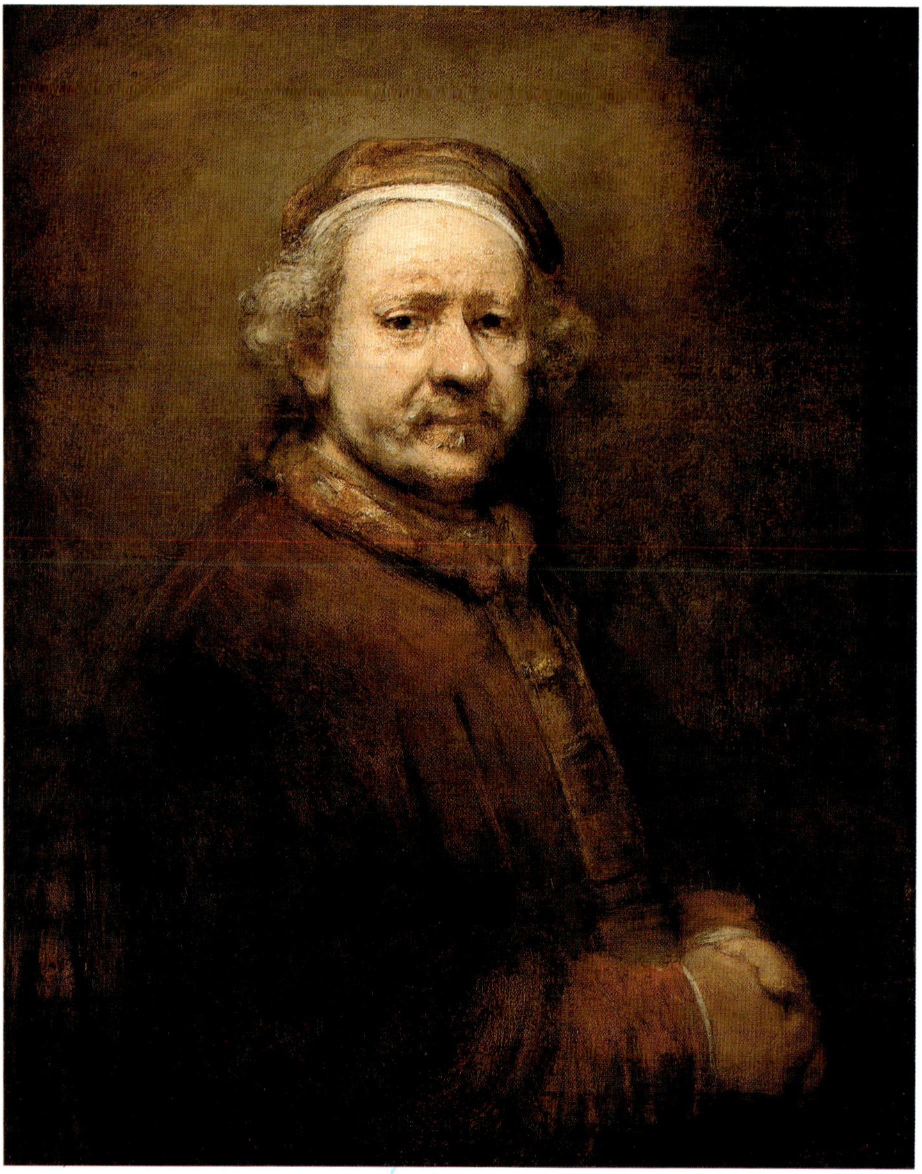

REMBRANDT (1606–1669)
Autoportrait à soixante-trois ans

On peut lire la date de 1669, dernière année de la vie de Rembrandt, sur ce tableau qui est donc l'un de ses tout derniers autoportraits. L'image ne pourrait être plus simple, ni l'examen critique plus intense. Jeune peintre, Rembrandt aimait se représenter dans des costumes flamboyants. Plus tard, il devait découvrir en lui-même l'homme et l'artiste qui fait face au monde, provocant ou résigné. Dans ce portrait, le monde s'est éloigné, laissant le peintre en face d'un homme âgé, simplement vêtu, sans grande distinction et sans préoccupation particulière. La retenue est la note dominante. La peinture est traitée de façon retenue aussi, frottée sur la toile avec une économie inspirée qui rappelle le dernier style du Titien. Tout est concentré sur la tête et l'expression, alors que Rembrandt cherche, semble-t-il, à faire mentir l'adage shakespearien et à traduire sur le visage l'état de l'âme.

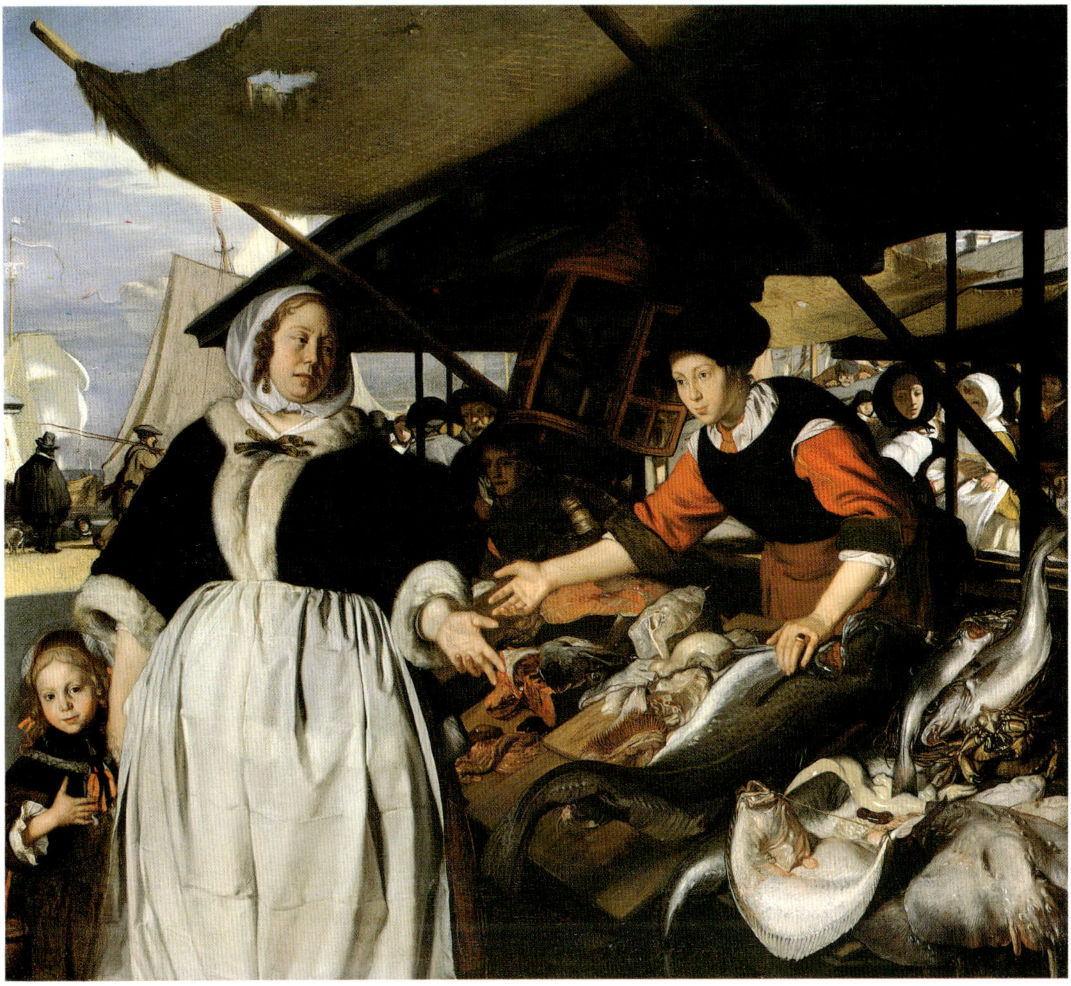

Emanuel de WITTE (1615/17–1691 ou 1692)

Adriana van Heusden et sa fille au nouveau marché au poisson d'Amsterdam (?)

Le long titre de ce tableau cache une histoire intéressante, en dehors de l'intérêt considérable de la composition-même. Adriana van Heusden était la femme du propriétaire du peintre à Amsterdam, à une époque où tout ce que peignait de Witte devait revenir à son propriétaire en échange du vivre et du couvert, plus une somme en espèces. L'une de ces peintures était fort probablement celle-ci. Pour une raison quelconque, de Witte la garda et elle devint l'un des objets de litige dans un procès compliqué entre Adriana van Heusden et le peintre, avec des histoires de copies et de substitutions qui constitueraient un bon sujet de roman. La combinaison de portraits et de scène de plein air est plus agréable que la façon d'agir de Witte. Mais l'expression d'Adriana van Heusden suggère aussi qu'elle n'était peut-être pas toujours commode – même s'il s'agissait seulement du prix et de la qualité du poisson.

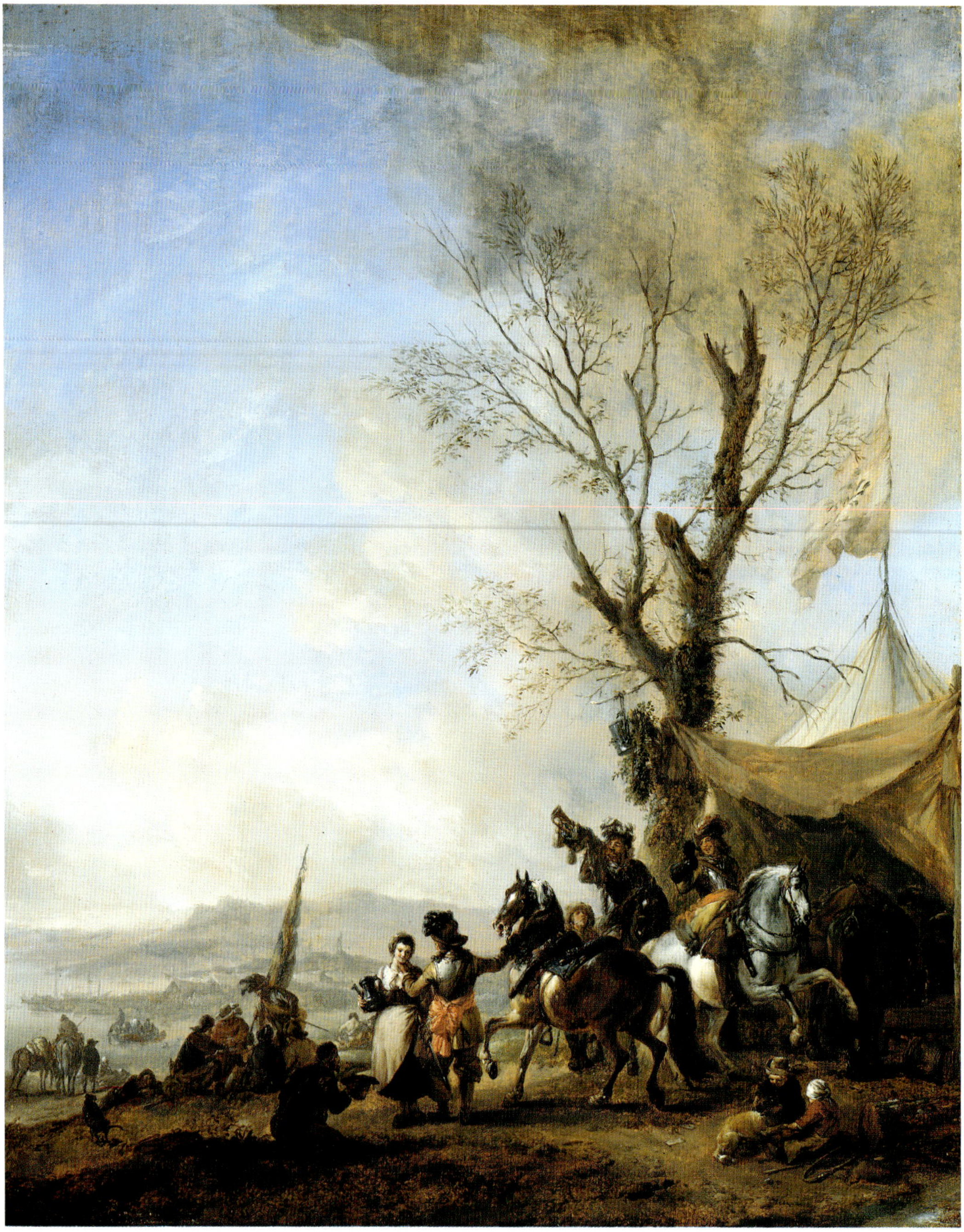

Philips WOUWERMANS (1619–1666)
Soldats de la cavalerie faisant halte à la tente d'une vivandière

Wouwermans était l'un des peintres hollandais du XVIIe siècle qui fut le plus apprécié le siècle suivant, surtout en France et en Angleterre. Il était très prolifique et – à la différence de Rembrandt par exemple – eut un grand succès de son vivant. L'une de ses veines d'inspiration prend pour thème des soldats, des chevaux, des camps, des batailles et des scènes légères et semi-militaires comme celle-ci. Ses compositions toujours très professionnelles ont un air gracieux et décoratif qui anticipe certains aspects du style rococo.

La peinture espagnole

De très bonne heure, la National Gallery commençait à acquérir des peintures espagnoles et, bien que cet aspect de la Collection ne soit pas encore suffisamment représentatif (il n'y a, par exemple, aucun portrait en pied par Goya), ces oeuvres sont d'une qualité remarquable. Velázquez, en particulier, est représenté par une variété de tableaux qui est difficilement égalée en dehors de l'Espagne ; et même en Espagne, il n'y a rien de comparable à la *Toilette de Vénus* (p.186).

Le peintre espagnol dont la popularité était la plus générale au XIXe siècle était Murillo, dont les Administrateurs achetèrent, dès 1837, le magnifique grand tableau des *Deux Trinités* (p.191). Son *Jeune paysan* était déjà dans la Collection, don de M.M.Zachary. Le premier Velázquez fut *Philippe IV chassant le sanglier* (p.185), acquis en 1846, tableau parfois attribué à un disciple ou un assistant mais certainement en grande partie de la main du maître. Une peinture de Zurbarán vint s'y ajouter en 1853, achetée à la vente du Roi Louis-Philippe.

Aucune importante acquisition d'art espagnol n'eut lieu pendant la gestion d'Eastlake, mais dans les dernières années du XIXe siècle il y eut plusieurs additions intéressantes. Le très beau portrait en pied de Philippe IV par Velázquez (p.184), oeuvre rare en dehors de l'Espagne, fut acheté pour 6.000 guinées en 1882, et en 1892, Sir William Gregory légua la composition de jeunesse de Velázquez : *L'hospitalité de Marthe et Marie* (p.183). Sir J.C. Robinson offrit le premier exemple de l'oeuvre du Greco (*L'expulsion des marchands du Temple*) en 1895. L'année suivante, la Galerie achetait son premier Goya, lors d'une vente à Madrid, et y ajoutait le brillant portrait de Doña Isabel de Porcel par Goya (p.193). Ces acquisitions étaient très hardies car ce peintre était encore peu connu et peu apprécié en Angleterre.

La toilette de Vénus (« *La Vénus de Rokeby* ») avait été importée en Angleterre au moment de la Guerre d'Espagne et achetée pour la collection Morritt à Rokeby dans le Yorkshire. La famille la revendit en 1905 et le Fonds National pour les Collections d'Art en fit l'acquisition peu après sa fondation et l'offrit à la Galerie en 1906.

L'art religieux espagnol représentait un domaine plus difficile et il est remarquable que l'on ait acheté dès 1913 l'hallucinante *Vision du Père Simón* (p.188) de Ribalta, peu faite pour être appréciée à l'époque. La charmante *Sainte Marguerite* de Zurbarán (p.187), achetée en 1903 est d'une qualité artistique supérieure ; elle ressemble d'ailleurs moins à une image de piété que l'oeuvre de Ribalta.

Au cours des trente dernières années la National Gallery a fait plusieurs acquisitions importantes mais n'a malheureusement pas réussi en 1970 – malgré ses efforts – à réunir la somme nécessaire pour garder en Grande-Bretagne le magnifique portrait de Juan de Pareja par Velázquez. En 1953, on a acheté l'émouvant et digne autoportrait de Murillo (p.190) qui était dans le pays depuis plus de deux siècles. En 1961, avec l'aide généreuse de la Fondation Wolfson et une bourse du Ministère des Finances, la Galerie a acheté plusieurs belles peintures espagnoles du XVIIIe siècle, dont une superbe nature morte de Meléndez, grand peintre de l'époque qui se spécialisait dans ce genre.

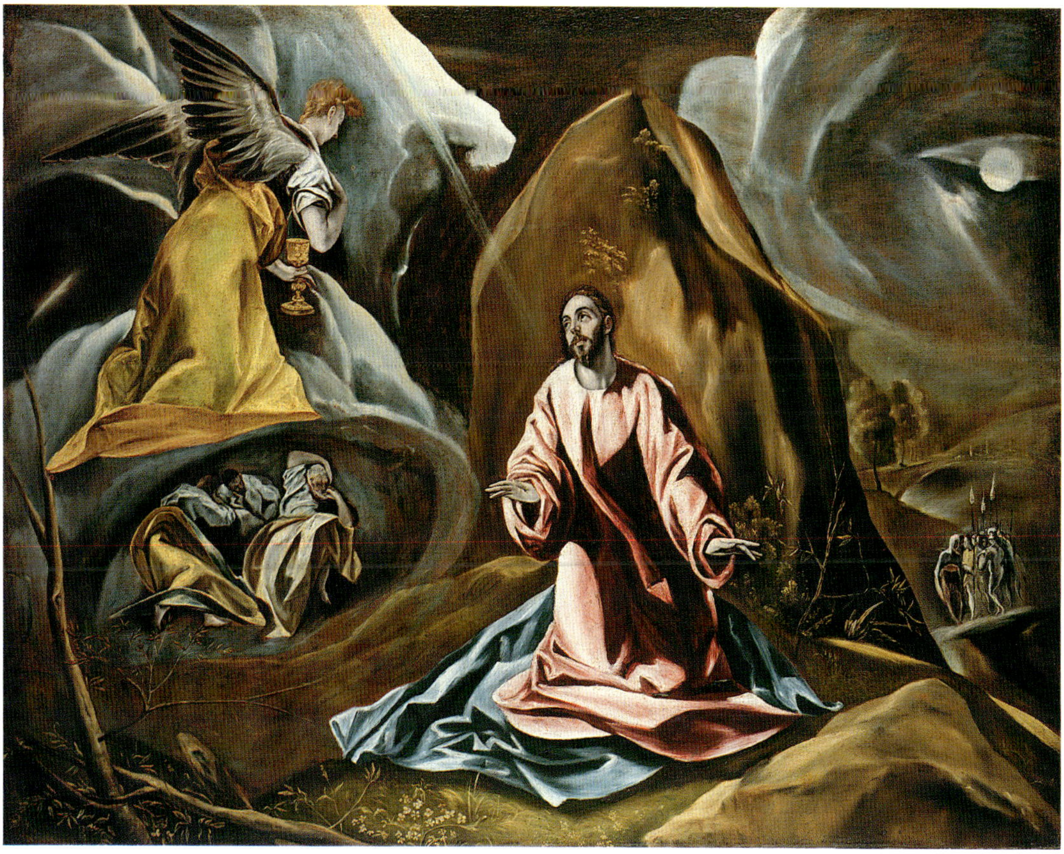

Atelier du GRECO (1541–1614)
Le Jardin des Oliviers

Une certaine dureté dans la peinture de ce tableau indique qu'il s'agit d'une oeuvre d'atelier, mais c'est l'une des compositions les plus originales que le Gréco ait jamais conçues. Il n'est pas surprenant qu'il l'ait reprise plusieurs fois. Venant de Crète, formé à Venise et établi en Espagne, à Tolède (dès 1577), le Gréco était le produit de traditions et d'influences variées qu'il combina pour se créer un style intensément personnel et visionnaire. Ici, le sujet profite de son sens exacerbé de la réalité et le Jardin des Oliviers devient un paysage blême et lunaire, beaucoup plus étrange, beaucoup moins stable et plus insolite que par exemple la version de Mantegna (p.49). Les rochers et les nuages prennent des formes menaçantes dans une nuit noire rendue prophétique par le globe flottant, à demi-voilé, de la lune. La solitude de l'épreuve du Christ est puissamment interprétée, mais aussi son consentement.

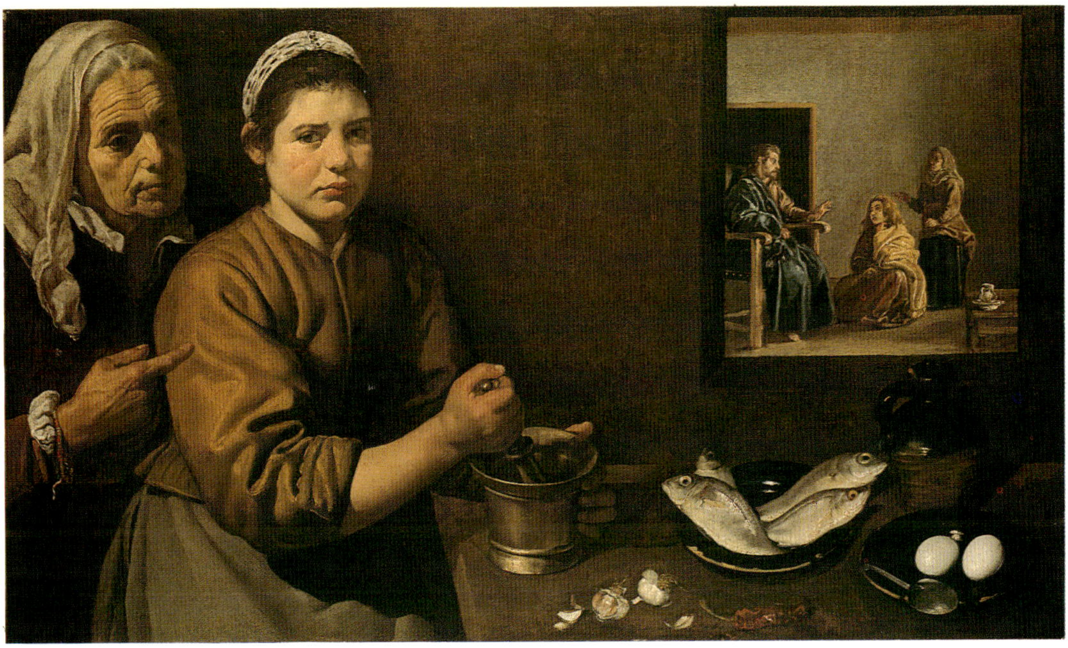

Diego VELAZQUEZ (1599–1660)
L'Hospitalité de Marthe et Marie

On considère rarement Velázquez comme précoce, mais il semble avoir étudié la peinture dans son Séville natal vers l'âge de treize ans et peignit ce tableau à dix-neuf ans. Il est typique de ses premières compositions « de cuisine » à la fois par sa forme et par son traitement, bien que la combinaison des éléments de genre familiers au premier plan et de la scène du Christ prêchant devant Marthe et Marie soit peu habituelle. Velázquez avait peut-être une intention morale que nous ne comprenons pas pleinement, mais ce n'est sûrement pas par hasard que le sujet biblique illustre le contraste entre Marie qui écoute, assise aux pieds du Christ, et Marthe, accablée de besognes domestiques et se plaignant de l'égoïsme apparent de sa soeur. Le succès du tableau, cependant, dépend non pas de cette scène, mais de la nature morte austère, représentée avec une grande vitalité, sur la table : les assiettes de poterie, les têtes d'ail, le poisson et les deux oeufs qui sont tous d'une solennité presque sacrementale.

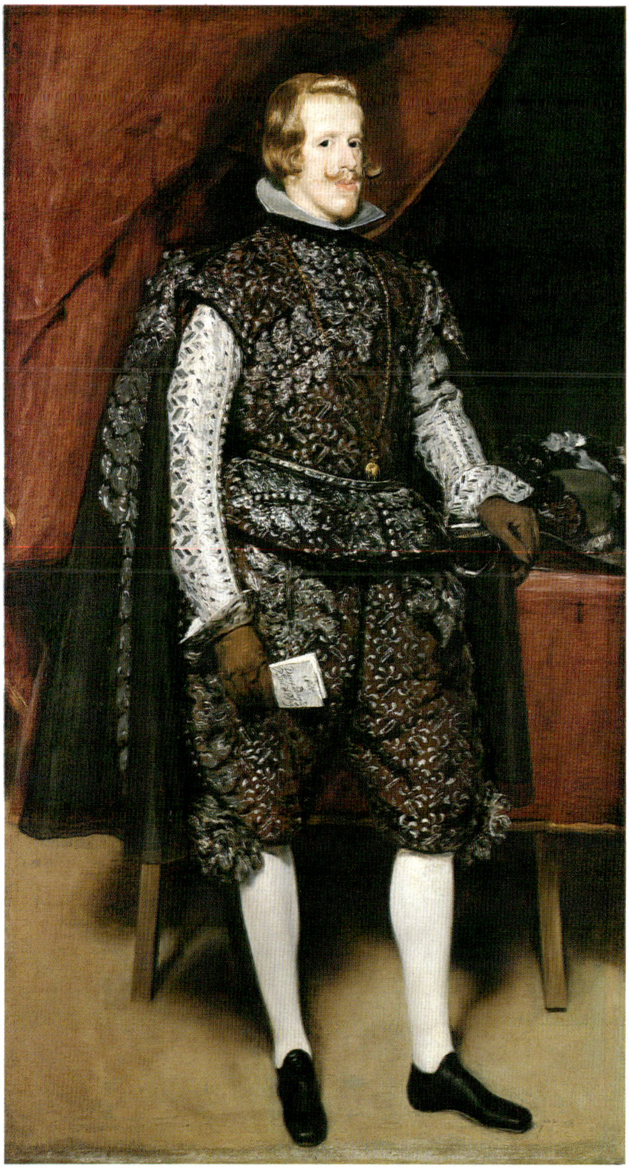

Diego VELAZQUEZ (1599–1660)
Philippe IV d'Espagne en brun et argent

En 1623, Velázquez, encore très jeune, entra au service du Roi à Madrid et reçut la promesse que lui seul aurait le droit de peindre le souverain, qui n'avait alors que dix-sept ans. Pendant le reste de leur vie, le peintre et le monarque furent associés. Aucun peintre n'a jamais servi si fidèlement un seul mécène, et Velázquez mourut au service du Roi. Dans ce portrait du milieu des années 30, le Roi porte un costume d'une splendeur inhabituelle, sans doute pour une réception officielle, et tient un document sur lequel l'artiste a signé le tableau en tant que « peintre de Votre Majesté ». Philippe IV ne cherchait pas à être flatté par son portraitiste – et ne le fut pas. Velázquez enregistre les traits royaux comme ils étaient, les peignant avec un grand soin, puis donne à son pinceau la liberté de représenter le costume avec une hardiesse et une fluidité étonnantes. Le chapeau, à lui seul, anticipe Manet.

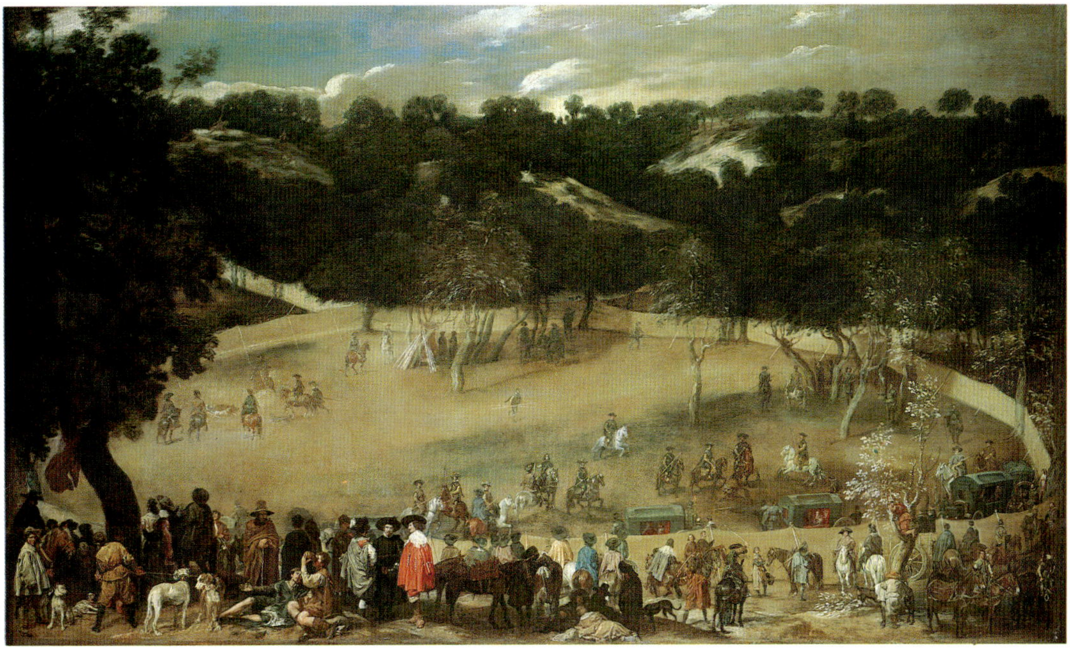

Diego VELAZQUEZ (1599–1660)
Philippe IV chassant le sanglier

Dans les tableaux de Velázquez, les personnages royaux sont généralement représentés dans le contexte de la Cour et cette intéressante composition est unique parce qu'elle nous montre tous les grades de la société espagnole réunis dans un panorama de plein air. Ce « sport » est de nature particulièrement cruelle, comme le révèlent les détails de la composition, y compris l'enclos de toile à l'intérieur duquel on chasse les sangliers. On reconnaît Philippe IV à droite, transperçant un sanglier, mais la foule de personnages à plus grande échelle, au premier plan, est encore plus remarquable, certains engageant une conversation ou étanchant leur soif, indifférents au spectacle, semble-t-il. Alors qu'il exécutait ce qui était probablement une commande royale, Velázquez a placé le prétendu sujet dans la perspective la plus large possible, et il en résulte que le paysage espagnol et les Espagnols ordinaires écrasent, par contraste, leur seigneur et maître.

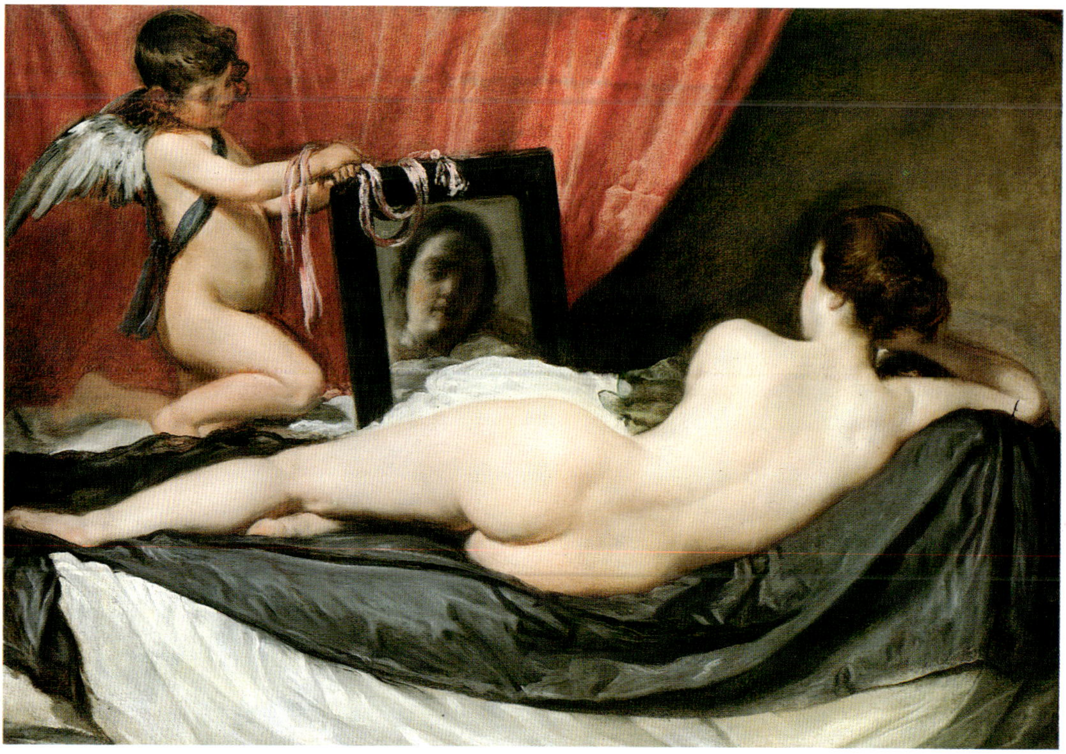

Diego VELAZQUEZ (1599–1660)
La Toilette de Vénus (« la Vénus de Rokeby »)

Seule la présence du Cupidon ailé ajoute une nuance mythologique à ce qui serait autrement une étude en dehors du temps, « moderne » d'apparence, d'une femme qui, étendue nue sur un lit, se regarde dans un miroir. A la fois chaste et sensuelle, la Vénus de Velázquez – seul nu féminin qui ait survécu dans l'oeuvre du peintre, et sujet rare dans l'art espagnol en général – est profondément préoccupée d'elle-même et le décor de rideaux et de draperies chiffonnées renforce l'impression de claustrophobie. Dans la pose du corps de Vénus, il y a une sorte de pudeur latente, mais il se dégage une forte sensation de chair vivante de ce qu'on voit de ce corps, dont le teint pâle forme un contraste excitant avec le bleu-gris inattendu du drap sur lequel il s'appuie d'une façon aussi positive et voluptueuse. Comme toujours, c'est le maniement par Velázquez de la peinture à l'huile ainsi que son observation exacte de ce qu'il voit, qui crée l'effet puissant. Lorsqu'il peignit la *Toilette de Vénus* – pas plus tard que 1651 et peut-être un ou deux ans plus tôt – il avait une maîtrise totale de son art.

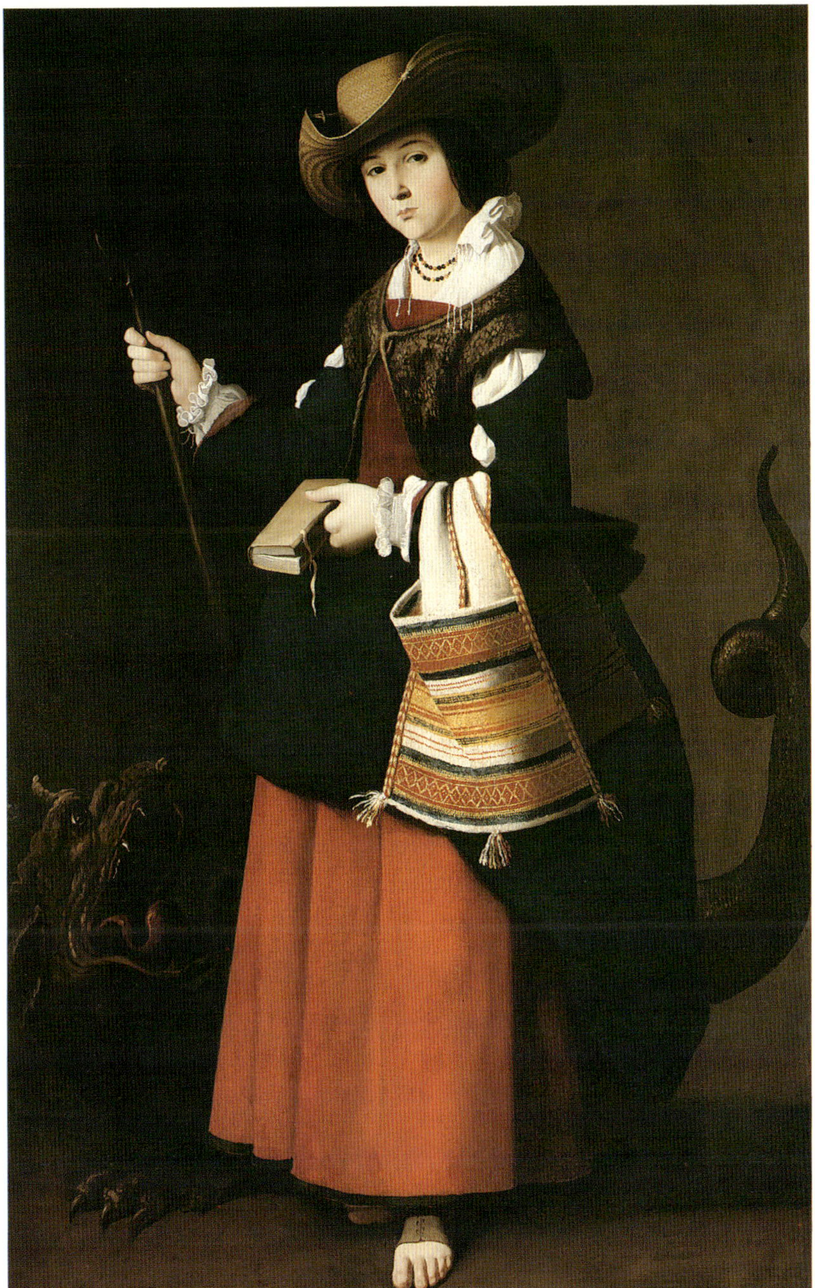

Francisco de ZURBARAN (1598–1664)
Sainte Marguerite

La sainte est représentée en bergère – une bergère espagnole –, discrètement accompagnée du dragon qui fait partie de sa légende. Zurbarán cherche avant tout à exprimer le réalité physique de la sainte qui est tout à fait présente en tant qu'être humain, sans auréole et avec les traits d'une vraie femme. En cela, il est probablement typique de la peinture espagnole du XVIIe siècle en général, mais en même temps Zurbarán veut obtenir une immobilité et une gravité sculpturelles en peignant les formes avec une clarté qui crée des effets hyperréalistes, comme par exemple ici les ruchés de lin blanc aux poignets et au col de la sainte.

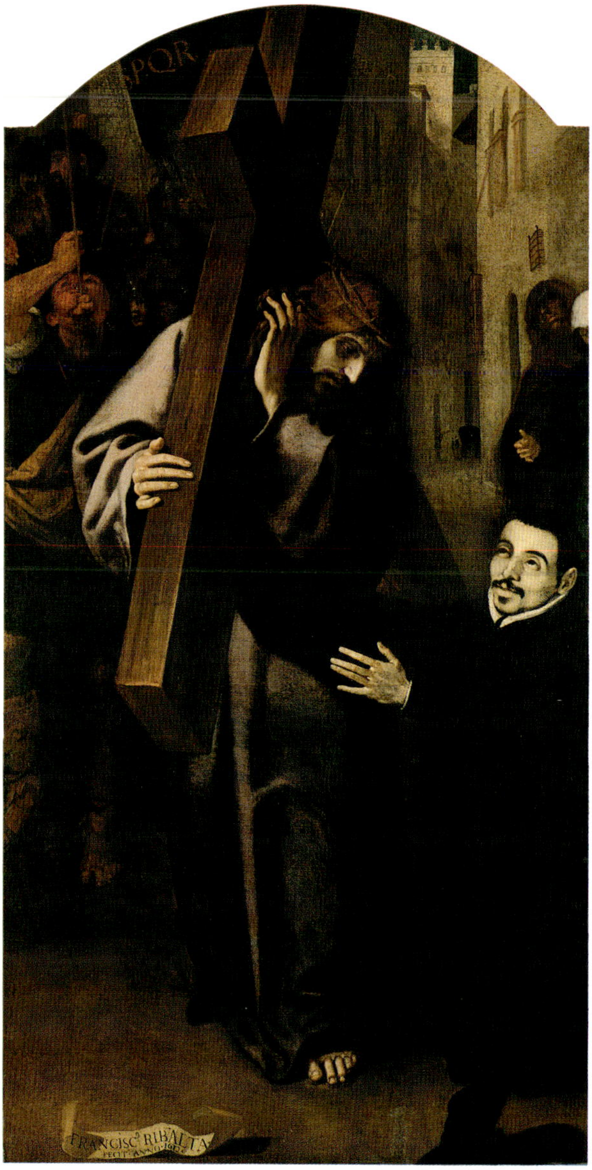

Francisco RIBALTA (1565–1628)
La Vision du Père Simón

Cet étrange tableau semble par beaucoup de points la quintessence de tout ce qui est espagnol. Il représente la vision d'un ascète alors célèbre, un curé de Valence, dont les méditations nocturnes dans la ville sur le thème du Chemin du Calvaire aboutirent à une vision du Christ portant la Croix, entouré de ses bourreaux et suivi par la Vierge et Saint Jean (qu'on entrevoit à peine à l'extrême droite). Le Père Simón mourut en 1612 – date inscrite sur ce tableau – et devint l'objet d'un culte quelque peu controversé. Les tentatives de béatification rencontrèrent une forte résistance et son image fut bientôt, sur ordre, retirée des autels. Cette composition, malheureusement tronquée maintenant, était sans doute destinée à l'autel de l'église du Père Simón à Valence. La pose du Christ est empruntée à Sebastiano del Piombo, mais le visage du prêtre agenouillé est un portrait posthume. L'aspect le plus saisissant de la peinture est la rue sombre et vide, bordée de hautes maisons, dans laquelle la vision se manifeste.

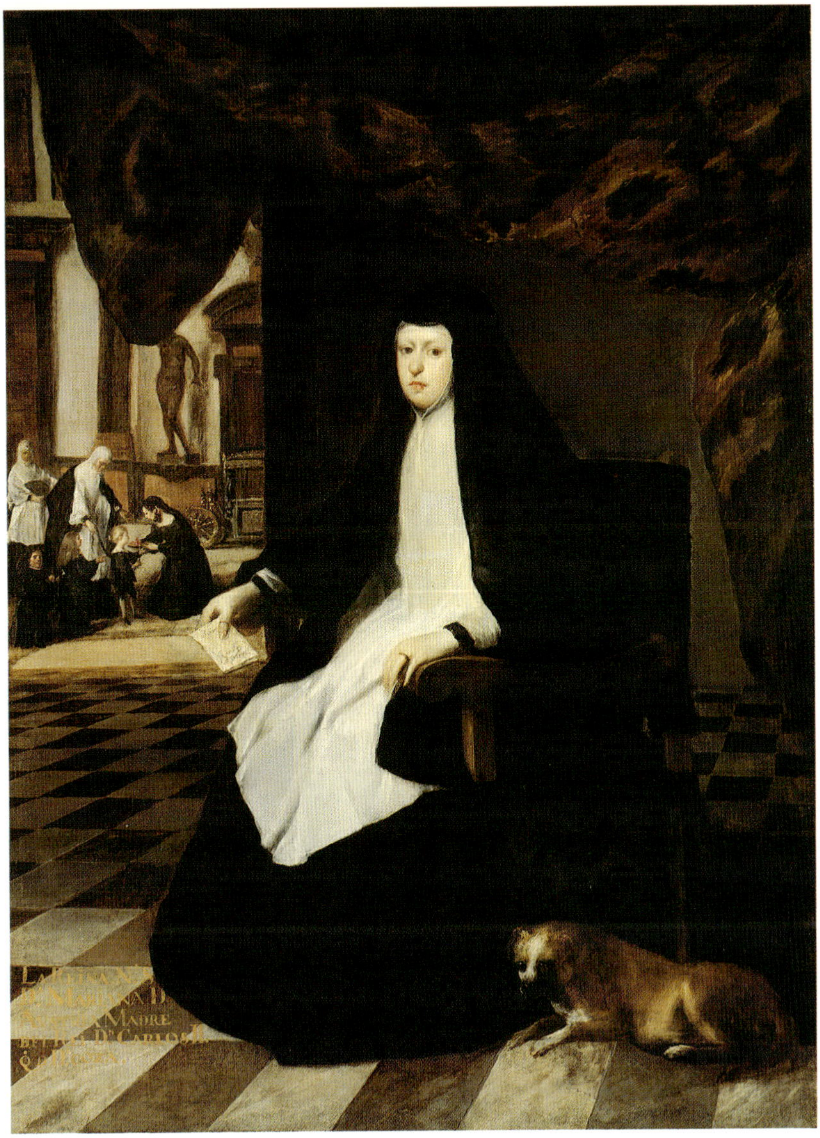

Juan Bautista del MAZO (vers 1612/16–1667)
La Reine Mariana d'Espagne, en deuil

La Reine, veuve de son oncle, Philippe IV, porte un habit de religieuse, mais on la voit non pas en retraite pieuse, mais en Régente. Elle occupe une salle de l'Alcázar, palais royal à Madrid qui devait plus tard être détruit par un incendie. Au fond, on peut voir des nains et des suivantes entourant son fils, le Roi Charles II, âgé de cinq ans. Tout comme le style de peinture, la composition est remplie d'échos de Velázquez. Elle nous intrigue parce qu'elle soulève un coin de rideau – littéralement – sur la Cour d'Espagne après la mort du peintre et de son mécène royal. Mazo avait travaillé dans l'atelier de Velázquez et épousé sa fille. Ses oeuvres documentées sont rares et celle-ci présente l'intérêt supplémentaire d'être non seulement datée (1666) mais également signée par le peintre.

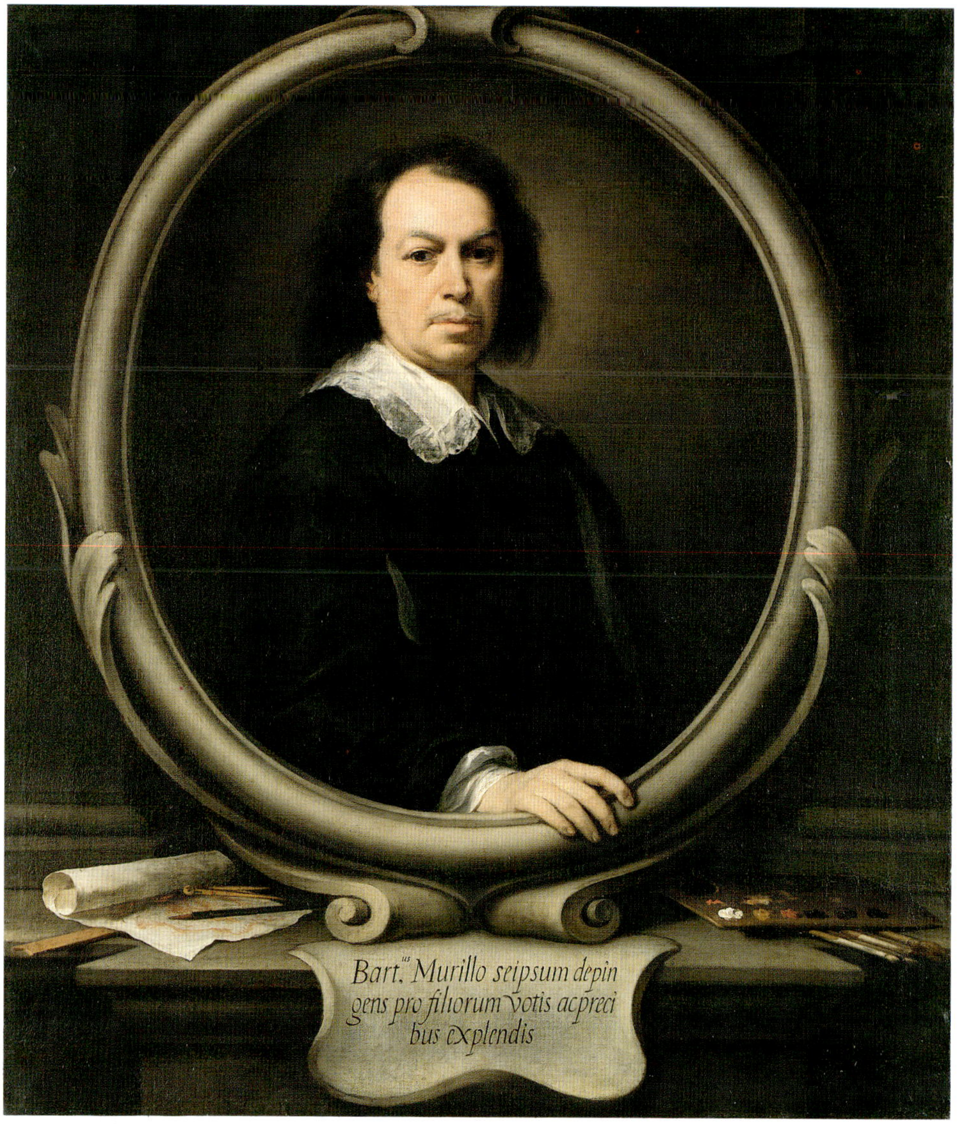

Bartolomé Esteban MURILLO (1617–1682)
Autoportrait

Murillo devait avoir une cinquantaine d'années lorsqu'il peignit ce portrait digne, mais franc et direct, placé dans un cadre recherché du genre qu'on trouve sur les gravures, avec un compas et un croquis à la sanguine sur le rebord de table à gauche et une palette à droite. L'air solennel de la composition est renforcé par l'inscription latine bien en évidence qui déclare que Murillo se représente pour répondre aux souhaits et aux prières de ses enfants (*ou* de ses fils). Il déclare avec le même sérieux sa fierté professionnelle d'artiste et le portrait assume ainsi le caractère d'un testament ou même d'un monument. Murillo est un grand peintre, austère et puissant à l'occasion, comme ici. Son oeuvre dément la réputation qu'il avait à une certaine époque de sentimentalité et de piété exagérée – comme le groupe de peintures de la Collection de la Galerie le prouve bien.

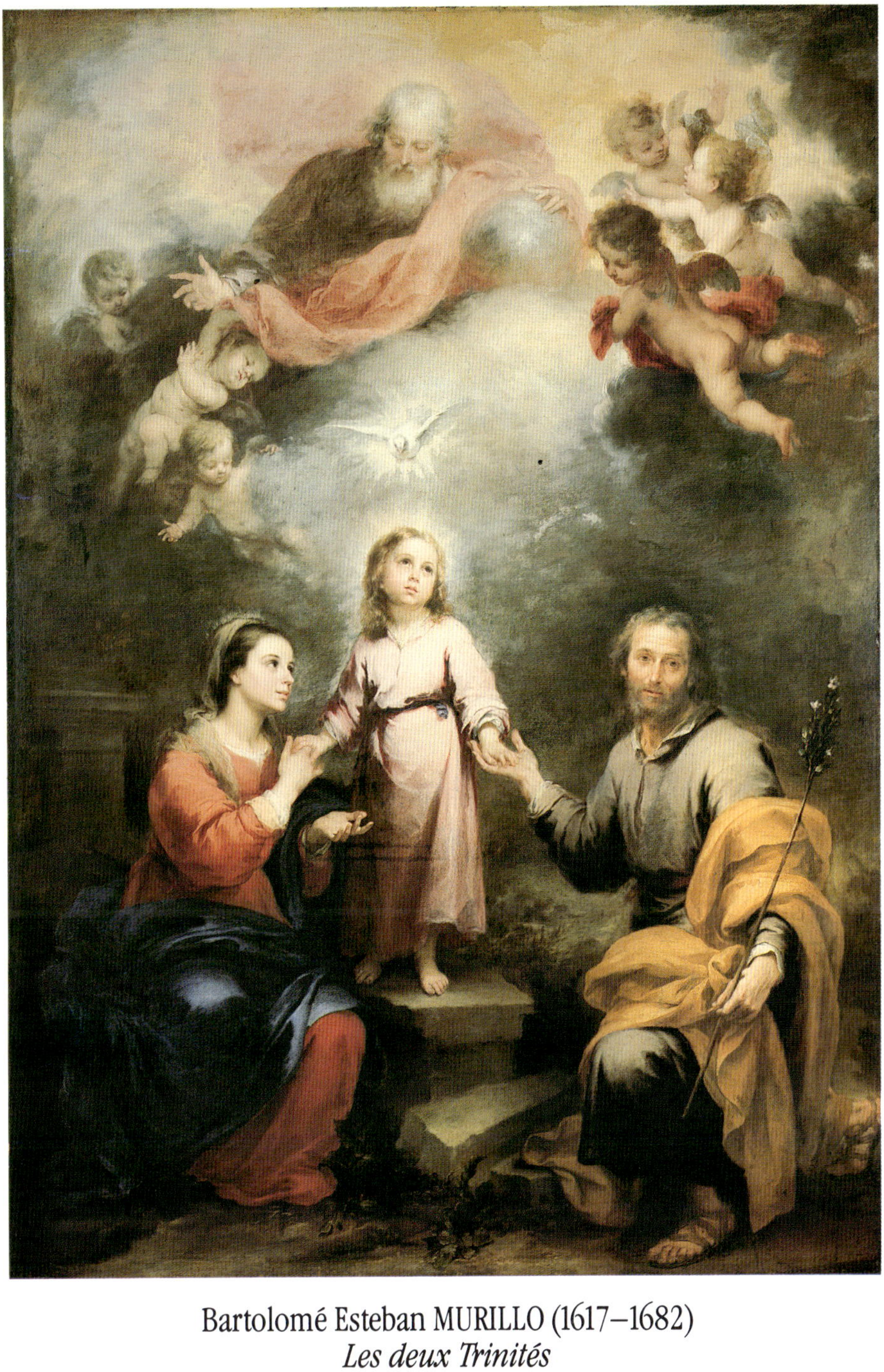

Bartolomé Esteban MURILLO (1617–1682)
Les deux Trinités

Cette belle peinture de Murillo semblerait destinée à un autel mais on ignore son lieu d'origine. Elle provient de la collection de la famille Pedroso, à Cadix, ville pour laquelle Murillo travailla beaucoup. Le sujet associe la Trinité sur Terre, constituée par la Vierge, Saint Joseph et l'enfant Jésus, qu'ils tiennent par la main, à la Trinité du Ciel. Murillo fuse les deux étages d'une façon particulièrement élégante et décorative, représentant le ciel comme plus doux et vaporeux que la terre où une facture vigoureuse, surtout dans la représentation de la Vierge, indique combien l'artiste continuait à prendre son art au sérieux jusqu'à la fin d'une longue carrière.

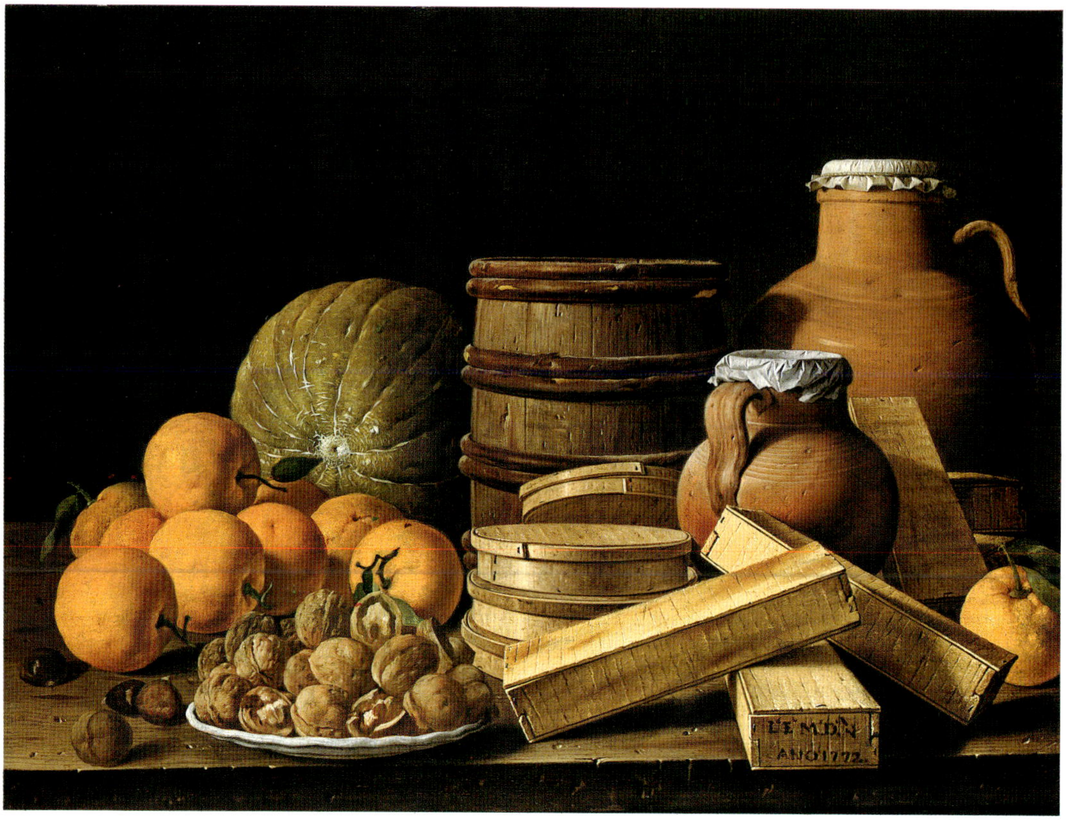

Luis MELENDEZ (1716–1780)
Nature morte avec des oranges et des noix

Ce n'est que depuis ces dernières années que l'oeuvre de Meléndez attire l'attention du public. Il fut d'abord portraitiste (il y a un très bel autoportrait de lui au Louvre), puis se mit plus tard à peindre des natures mortes – catégorie de peintures pour laquelle il est surtout connu maintenant. Il peignit un grand nombre de ces tableaux pour le palais royal d'Aranjuez. Celui-ci, signé et daté 1772, est imposant par sa composition – presque majestueuse – et l'effet est renforcé par sa tonalité chaude, restreinte. Les formes ventrues des oranges et du melon sont en parallèle avec celles des pots de terre et du baril. Sans organisation trop évidente, chaque objet trouve sa place dans un arrangement qui dégage une impression solennelle et satisfaisante de justesse alors que Meléndez sait reproduire la variété de textures, y compris la surface des boîtes de bois, qui contiennent sans doute une forme de conserve. Dans l'oeuvre de Meléndez il ressort toujours quelque chose d'essentiellement espagnol et on en voit déjà le germe dans une nature morte comme celle qu'avait créée Velázquez dans son *Hospitalité de Marthe et Marie* (p.183).

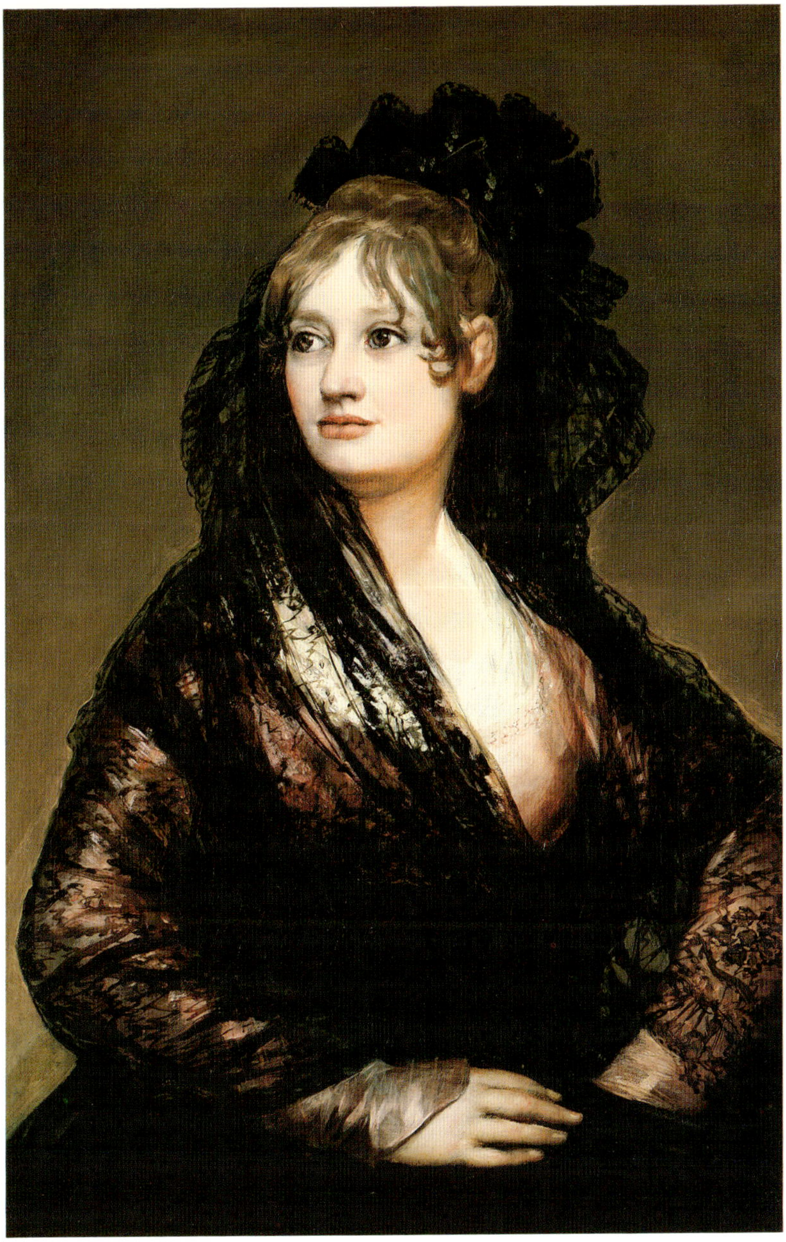

Francisco de GOYA (1746–1828)
Doña Isabel de Porcel

Goya exposa ce beau portrait de bravoure en 1805 à Madrid et la composition a un air hardi, comme si le peintre et le modèle aimaient l'un et l'autre s'exhiber. Le modèle porte un costume de *maja*, costume populaire souvent adopté par les Espagnoles élégantes au début du XIXe siècle. Elle le porte avec une grande assurance et donne à Goya l'occasion d'exécuter les plis et la cascade de dentelle noire avec une liberté brillante. En même temps, en portraitiste subtil, il caractérise Doña Isabel, malgré ses yeux brillants et sa bouche pulpeuse, comme autre chose qu'une sorte de Carmen tapageuse. C'est une personnalité, qui semble avoir sa vie et ses pensées indépendantes ; et ce qui fait sa fascination c'est que sous la vivacité de surface se cache un air pensif.

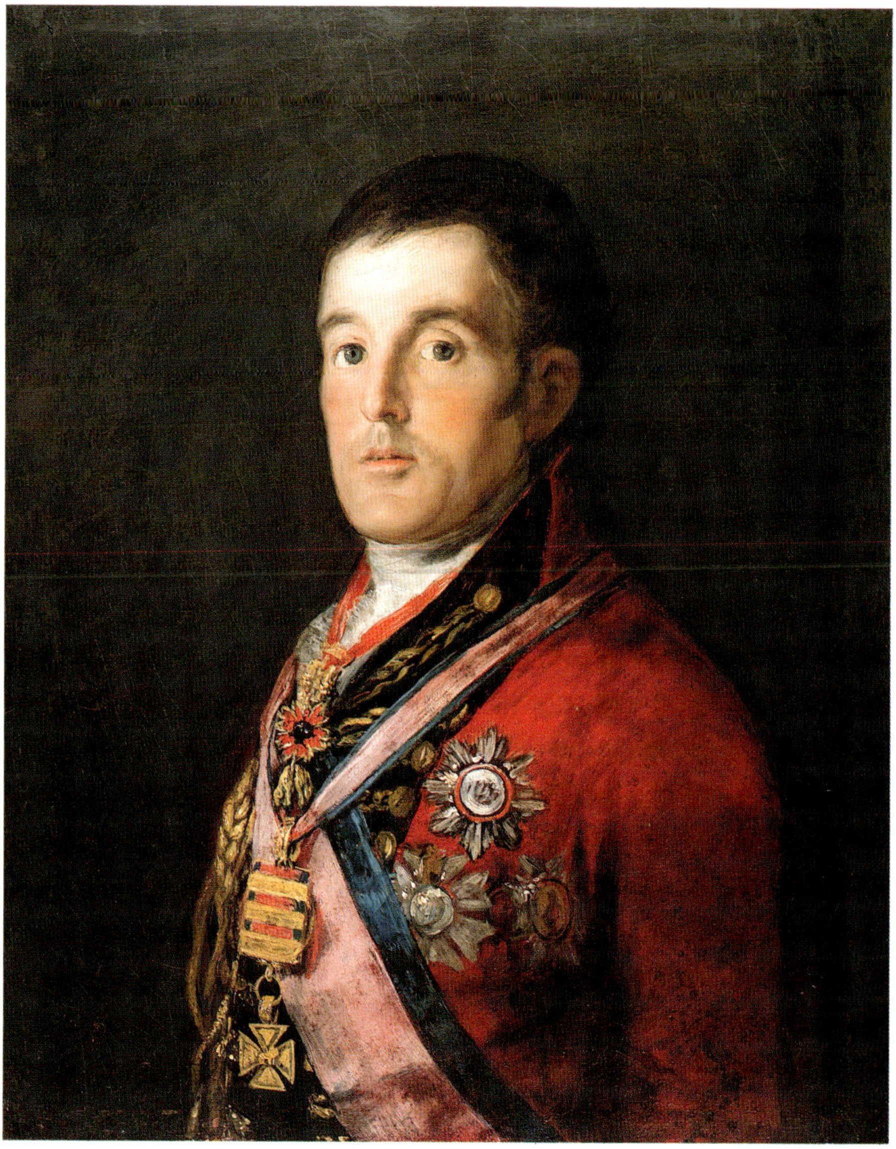

Francisco de GOYA (1746–1828)
Le Duc de Wellington

Les grands événements de l'histoire européenne firent irruption dans la vie et dans l'oeuvre de Goya – comme dans celles de Jacques-Louis David. Goya vit son pays déchiré par la guerre après de longues années de paix et il assista à l'entrée à Madrid, le 12 août 1812, du futur Duc de Wellington qui venait de triompher des forces de Napoléon à la bataille de Salamanque. Pour le récompenser de sa victoire, Wellington reçut l'Ordre de la Toison d'Or, que Goya représente ici au milieu de ses autres ordres et décorations. Bien que Goya ait probablement apporté quelques modifications au tableau en 1814, il dépeint plus ou moins l'homme qu'il avait vu en 1812 – un soldat encore jeune, bronzé, quelque peu tendu, peut-être las après la bataille. Il n'y a pas d'allégorie ni de pose hautaine pour le commandant victorieux. La franchise et la perspicacité de Goya auraient dû plaire à Wellington, mais bien qu'il ait peint d'autres portraits de lui, il n'existe aucune documentation au sujet des rapports entre les deux hommes.

La peinture britannique

Dans le noyau de la collection Angerstein, achetée pour fonder la Galerie, la peinture britannique était surtout représentée par les six scènes célèbres du *Mariage à la mode* de Hogarth (cf p.196). D'autre part,la peinture britannique était représentée parmi les premiers Administrateurs par Sir Thomas Lawrence.

Comme c'est le cas pour les autres aspects des activités de la National Gallery lors de ses premières années, il semble n'avoir existé aucune politique précise d'acquisition d'oeuvres importantes de l'école britannique, passée ou présente. Un très beau paysage tardif de Gainsborough (*L'abreuvoir*) fut offert par Lord Farnborough en 1827. Un portrait par Reynolds (*Lord Heathfield*) se trouvait parmi les acquisitions d'Angerstein. Après la mort de Constable en 1837, un groupe de souscripteurs fit don d'une de ses oeuvres, *Le champ de blé* – tableau d'une grande finition, qui avait été exposé plusieurs fois par l'artiste. Une importante collection de peintures britanniques , du XIXe siècle surtout, fut offerte en 1847 par Robert Vernon, mais il n'y avait alors pas suffisamment de place pour les exposer à Trafalgar Square.

Le règlement du testament de Turner en 1856 donna à la nation l'essentiel de son oeuvre, y compris ses dessins et ses aquarelles. Parmi les peintures se trouvaient *Ulysse se moquant de Polyphème* (p.206), *Pluie, vapeur et vitesse* (p.207) et – peut-être le tableau le plus célèbre de Turner – *Le Téméraire* (p.205). Sous la direction d'Eastlake, la Galerie fit l'acquisition du beau portrait en pied du Capitaine Orme, par Reynolds (p.200) et de quelques portraits de Gainsborough.

Après la fondation en 1897 de la Tate Gallery en tant que collection nationale d'art britannique (et d'art étranger moderne), seul un choix de peintures britanniques de premier rang demeurèrent à la National Gallery, et il en est toujours ainsi. Henry Vaughan avait fait don en 1886 de la célèbre *Charrette de foin* de Constable (p.204) et légué à sa mort en 1900 *Les filles du peintre poursuivant un papillon* de Gainsborough (p.198). Gainsborough, Reynolds, Constable et Turner demeurent les grands noms à Trafalgar Square. La représentation de Gainsborough a été grandement améliorée par l'achat en 1954 de sa *Promenade du matin* (p.199), oeuvre tardive et éthérée, suivi six ans plus tard par l'achat de son portrait de jeunesse beaucoup plus terre à terre d'un autre couple d'époux, *M. et Mme Andrews* (p.197).

La mort de Lawrence n'inspira malheureusement aucune initiative pour représenter son art brillant. Ce n'est qu'en 1927 que fut acquise une oeuvre de jeunesse très accomplie : le portrait en pied de la Reine Charlotte (p.203). Des peintres britanniques plus anciens comme Stubbs et Joseph Wright, qui sont maintenant reconnus comme de grands artistes, furent traités de façon encore plus capricieuse. L'impressionnant et caractéristique tableau de Stubbs, *Les familles Melbourne et Milbanke* (p.202), ne fut acheté qu'en 1975 et l'interprétation non moins impressionnante et « britannique » d'une combinaison de portrait et de paysage par Wright, *M. et Mme Coltman,* ne fut acquis qu'en 1984.

Le choix et la représentation des peintres britanniques plus récents sera toujours difficile. Un autre grand portraitiste est représenté à Trafalgar Square par un chef-d'oeuvre dont le modèle lui-même, qui était l'un des Administrateurs de la Galerie, a fait don : le portrait en pied de *Lord Ribblesdale* par Sargent (p.208). On ne peut demander à chacun des Administrateurs d'inspirer un beau portrait et d'avoir ensuite la générosité d'en faire don à la Collection.

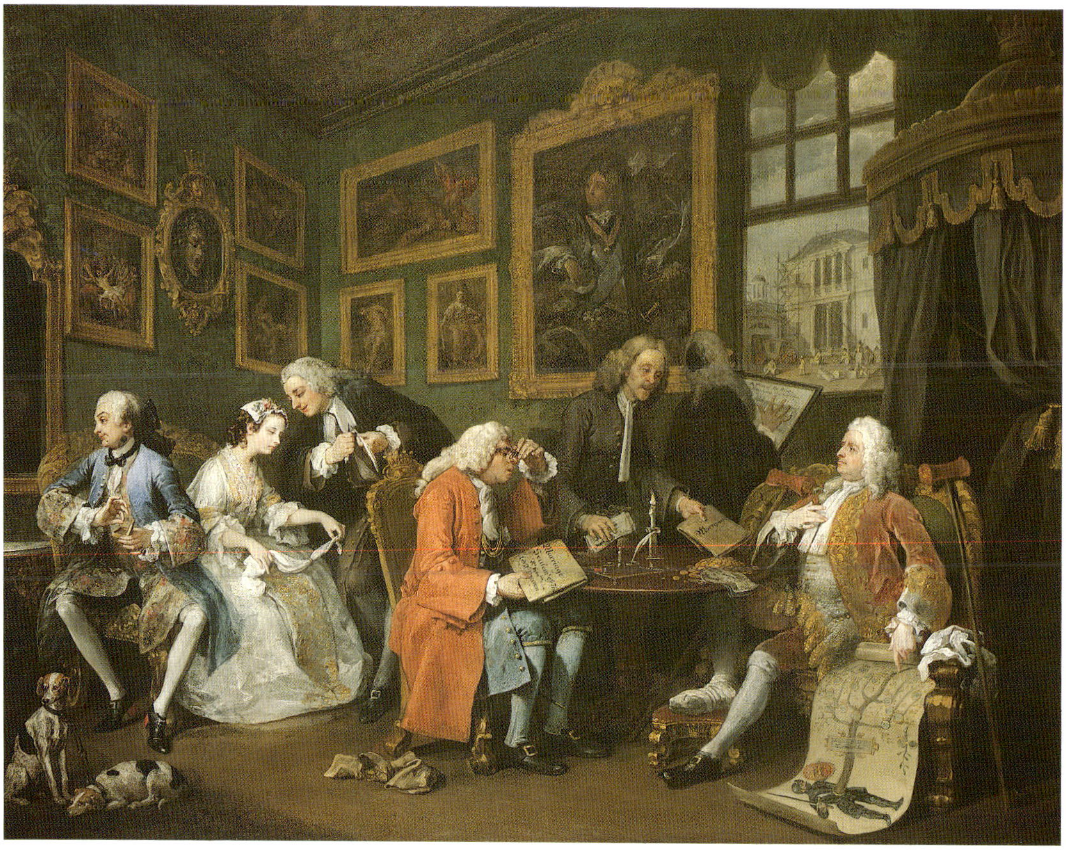

William HOGARTH (1697–1764)
Le Contrat de mariage

C'est la première de six peintures dans la série du *Mariage à la mode,* peinte par Hogarth aux environs d'avril 1743, et ce tableau est probablement le plus subtil de ce groupe raffiné, suggestif et finalement plus tragique que satirique. Un noble pauvre mais fier et un riche et ambitieux marchand de la Cité de Londres, que l'on voit ensemble à droite, ont décidé de marier leurs fils et fille respectifs, uniquement pour des raisons de finance et de rang. Le couple destiné à être ainsi uni par des noeuds de mariage qui ne sont ni saints ni heureux est représenté à gauche, déjà divorcé sur le plan émotionnel, rapproché par la seule proximité. Une union préparée de façon aussi cynique aboutira – comme la série le révèle – au meurtre du mari et au suicide de la femme. Mais Hogarth fait plus qu'illustrer un conte moral (qui est d'ailleurs de sa propre invention). Il le peint avec autant de délicatesse que d'humour mordant. Et dans cette composition toutes les allusions acérées et l'observation aiguë du costume et du mobilier contemporains laissent transparaître le regret indigné de constater que la société égoïste conspire à transformer ce qui devrait être le bonheur en un malheur général.

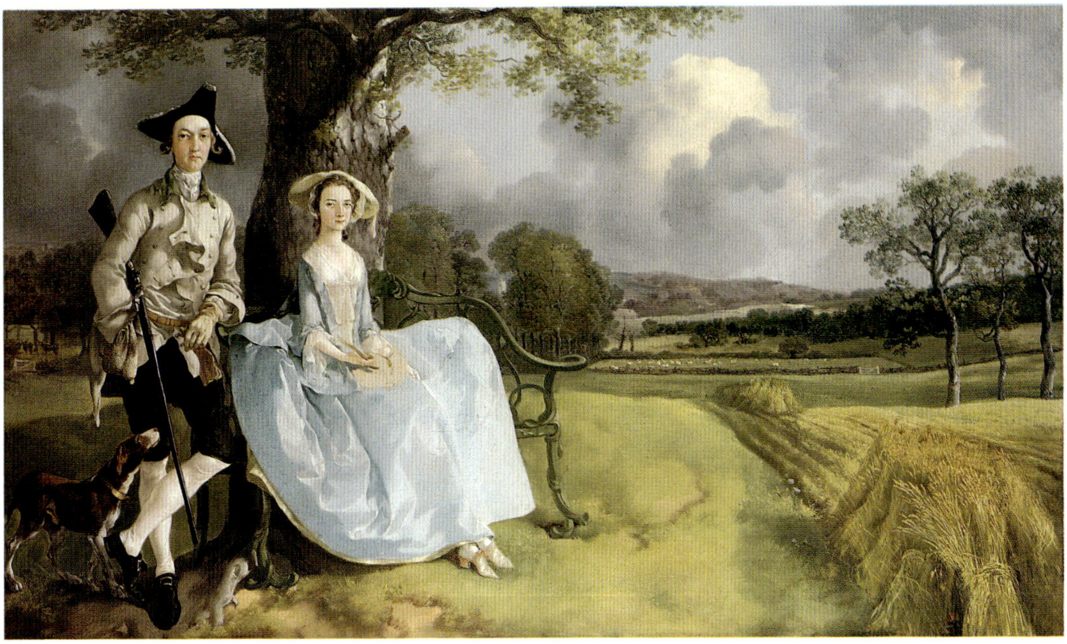

Thomas GAINSBOROUGH (1727–1788)
M. et Mme Andrews

Gainsborough n'avait qu'une vingtaine d'années lorsqu'après sa formation à Londres, il rentra dans son Sudbury natal. Il se mit à y travailler surtout comme portraitiste à une petite échelle, exploitant son don extraordinaire pour la ressemblance mais faisant preuve aussi d'une grande affinité avec la « nature », c'est à dire la campagne. M. et Mme Andrews, qui s'étaient mariés à Sudbury en novembre 1748, posèrent un an ou deux plus tard pour un portrait qui est devenu l'un des chefs d'oeuvre de la peinture britannique. L'originalité de la conception du tableau s'allie à une originalité lyrique dans l'utilisation de la peinture – l'artiste révélant un instinct inné pour cette technique – qui n'ont pas vieilli. Avec une franchise typique et totale, Gainsborough dépeint exactement M. et Mme Andrews – le châtelain et sa femme – et en même temps les terres qui leur appartiennent en partie, avec le blé en gerbes et les moutons dans un champ bien clos, et au-delà, la campagne ondulée, le tout sous un ciel nuageux.

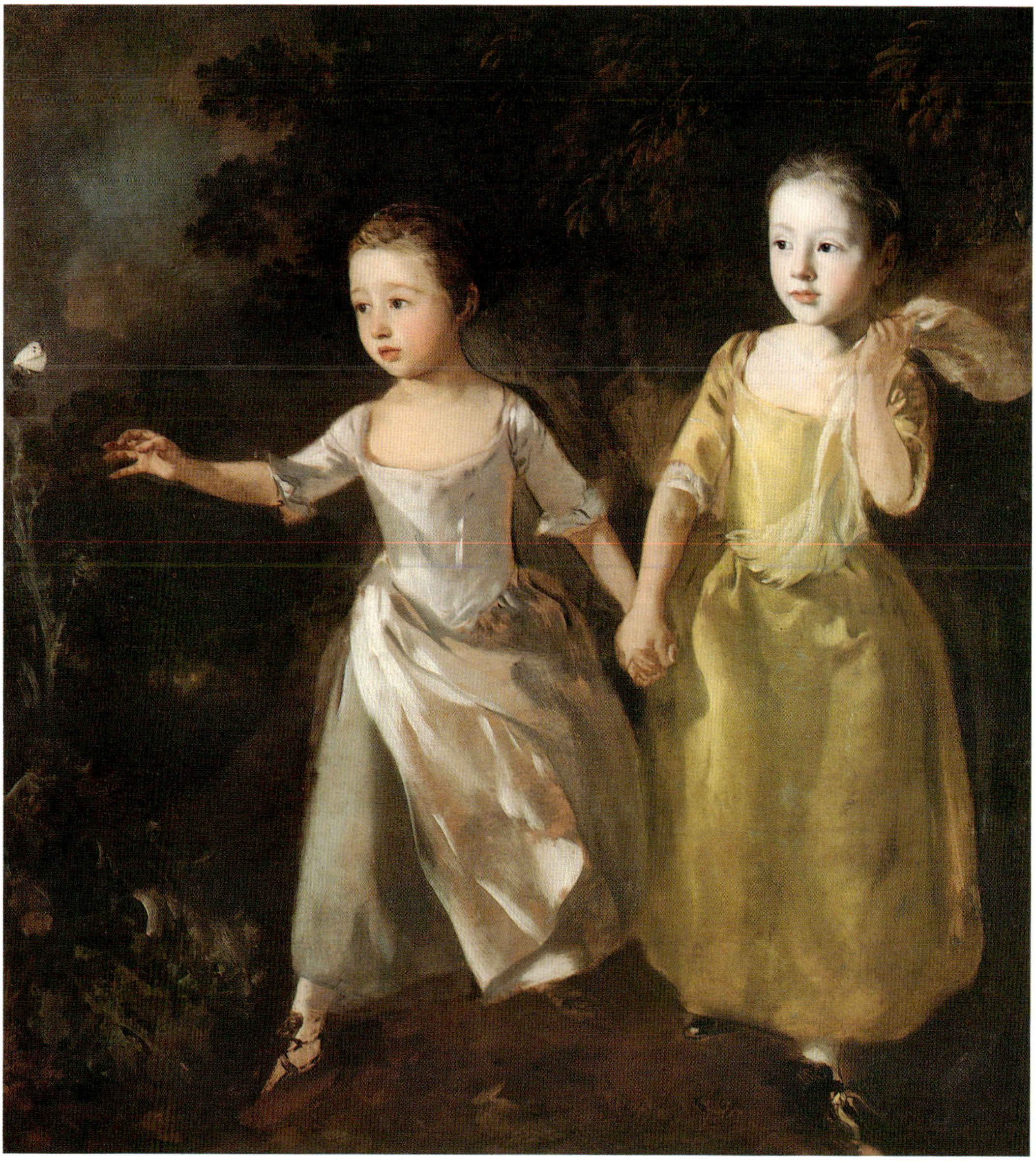

Thomas GAINSBOROUGH (1727–1788)
Les filles du peintre poursuivant un papillon

Gainsborough, comme un de ses amis le remarqua à propos de sa façon de jouer de la basse de viole, jouait toujours sur les sentiments. Sa vive sympathie humaine se communique à travers la matière de ses peintures et il n'est pas surprenant que ses deux filles aient inspiré plusieurs portraits charmants. La main dans la main, les deux fillettes aux yeux noirs poursuivent solennellement un papillon perché sur un chardon. Des espoirs de jeunesse et peut-être aussi le caractère fugitif du bonheur sont suggérés par ce thème qui était fait pour émouvoir le père autant que l'artiste. Mary et Margaret Gainsborough devinrent des femmes de talent, mais quelque peu instables, subissant l'une et l'autre des expériences émotionnelles décevantes. Elles devaient vivre longtemps (l'aînée, Mary, ne mourut qu'en 1826) et elles étaient ensemble à la fin de leur vie comme elles l'étaient lorsque Gainsborough les avait dépeintes, absorbées dans une image naïve et parfaite de l'enfance.

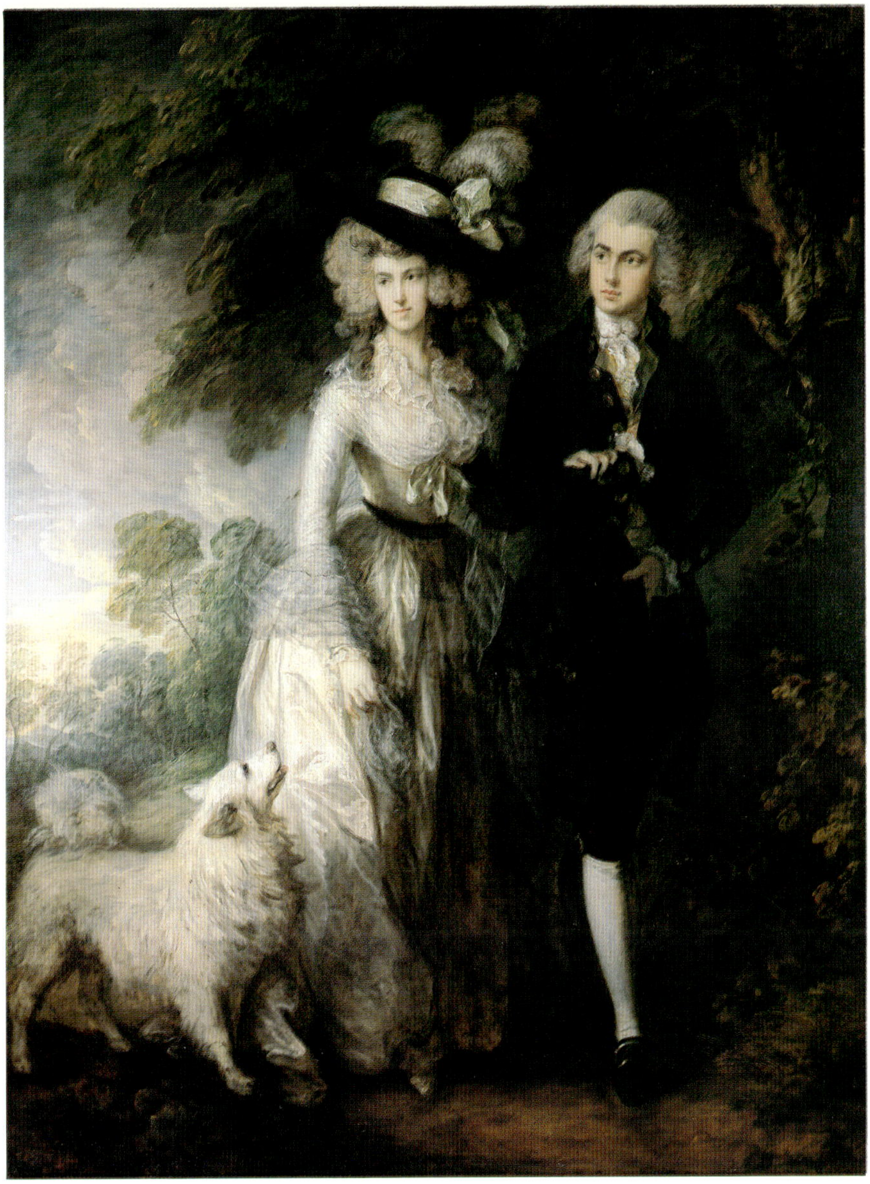

Thomas GAINSBOROUGH (1727–1788)
La promenade du matin

Les données de ce tableau sont semblables à celles de *M. et Mme Andrews*, y compris la présence d'un chien. Les modèles sont un couple de nouveaux mariés, M. et Mme William Hallett et eux aussi sont présentés dans un décor de campagne, en plein air. Mais tout a changé : depuis l'échelle beaucoup plus grande jusqu'à la belle technique vaporeuse. *La promenade du matin* – titre moderne – est l'une des dernières oeuvres de Gainsborough, exécutée vers 1785 et à Londres. Il sait maintenant montrer ses personnages en mouvement et le couple se promène avec grâce non pas dans un paysage du Suffolk, mais dans un bois brumeux et enchanté, presqu'aussi soyeux et fluide que le costume de Mme Hallett, accompagné d'un chien dont la queue est aussi empanachée que l'aigrette du chapeau de sa maîtresse. La variété de Gainsborough et la hardiesse de son développement stylistique – qui n'a pas son égale dans la peinture britannique – se résument dans ces deux doubles portraits.

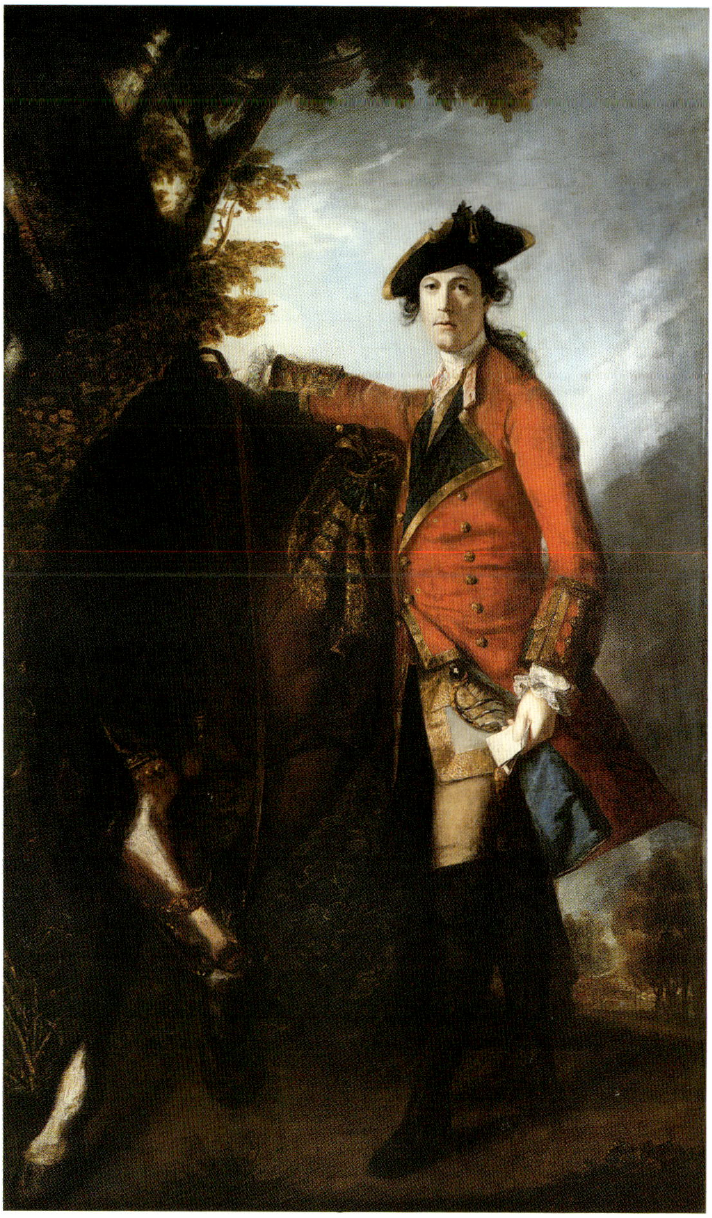

Sir Joshua REYNOLDS (1723–1792)
Le Capitaine Robert Orme

On pourrait penser que Reynolds, qui n'avait pas le don instinctif de Gainsborough pour la ressemblance et qui manquait d'aisance dans son maniement de la peinture, n'avait pas choisi la bonne profession. Mais cependant ce portrait qui date de 1756, à ses débuts, établit de façon impressionnante toutes les qualités du peintre. Il réagit avec une ferveur quasi romantique à la réputation de son modèle. Il dépeint le jeune guerrier, brûlant de se battre, fougueux comme son cheval et il le fait poser sur un ciel pâle dont s'éloignent d'épais nuages de tempête. Orme avait été aide de camp du Général Braddock, qui fut tué par les Français en 1755 dans une embuscade à Fort Duquesne (maintenant Pittsburgh) et Reynolds semble faire allusion à cet incident dans la scène esquissée au fond. Orme avait été blessé au cours de l'embuscade et il prend ici un air héroïque, sans trop d'exagération, pour incarner le brave combattant moderne.

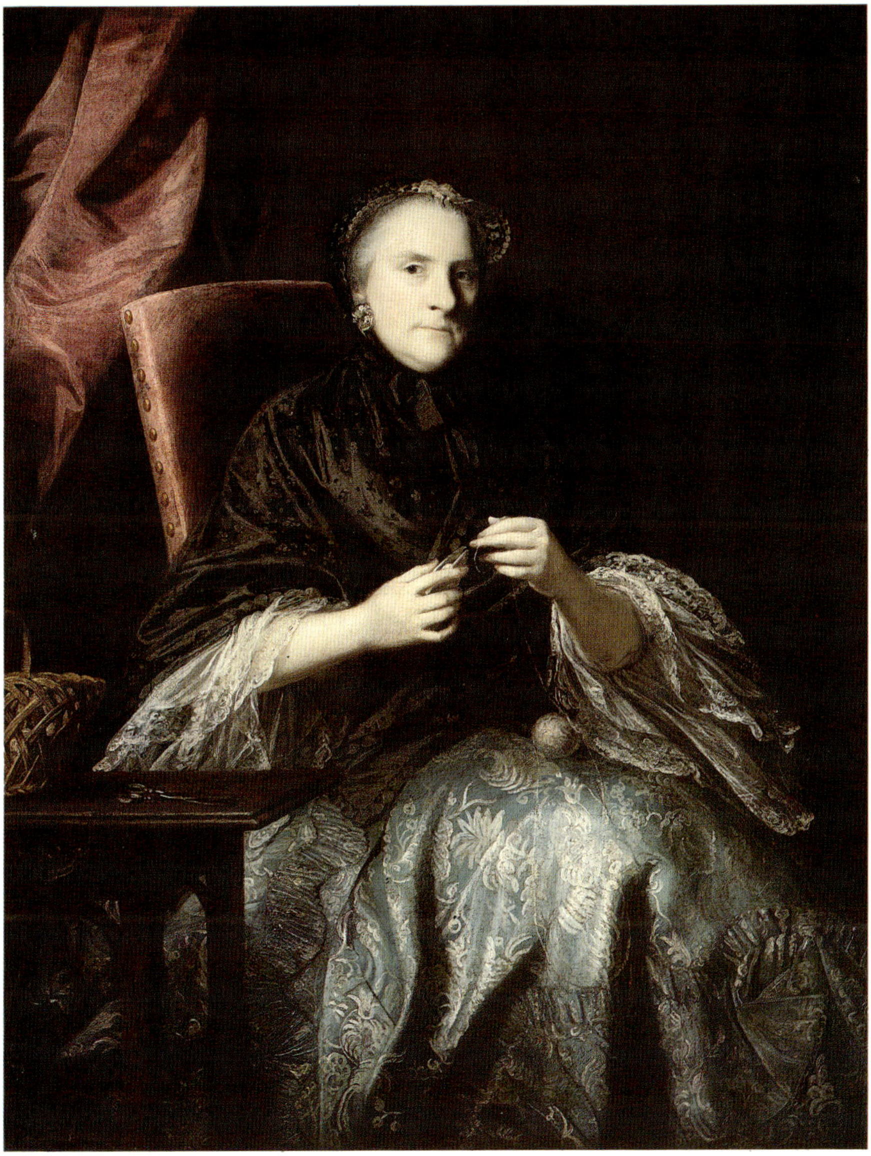

Sir Joshua REYNOLDS (1723–1792)
Anne, Comtesse d'Albemarle

Reynolds savait adapter son style à ses modèles qui sortaient des rangs variés de la société mondaine et intellectuelle. Lady Albemarle était la mère de l'Amiral Keppel, avec qui Reynolds entretenait des rapports d'amitié et qu'il peignit souvent. Le blanchissement de la peinture sur le visage du modèle a sans doute intensifié les effets de son âge et son aspect sévère. Lady Albemarle était veuve et avait dépassé la cinquantaine lorsqu'elle posa pour ce portrait, qui souligne des activités domestiques élégantes, compatibles avec son riche costume de goût français. On ne trouve pas la grâce facile de Gainsborough dans la façon réaliste dont Reynolds traite les dentelles et la soie damassée du costume, mais il en résulte une impression de féminité aristocratique et vieillissante tout aussi marquée d'une autre manière que le type martial du *Capitaine Orme.* Et si le tempérament intense de Gainsborough nous rappelle la séduisante vitalité du « *Chapeau de paille* » de Rubens (p.133), Reynolds semble ici beaucoup plus proche de la *Margaretha de Geer* de Rembrandt (p.177).

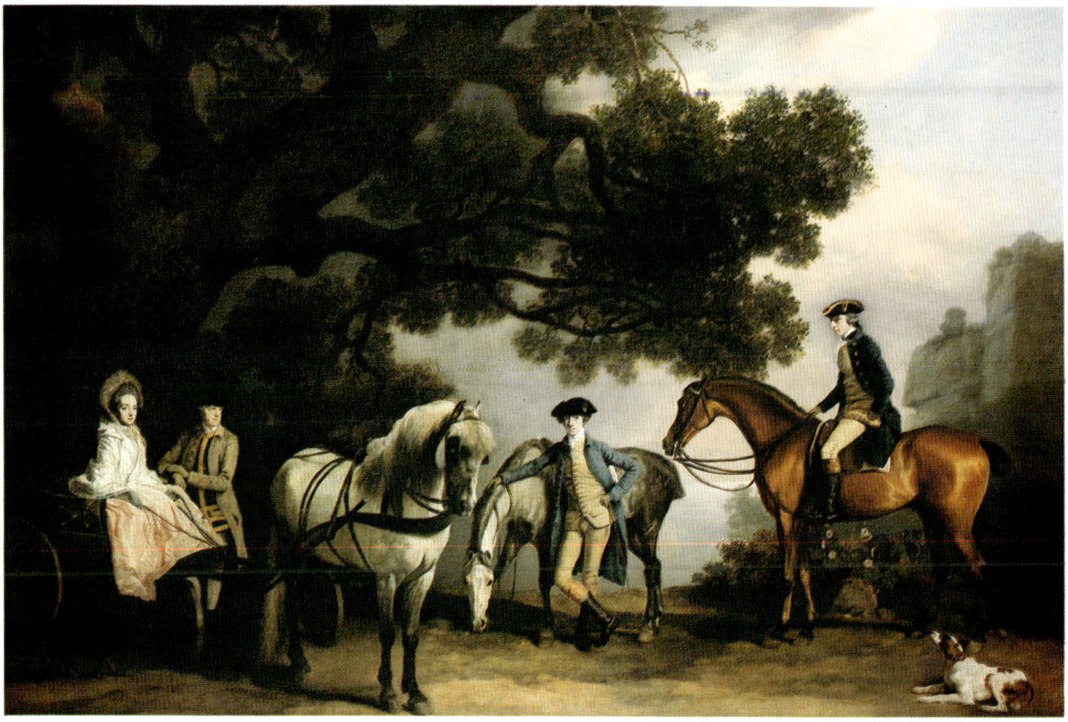

George STUBBS (1724–1806)
Les familles Melbourne et Milbanke

Stubbs n'était certes pas inconnu avant notre époque, mais il n'y a pas très longtemps que la qualité de son art est généralement appréciée. De son vivant, on notait qu'il lui déplaisait d'être considéré comme un simple peintre de chevaux – bien que ses peintures de chevaux soient magnifiques. Ce tableau, que Stubbs exposa en 1770, explique plus clairement que des paroles quel genre d'artiste il était. Le sujet-même n'est pas particulièrement fascinant. C'est la petite noblesse campagnarde anglaise sous les traits peu animés de Sir Ralph Milbanke et sa fille Elizabeth à gauche, son fils John et son gendre Pennington Lamb (qui deviendrait plus tard le Premier Ministre Lord Melbourne) représenté à cheval. Stubbs dote ces personnages et leurs animaux d'une profonde intégrité artistique. Ils sont pour lui ce que sont pour Chardin les ustensiles de cuisine d'une nature morte, et les deux artistes ont le secret de savoir disposer les objets dans une composition. Les personnages de Stubbs ont un côté obstinément prosaïque, sans trivialité, qui leur permet d'habiter un décor d'une poésie éternelle, groupés sous les branches artistiquement tendues d'un arbre noble, au bord d'un lac embrumé.

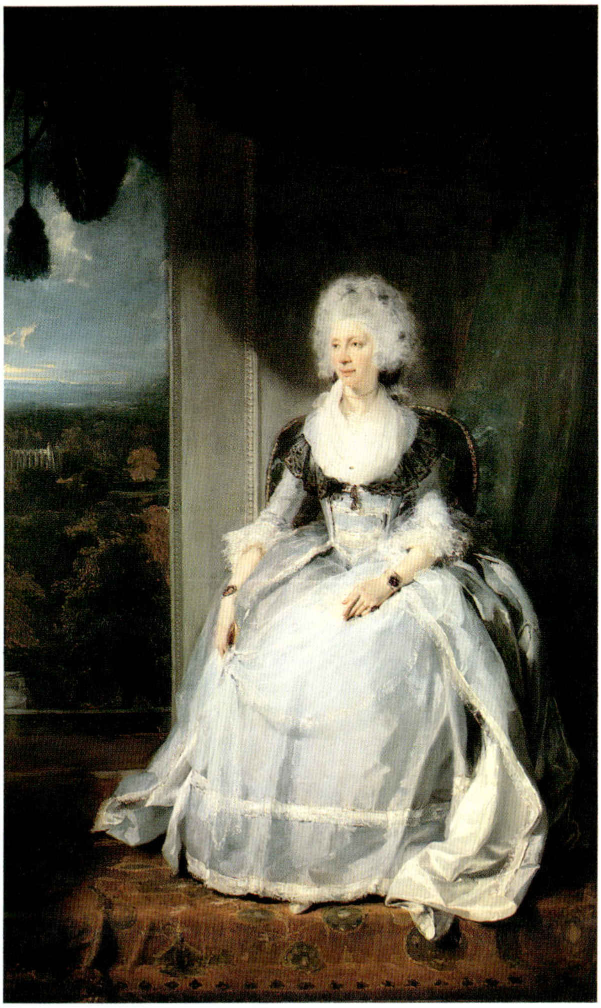

Sir Thomas LAWRENCE (1769–1830)
La Reine Charlotte

Lawrence n'avait que vingt ans lorsqu'il fut prié de se rendre à Windsor pour peindre la Reine Charlotte, épouse de Georges III. Sa carrière de portraitiste à la mode n'aurait pu débuter plus favorablement, semblait-il. La famille royale n'aimait pas le style de Reynolds et son peintre préféré, Gainsborough, était mort l'année précédente. Ce portrait brillant, compréhensif et très professionnel montre comment Lawrence s'acquitta de cette commande. Il est à la fois digne et chatoyant. La peinture semble crépiter pour représenter les plis miroitants de la robe et les pans de rideau et évoquer la Chapelle d'Eton College au milieu des feuillages roux de l'automne.

Et pourtant le portrait ne plut pas. La Reine n'était pas un modèle facile et n'avait pas une beauté conventionnelle. Elle trouva Lawrence « quelque peu présomptueux » parce qu'il essayait de la faire parler et de lui donner de l'animation, et le peintre garda le portrait jusqu'à sa mort. Il était alors reconnu et établi comme le portraitiste le plus doué de son époque. Le fils de la Reine Charlotte, Georges IV, compensa amplement le refus de sa mère de s'intéresser au jeune artiste en lui accordant une protection durable comme aucun souverain britannique ne l'avait fait pour un artiste depuis l'époque de Charles Ier et Van Dyck. On est tenté de se demander si la vue de ce portrait rappela jamais à Lawrence les circonstances de sa première commande royale.

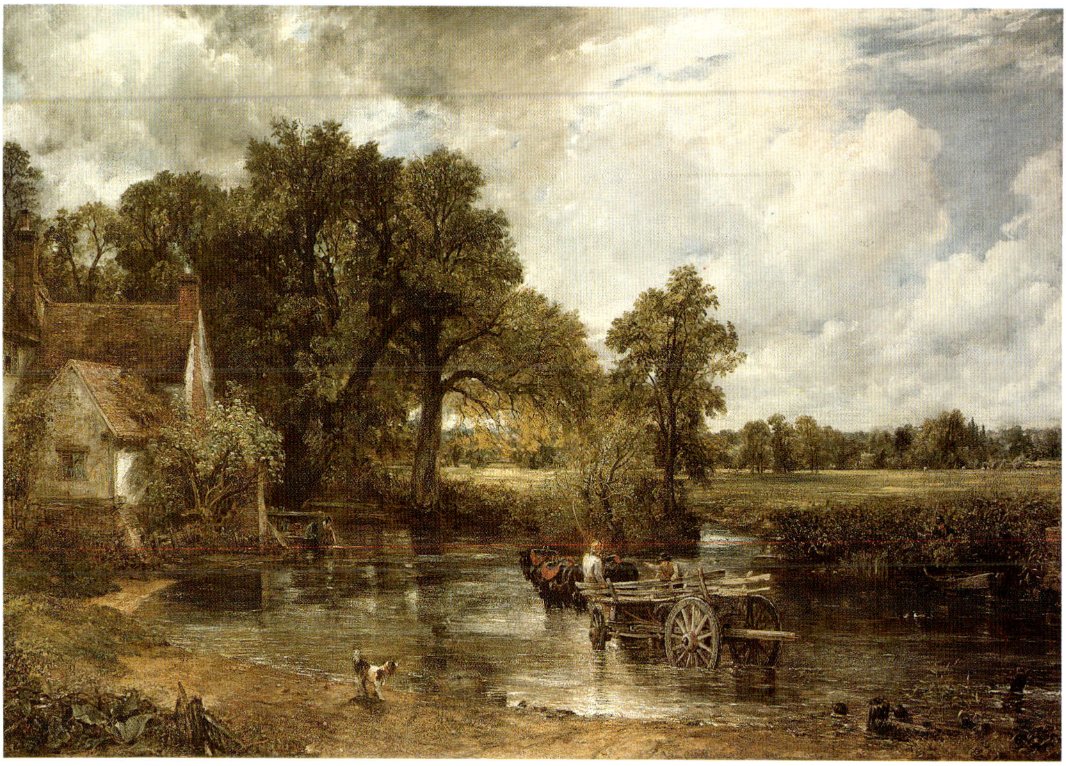

John CONSTABLE (1776–1837)
La charrette de foin

Peinte à Londres en 1821 (le lieu et la date accompagnent la signature de Constable sur le tableau), *La charrette de foin* est devenue la plus célèbre de toutes ses oeuvres – et peut-être la plus célèbre de toutes les peintures britanniques. La scène est située près du moulin à eau de Flatford et on voit, à gauche, la maison de Willy Lott qui y habita toute sa vie et devait y mourir en 1849, à l'âge de quatre-vingt-huit ans. De nos jours, le tableau semble baigner dans la nostalgie, à commencer par celle d'un artiste qui vit dans une ville et se souvient de la campagne de son enfance. La paisible Angleterre rurale par une chaude journée d'été où il ne se passe rien de plus mémorable que l'arrêt d'une charrette au milieu d'une rivière pour rafraîchir les chevaux, est évoquée avec une affection pleine de regret. Ce n'est pourtant pas cette vision de l'Angleterre, mais la technique hardie de Constable qui provoqua l'admiration de jeunes peintres français comme Delacroix lorsque l'artiste exposa le tableau à Paris en 1824, trois ans après l'avoir accroché à la Royal Academy. Au Salon, *La charrette de foin* obtint une médaille d'or – conservée, elle aussi, par la National Gallery.

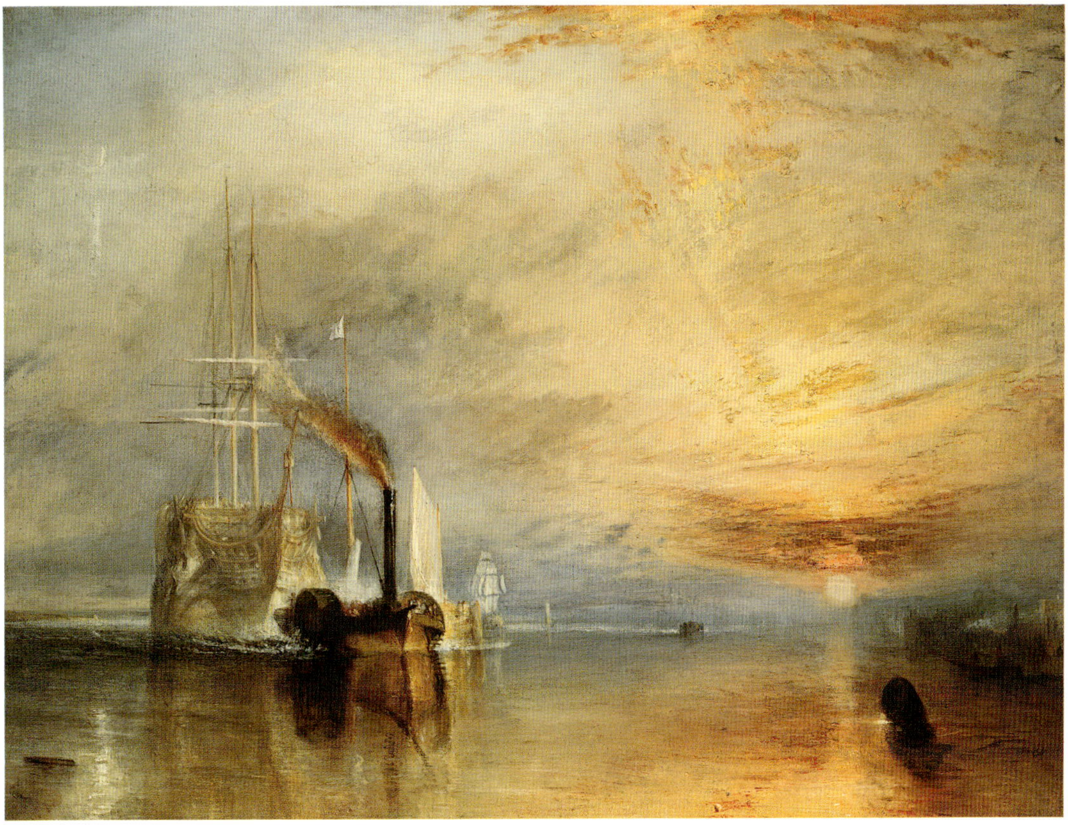

Joseph Mallord William TURNER (1775–1851)
« *Le Téméraire* »

Le titre complet de cette oeuvre qui a toujours été célèbre souligne l'atmosphère évidente de la composition : « *Le Téméraire* », *navire de combat, remorqué jusqu'à son dernier poste de mouillage pour y être démantelé, 1838.* Entre l'or chaud du soleil couchant et la fraîcheur argentée de la lune qui se lève, le vieux vaisseau de bois, ancien combattant de la bataille de Trafalgar, est tiré par un remorqueur à vapeur moderne pour son dernier voyage. Turner avait assisté à sa fin le 6 septembre 1838 et le « grand coucher de soleil enflammé » était mentionné par un autre témoin, ainsi que les activités de Turner qui faisait des croquis. De multiples associations entourent ce sujet. Il est fort possible que le déclin de la Grande-Bretagne après une période héroïque et peut-être plus prospère soit sous-entendu dans le tableau, et pourtant le sentiment qui s'en dégage est bien plutôt celui, plus humain et plus profond, de notre inévitable mortalité.

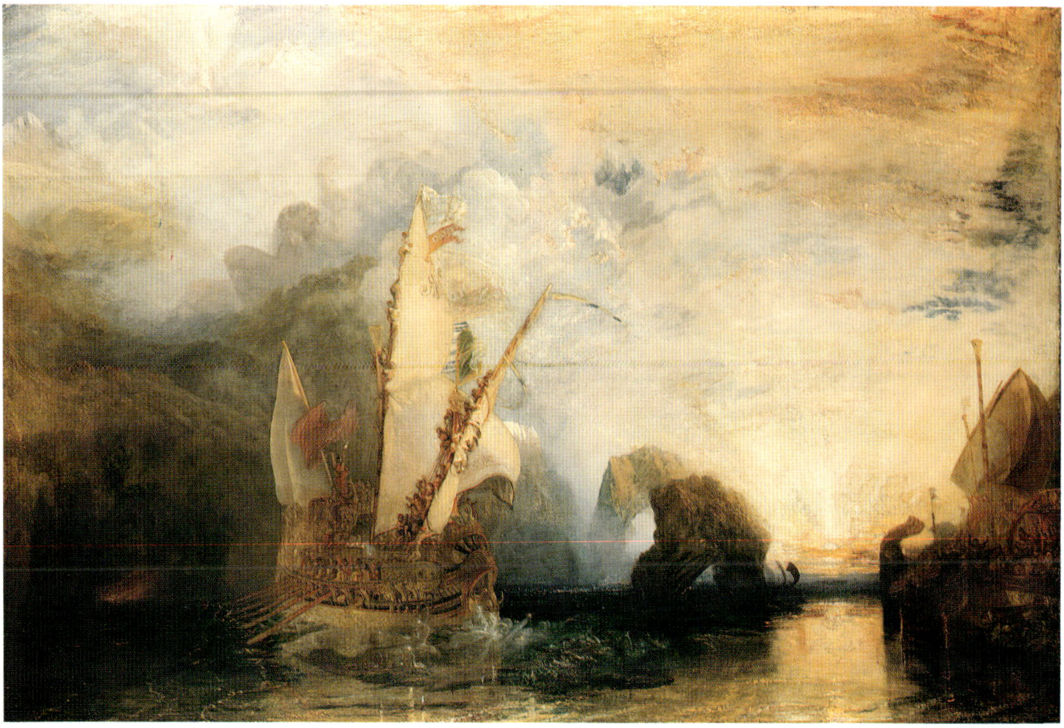

Joseph Mallord William TURNER (1775–1851)
Ulysse se moquant de Polyphème

Turner a pris son sujet dans le Livre IX de l'*Odyssée*, qu'il dut lire dans la traduction de Pope : c'est l'épisode au cours duquel le héros, Ulysse, s'échappe de l'antre du monstrueux Cyclope, Polyphème, en crevant son oeil unique. Par le choix-même de ce sujet, Turner proclame la liberté de faire de la poésie en peinture et d'aller au-delà de ce qui est simplement naturel en créant des effets plus extraordinaires et plus émouvants que n'en fournit la nature. Le résultat ressemble à un grand opéra des éléments, un opéra romantique du genre de l'*Obéron* de Weber qui date de la même époque.

Si magnifique que soit le spectacle aérien – avec la silhouette nuageuse du Cyclope qui se tord de douleur et qui semble s'évaporer sous les rayons triomphants du soleil levant – les motifs plus tranquilles des profils bleus jumeaux des hauts rochers arqués et la surface lisse et brunie de la mer sont encore plus magiques. Turner est particulièrement hardi lorsqu'il invente les Néréides phosphorescentes qui, sur les vagues, guident le navire d'Ulysse vers la liberté. Mais là aussi il réussit à évoquer un aspect rehaussé de la nature : on dirait une écume étincelante qui entoure la proue du bateau, ou une de ces manifestations mystérieuses brièvement entrevues par les marins solitaires des mers du Sud.

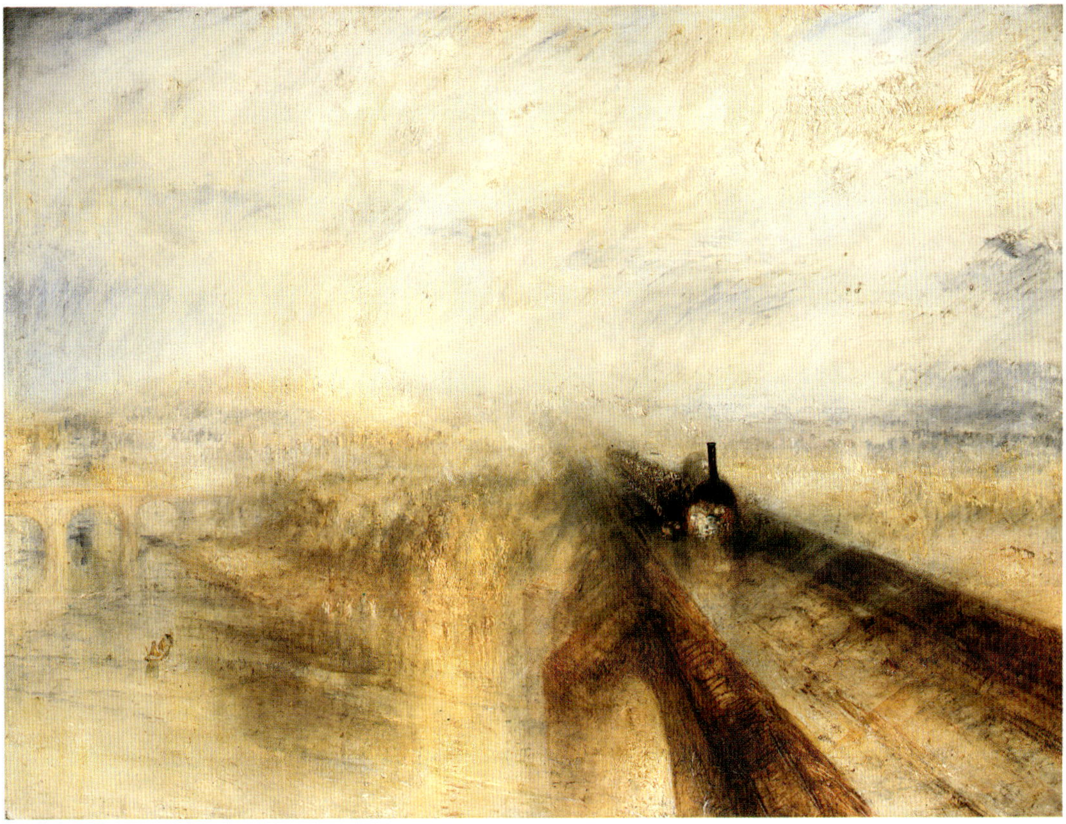

Joseph Mallord William TURNER (1775–1851)
Pluie, vapeur et vitesse

La surprise et l'admiration semblent avoir été les sentiments dominants exprimés dans la presse lorsque Turner exposa ce tableau à la Royal Academy en 1846 – à une époque où l'engouement pour les chemins de fer était à son comble. Il suscite toujours les mêmes sentiments de nos jours. Le titre complet pourrait être un slogan publicitaire : *Pluie, vapeur et vitesse : le Chemin de Fer de l'Ouest.* On s'est moqué de Turner pour les titres prolixes de certains de ses tableaux, mais les trois noms qu'il a choisis pour définir cette peinture la résument parfaitement. Il y a une puissance expressive extraordinaire dans la diagonale en perspective du pont qui, avec la forme palpitante, incandescente du train, résiste à l'assaut d'une tempête qui semble de dimensions cosmiques. Turner a doté le concept abstrait de la « vitesse » d'une réalité visuelle aussi forte que les phénomènes presqu'aussi intangibles de la vapeur et de la pluie.

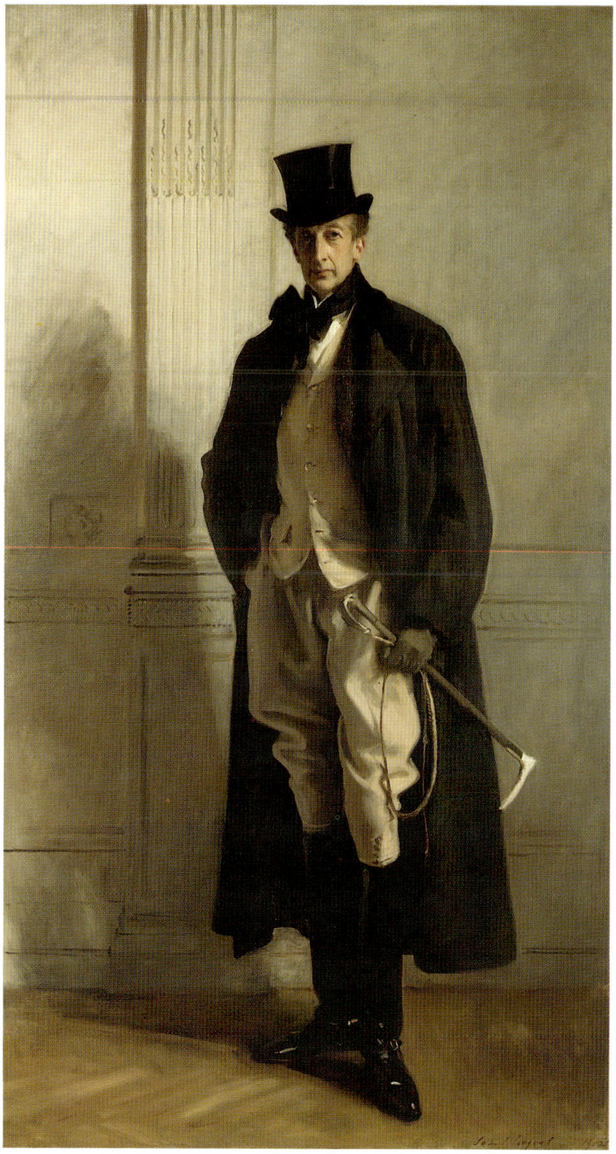

John Singer SARGENT (1856–1925)
Lord Ribblesdale

Ayant rencontré Lord Ribblesdale à un dîner officiel, Sargent fut frappé par sa distinction et demanda à le peindre. C'était quelques années avant l'exécution de ce portrait (signé et daté 1902), mais Sargent était déjà un portraitiste connu et très recherché. Le fait qu'il choisit lui-même son modèle est probablement une des raisons du résultat si brillant, mais naturel. Lord Ribblesdale porte un costume de chasse et donne une impression de hauteur aristocratique intimidante qui pourrait maintenant sembler très proche de l'atmosphère des films britanniques costumés des années 40. Ce serait mal interpréter un chef-d'oeuvre de Sargent et probablement aussi le caractère du modèle. Il était Administrateur de la National Gallery et fit don de ce portrait à la Galerie pendant la première Guerre Mondiale, en souvenir de sa femme ainsi que de deux de ses fils tués au feu. Actuellement, après de nombreuses années d'absence, ce tableau est de nouveau exposé à Trafalgar Square et c'est un tribut bien mérité à la générosité du modèle en même temps qu'un signe de retour en faveur du peintre.

La peinture française

L'histoire de la représentation de la peinture française à la National Gallery est probablement la plus intéressante de toutes les manifestations de l'évolution du goût dans le contexte de la Collection. La peinture française était en train de se développer de façon dramatique pendant le siècle-même de la formation de la Collection. Malheureusement de forts préjugés britanniques, alliés à une ignorance tout aussi grande, empêchèrent la Galerie de profiter de ces développements. La position générale jusqu'à 1900 et même après était de considérer la peinture française comme consistant presqu'uniquement de Claude Lorrain et de Poussin. Tout ce qui suivait était quelque peu suspect – attitude dont les effets mirent longtemps à se dissiper complètement.

A cause du goût qu'avaient les Anglais pour Claude Lorrain, il y eut dès le début de superbes exemples de son oeuvre dans la Collection. L'imposant *Embarquement de la Reine de Saba* (p.214) n'était que l'une de plusieurs oeuvres du Lorrain qui figuraient dans la Collection Angerstein acquise en 1824. Poussin était moins bien représenté au commencement, mais son *Céphale et Aurore* (p.215) profondément poétique fut légué par G.J.Cholmondeley en 1831. Et c'est aussi grâce à des legs – et non des achats – que quelques peintures du XVIIIe siècle se glissèrent dans la Collection, parmi elles une *Marine* de Vernet (p.227), léguée en 1846–47 par Richard Simmons. L'unique Watteau de la Galerie, « *La gamme d'amour* » (p.219) fut un legs généreux de Sir Julius Wernher en 1912. En 1914, Sir John Murray fit don du portrait légèrement allégorisé de la Marquise de Seignelay et de deux de ses enfants par Mignard (p.218).

Cependant, l'école française du XIXe siècle avait été très négligée, bien que le legs de Sir Hugh Lane en 1917 eût apporté des chefs-d'oeuvre tels que la *Vue d'Avignon, côté Ouest* de Corot (p.233) et *Les parapluies* de Renoir (p.242). La prise de conscience des importantes lacunes de la Galerie et de sa lenteur antérieure à reconnaître les productions de l'art français à la fin du XIXe siècle encouragea des acquisitions inspirées lors de la vente Degas à Paris en 1918 : par exemple, une version de *L'exécution de l'Empereur Maximilien* de Manet (p.237).

Après la seconde Guerre Mondiale, on concentra les efforts pendant plusieurs années sur l'achat d'oeuvres importantes comme le très tardif *Nymphéas* de Monet (p.240) et *Les baigneuses* de Cézanne (p.249). Grâce à l'existence du Fonds Courtauld, très éclairé, on avait déjà pu acquérir dans les années 20 des oeuvres de peintres encore plus difficiles ou moins reconnus, comme Van Gogh et Seurat : c'est ainsi que l'on trouve à Trafalgar Square *La chaise et la pipe* de Van Gogh (p.245) et la *Baignade à Asnières* de Seurat (p.244).

Plus récemment, on a accompli un effort positif pour améliorer la représentation de l'école du XVIIIe siècle, à l'aide d'acquisitions importantes telles que la *Psyché* de Fragonard (p.222) et *Mme de Pompadour* de Drouai (p.225) et surtout l'achat du premier tableau de Jacques-Louis David qui soit introduit dans une collection publique en Grande-Bretagne : son portrait de Jacobus Blauw (p.228). Et le XIXe siècle n'a pas été négligé, comme en témoignent la *Seine à Asnières* de Renoir (p.241) et la *Gare Saint-Lazare* de Monet (p.239). D'autre part, les limites de la Collection ont été élargies, ce qui est normal maintenant que le XXe siècle touche à sa fin et que des artistes des débuts des temps modernes prennent le rang de « vieux maîtres »: une décision significative dans ce sens a été l'achat, en 1979, du portrait de Greta Moll par Matisse (p.250).

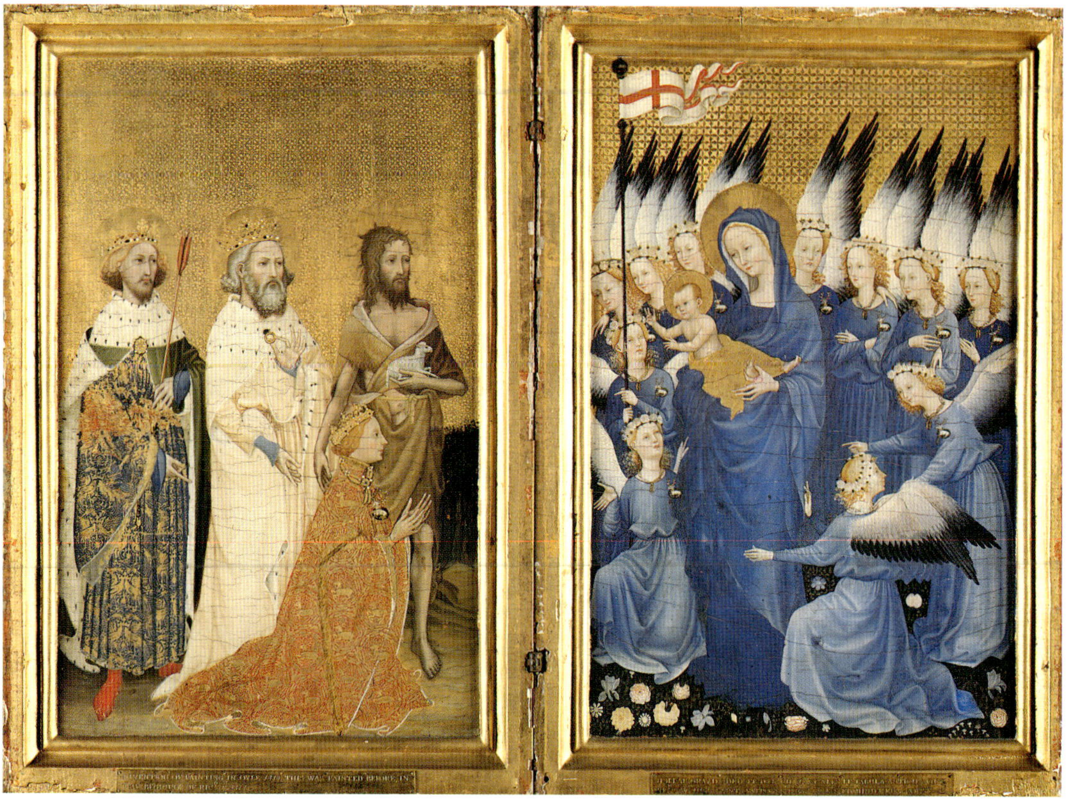

ECOLE FRANÇAISE (?) (vers 1395 ou après)
Le Roi Richard II présenté à la Vierge et l'Enfant par ses Saints Patrons (« le Diptyque de Wilton »)

Il est très douteux que cette oeuvre exquise soit vraiment d'origine française. Et ce n'est là que le commencement des spéculations qui l'entourent. Sa date et sa signification sont également obscures. Et pourtant, elle est réalisée avec une grande clarté artistique qui rend toutes les hypothèses sans importance. Le Roi Richard II d'Angleterre, imberbe et jeune d'aspect, s'agenouille en présence de Saint Jean-Baptiste et de deux rois anglais canonisés, Edmond et Edouard le Confesseur, pour assister à une vision de la Vierge et l'Enfant entourés d'anges. Richard porte un collier de gousses de genêt (symbole des Plantagenêt) et l'insigne bien en évidence du Cerf Blanc, son emblème personnel. Ce qui est plus surprenant c'est que les anges portent tous le même collier et la même insigne, comme s'ils étaient les suivants du Roi. Cela nous rappelle les vers de la pièce de Shakespeare, *Richard II,* dans lesquels le Roi affirme que pour chaque homme qui se révolte contre lui, « Dieu a pour son Richard, au service divin, un ange glorieux… »

Il est possible que ce diptyque commémore la déposition de Richard et sa mort qui s'ensuivit, mais il est plus probable qu'il soit représenté vivant et régnant, choisi pour recevoir la protection divine. Le peintre inconnu prodigue tout son art aux deux volets du diptyque, dans un éblouissement d'or et de bleu. Au milieu de la couleur et du détail délicat, il réussit aussi à suggérer non seulement l'extase du Roi, mais la joie des anges dans cette scène lyrique, mais solennelle, de rencontre entre les royaumes de la terre et du ciel.

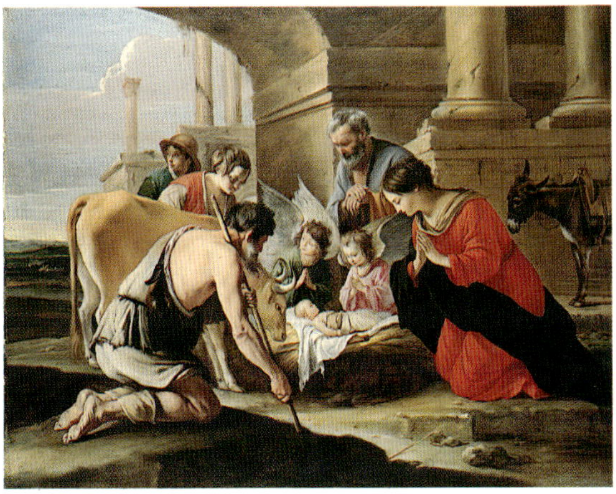

Louis LE NAIN (1595/1610–1648)
L'Adoration des bergers

Il y a plusieurs anomalies dans ce tableau : en particulier le regard distrait du berger coiffé d'un chapeau et de l'ange près de la crèche qu'il est censé adorer. Ces deux personnages semblent indiquer qu'il se passe quelque chose en dehors de la composition, ou peut-être se comportent-ils simplement de façon naturelle lors d'un événement que le peintre conçoit comme en partie « réaliste » et en partie idéalisé. Les trois frères Le Nain, dont Louis est généralement considéré comme le plus original, étaient des artistes assez mystérieux. Ils quittèrent Laon pour venir travailler à Paris, se concentrant sur la vie paysanne, représentée avec autant de dignité que de délicatesse. Dans cette simple Nativité, on ne voit pas de nuées d'anges glorieux mais seulement deux enfants ailés profondément humains, appartenant à la même chair, nous semble-t-il, que les mortels adorateurs et que l'Enfant lui-même.

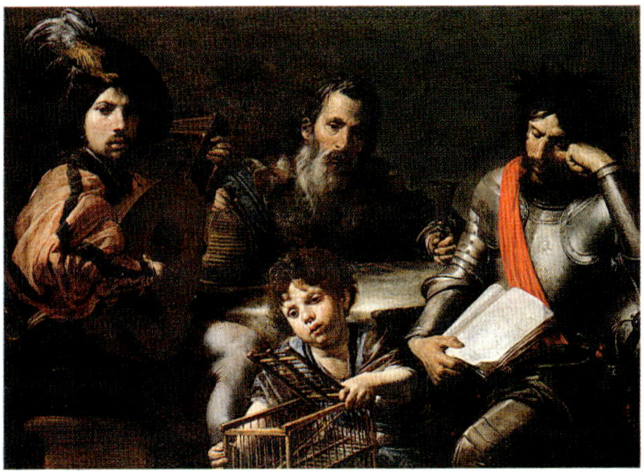

Le VALENTIN (1591[?]–1632)
Les quatre âges de l'homme

Cette allégorie de la mortalité humaine par le Valentin prend une portée supplémentaire quand on sait qu'il mourut assez jeune. Un air de mélancolie passive envahit cette composition, qui est typique du XVIIe siècle avec ses personnages groupés autour d'une table, et même le jeune musicien élégant qui symbolise la Jeunesse, semble plutôt hagard qu'hédoniste. Le Valentin avait visité Rome et y avait été influencé par plusieurs peintres, en particulier par le Caravage. Il adopta une forme de Caravagisme délicate et poétique, rappelant la Renaissance à Venise et l'atmosphère de Giorgione.

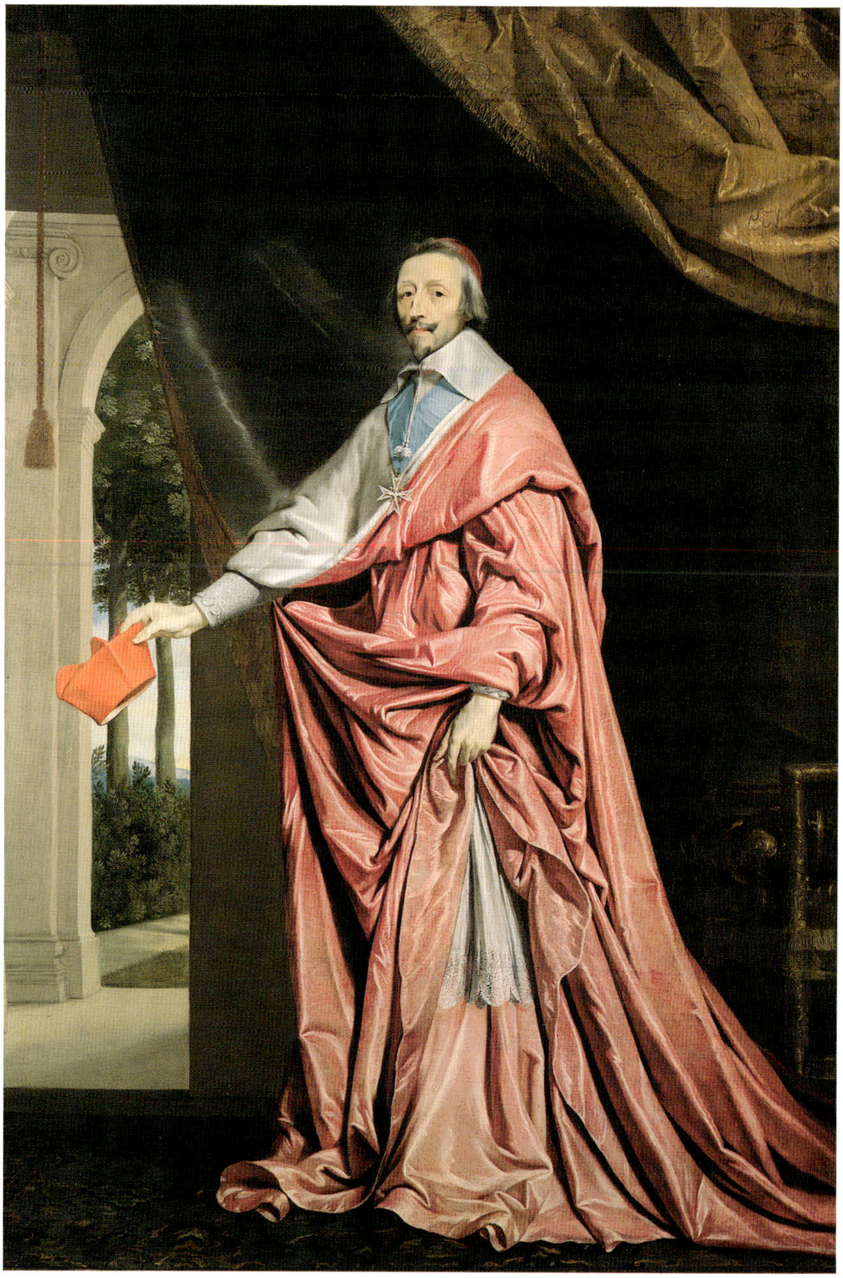

Philippe de CHAMPAIGNE (1602–1674)
Le Cardinal de Richelieu

Champaigne était né à Bruxelles mais travailla surtout à Paris, pour Louis XIII, pour la Reine Mère et pour le Cardinal de Richelieu qui fut un grand mécène des arts. Champaigne était un portraitiste de talent ainsi qu'un peintre de dignes sujets religieux. Ce portrait à une grande échelle était probablement destiné au château de Rueil, appartenant à Richelieu, dont on croit apercevoir un coin dans le fond à gauche. C'est tout à fait un portrait officiel. Plus statique et sculpturale qu'un Van Dyck du même genre, l'image a la solidité d'un marbre poli. Elle allie une fine compréhension des traits distingués du modèle à un modelé majestueux de sa robe qui rehausse littéralement sa taille et le place au-dessus des simples mortels.

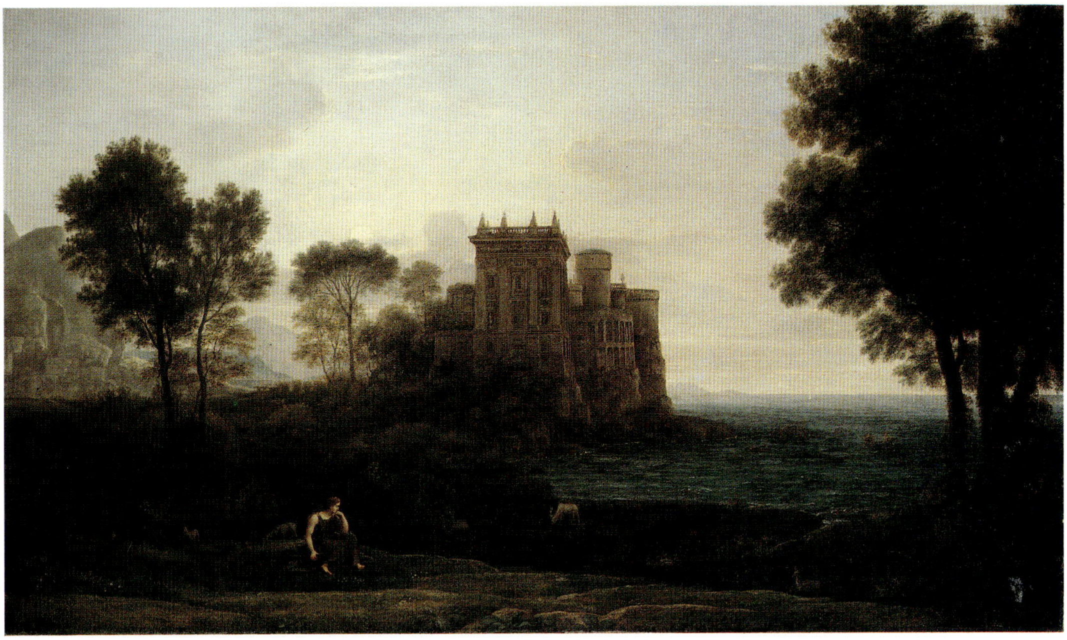

Claude Gellée dit Le LORRAIN (1600–1682)
« *Le château enchanté* »

Le titre de ce tableau est plus exactement *Psyché devant le palais de Cupidon,* mais ce château est véritablement enchanté et le titre généralement adopté est un tribut à la puissance évocatrice du motif central, qui est beaucoup moins Psyché que l'édifice qui se dresse sur les rochers, au bord de la mer. En fait, c'est sous forme d'une gravure de William Woollett en 1782 que la composition fut nommée pour la première fois « Le château enchanté » et c'est probablement cette gravure qui fit connaître le tableau au poète Keats. Cela lui inspira une lettre en vers à son ami Reynolds et, d'une façon moins directe, mais plus mémorable, lui suggéra les vers de son *Ode à un Rossignol* où il est question de « croisées magiques s'ouvrant sur l'écume d'océans périlleux dans de lointains pays féeriques ».

Claude Lorrain avait lui-même été inspiré par l'histoire des amours d'Eros et Psyché racontée par Apulée dans *L'âne d'or.* Il représente Psyché assise à terre, soit bannie du palais de Cupidon parce qu'elle a désobéi à son interdiction de le regarder lorsqu'il lui rend visite la nuit, soit déposée par Zéphyr dans un pays étrange et sur le point de découvrir le palais pour la première fois. L'atmosphère du tableau semble plutôt tranquille que désespérée. Il s'agit surtout – et plus encore que d'ordinaire chez le Lorrain – d'un paysage réalisé avec une telle pureté que les personnages deviennent tout à fait secondaires. Ce qui retient l'attention, c'est « le château enchanté ».

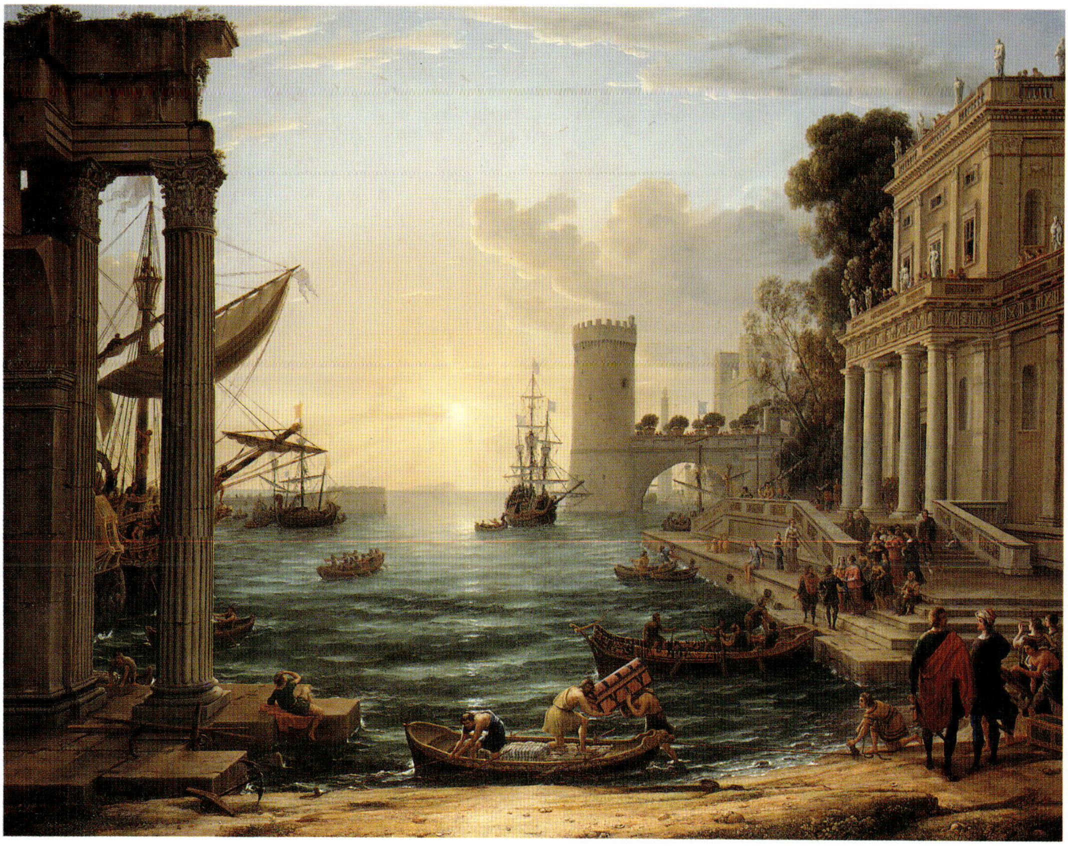

Claude Gellée dit Le LORRAIN (1600–1682)
L'embarquement de la Reine de Saba

Les détails de la commande de ce tableau y sont inscrits par le Lorrain. Il le peignit à Rome, en 1648, pour le Duc de Bouillon, qui venait de servir comme général dans l'armée du Pape. Son pendant est le *Mariage d'Isaac et de Rébecca,* qui fait également partie de la Collection : un paysage et non une marine comme celui-ci, représenté en plein jour par contraste avec la luminosité brumeuse du petit matin qui donne à ce tableau son atmosphère magique. Tranquillement, mais méthodiquement, Claude Lorrain bâtit un port imaginaire. Des tours, des arbres et de hauts palais bordent une mer merveilleusement limpide, étincelante, au clapotis léger. Le jour commence à se lever lorsque la Reine de Saba avec sa suite descend un grand escalier afin de s'embarquer pour son voyage vers Salomon, à Jérusalem. L'histoire biblique était bien connue, mais aucun peintre avant le Lorrain n'avait pensé à dépeindre le départ de la Reine. Cela fournit évidemment un prétexte à Claude Lorrain pour représenter un port à l'aube, mais plus encore, cela lui permet de construire un royaume du passé, mélange d'observation naturelle et d'imagination. Comme l'Ophir de l'Ancien Testament, Saba est exotique et rempli de riches associations et c'est cette conception éthérée que le peintre dote d'une situation précise et d'une atmosphère subtile.

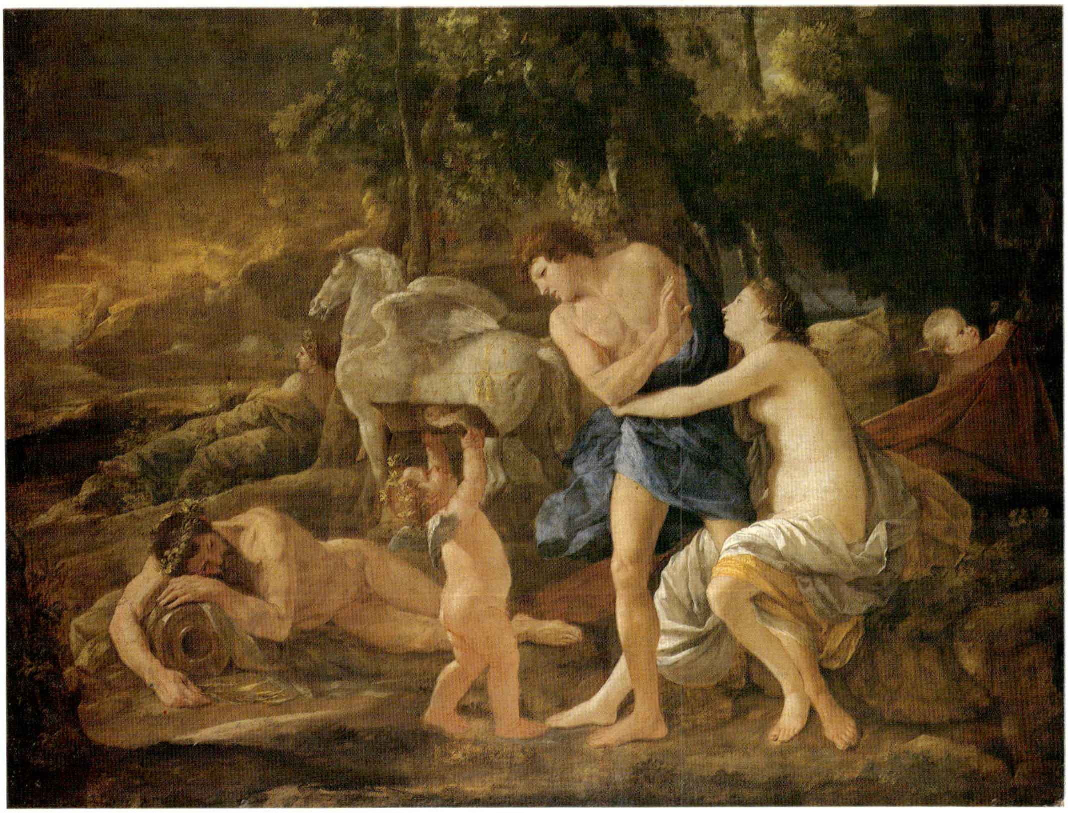

Nicolas POUSSIN (1594[?]–1665)
Céphale et Aurore

Cette oeuvre de jeunesse n'est sans doute pas un Poussin très célèbre et elle traite d'un sujet peu connu. Céphale, un mortel, se détourne d'Aurore, déesse du matin, en voyant un portrait de sa femme, Procris, que lui tend un Amour. A partir de cette histoire, que raconte Ovide, Poussin a créé une puissante évocation du monde de l'antiquité classique, monde de la nature et des forces naturelles mélangées avec des émotions humaines. Tout cela se résume dans la forme poétique du Pégase blanc ailé qui attend sous les arbres, mais le peintre a exécuté avec autant de brio les figures couchées du dieu-fleuve qui dort, nu, et plus loin de la déesse vêtue de draperies – la Terre, peut-être – qui regarde Apollon conduire son char dans le ciel pour commencer une nouvelle journée. Poussin traite cette scène avec un grand sérieux mais il transforme tous ses éléments en une poésie païenne plus sauvage et plus sensuelle qu'il ne se le permettrait plus tard.

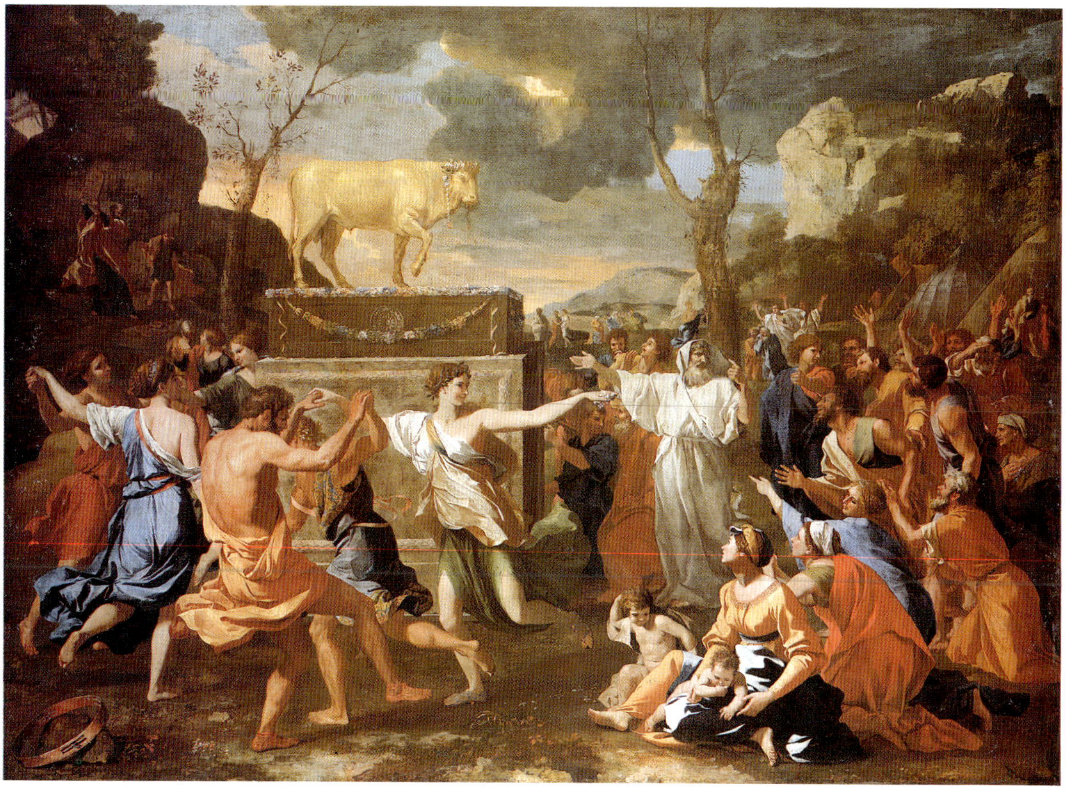

Nicolas POUSSIN (1594[?]–1665)
L'adoration du Veau d'Or

Poussin est ici d'une humeur miltonienne sévère, travaillant à une échelle plus grande que d'ordinaire et traitant un thème sérieux et didactique. S'intéressant davantage au dessin qu'à la couleur, il transforme les adorateurs insensés de l'idole en une chaîne de personnages entrelacés qui dansent, figés dans leur mouvement, et à droite, en un groupe aggloméré et gesticulant, amenant l'oeil vers le fond de la composition où de plus petits personnages s'agenouillent en levant les bras. Une agitation délirante – traduite par toute une gamme de gestes et de comportements – se répand dans tout le paysage grandiose et rocheux, alors qu'à gauche Moïse descend des montagnes comme le tonnerre et brise les Tables de la Loi dans sa colère devant ce spectacle impie. C'est ainsi, pourrait-on dire, que Poussin punit et réprime ses propres tendances païennes.

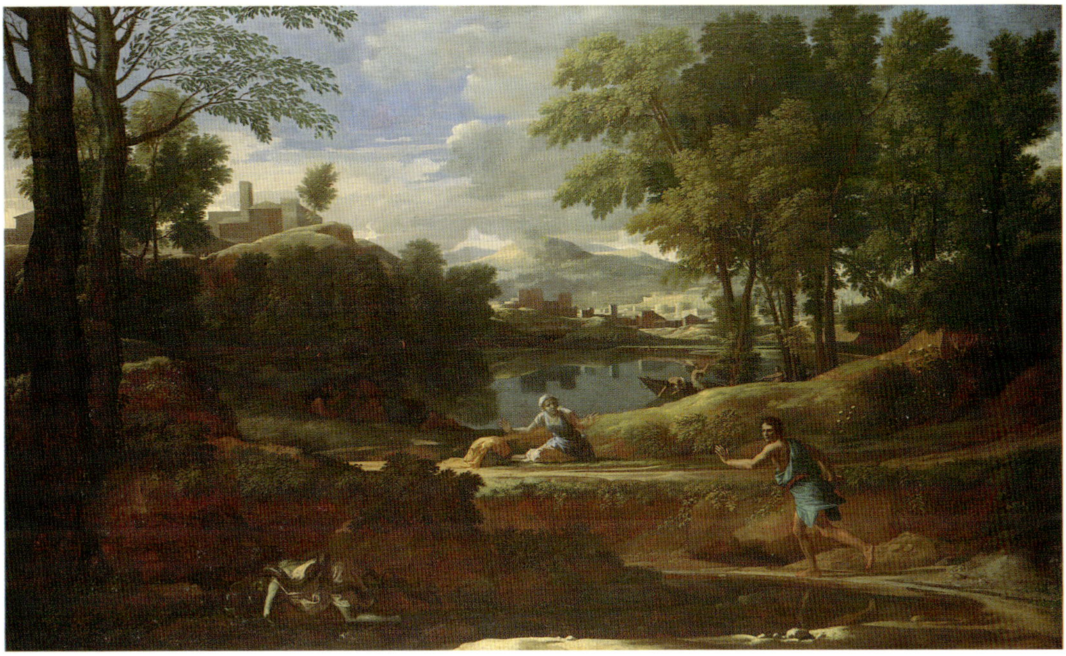

Nicolas POUSSIN (1594[?]–1665)
Paysage avec un serpent

Tout autant que Claude Lorrain, Poussin étudiait et assimilait la nature avant de la recréer dans son propre style. Cependant, le monde naturel de Poussin ne devient pas le rêve délicieux et attendrissant d'un « pays lointain féerique », mais une création solide et austère. Cette composition est savamment étudiée pour conduire l'oeil de l'horrible incident du premier plan où un cadavre est enlacé par un serpent à la surface lisse du lac, puis à la cité lointaine, d'aspect fort géométrique, qui s'y reflète. Le sujet pourrait bien être inventé par Poussin, quoiqu'il soit présenté dans un contexte classique, et il exprime probablement les effets de la terreur qui se répercutent graduellement sur les plans successifs du magnifique paysage dont la sombre sérénité va être interrompue.

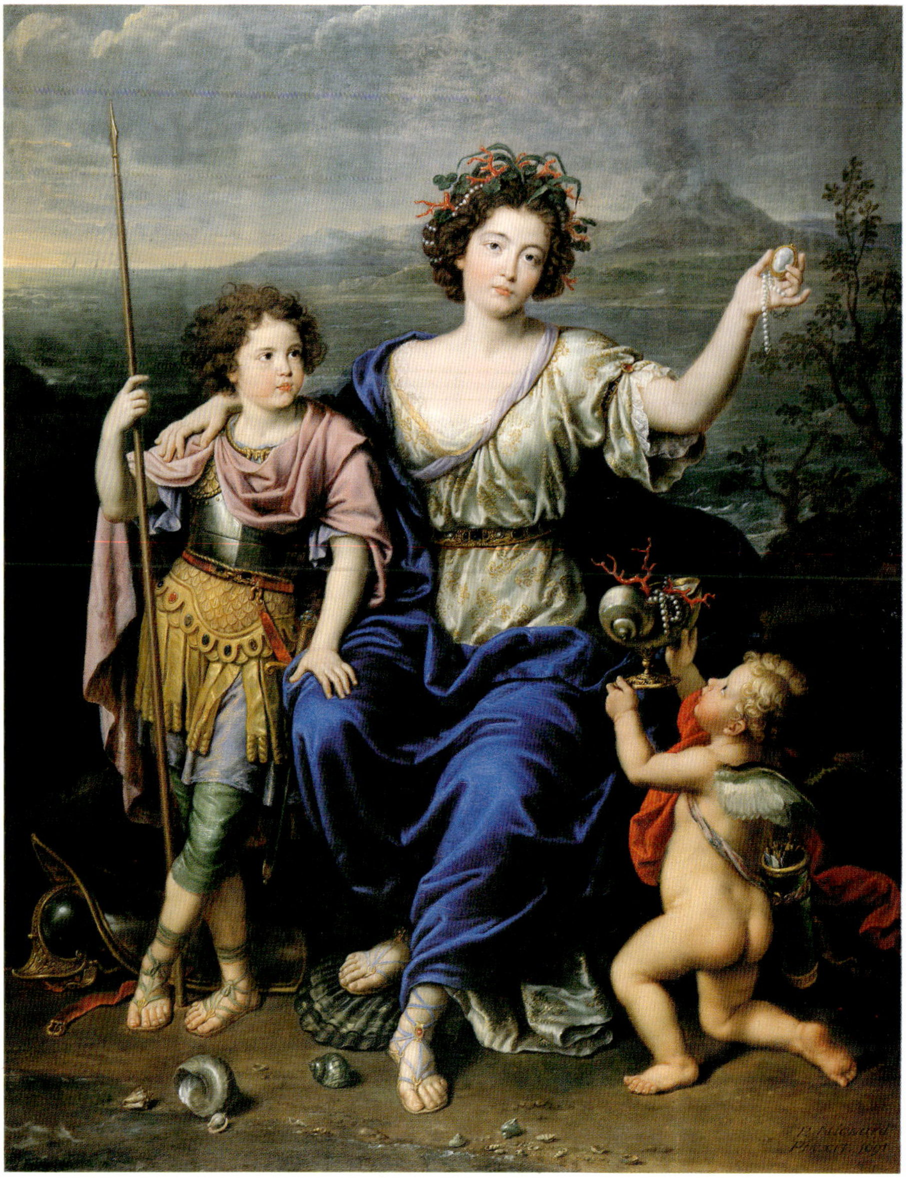

Pierre MIGNARD (1612–1695)
La Marquise de Seignelay et deux de ses enfants

C'est en 1691, première année de son veuvage, que la Marquise de Seignelay fut peinte par Mignard, un des artistes les plus renommés de son époque à Paris, travestie en nymphe Thétis, avec son fils aîné en Achille, jeune héros et célèbre enfant de Thétis. Cette allégorie, et le décor côtier, font allusion au fait que le mari de la Marquise avait été Ministre de la Marine. Ce genre de portrait compliqué allait paraître faux et ridicule vers le milieu du XVIIIe siècle, mais – le goût étant une affaire de mode – ce style de portrait avait en fait eu son côté « naturel », permettant à l'artiste de se libérer du costume contemporain et de faire preuve d'invention tout en utilisant des couleurs décoratives. Mignard profite de ces possibilités et s'il ne peut améliorer les traits insipides de la Marquise et sa coiffure extravagante d'algues et de corail, il invente hardiment des draperies de toutes les couleurs de l'arc-en-ciel et peint avec délicatesse les coquillages aux formes variées qui jonchent la grève au premier plan.

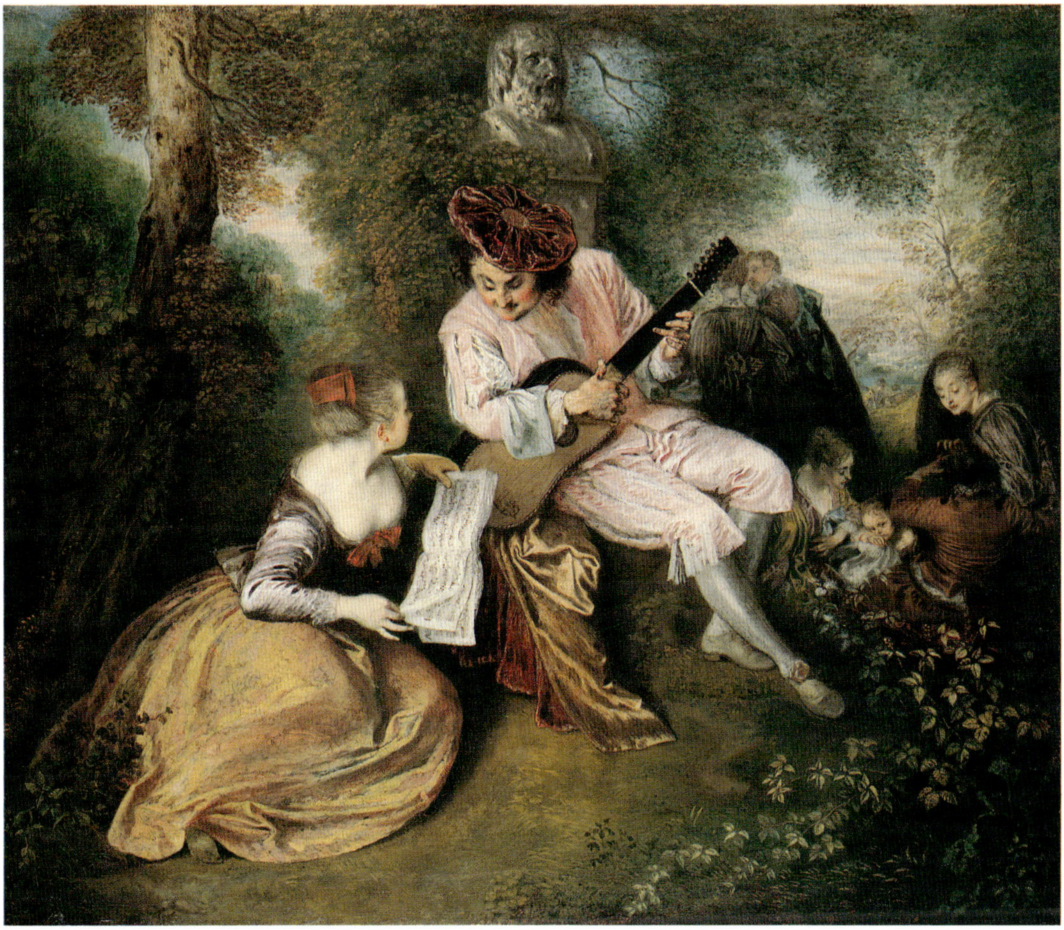

Jean-Antoine WATTEAU (1684–1721)
« *La gamme d'amour* »

Watteau n'avait probablement pas donné de titre à ce tableau. Son titre actuel provient d'une gravure qui en fut tirée après sa mort. Un des aspects de l'originalité de Watteau est que ses peintures ne comportent pas d'incidents précis et se refusent à raconter une « histoire » évidente. Cela ne veut pas dire qu'elles manquent de sujet ou de signification. Mais même si le musicien et la chanteuse représentés ici sont amants ou sur le point de se retrouver sur « la gamme d'amour », il y a d'autres personnages qui s'expliquent moins facilement, plus loin dans le feuillage, y compris un enfant. Le buste n'est pas non plus un objet qui s'impose à l'évidence dans cette scène. Sur une composition qui pourrait sembler arbitraire et dont l'invention est capricieuse et individuelle, Watteau jette un voile d'enchantement. Le feuillage-même a un charme soyeux quasi automnal, presqu'aussi élégant que les personnages qu'il abrite, revêtus, eux aussi, de couleurs d'automne ou de coucher de soleil. Et cette robuste tête de pierre qui semble avoir survécu si longtemps et vu tant de choses est peut-être une présence permanente, qui restera lorsque la musique se sera tue et que les amants seront partis.

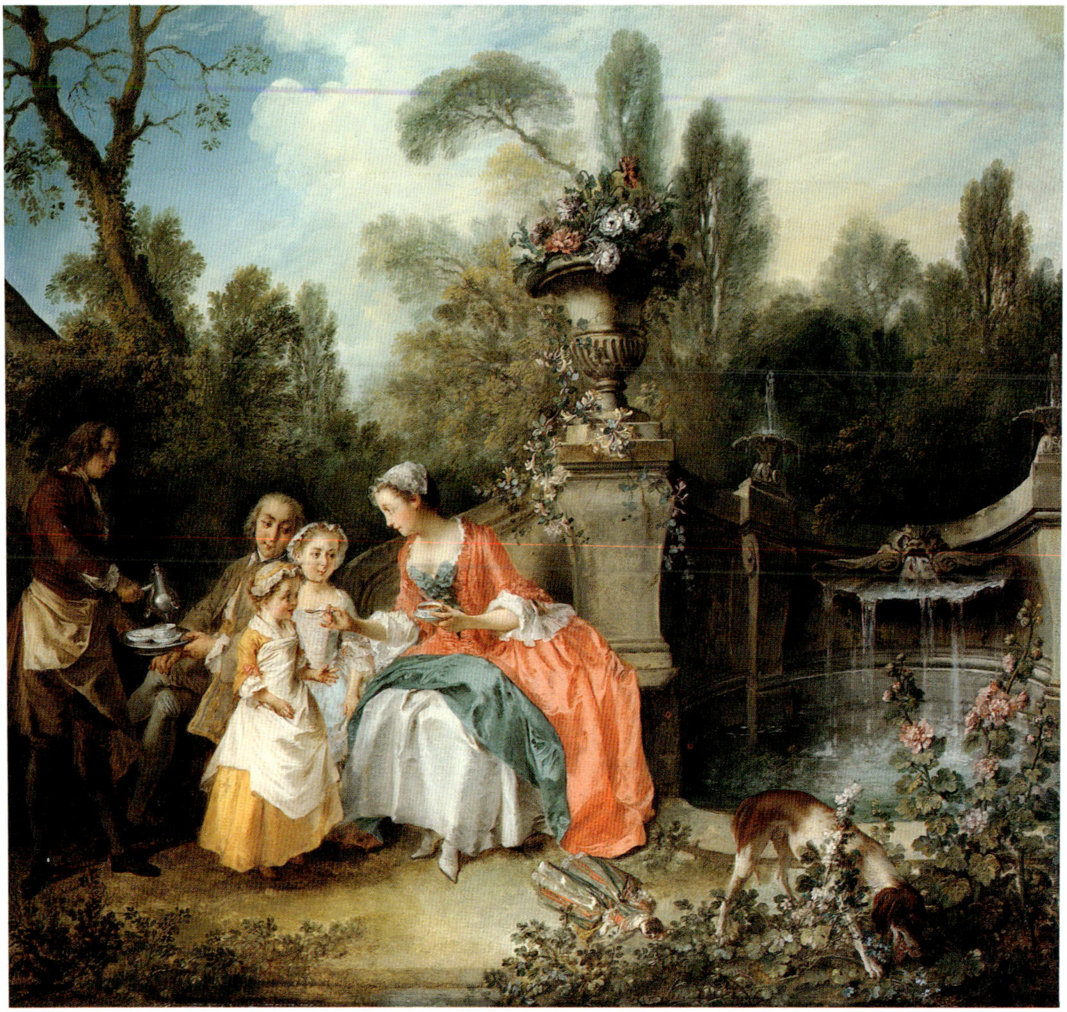

Nicolas LANCRET (1690–1743)
Un monsieur et une dame prenant le café dans un jardin avec des enfants

Après la poésie de Watteau, l'art de Lancret, le plus doué de ses disciples, pourrait sembler de la simple versification – mais d'un style très accompli. Lancret était loin de se contenter d'imiter Watteau et cette oeuvre le révèle à son avantage, tranquillement observateur, malgré le décor d'une élégance artificielle, et doucement spirituel. Il exposa ce tableau au Salon en 1742, l'année d'avant sa mort, précisant dans le titre que le breuvage était du café. Le petit incident de la fillette le goûtant pour la première fois fournit un « sujet » suffisant pour ce qui est probablement le portrait de toute une véritable famille. Et si artificiel que soit le jardin, il exprime une appréciation nouvelle de la vie en plein air et de la nature en général, même si cette nature est en habit de gala.

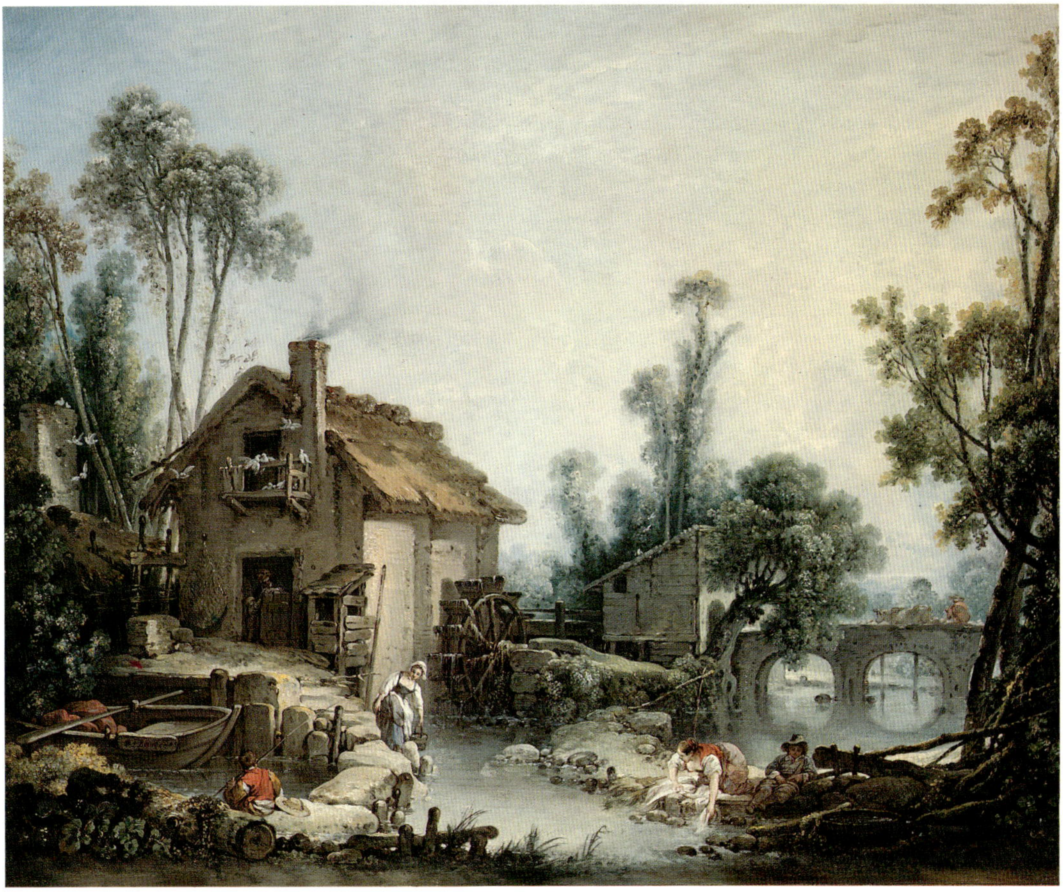

François BOUCHER (1703–1770)
Paysage avec un moulin

Du vivant de Boucher, une révolution dans le goût provoqua, dans les milieux intellectuels, la déchéance d'un peintre célèbre, apprécié et dont les dons étaient reconnus de tous. Ce qu'on lui reprochait, c'était surtout son interprétation de la nature, parce que ses scènes pastorales et ses paysages – comme celui-ci – n'étaient pas « vrais ». C'est un fait que l'on ne peut contester, et cette accusation a continué à nuire à la réputation de Boucher. Il a créé sciemment un monde rustique plus agréable et plus pittoresque que le monde réel, mais rempli de motifs vrais et naturels, et il l'a peint avec un talent particulier pour interpréter l'eau, le feuillage et les toits de chaume. Le résultat est un rêve de la vie rustique, quoiqu'il faille reconnaître que l'existence n'y est pas toujours oisive, du moins pas pour les femmes. En tant qu'artiste, Boucher revendique le droit, au même titre que Claude Lorrain, par exemple, d'exprimer sa propre vision et il la réalise avec tout autant d'intensité. En défense de cet art – s'il est encore besoin de le défendre – on pourrait citer pour commencer une remarque du poète Keats : « L'imagination ne retient comme beau que ce qui est vrai ».

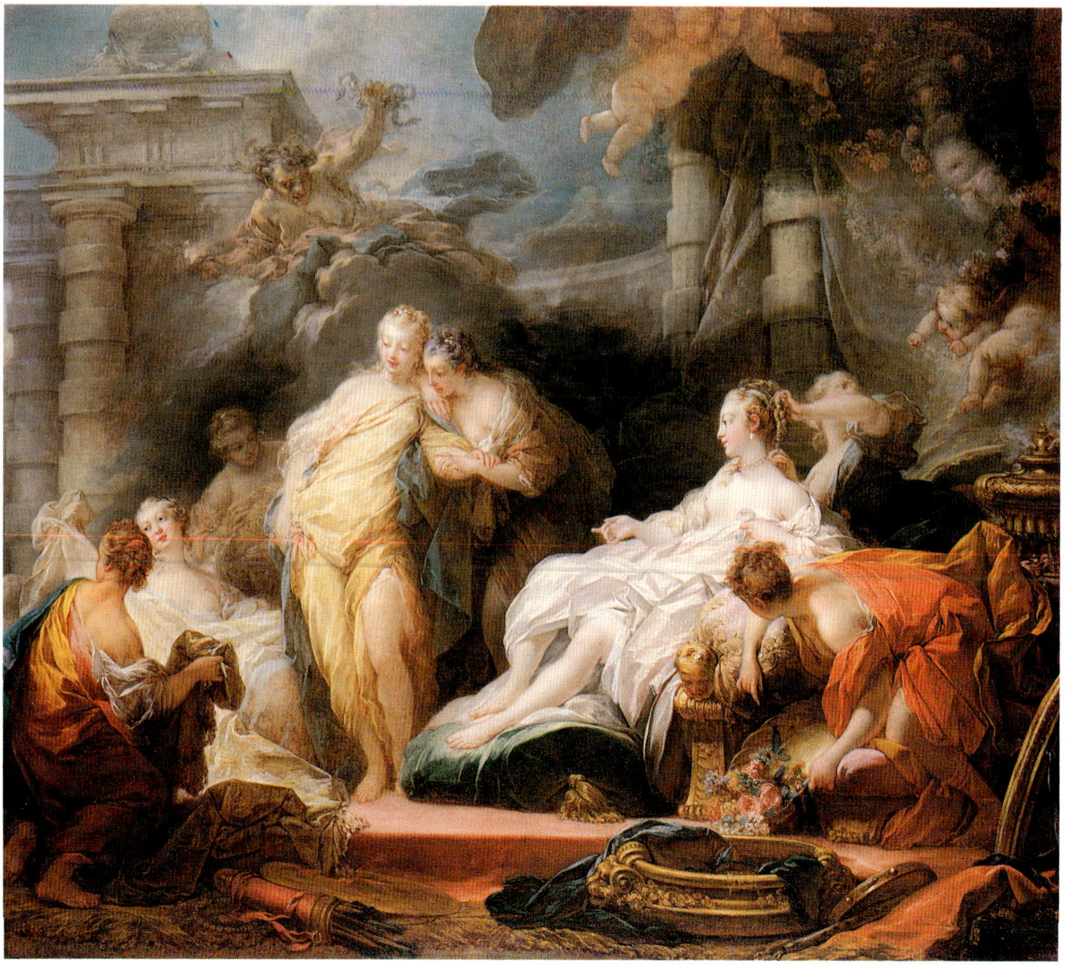

Jean-Honoré FRAGONARD (1732–1806)
Psyché montrant à ses soeurs les dons de l'Amour

Le jeune Fragonard, très doué, peignit ce tableau avant l'âge de vingt-deux ans. La composition et la technique évoquent des échos de divers peintres antérieurs, en particulier du maître de Fragonard, Boucher. Les maladresses abondent – l'anatomie de Psyché par exemple –, les réussites aussi, mais la composition est pleine d'une exubérante énergie. Maîtresse de l'Amour, Psyché montre à ses soeurs jalouses les dons que le dieu lui a apportés et Fragonard suggère en même temps une « toilette de Psyché » : une suivante lui brosse les cheveux avec vigueur tandis que des amours ailés la jonchent de roses. On peut déjà déceler les principales caractéristiques de l'art de Fragonard : son animation, sa sensualité toujours en haleine, sa joie de vivre et son plaisir à communiquer son enthousiasme par des coups de pinceau impétueux. Sous tous ces rapports, Fragonard est le disciple de Rubens.

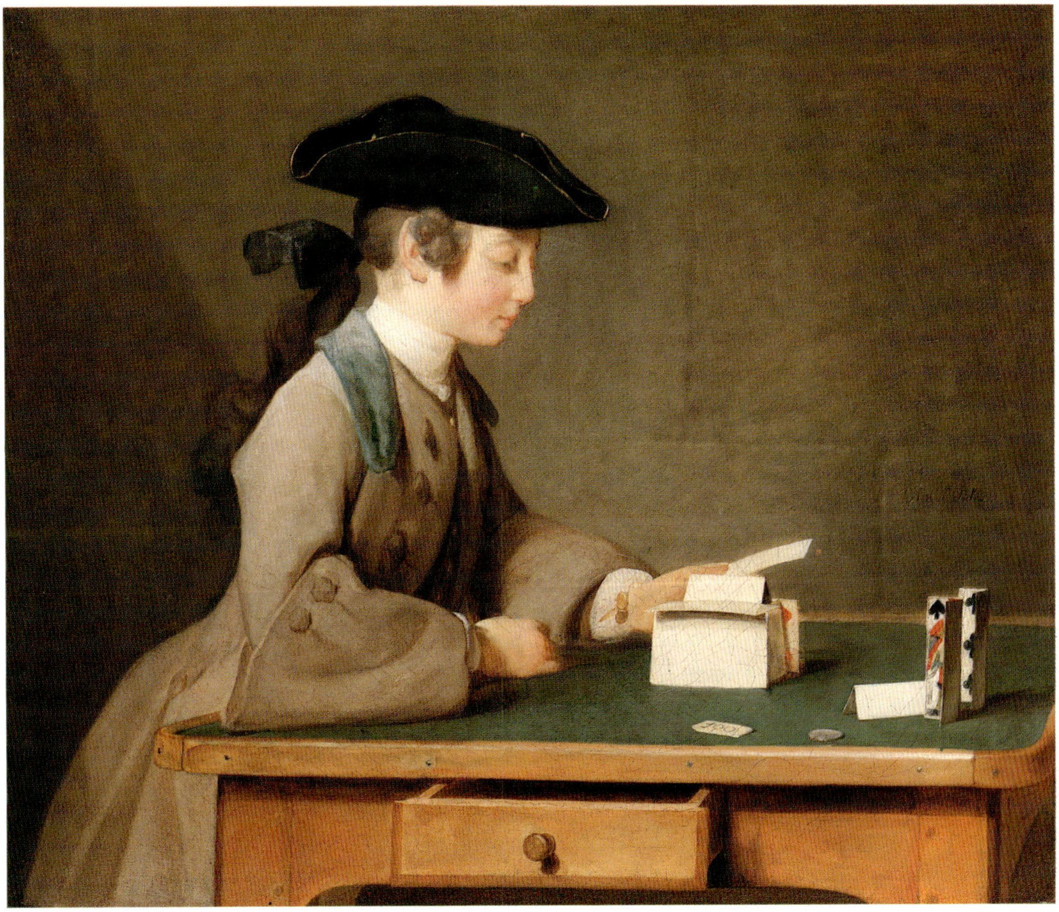

Jean-Siméon CHARDIN (1699–1779)
Le château de cartes

Chardin prenait évidemment très à coeur le thème de cette composition. Il l'utilisa plusieurs fois et on peut y ajouter des tableaux de sa main représentant un garçonnet faisant tourner une toupie sur une table et un autre taillant un crayon. Les éléments formels – l'unique verticale de la silhouette en buste et les fortes horizontales de la table – sont à la fois tranquilles et simples. L'enfant se concentre, et Chardin en fait autant, élevant le sujet au-dessus du niveau d'un tableau de genre ou d'un portrait (bien qu'on ait identifié très tôt le modèle au fils de Jean-Jacques Le Noir, un ami du peintre). Le sérieux intense de la composition, avec ses formes presque stylisées, mi-abstraites, interprétées avec une belle peinture détrempée, contraste avec l'amusement enfantin qu'elle décrit. Les contemporains de Chardin trouvaient une moralité dans ce sujet : nos projets d'adultes ont-ils une base plus solide que le fragile château de cartes de cet enfant? Chardin lui-même se garde bien d'être aussi explicite et donne ainsi à la scène un aspect d'autant plus intemporel.

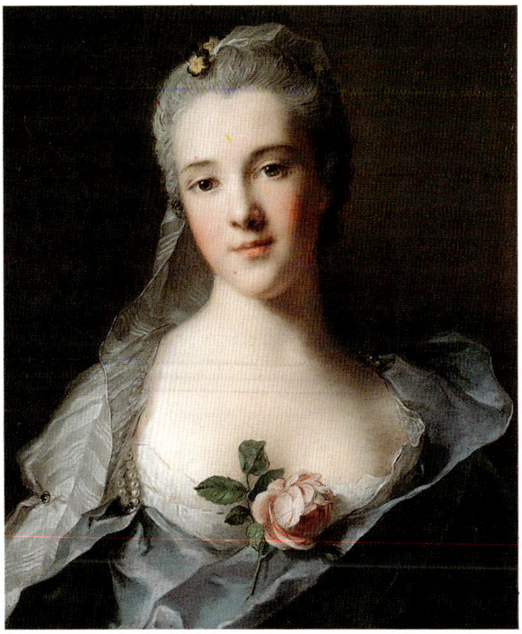

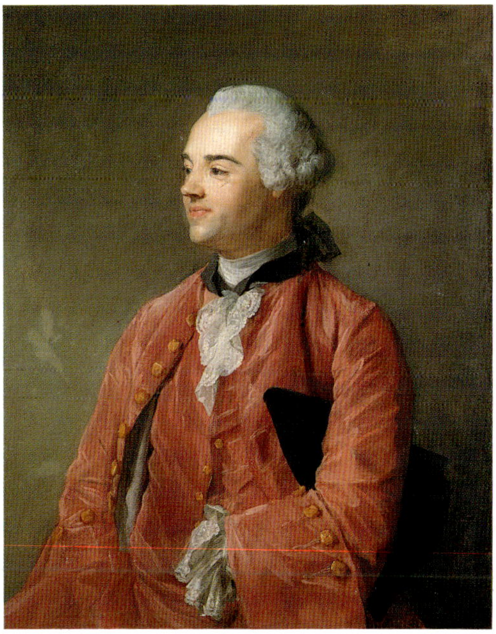

Jean-Marc NATTIER (1685–1766)
Manon Balletti

A une époque où la grâce était un idéal, les portraits devaient en faire preuve, et Nattier était le principal représentant en France du portrait gracieux, légèrement allégorique, qui, avec lui, ne perdait rien en ressemblance et en vérité. Il semble avoir très bien compris que le charme de la jeune Marie-Madeleine Balletti, fille d'une actrice italienne qui habitait Paris, n'avait pas besoin d'être rehaussé par une allégorie. Elle avait dix-sept ans, et lui soixante-douze, lorsqu'il captiva si bien sa beauté de jeune fille en fleur qui avait aussi attiré l'attention de Casanova. Ce dernier aurait peut-être même commandé le portrait. Après une liaison avec Casanova, Manon Balletti épousa le célèbre architecte, Jacques-François Blondel, et mourut à l'âge de trente-six ans.

Jean-Baptiste PERRONNEAU (1715[?]–1783)
Jacques Cazotte

Perronneau est un portraitiste puissant et sensible. Il ne cherche pas à faire ressortir la grâce et le charme en tant que tels, mais plutôt à évoquer la présence vivante de son modèle. Dans ce portrait d'un personnage littéraire marquant du XVIIIe siècle, il y réussit d'une façon frappante. Non seulement l'expression légèrement ironique de Cazotte, mais son port de tête et d'épaules et son élégant costume contribuent à présenter une forte personnalité. Cazotte n'a pas l'air de poser pour un portrait – il ne regarde pas le spectateur – mais plutôt de poursuivre une conversation dégagée avec un interlocuteur invisible.

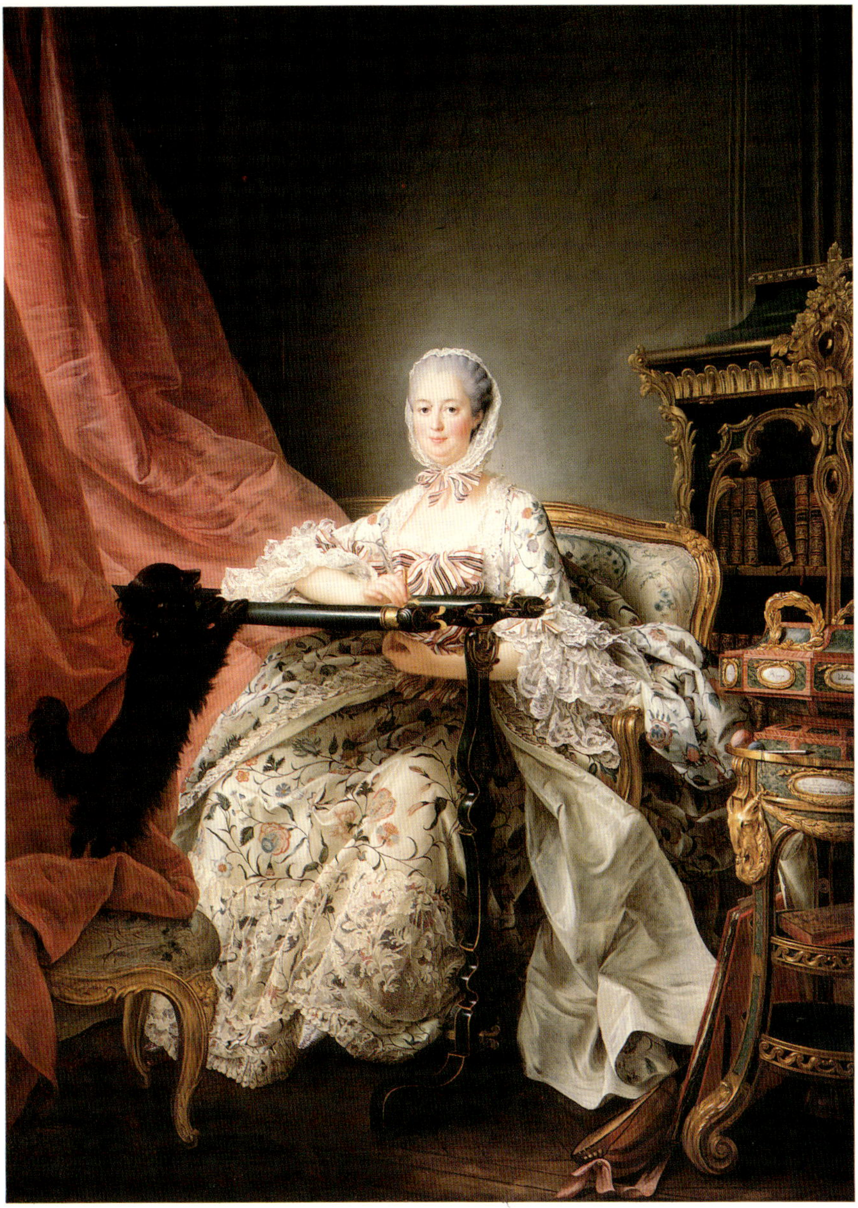

François-Hubert DROUAIS (1727–1775)
Madame de Pompadour

Le tableau porte la signature de Drouais et une inscription précisant qu'il exécuta la tête en avril 1763 et termina la peinture en mai 1764 (un mois après la mort de Madame de Pompadour). En fait, la tête est peinte sur un morceau de toile séparé qui a été inséré dans la composition. Née Jeanne-Antoinette Poisson, le modèle devint la maîtresse de Louis XV et fut une grande protectrice des arts. Belle et en pleine santé, elle avait souvent été peinte par Boucher, mais le portrait de Drouais nous la montre déjà vieillissante et un peu grossie, alors qu'elle n'était plus la maîtresse du Roi, entourée de livres, de musique et des laines destinées à sa tapisserie. Drouais communique habilement une abondance de détails, jusqu'aux motifs de fleurs compliqués de sa robe, sans détourner l'attention du modèle central : il en résulte un portrait à la fois grandiose et familier, et étrangement émouvant.

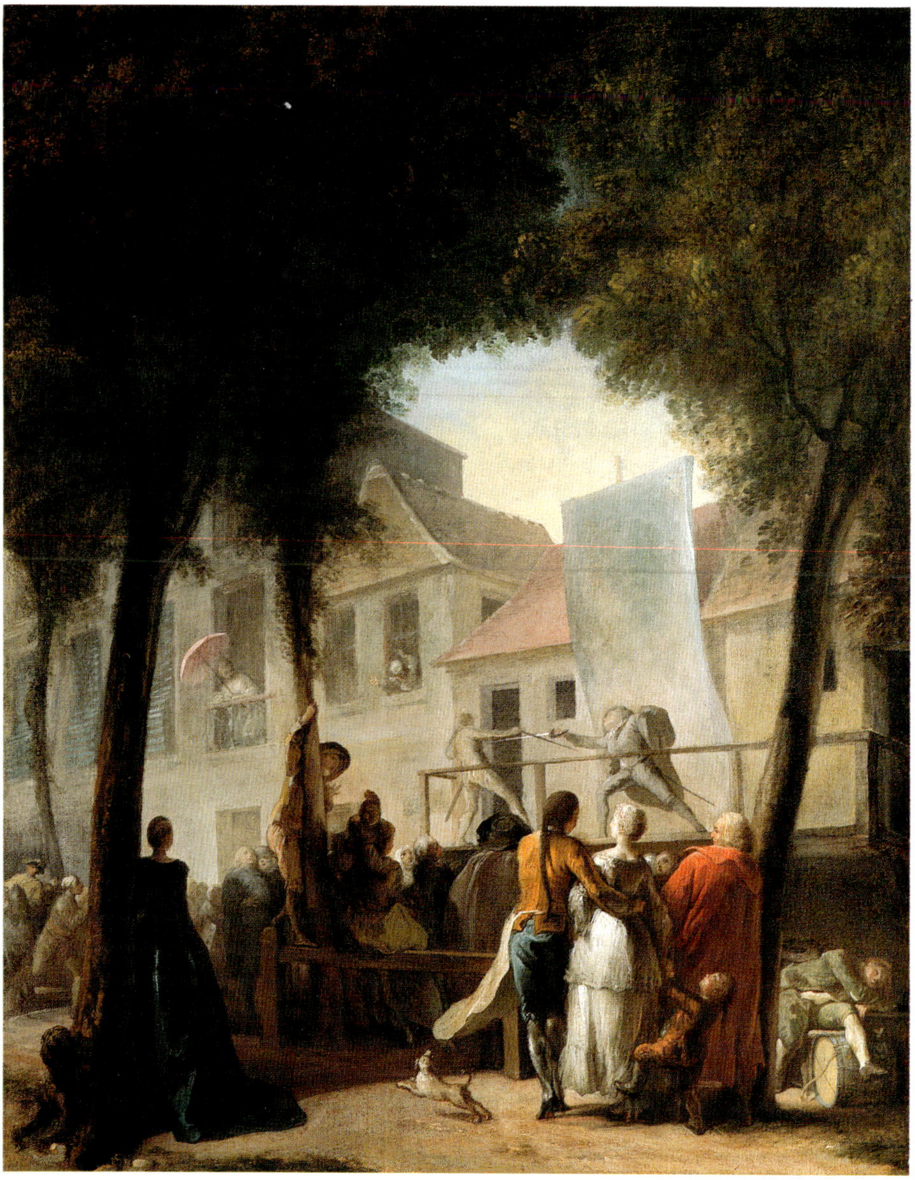

Gabriel-Jacques de SAINT-AUBIN (1724–1780)
Spectacle de la rue à Paris

C'est l'une des représentations les plus originales et les plus vivantes de la vie quotidienne dans le Paris du XVIIIe siècle et il est regrettable que l'artiste ne soit pas mieux connu. Ses peintures sont rares car il travaillait surtout comme dessinateur, graveur et illustrateur. Il était très attiré par la vie contemporaine, comme le montre cette scène composée de façon ingénieuse, représentant des Parisiens ordinaires de tous âges assemblés pour regarder deux acteurs qui jouent une scène de duel sur une estrade grossière dressée sous des arbres feuillus. La vie y semble vraiment couleur de rose – le rose, peut-être, de l'ombrelle que tient la femme qui se penche à son balcon. Mais Saint-Aubin manie la peinture avec vigueur pour exprimer toute la gamme de l'existence. Ce qui est un divertissement pour les spectateurs est un travail pour d'autres : presque caché à droite de la composition, le joueur de tambour de la troupe dort à poings fermés, affaissé sur son instrument, maintenant qu'il a joué son rôle.

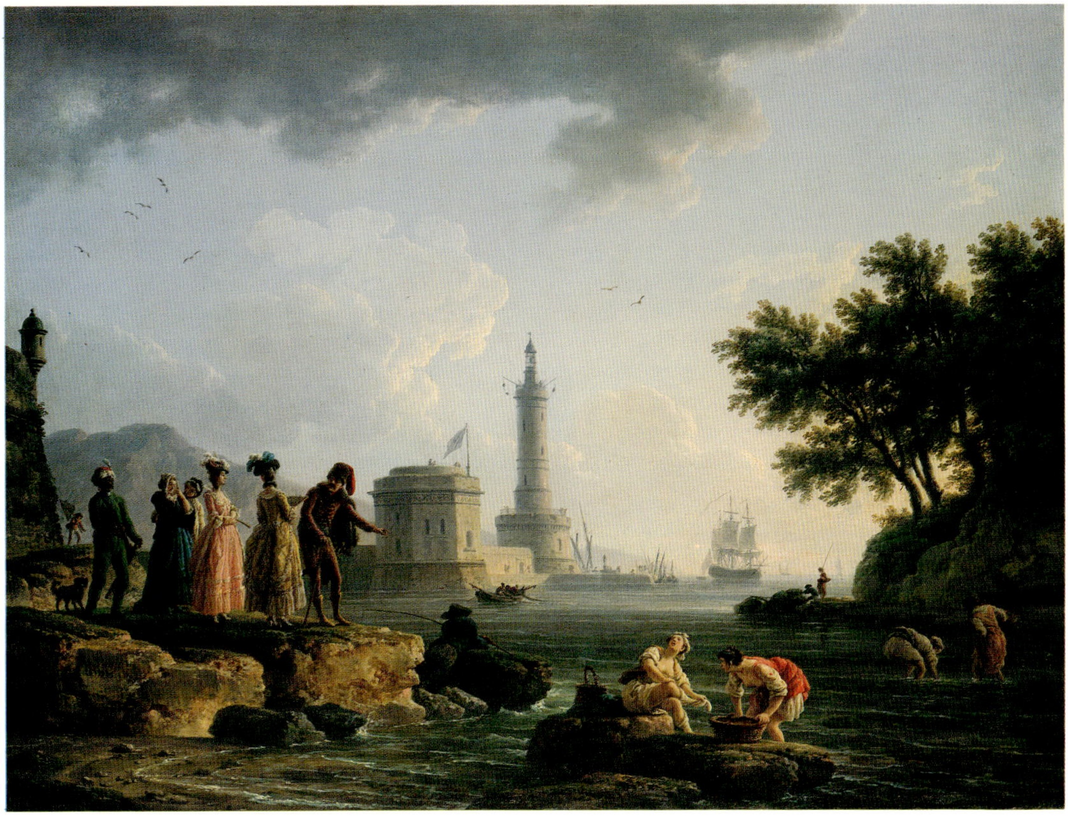

Claude-Joseph VERNET (1714–1789)
Marine

Vernet était le principal représentant en France d'une catégorie de peinture – le paysage – que le XVIIIe siècle prenait plus au sérieux qu'on ne le croit. Vernet lui-même jouissait d'une gloire et d'un mécénat international, en particulier de la part des Anglais. Ses jeunes années en Italie influencèrent son style, qui est un mélange de réminiscences de Claude Lorrain et d'observation de la nature sur place. Ce tableau est daté de 1776, longtemps après le retour de Vernet en France, mais la scène est certainement méridionale, vaguement napolitaine. Le décor pittoresque et la lumière chaude sont très bien rendus et la composition est animée par un groupe de touristes, finement observés. Vernet semble insinuer que le hussard au doigt tendu qui accompagne un groupe de dames s'intéresse moins à la nature qu'aux poses provocantes des jeunes pêcheuses aux jambes nues.

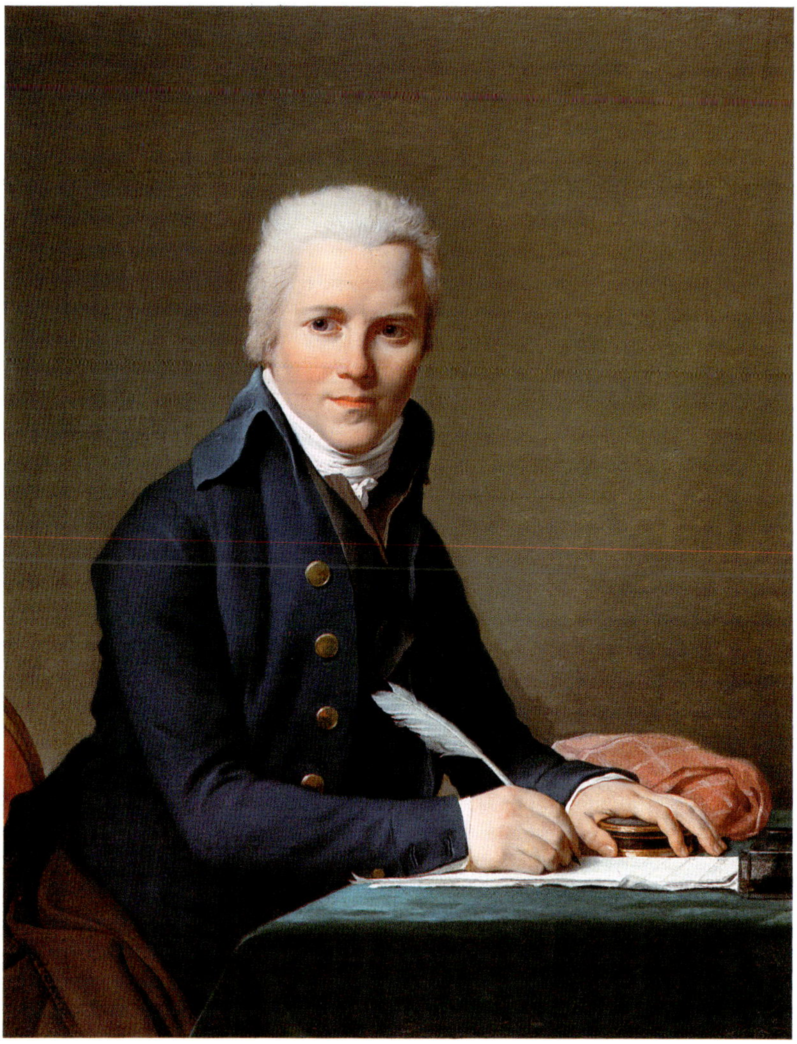

Jacques-Louis DAVID (1748–1825)
Jacobus Blauw

Ce tableau est daté de l'An 4 : déclaration provocante d'une rupture avec le passé et de l'avènement d'une ère nouvelle. L'An 4 était 1795, quatrième année de la Première République. L'art de David rompt aussi avec le passé, du moins avec l'hédonisme de Boucher et de Fragonard (pp. 221 – 22). Son style est plus austère, sans compromis dans sa pureté visuelle, rappelant un peu celui de Chardin mais plus aigu, plus dur et plus linéaire. Ces qualités font de David un merveilleux portraitiste lorsqu'il sympathise avec son modèle, comme c'est le cas ici pour le patriote hollandais Blauw, qui vint à Paris négocier un traité de paix entre les républiques batavienne et française.

David immobilise Blauw en train d'écrire, probablement une dépêche officielle, et concentre tout son art sur la représentation exacte des boutons métalliques de la redingote de son modèle, de ses manchettes de lin et de la plume d'oie tout autant que de ses traits et de sa pose. L'image totale révèle une certaine tension dans son dépouillement, à commencer par la tension du visage du modèle. Ce n'est pas par hasard que ce portrait semble exprimer un idéal social et artistique très différent de celui qui se dégage du *Jacques Cazotte* de Perronneau (p. 224).

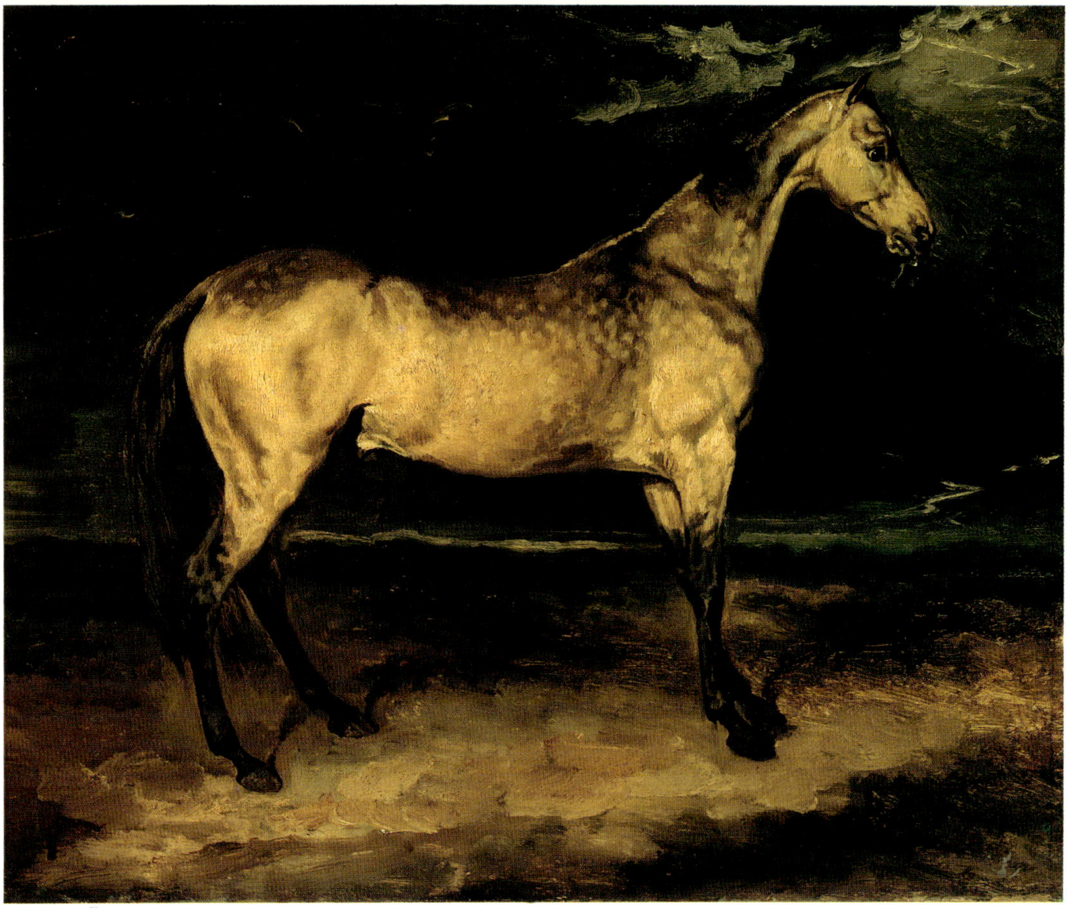

Jean-Louis-André-Théodore GERICAULT (1791–1824)
Cheval effrayé par la foudre

Tout comme Stubbs, Géricault s'est spécialisé dans la peinture des chevaux et le sujet représenté ici a été traité par les deux artistes. A certains points de vue, le tableau de Géricault est le moins « romantique » et le moins dramatique des deux. Il isole l'animal sur un ciel d'orage d'une obscurité profonde et fait jouer les lueurs livides de l'éclair sur le pelage chatoyant du cheval qui reste pétrifié par la terreur, d'une façon beaucoup plus impressionnante que ne le seraient des mouvements violents. On ne sait rien sur l'origine de ce tableau qui n'est même pas signé, mais il est certainement digne de Géricault. Le cheval solitaire, sans selle, et si étrangement exposé aux éléments dans la campagne déserte, laisse une impression hallucinante qui donne à la composition une plus grande profondeur que le sujet ne le laisserait supposer.

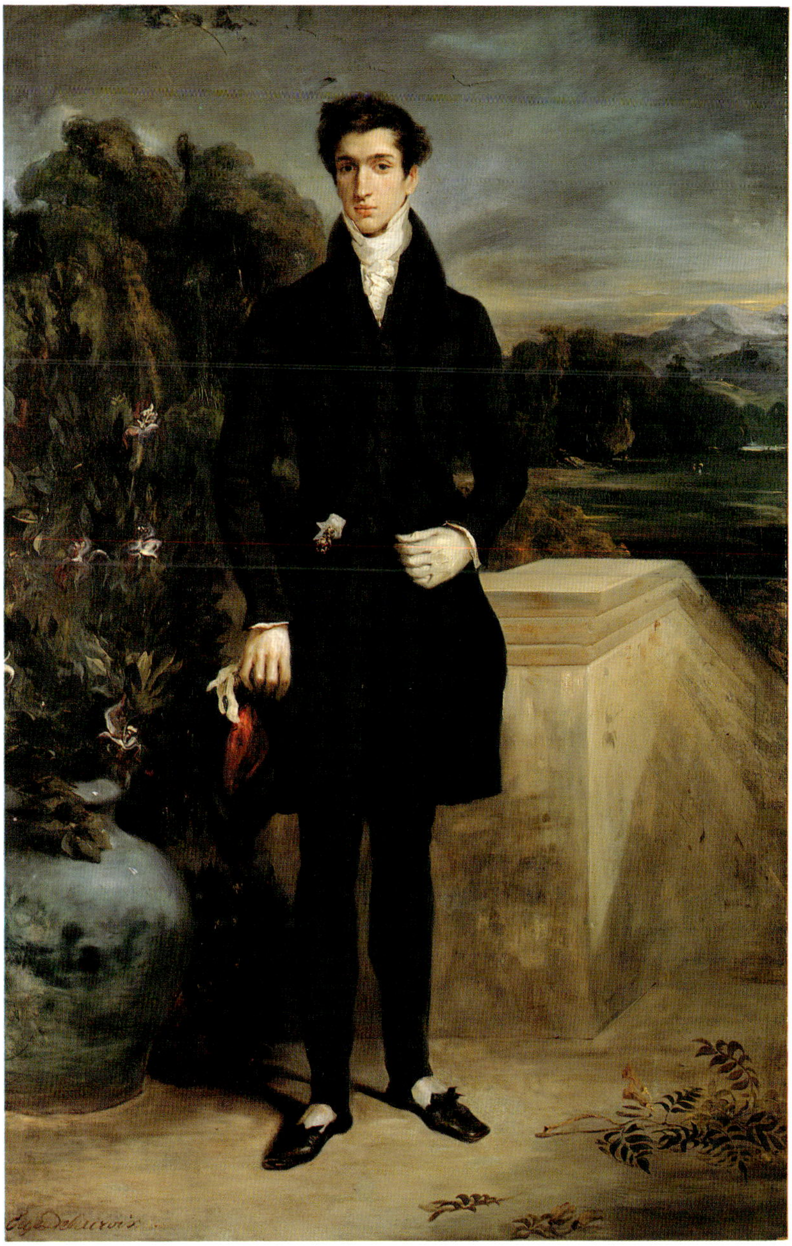

Ferdinand-Victor-Eugène DELACROIX (1798–1863)
Le Baron Schwiter

Le peintre et son modèle n'avaient guère plus de vingt ans lors de l'exécution de cet ambitieux portrait en pied. Delacroix avait visité l'Angleterre en 1825, un an avant de commencer ce tableau, et il y avait vu des oeuvres de Lawrence qui l'avaient impressionné. On retrouve le panache de Lawrence, allié à celui de Delacroix lui-même, dans la conception de Schwiter, peintre et collectionneur, debout, vêtu de noir, comme un dandy mélancolique, sur une terrasse vaguement grandiose. Le portrait fut refusé au Salon de 1827, ce qui est sans doute un tribut à sa facture hardie et accomplie. On soupçonnait déjà le peintre d'être opposé au classicisme d'Ingres, mais un témoignage encore plus positif de la qualité du portrait, c'est qu'il devait appartenir plus tard à un grand admirateur d'Ingres : Degas.

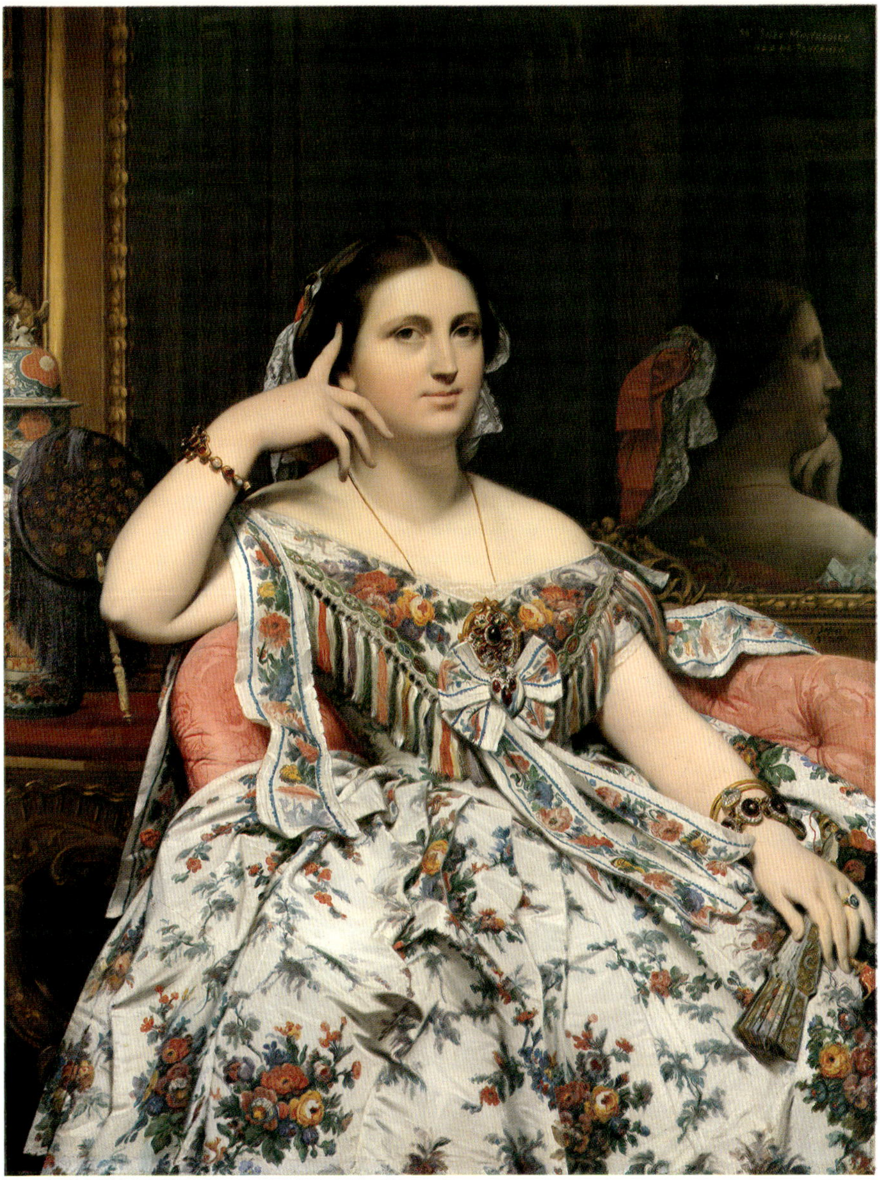

Jean-Auguste-Dominique INGRES (1780–1867)
Madame Moitessier

Ce portrait a une longue histoire peu commune, mais qui lui convient sans doute, car il représente une sorte de *Joconde* dans la carrière d'Ingres. Ce dernier n'aimait pas peindre des portraits et lorsqu'on lui demanda d'en faire un de Madame Moitessier, fille du collègue d'un ami, il refusa. Puis il la rencontra et changea d'avis. Il commençait le portrait en 1844, et en 1850 ne l'avait toujours pas terminé. Il commença alors un autre portrait de Madame Moitessier debout. Il l'acheva rapidement et revint à celui-ci qui ne fut terminé qu'en 1856. Il avait fréquemment changé les vêtements et les bijoux du modèle, mais avait fixé la pose dès le début. Finalement, il plaça et polit la dernière pierre précieuse et l'image-idole prit sa forme définitive, trônant dans un temple de luxe domestique du XIXᵉ siècle, superbe et vide d'expression, sphinx sans secret et monument érigé à l'obsession d'Ingres pour la réalisation totale de sa vision.

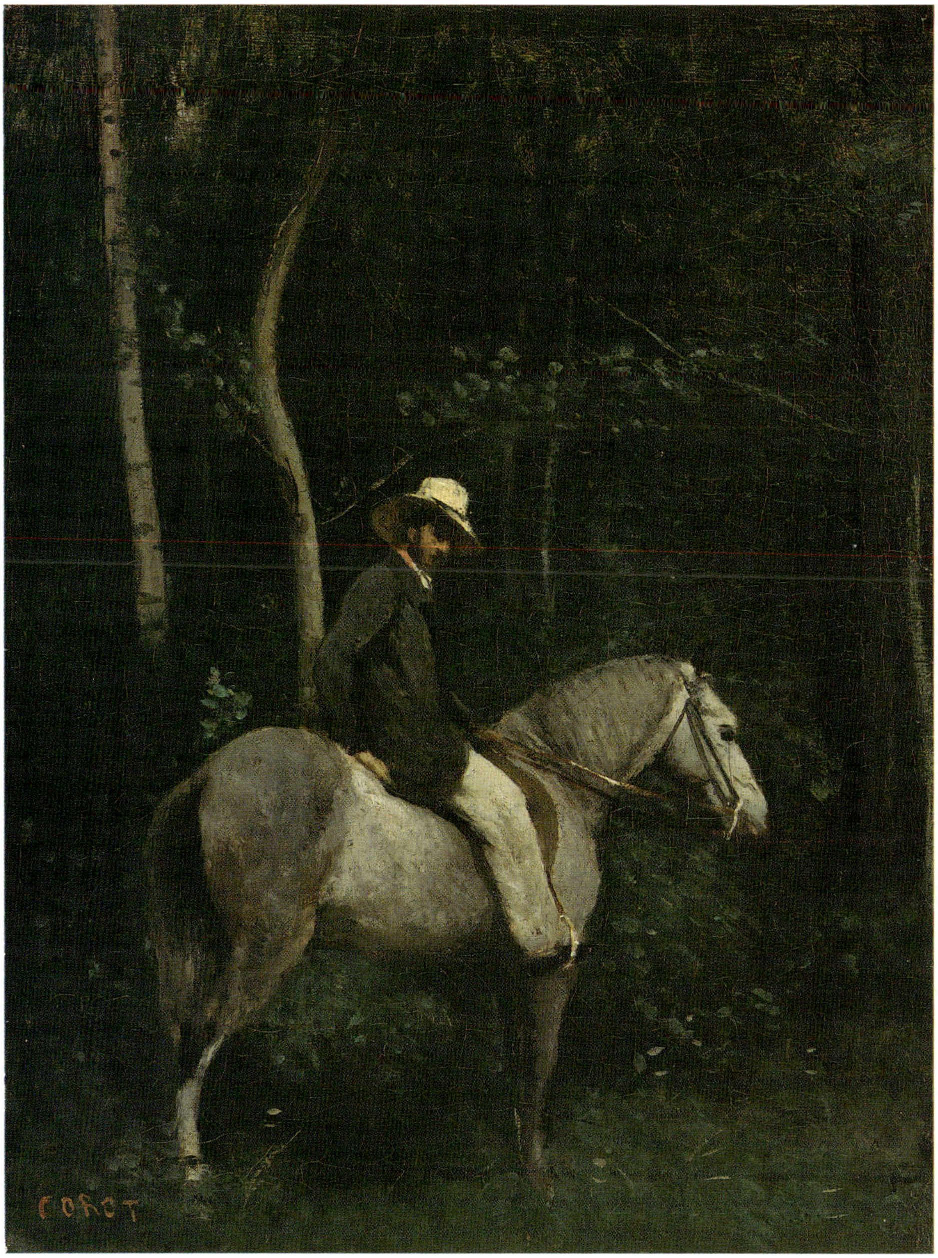

Jean-Baptiste-Camille COROT (1796–1875)
Cavalier dans un bois

Le cavalier était un certain Monsieur Pivot, pour qui Corot exécuta le tableau vers 1850. Les dons de peintre de Corot semblent si naturels que ses oeuvres peuvent donner une impression de facilité – ce qui est loin d'être vrai. Ce petit tableau peu connu est inoubliable et s'impose à l'attention, comme si Monsieur Pivot se retournait pour faire face à un des premiers photographes. La profondeur du bois dans lequel Corot a placé cheval et cavalier non seulement forme une toile de fond très unie, mais ajoute à la composition un peu de mystère spontané.

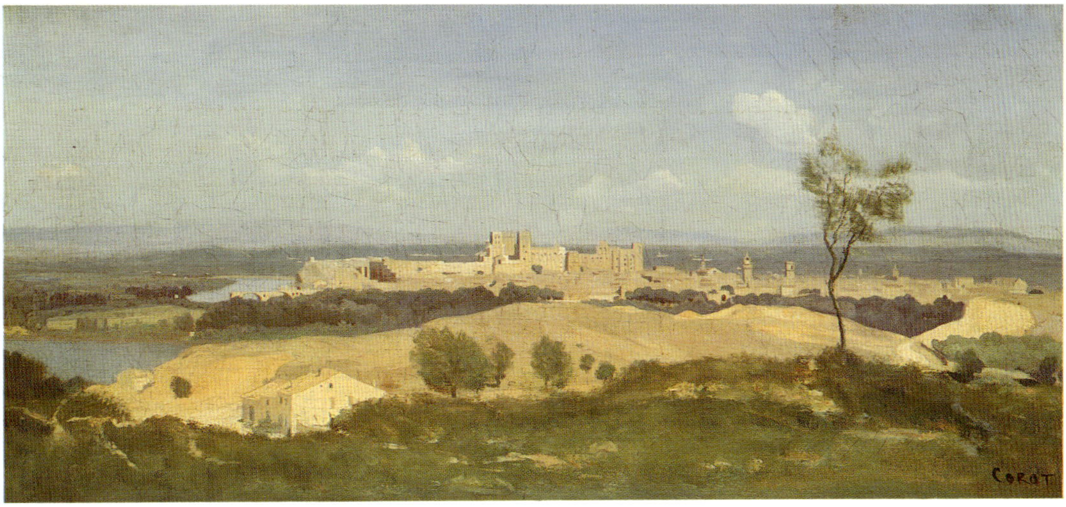

Jean-Baptiste-Camille COROT (1796–1875)
Vue d'Avignon, côté ouest

Dans les meilleures oeuvres de Corot il semble n'y avoir presque aucune interruption entre ce que voit l'oeil et ce qu'exprime la main et il se dégage immédiatement de cette vue d'Avignon par un chaud soleil d'été une atmosphère très réelle. C'est une « impression » peinte alors que des impressionnistes comme Monet n'étaient même pas nés. D'une façon caractéristique, Corot place Avignon dans le lointain, utilisant la haute silhouette du palais des Papes comme un simple repoussoir jaunâtre entre le vert cru de la garrigue au premier plan et le violet délavé des montagnes au loin. En tant que rapide notation de tonalités dont il émane une sensation de chaleur torride alliée à une lumière implacable, la vue d'Avignon et de ses environs par Corot est une parfaite réalisation artistique.

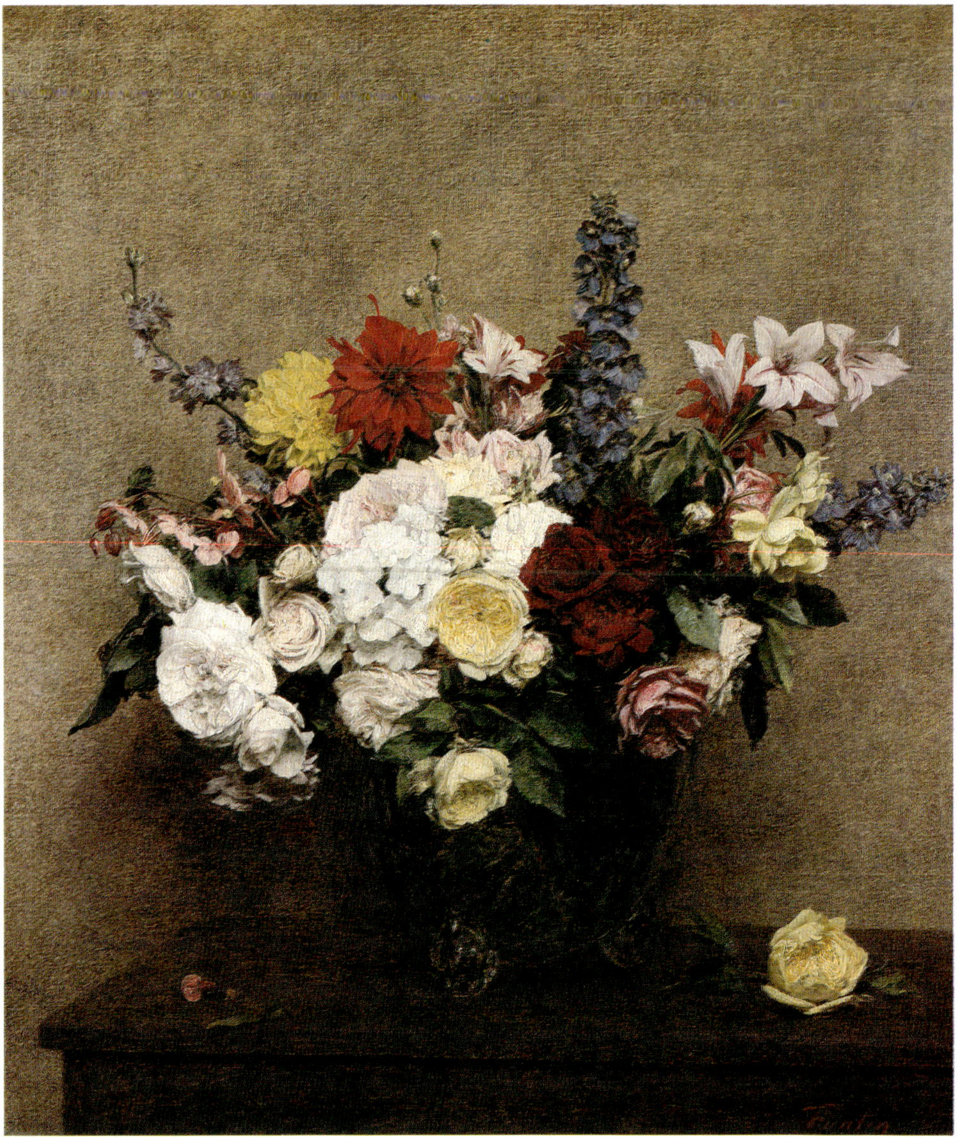

Ignace-Henri-Jean-Théodore FANTIN-LATOUR (1836–1904)
« *L'abondance rose de juin* »

Le titre « *The Rosy Wealth of June* » semble bien être celui que choisit le peintre. Mais malheureusement il donne un arrière-goût d'académisme victorien à un tableau qui fut en effet exposé à la Royal Academy (en 1898), mais dont la luxuriance de fleurs capiteuse, presque parfumée, n'a rien de banal ni de conventionnel. Fantin est un peintre de fleurs – de roses surtout – d'une extraordinaire sensibilité, composant souvent des bouquets plus simples que celui-ci, avec un don pour la texture aussi bien que pour la couleur, qui est d'une intensité mystérieuse. Bien que les tableaux de fleurs soient sa spécialité, il avait un répertoire de sujets d'une variété surprenante et peignit plusieurs portraits subtils et quelques compositions allégoriques moins réussies. Fantin était ami de Manet et c'est l'un des personnages qu'on a identifiés dans *Musique au jardin des Tuileries* (p.236).

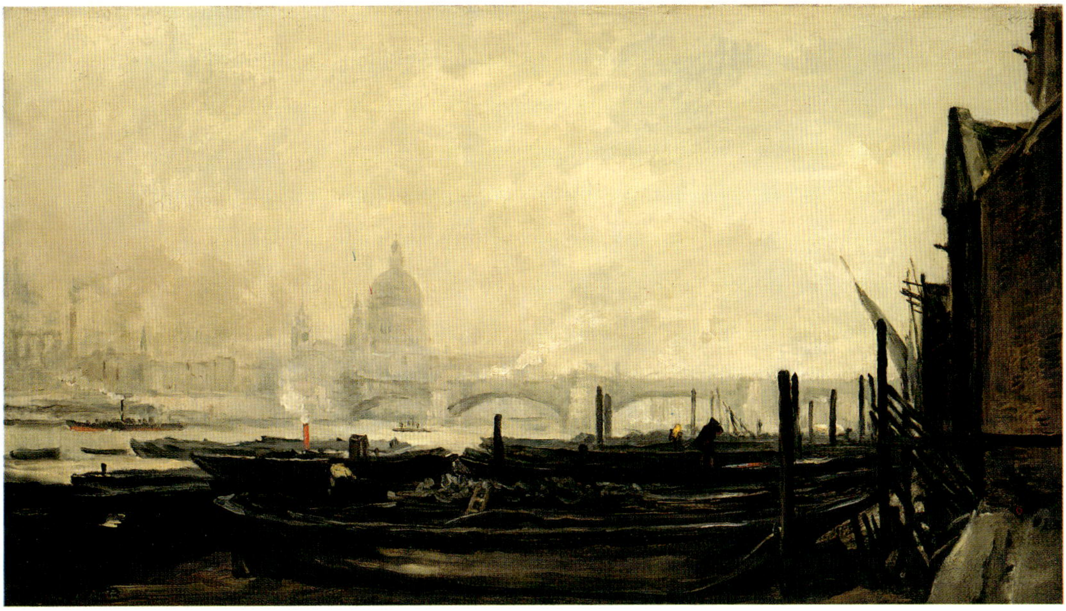

Charles-François DAUBIGNY (1817–1878)
La cathédrale Saint-Paul, vue du côté du Surrey

Daubigny est généralement considéré, non sans raison, comme un peintre de paysages intimes et plutôt bénins. La vue d'une ville est pour lui un changement très net pour le mieux, ainsi que cette technique presque impressionniste. Daubigny avait visité Londres deux fois – la seconde fois en 1870 – 71. Il y fit sans doute un dessin ou un croquis à l'huile puisque le tableau est daté de 1873 (C'est probablement celui qui figura dans une exposition qu'il organisa à Londres l'année suivante). L'atmosphère polluée, enfumée de Londres contribue à son charme pour le peintre. Saint-Paul et le pont de Southwark figurent comme des motifs lointains, contrastant avec les rangées de péniches et les alignements de pieux le long de la rive au premier plan, peints les uns et les autres avec simplicité et vivacité. Daubigny réussit à suggérer, sans insister, cette activité commerciale en plein coeur de Londres qui rendait la Tamise si différente de la Seine.

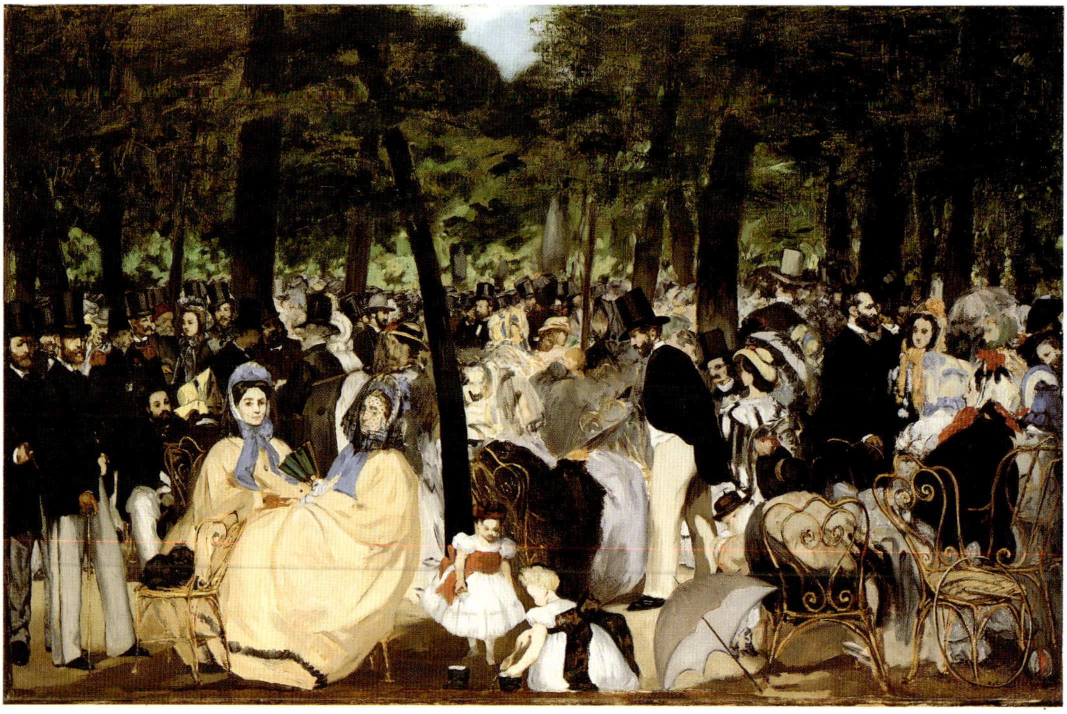

Edouard MANET (1832–1883)
Musique au jardin des Tuileries

Manet avait trente ans lorsqu'il peignit ce tableau, acceptant ainsi le rôle de « peintre de la vie moderne » que demandait son ami Baudelaire dans un essai écrit quelques années auparavant, mais publié seulement en 1863. Manet et Baudelaire allaient souvent au jardin des Tuileries pour observer en plein air la foule de gens à la mode et d'enfants ; parmi les nombreux portraits qui figurent dans cette scène, on reconnaît Manet lui-même, à l'extrême gauche, et Baudelaire, de profil, sous le plus épais tronc d'arbre, du côté gauche. A la gauche de Baudelaire, on voit la tête de Fantin-Latour.

Cette reconstitution par Manet de la vie moderne en plein air est peinte avec une liberté qui contribue à sa vitalité. C'est déjà une « impression » de la scène plutôt qu'un compte-rendu exact, et le manque de finition déconcerta sans doute Baudelaire ; cela provoqua certainement de vives critiques lorsque le tableau fut exposé pour la première fois en 1863. De nos jours, il est considéré comme un chef-d'oeuvre-clef, dans la carrière de Manet et pour l'histoire de l'Impressionnisme, à cause de son brio, de sa hardiesse et de son humour visuel. Mais Manet ne réussit à le vendre que quelques mois avant sa mort, alors que son grand talent n'était pas encore pleinement reconnu.

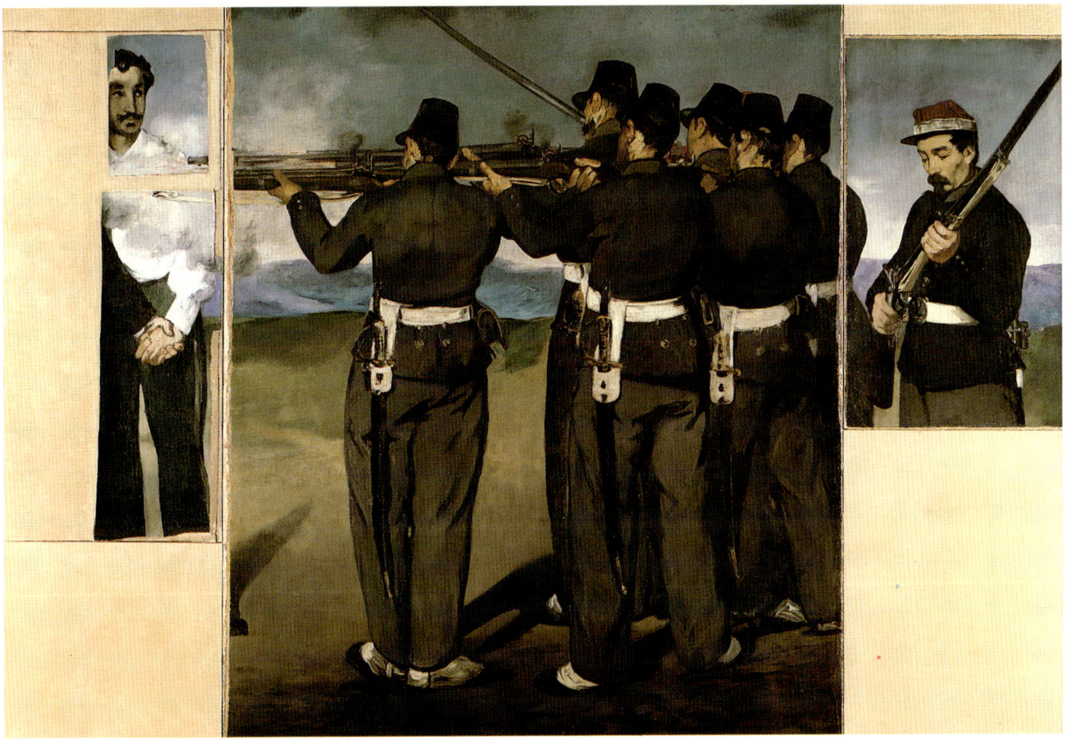

Edouard MANET (1832–1883)
L'exécution de l'Empereur Maximilien

Ce sont les seuls fragments qui subsistent d'une composition beaucoup plus importante sur ce sujet, la seconde de trois que peignit Manet, et qu'il abandonna et découpa lui-même. Après sa mort, les fragments furent acquis et rassemblés par Degas, dont l'amitié pour Manet de son vivant était quelque peu ambivalente, mais qui avait un instinct très sûr d'artiste et de connaisseur. Degas appréciait sans doute la façon détachée dont Manet avait peint une scène à laquelle il n'avait pas assisté : l'exécution à Mexico, le 19 juin 1867, de l'Empereur Maximilien et de deux de ses généraux.

L'Empereur était un archiduc autrichien installé sur le trône par la France. Il fut renversé et fusillé par les forces nationalistes après le retrait de l'armée française du Mexique et sa mort affecta profondément Manet (ainsi qu'une grande partie de l'opinion éclairée en France). Les uniformes français dont Manet a revêtu le peloton d'exécution impliquent bien une critique de la France. Le gouvernement de Paris y était tellement sensible qu'il interdit la publication de la lithographie que Manet consacra au même sujet.

Quels qu'aient été ses sentiments personnels, Manet a rehaussé le tragique de la scène par sa représentation impassible qui suggère une destinée inévitable. Le hasard a donné un côté encore plus poignant à la scène en ne laissant subsister de l'Empereur que la main qui serre celle de son général fidèle au moment de l'exécution.

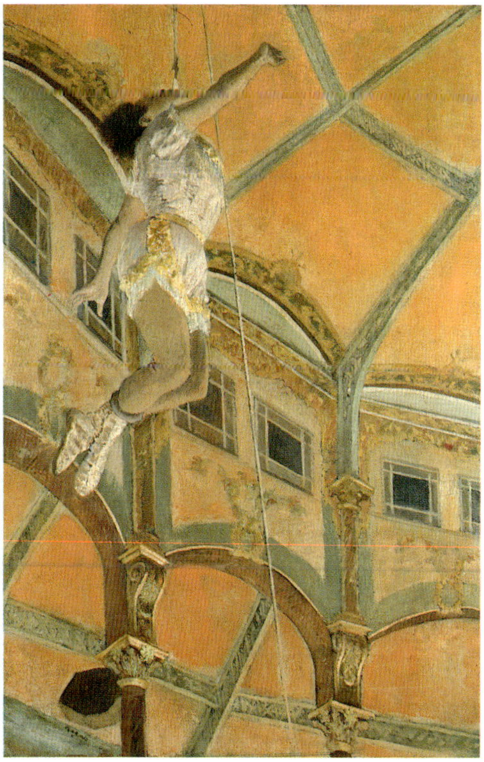

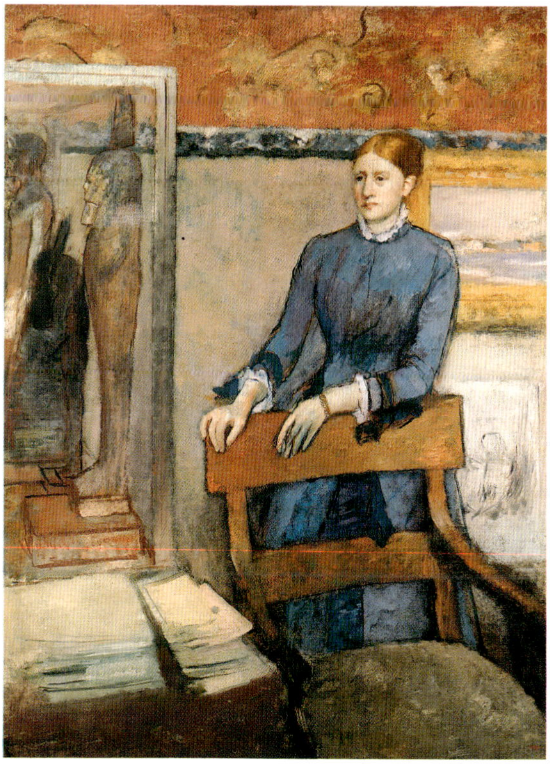

Hilaire-Germain-Edgar DEGAS (1834–1917)
La La au Cirque Fernando à Paris

Ce tableau représente la quintessence de l'art de Degas. C'est une oeuvre de sa maturité, datant de 1879. La netteté étonnante de l'image – si inattendue qu'elle donne presque le vertige – est l'aboutissement d'une observation et d'une discipline intenses. Tout le secret est dans la ligne. La structure linéaire de la composition est en évidence par endroits – par exemple les nervures du plafond et la longue verticale légèrement inclinée de la corde qui va du haut jusqu'au bas de l'espace pictural. Le corps de l'acrobate, suspendu par les dents au-dessus du public invisible, est une étude de muscles tendus en action, dont l'éclairage est aussi inattendu que l'angle de vision. Degas a éliminé le public de façon assez révélatrice : on a l'impression que La La fait son numéro dans une salle vide, pour lui seul.

Hilaire-Germain-Edgar DEGAS (1834–1917)
Hélène Rouart

Hélène Rouart était la fille d'un grand ami du peintre. Degas admirait ses cheveux roux et décida sans doute de la peindre vers 1886 – à une époque où il avait cessé de pratiquer le portrait – par affection personnelle pour elle et sa famille. C'est dans le bureau de son père qu'elle est représentée, entourée d'objets qu'il collectionnait et appuyée sur sa chaise qui remplit le premier plan. La composition est ambitieuse et inhabituelle, révélant un intérieur en même temps qu'une personne et donnant, peut-être involontairement, l'impression que cet intérieur l'écrase, l'emprisonne même.

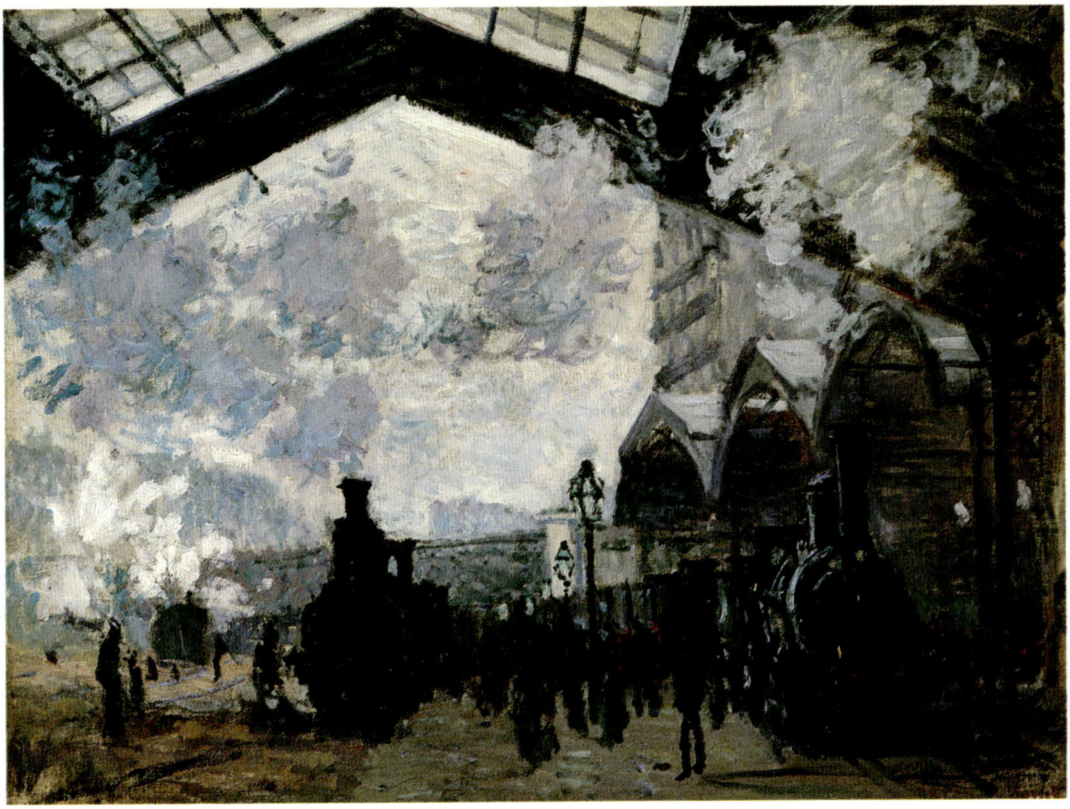

Claude-Oscar MONET (1840–1926)
La Gare Saint-Lazare

C'est un sujet osé, nouveau, ingrat d'apparence, que Monet choisit lorsqu'il obtint la permission, en 1877, de peindre à l'intérieur de la Gare Saint-Lazare. Il en sortit une série de sept toiles, chacune légèrement différente des autres, qui révélaient un Monet tout aussi inspiré, à sa façon, par le paysage urbain, qu'il l'était par la campagne qu'on associait et qu'on associe encore principalement à son nom. Cette composition représente la voie principale de la gare dans un style purement « impressionniste », avec ses bouffées de vapeur, ses locomotives sombres, son architecture qui retiennent l'intérêt du peintre bien davantage que les voyageurs. Ce que Monet communique avec le plus d'intensité, c'est l'atmosphère froide, vaporeuse et changeante créée en partie par l'homme – une sorte d'interprétation moderne de *Pluie, vapeur et vitesse* de Turner (p.207).

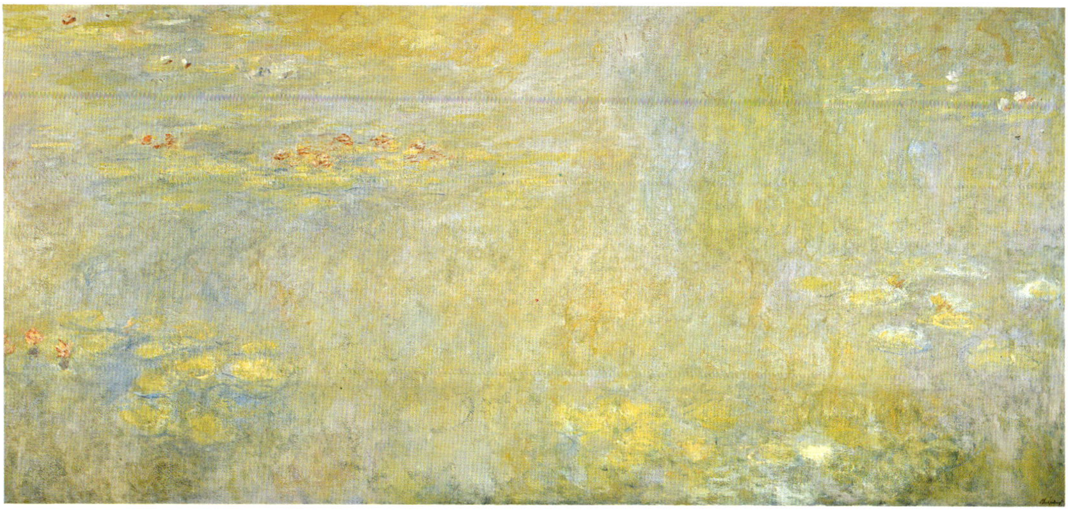

Claude-Oscar MONET (1840–1926)
Nymphéas

En 1890, Monet achetait à Giverny, dans la vallée de la Seine, une maison où il allait vivre jusqu'à la fin de sa vie. Il y créa un jardin aquatique qui allait devenir un des thèmes principaux de son oeuvre, un motif qu'il pouvait étudier à tout moment. La surface de l'étang aux nénuphars, couverte d'une végétation épaisse, le fascinait et présentait pour lui une difficulté à conquérir ; au cours des années il allait la peindre avec une touche de plus en plus libre. L'échelle des tableaux s'élargit, en même temps que l'étang : ce tableau est l'une des grandes compositions tardives, exécutées vers 1916, alors que Monet était beaucoup plus inspiré par sa vision intérieure que par la réalité de l'étang. La lumière jaune qui envahit tout, les simples taches des feuilles et des fleurs qui flottent, créent un effet chatoyant, décoratif au premier abord, mais donnant une impression plus profonde de calme et de paix en dehors du temps.

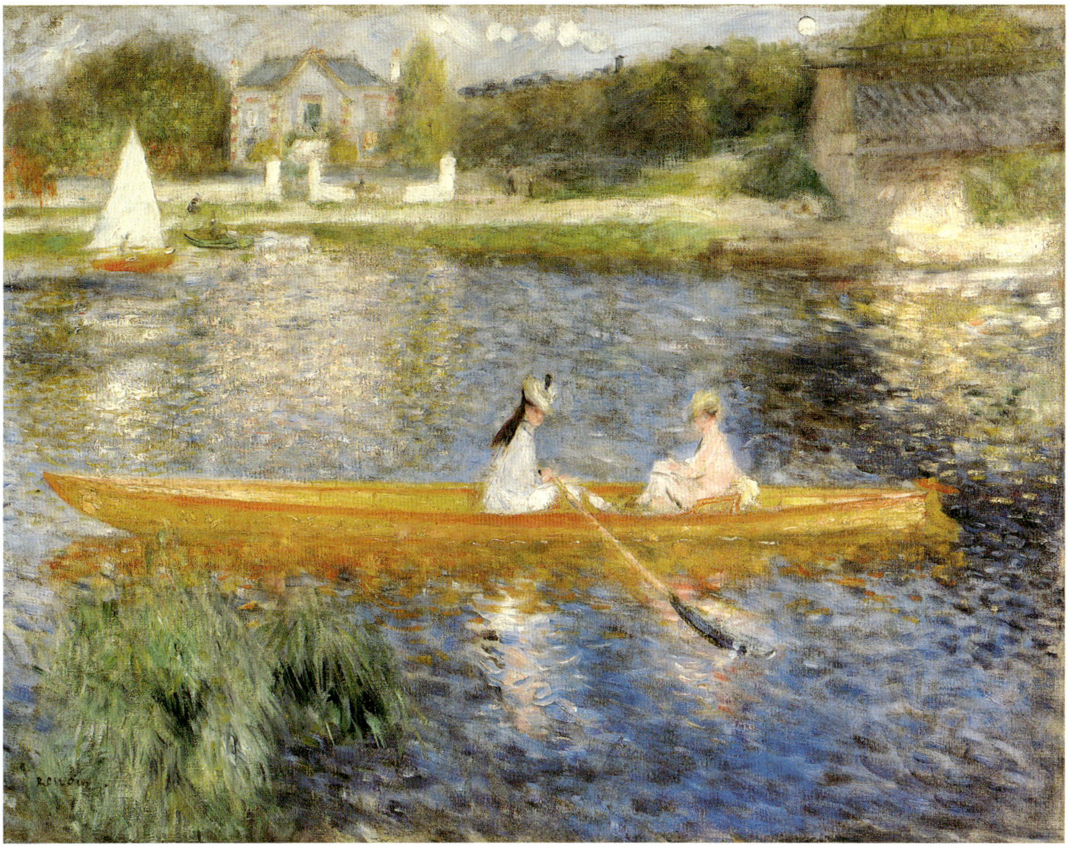

Pierre-Auguste RENOIR (1841–1919)
La Seine à Asnières

Les tableaux de Renoir demandent moins d'explications que beaucoup d'autres – ce qui ne diminue en rien son grand art. Mais Renoir prenait des risques en se fiant tellement à son instinct et le résultat est parfois trivial. Toutefois, c'est en faisant confiance à son instinct que Renoir atteint parfois à l'intensité d'inspiration dont fait preuve cette composition. La sensation du soleil se reflétant sur l'eau par une belle journée d'été est évoquée avec une telle vérité que l'oeil en est ébloui. Ce n'est pas un effet spontané : chaque touche de peinture est calculée avec autant de précision que la composition qui, avec son horizon élevé, donne à la rivière le premier rôle dans un véritable hymne à la chaleur et à la lumière.

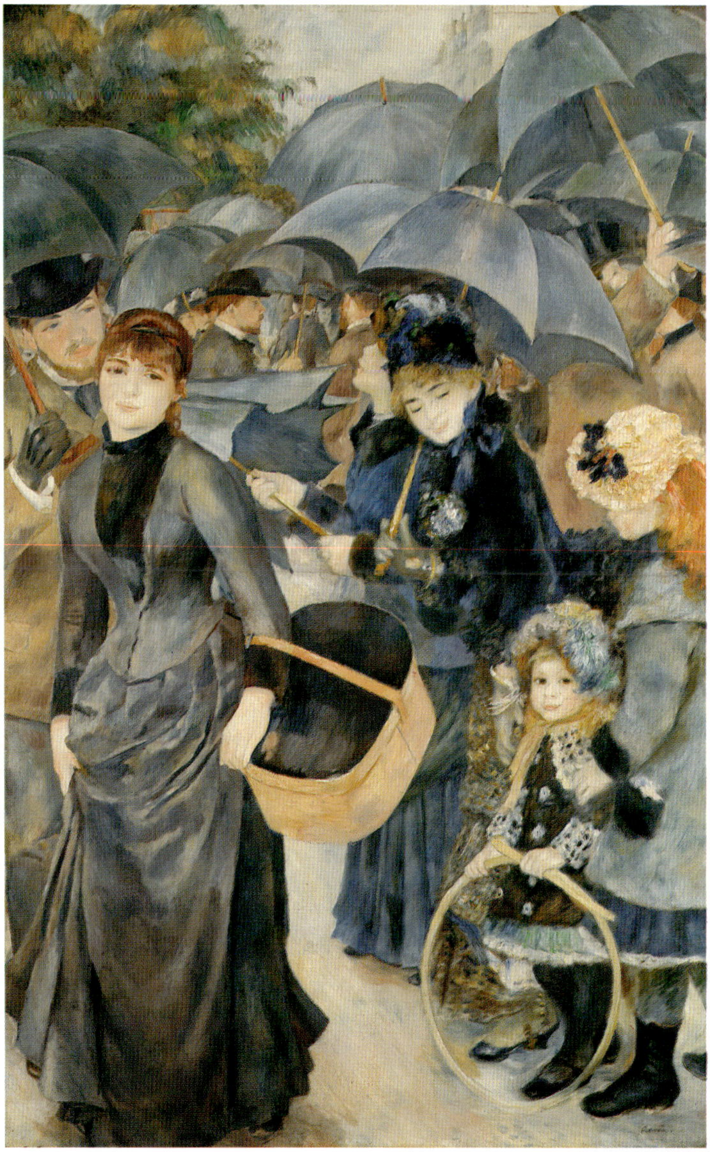

Pierre-Auguste RENOIR (1841–1919)
Les parapluies

La réflexion, la maladie, les voyages et la mélancolie ont joué leur rôle dans l'élaboration de ce tableau. Tous ces éléments avaient influencé Renoir lorsqu'il termina cette composition au style un peu ambivalent, vers 1886. Les personnages au premier plan à droite sont exécutés dans un charmant style vaporeux, véritablement « impressionniste ». Le côté gauche du tableau est beaucoup plus linéaire, avec des hachures délimitant les plans qui rappellent Cézanne. Au cours de ses voyages, Renoir avait étudié les oeuvres de Raphaël. Il avait compris que, pour lui, les possibilités de l'Impressionnisme étaient épuisées. Il en résulte un tableau qui ne se contente pas d'être charmant – les parapluies par exemple sont disposés avec art pour former un crescendo de courbes montantes en haut à droite – mais qui reste entièrement caractéristique de son auteur. Les femmes sont toujours au coeur du sujet pour Renoir, et il est significatif que dans *Les parapluies,* le seul personnage masculin de premier plan est un homme qui essaie d'attirer l'attention de la jolie midinette.

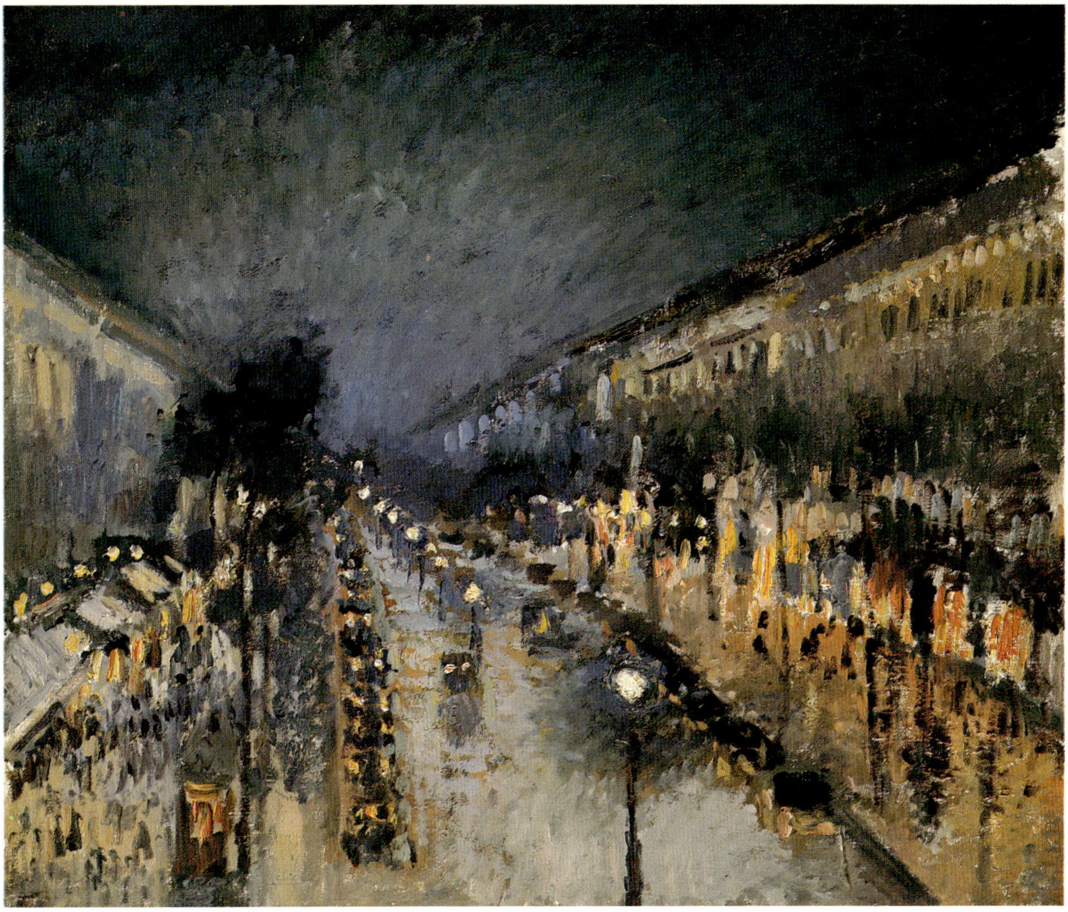

Camille PISSARRO (1830–1903)
Paris : le Boulevard Montmartre de nuit

Pissarro était un peintre d'instinct tout comme Renoir, doué d'un regard tout aussi pénétrant, mais il était plus discipliné et exerçait sans doute un plus grand contrôle sur son talent. L'exactitude tonale de ses meilleures peintures est inégalée par les autres impressionnistes. Il resta impressionniste et ce tableau tardif – peint en 1897 – révèle ce que sa vision et sa technique pouvaient réaliser. Regardant le Boulevard Montmartre affairé de la fenêtre d'une chambre d'hôtel, par un soir de pluie, il en fit son sujet. C'est la seule scène nocturne qu'il ait jamais peinte. Pour reproduire des effets compliqués de réverbères allumés et de trottoirs mouillés dans la pénombre générale, sa technique se fait plus libre et plus assurée. Si on les examine de près, les taches et les traits de peinture perdent presque toute signification, mais à mesure qu'on s'éloigne la vie de la rue avec ses arbres et son architecture, ses voitures et ses foules, prend une réalité vivante.

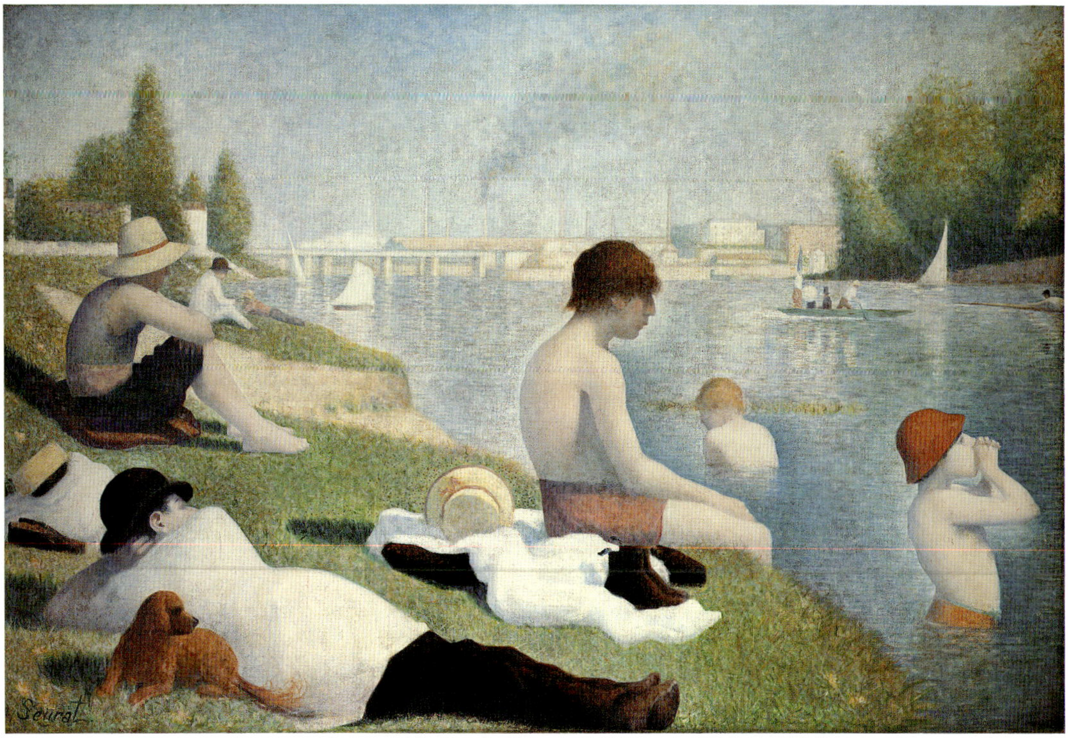

Georges-Pierre SEURAT (1859–1891)
La baignade à Asnières

Le sujet pourrait faire penser à Renoir (d'ailleurs, le pont dans le tableau de Seurat est celui de *La Seine à Asnières* de Renoir, p.241), mais on constate immédiatement de grandes différences de conception et de technique. Seurat envoya ce tableau au Salon de 1884 à Paris, où il fut refusé. Et pourtant, c'est une oeuvre plus « académique » que les peintures impressionnistes typiques, plus réfléchie, plus grande aussi, et surtout plus majestueuse. Rien n'est moins spontané. Comme la rive et les bâtiments, les personnages conçus par Seurat ont des formes simplifiées, d'une densité presque sculpturale, incorporées dans une technique qui rappelle la fresque. Malgré cela, Seurat non seulement évoque de façon convaincante l'atmosphère chaude et paresseuse de la scène de plein air, mais – avec plus d'intérêt que tout autre peintre impressionniste – il indique aussi les usines toutes proches et l'aspect prosaïque du costume moderne. Et l'homme au chapeau melon incongru, gauchement couché dans l'herbe au milieu de personnages à demi-nus, pourrait être une anticipation de Magritte.

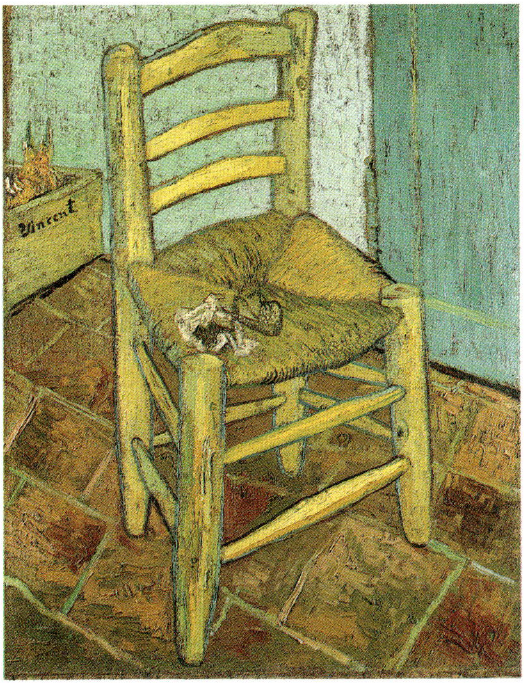

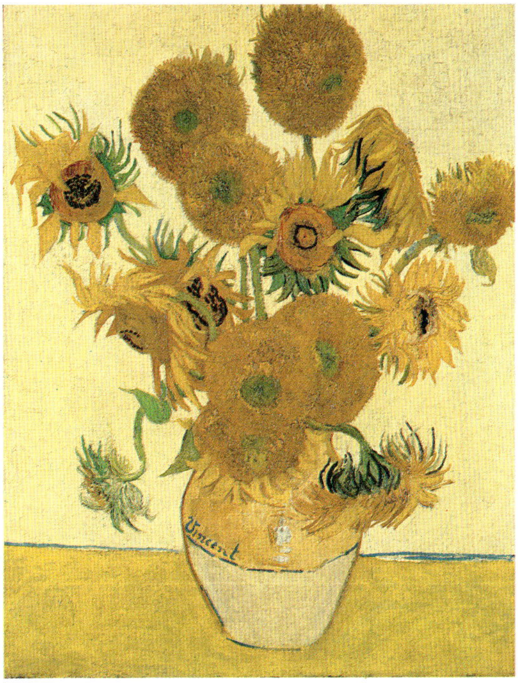

Vincent van GOGH (1853–1890)
La chaise et la pipe

La chaise est une simple chaise de campagne, se détachant nettement, en plein jour, sur un carrelage rouge de cuisine. Van Gogh remplit hardiment toute la composition de cette chaise qui est la sienne. Il la peignit en Arles vers la fin de 1888 et exécuta en pendant le fauteuil de Gauguin, de nuit. Les deux tableaux célébraient le séjour de Gauguin en Arles que Van Gogh avait attendu avec impatience mais qui se termina très vite par une violente querelle et l'effondrement de la raison de Van Gogh. Nous savons que la chaise est celle de Van Gogh parce qu'il y a posé sa pipe et un boudin de tabac. Dans « la petite maison jaune » en Arles, Van Gogh avait cru qu'il allait vivre heureux, méditer et peindre. Et en effet il y exécuta certaines de ses peintures les meilleures et les plus mémorables – comme celle-ci. Mais après d'autres crises de démence et une pétition des habitants, il dut quitter Arles pour l'asile de Saint-Rémy en mai 1889. Il ne lui restait plus qu'une année à vivre.

Vincent van GOGH (1853–1890)
Les tournesols

C'est en Arles pendant l'été de 1888 que Van Gogh eut l'idée de peindre une série de tableaux de tournesols comme décoration (c'est le mot qu'il employa) où le jaune vif des fleurs resplendirait sur divers fonds de vert et de bleu. Dans la vision brûlante de Van Gogh, les tournesols deviennent des soleils en miniature qui semblent tournoyer – tout autant que flamboyer – sur leurs tiges, dans une cruche bicolore jaune de chrome et citron. Pour séparer les tonalités citron du chrome sur la cruche et sur le fond, Van Gogh a tiré des traits rapides de peinture bleu vif – expédient arbitraire, mais saisissant – servant à intensifier l'or fondu et les jaunes purs qui expriment une jouissance presque délirante de la lumière.

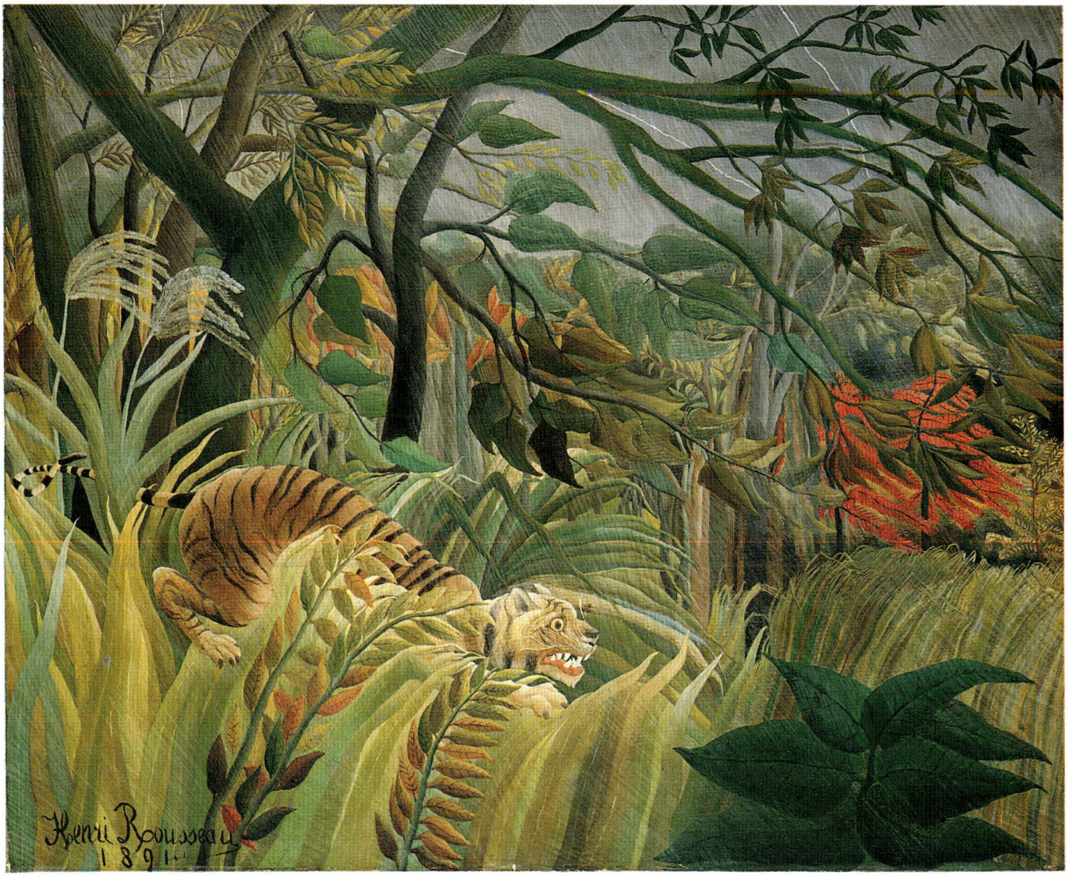

Henri ROUSSEAU (1844–1910)
Tempête tropicale avec un tigre

Rousseau fut probablement le premier des « peintres du dimanche » naïfs. C'était un véritable autodidacte qui prit de bonne heure sa retraite du poste de douanier dans une station d'octroi aux portes de Paris. Sa conception ne manque pas de logique : elle est particulièrement impressionnante dans les scènes exotiques de la jungle qui sont un mélange d'études au Jardin des Plantes à Paris, d'illustrations de livres et de rêveries fantasques. La *Tempête tropicale* était la première de ces scènes, exposée en 1891 sous le titre *Surpris!*. Le style très fignolé de Rousseau renforce la puissance hallucinatoire de ses meilleures oeuvres. Dans ce tableau ce n'est pas tellement la tempête – ni le tigre – qui importe, mais plutôt le motif compact et subtil de formes et de textures qui construit une jungle étrange mais irrésistible. En considérant le paradoxe de la vie tranquille et sédentaire du peintre, on a envie de citer la question ironique de Degas au sujet de Gauguin : « Est-ce qu'on ne peut pas peindre aussi bien aux Batignolles qu'à Tahiti? ».

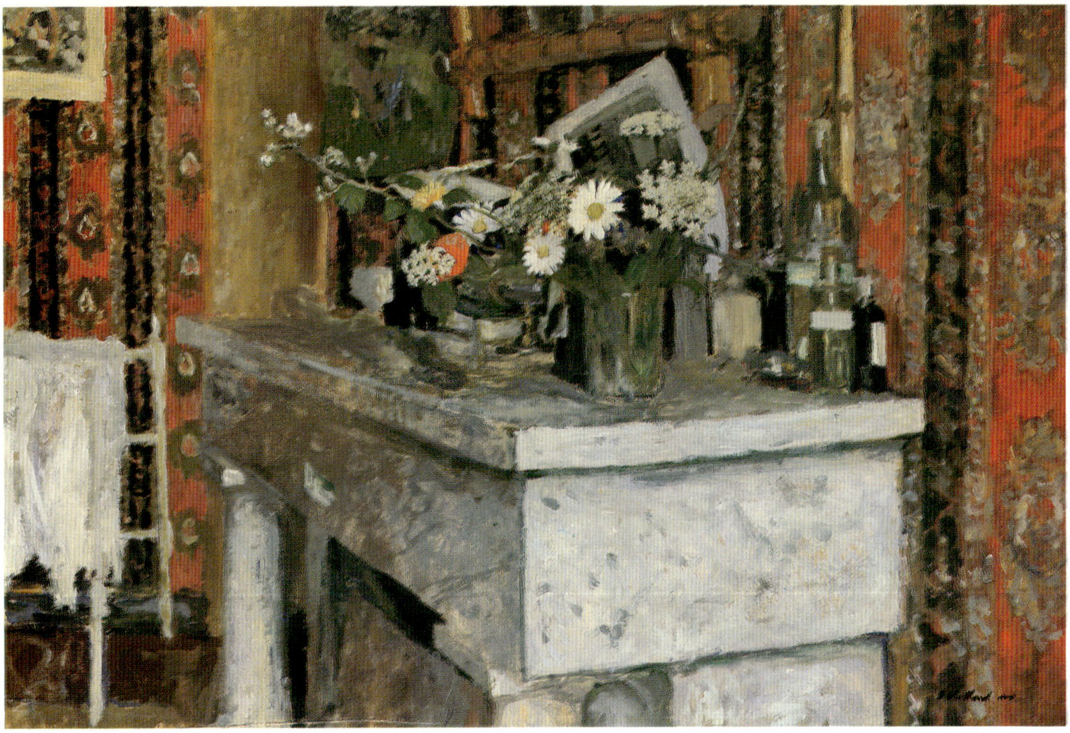

Edouard VUILLARD (1868–1940)
La cheminée

Ce tableau date de 1905. Vuillard est le poète des aspects les plus ordinaires et domestiques de la vie ; son originalité, comme son instinct décoratif, est discrète. Ici, la banalité du sujet ne manque pas de hardiesse. Sur la chemineé des objets divers s'accumulent. Les fleurs sont en désordre et les flacons de produits médicinaux se détachent sur le papier peint aux motifs serrés. Du linge est étendu sur un séchoir. Vuillard enregistre tout cela avec amour, donnant l'impression d'un coin de pièce très habité d'où se dégage une intimité magique qui dépasse la banalité des objets.

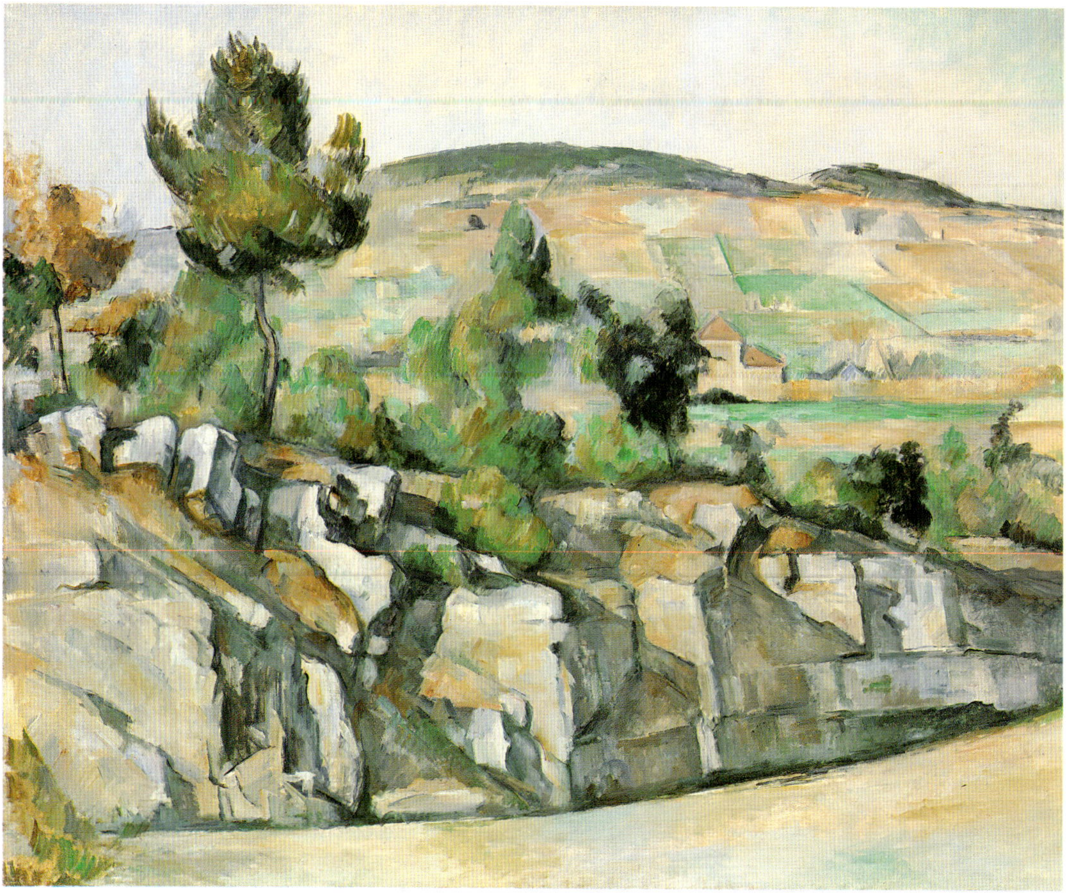

Paul CEZANNE (1839–1906)
Montagnes en Provence

Cézanne était né à Aix-en-Provence et la lumière crue et les paysages secs et pierreux de cette région lui fournirent à la fois une inspiration et des sujets pour son art. Comme Van Gogh, il se proposait d'interpréter ce qu'il voyait, s'efforçant d'exprimer l'harmonie qu'il devinait dans la nature. Il avait d'abord exposé avec les Impressionnistes mais s'intéressa de plus en plus, non pas aux effets en surface, mais à la structure sous-jacente. Dans ce tableau, probablement exécuté vers 1886, les montagnes sont moins remarquables que le talus rocheux du bord de la route, modelé par le soleil et par Cézanne en une série de formes angulaires aux facettes colorées dans des tons de roux, de terre de Sienne et de gris-mauve. Quelques touches de peinture verte représentent la végétation rare et au second plan le petit bloc compact d'une ferme – qui seul suggère que cette campagne est habitée – parait camouflé au milieu des plans brun-vert des champs.

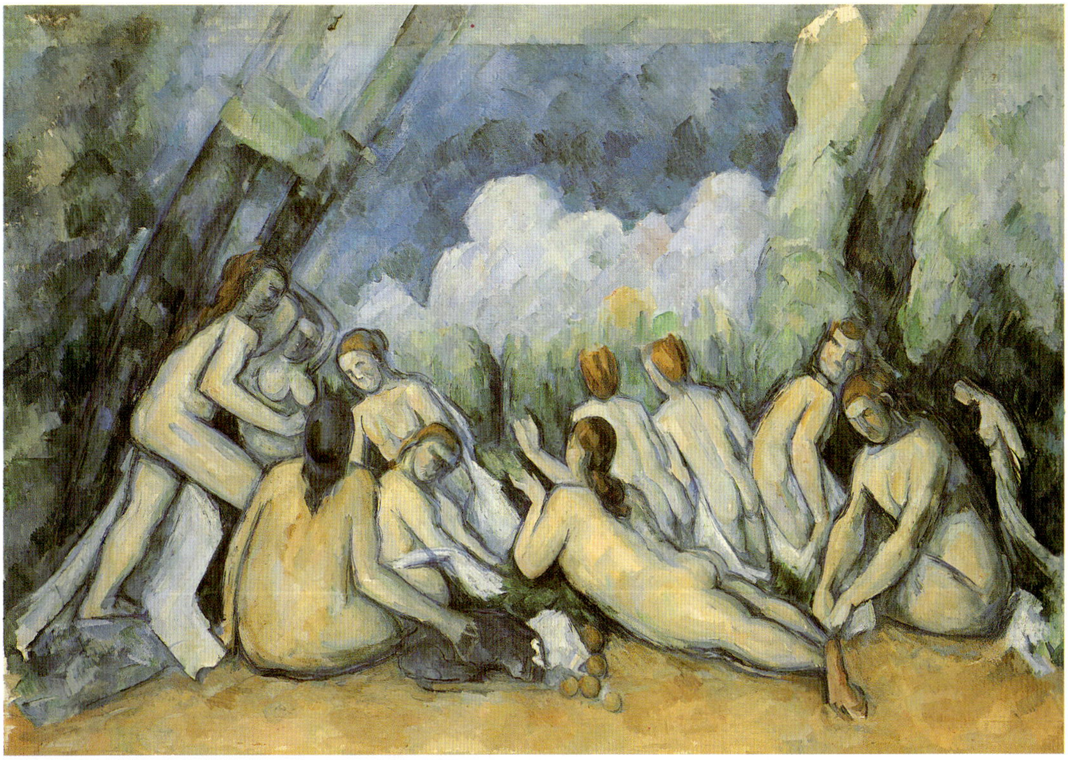

Paul CEZANNE (1839–1906)
Baigneuses

Cézanne était profondément conscient des traditions picturales et de l'art des musées. Il a relevé un défi en essayant, vers la fin de sa vie, de faire d'ambitieuses expériences à une grande échelle sur le thème de nus dans un paysage. Les associations avec le Titien et aussi avec Rubens et Rembrandt abondent dans ses *Baigneuses,* l'une de trois toiles sur un sujet semblable, chacune ayant un angle de composition différent. Les corps de femmes sont exécutés de façon schématique, sans aucun souci des concepts conventionnels de la beauté ni de la « finition ». Leur baignade est plutôt, semble-t-il, un bain de soleil. Le paysage qu'elles occupent est dépourvu d'eau et paraît un résumé de la Provence natale de Cézanne avec ses bleus, ses verts et son ocre chaud. Les personnages sont profondément enracinés dans la terre, comme des saillies rocheuses ou d'immenses tessons de poterie, formes voluptueuses au repos et en harmonie avec la nature.

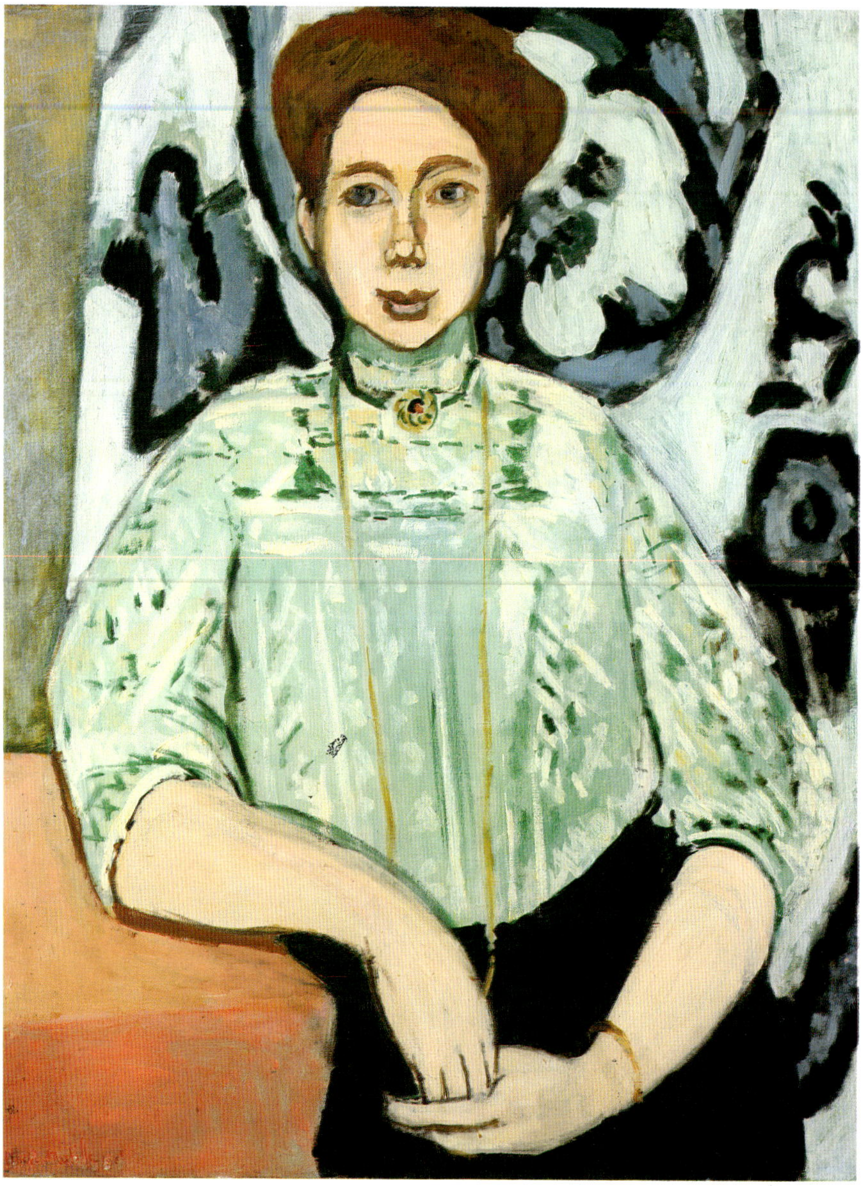

Henri MATISSE (1869–1954)
Portrait de Greta Moll

La date d'exécution de ce tableau – 1908 – est surprenante. Du vivant d'impressionnistes notoires comme Monet et Renoir, Matisse a froidement mis à la place de leurs techniques un art vibrant par sa netteté de ligne et par ses aplats de couleur. Il représente Greta Moll – peintre elle-même, et son élève – avec une grande pénétration ; elle est bien davantage qu'un simple sujet, plutôt l'essence d'une personnalité qui est interprétée avec des formes simplifiées très précises. Avec la même préoccupation obsessive qu'Ingres pour le portrait de Madame Moitessier (p.231), Matisse fit changer son modèle de vêtements à plusieurs reprises, adoptant finalement le corsage verdâtre et la jupe noire qui réussissent à ressortir sur la magnifique tenture aux impressions en bleu et blanc du fond. Le motif fait partie du secret du tableau. Ses lignes frémissantes et ses tons frais et clairs nous ramènent à certains des tableaux les plus anciens de la Galerie, en particulier au maître suprême du dessin et de la couleur, Duccio.

Liste des Illustrations

Les dimensions sont indiquées en centimètres, la hauteur précédant la largeur; le numéro entre parenthèses est le numéro d'inventaire de la Galerie. La date n'est mentionnée que lorsqu'elle figure sur le tableau.

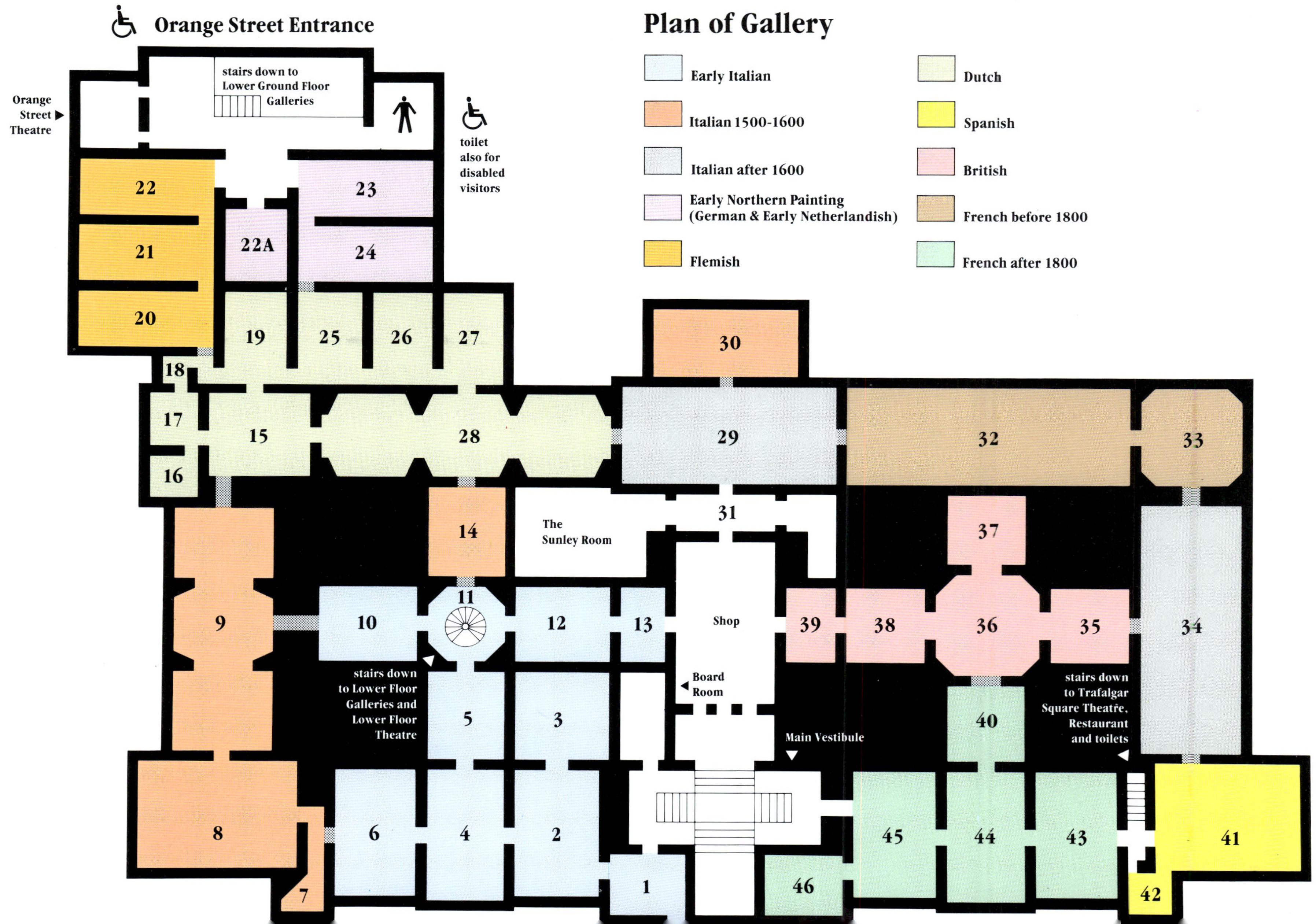
Plan of Gallery
Early Italian
Italian 1500-1600
Italian after 1600
Early Northern Painting (German & Early Netherlandish)
Flemish
Dutch
Spanish
British
French before 1800
French after 1800
Orange Street Entrance
Orange Street Theatre
stairs down to Lower Ground Floor Galleries
toilet also for disabled visitors
The Sunley Room
Shop
Board Room
Main Vestibule
stairs down to Lower Floor Galleries and Lower Floor Theatre
stairs down to Trafalgar Square Theatre, Restaurant and toilets
1
2
3
4
5
6
7
8
9
10
11
12
13
14
15
16
17
18
19
20
21
22
22A
23
24
25
26
27
28
29
30
31
32
33
34
35
36
37
38
39
40
41
42
43
44
45
46